种族 与 文化

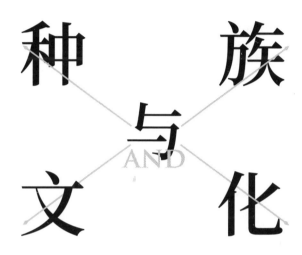

[美] 托马斯·索威尔 ———→ 著

谢欣 ———→ 译

中信出版集团 | 北京

图书在版编目（CIP）数据

种族与文化/（美）托马斯·索威尔著；谢欣译
. -- 北京：中信出版社，2023.12
ISBN 978-7-5217-5752-1

Ⅰ.①种… Ⅱ.①托… ②谢… Ⅲ.①民族学—研究
②文化人类学—研究 Ⅳ.① C95

中国国家版本馆 CIP 数据核字（2023）第 126657 号

Race and Culture by Thomas Sowell
Copyright © 1994 by Thomas Sowell
This edition published by arrangement with Basic Books,
an imprint of Perseus Books, LLC,
a subsidiary of Hachette Book Group, Inc., New York, New York, USA.
All rights reserved.
Simplified Chinese translation copyright © 2023 by CITIC Press Corporation
ALL RIGHTS RESERVED
本书仅限中国大陆地区发行销售

种族与文化

著者： [美] 托马斯·索威尔
译者： 谢欣
出版发行：中信出版集团股份有限公司
（北京市朝阳区东三环北路 27 号嘉铭中心 邮编 100020）
承印者： 三河市中晟雅豪印务有限公司

开本：787mm×1092mm 1/16 印张：20.25 字数：261 千字
版次：2023 年 12 月第 1 版 印次：2023 年 12 月第 1 次印刷
京权图字：01-2021-4320 书号：ISBN 978-7-5217-5752-1
定价：88.00 元

版权所有·侵权必究
如有印刷、装订问题，本公司负责调换。
服务热线：400-600-8099
投稿邮箱：author@citicpub.com

……人类不是一块空白的石板，一旦环境将一种文化刻于其上，就无法轻易地将它抹去、刻上新的内容。

——奥斯卡·汉德林 [1]

目　录

第一章　一种世界观

　　人们究竟是生活在"社会"之中，还是"环境"之中？人们是否受到了祖居之地的影响？如果他们的祖先在迁徙的过程当中在某个地方生活了几个世纪，那么这些祖上的客居之地是否会对后人产生影响？

第二章　移民与文化

　　人类的移民活动让文化得以跨越遥远的距离、改变整个世界，这是因为，新的技能、新的组织模式、新的工作习惯、新的储蓄倾向以及对教育和生活的新的态度，都会对人们所迁入的环境产生影响。环境能够塑造文化，但随着文化传入其他地区，文化也能塑造新的环境。

第三章　征服与文化

在人类历史当中，有很大一部分历史都是征服的历史。一个时代征服他人的民族往往又会在另一个时代被他人所征服……无论是古代中国的盛世王朝、伊斯兰世界的庞大帝国，还是成吉思汗打下的广袤疆土，古往今来的征服民族都经历了与之相似的兴亡盛衰。

第四章　种族与经济

种族不会改变经济学的基本原理。但是，我们如果将经济学原理运用于异文异种的群体身上，就会发现比同质群体间经济交易更为复杂的情形。

第五章　种族与政治

政治能直接塑造人们对种族、民族的态度，以及种族和民族政策，但这只是政治对种族、文化影响的一个方面。尽管很多政策的制定并无任何牵涉种族或民族的意图，但是它们对不同群体产生了不同的影响。

第六章　种族与智力

讨论种族和智力这样的话题本身已经颇为困难，而想要不带感情色彩地从经验角度进行逻辑探讨更是难上加难。即便能够剔除其中的情感或理念因素，我们所面临的困难也颇为艰巨。

第七章　种族与奴役

奴隶制的普遍性一直具有双重的意义，直到最近才有所改变。大多数稳定的社会都将此制度纳入其社会结构，并且世界上大多数民族都曾经在某个时期成了奴隶的主要来源。

第八章　种族与历史

历史并非不可更改的命运。大部分历史都是无须再犯的错误和无须再忍的罪过。正如伯克所言，历史是人类以痛苦为代价买到的经验教训，现代的人们不需要分文就可以得到它，或只需付出予以关注、进行反思的代价。

前　言

　　本书挑战了诸多所谓的"社会科学"教条以及诸多有关种族问题、文化差异的基本假设。而质疑的基础是笔者为撰写本书所做的10余年的研究。本书也是笔者20多年来对种族和民族问题研究最重要的作品，它涵盖的主题和问题超出了笔者在这一领域的任何其他著述。笔者曾两次周游世界、两度环游太平洋，沿途在多国进行了研究、探讨和观察，本书就是在此基础上完成的。

　　这些旅行绝非无关紧要。在旅行中笔者不仅搜集了大量文献，还与各国学者、官员多次进行探讨，这些现场观察能够让文字或照片难以传达的内容变得生动鲜活。走进科尔多瓦的大清真寺，领略其宏伟的设计及千年以前的精湛工艺，体会创造这一建筑的文明所取得的伟大成就，这是一番无与伦比的感受。步行不远，便可看到千年以前罗马人修造的桥梁，今天桥上依然车水马龙、行人络绎不绝，从中也可窥见在西班牙隶属罗马帝国的时代，另一伟大文明所带来的文化影响。步行穿越澳大利亚巴罗萨谷古老村庄的一片墓地，你会发现，在这个讲英语的国度，有用德语写的墓碑，这让人感受到德意志文化的坚韧顽强——尽管已被迁到万里以外，依然葆有生机。从古代城墙环绕的耶路撒冷，到高度现代化的城市国家新加坡，每个地方都用自己的方式讲述着自己的故事。

也许专注于本书中心主题的最好方式，就是将其与同时期的主流"社会科学"理论进行对比，即将其与周围环境视为群体行为的塑造者和将制度决策视为群体命运的决定者两种观点进行对比。尽管我们能够就"环境"在某种普遍意义上的影响达成共识，但是，将直接环境（包括周围的人和制度）视为群体的塑造者，或认为群体拥有先于目前所处环境且超越他人观念、偏见和决定的自身内部的文化模式，这两种看法之间仍然存在着巨大的差异。

几个世纪以来的大规模民族移徙使得很多种族群体、文化群体所处的环境与其自身文化的发展环境迥然相异，他们面临着祖先无法想象的挑战和机遇。

群体文化模式可能的确是环境的产物，但它们往往是大洋彼岸环境之中的产物，存在于某些已被遗忘的前人的生活之中，并被提炼为价值观、偏好、技能和习惯世代流传。新社会的外在表象，即语言、服装和风俗等，可能会掩盖文化价值观的内在差异。但是，在不同目标存在冲突的情况下，在只能艰难抉择、忍痛割舍之时，这些差异才会再度显露出来。

如果分析的范围仅限于一个社会，如美国种族和族裔群体，则很难确定哪些模式是由美国社会对待某些群体的方式造成的结果，哪些是其自身内部文化模式发展形成的结果。但如果分析的范围覆盖了不同的国家，我们会更容易将群体在各国反复出现的模式同该群体在各国经历的历史差异区分开来。

关注于群体文化模式的方法同将群体间经济与社会差异归因于不同"社会"待遇的方法之间存在着根本性的冲突，而这种冲突又导致了其他差异。这些衍生差异包括对政治活动中群体进步因素的重视程度。例如，如果一个贫穷群体的命运在很大程度上掌握在同时代外来者的手中，那么对于该群体的进步而言，旨在说服外来者或向其施压的政治活动就至关重要了。但是，如果一个群体的自身文化，以及从中衍生的技能、行为和表现是决定其经济和社会命运的主要因素，那么摆脱贫穷、走向富裕的群体则未必在政治上特别活跃，也未必在所参与的政治活动中非常成功。历史记载中确实有很多地方的很多群体从贫穷走向富裕，但并未取得相应的政治成功。

很多国家的华裔、德裔、日裔、意大利裔和印度裔移民都在经历了艰难起步之后才走向富裕，但他们从未取得过任何显著的政治成就。这些群体当中也偶尔会有政治领袖出现，但他们也通常是在群体已在经济上立足之后才出人头地，并且往往代表的也是社会中更大的选民群体，而非本族利益的代言人。相比之下，爱尔兰人在多个层面上都取得了非同寻常的政治成功，包括成为英国首相、加拿大和澳大利亚总理以及美国总统。然而，我们难以甚至无法用历史证明爱尔兰人的发展快于其他群体。

随着时间的推移，所有群体都会出现重大的变化，因此，无论是其自身的文化，还是其所处的周边社会的文化，都并非一成不变。经济和技术的进步需要这一情形，也会促成这一情形。然而，既有的文化价值观在很大程度上决定了哪些群体能够跟上科学、技术和组织发展的步伐，哪些群体会落在后面，以及哪些群体会引领人类知识前沿的发展。然而，尽管时间往往是改变群体之间、国家之间或文明之间关系的重要变量，但时间本身并不能实现任何事情。特别是，认为时间本身便可改善种族、民族群体之间关系的看法是一种严重的谬误，它会引发危险的后果。历史表明，群体之间的关系既有戏剧性、悲剧性、持久性的倒退，也有进步的时期。例如，在 20 世纪上半叶，身为斯里兰卡多数族群的僧伽罗人同少数族群泰米尔人之间从未发生过种族骚乱，但是到了 20 世纪下半叶，两个群体之间却频繁出现群众暴力和骇人暴行。在 19 世纪最后的 25 年，黑人在美国北方城市受接纳的程度与日俱增，黑人聚居区的消失便是一种证据。但是到了 20

世纪初，一处处黑人聚居区再度形成，而其他的种种迹象也同样表明对黑人群体的敌意在日渐加深。在欧洲，犹太人在基督时代第一个千年所遭受的歧视和暴力少于第二个千年。

本书所用的"文化"一词并不限于一位种族问题学者所说的"真正的文化"，如"音乐和艺术"。[1]实际上，这里的重点主要是提供生活所需物质条件的文化类型——具体技能、普遍工作习惯、储蓄倾向以及对教育和创业精神的态度，简而言之，就是经济学家们所说的"人力资本"。这并非"美化"被视为与高等文化相对立的"实用文化"，[2]而是因为人们生存所需的物质资源也是音乐、艺术、文学、哲学和其他形式的高等文化所需要的。一般而言，只有较为富裕的社会以及社会中较为富裕的群体才有富余的时间和资源投入高等文化，而不只是满足生存所需。此外，在比较群体、社会的过程中，我们会发现人们对音乐和艺术的评价同其主观品位和习惯密切相关。因此，断言一个群体或社会在这些领域更加先进、高效，远比断言其在工业技术或医疗护理方面更加先进存在更大的问题。

尽管很多群体的历史本身就已颇为引人入胜，但这一研究的最终目的并不在于描述，而在于分析。它意在展示这些群体的文化或"人力资本"如何影响特定群体的进步、所在社会的进步，乃至整个人类的进步。人力资本并非随机分布的，它本身就是世界不同地区、不同气候、不同地理条件和不同历史条件下的产物。本书的目的并不在于提供某种解释文化差异的宏大理论，而在于证明文化差异的实际情形、持续存在以及种种后果——这与当今诸多基于"客观条件"、"经济力量"或"社会结构"这类所谓的起主导作用的宏大理论恰恰相反。

本书刻意避免提供直接的政策处方，因为其前提是，我们最需要的是了解既有的现实、演变至今的历史，以及一直以来制约我们未来选择的原则。不少人都愿意绘制拯救社会的蓝图。重要的是，这些人以及其建议的评估者们知道他们在谈论什么。

为了避免本书标题中"种族"一词引发误解或争吵，笔者将沿用本人先前所撰著作中所采用的一般含义，它最早可以追溯至《种族与经济学》一书："这里采用'种族'一词的广泛社会含义，在日常生活中，它被用来指代按种族、宗教或民族等划分的各种族群。"[3] 本书无意对种族进行更为科学的定义，因为此类定义与目前经过了不知多少世纪种族混杂的地球人类并无太大关系。同样，"大陆"也并不完全是一个严格意义上的地理术语。原因在于，尽管欧洲和亚洲处于相同的陆块，但它们常被视为不同的大陆，也很少有人对此提出异议。二者之间真正的差异并非地理意义上的差异，而在于生物意义上的差异——欧洲人和亚洲人是起源自高加索山脉两侧不同地区的不同种族。

由于本研究更注重社会现实，而非生物现实，所以，它主要从社会角度（而非生物角度）界定种族或民族群体。因此，美国"普莱西诉弗格森案"中的阿道夫·普莱西在此会被界定为"黑人"，尽管他拥有 7/8 的白种人血统。在巴西，白种人血统少于 7/8 的人士仍会被视为"白人"（branco）。这也符合本研究的文化重点，因为普莱西成长于美国的黑人文化之中，而比他拥有更高比例非洲血统的巴西白人则成长于巴西白人文化之中。同样，我们也无须讨论在以色列引起争议的哲学和法律问题："谁是犹太人？"对我们而言，犹太人可以是任何被社会视为犹太人的人，而不需要考虑其宗教或生物学方面的实际情况。只有在第六章《种族与智力》讨论遗传和环境问题时，我们才会着重探讨更具生物学意义的种族概念。

种族是我们内心划分群体的一种方式。在一些社会中，种族是区分人群、对不同人区别对待的最重要的方式。而在其他社会，人们则会因宗教、国籍、种姓或其他特征的不同而受到不同待遇。每种特征都有其自身的神秘之处，没有理由认为除特定社会外，只有种族才具有无所不在、极具影响力的神秘性。在其他社会中，体貌特征与周围人群毫无区别的人们也仍有可能遭受压迫、羞辱，甚至遭到种族灭绝。在很多情况下，人们不得不通过特殊的衣着方式、徽章或其他标志来表明群体成员身份，这正是因为没有自然的生物标志来为区别对待政策的实际执行提供指引。种族是一个生物概念，但也是一种社会现实。它在特定环境中的重要性如何，只能通过对该环境的检视来断定。

在理解任何复杂问题的时候，都会遇到各类常见的困难，除此之外，在试图分析种族和文化问题的时候，还会遭遇另一个维度的困难。各方往往情绪激动、反应激烈。如果所得结论推翻了令人舒适、易于接受的观点，或颠覆了由此所获的声望或事业，那么，该结论不仅会招致批评，还会遭到谴责、歪曲，甚至招致彻头彻尾的谎言。无论历史上多少次、多少个人或群体声称掌握了唯一真理（但随后又被证伪），仍有新的声称者认为，任何对其特定观点的质疑不仅是智识上的谬误，还是道德上的暴行，应当不惜一切代价将其消灭。然而，如果没有人愿意思考新的观点、新的证据，并从中汲取一切可以汲取的东西、获得一切能够获得的启示（即便他们对新的论证并不完全赞同），人类就无法取得进步，我们可能仍然在洞穴里生活。本书正是为愿意这样做的人士撰写的。

第一章

一种世界观

人们究竟是生活在"社会"之中，还是"环境"之中？人们是否受到了祖居之地的影响？如果他们的祖先在迁徙的过程当中在某个地方生活了几个世纪，那么这些祖上的客居之地是否会对后人产生影响？

无论是之于当今各国的重大事件，还是之于人类历史的漫长进程，种族差异、民族差异以及文化差异都发挥了重要的作用。无论是一国内部的社会经济差异，还是世界舞台上的国际差异、文明差异，都反映了历史之中无处不在的巨大文化差异。了解不同民族之间的文化差异史不仅有助于我们了解其不同之处，也同样有助于我们了解文化模式对人类的经济进步、社会进步的总体影响。

　　通常来说，每个民族都自有一套应对经济、社会生活之需的技能，以及判断人生目标高下的价值观念。无论他们走到哪里，这些技能和价值观念都会如影随形。尽管时下流行的"社会科学"将"人"视为周边环境的产物或将其视为社会制度影响之下的直接受害者，但是，无论是移民群体还是征服者群体，都将自身的技能模式和行为模式（他们的文化）带到了最为遥远的地区，带到了截然不同的社会环境当中，这些模式往往又会延续几代甚至几个世纪之久。我们如果摆脱一国历史的视野，转而从国际的视角进行审视，就可能更清楚地看到一个民族的文化特质或人力资本所发挥的作用。例如，在一国视角的局限之下，我们可能会将犹太人在纽约服装行业崛起兴盛的主要原因归结为美国特定历史时期的特殊情况——彼时，大批犹太移民涌入这座城市。[1]然而，我们如果将国际视角（即世界视角）纳入考量，则会发现：早在美国建国之前，犹太人便已经在世界服装行业占据了一席之地，即便算不上行业主导，至少也称得上地位显著——从中世纪的西班牙到近代的澳大利亚，从奥斯曼帝国到俄罗斯帝国，以及在阿根廷、巴西、德国和智利等国，无不如此。[2]与之类似，如果将分析的视角局限于一国之内，我们有可能会将牙买加零售业中华人零售商占据主导的现象归因于该国所特有的一些因素。[3]但是，如果从世界视角对此进行审视，我们就会发现，在菲律宾、马来西亚、泰国、印度尼西亚、越南、巴拿马城和秘鲁首都利马等地，华人零售商也同样占据着主导地位。[4]

与此颇为相近的是，在美洲殖民地、沙皇俄国、法国、澳大利亚及英格兰，德裔群体开启了钢琴制造的先河。[5]从斐济到非洲东海岸、从肯尼亚到南非，颇具创业精神的印度古吉拉特人广泛参与，甚至主导了当地的商业活动。[6]意大利渔民不仅在从希腊到西班牙及北非的地中海沿岸从事贸易活动，他们的足迹还远及美国旧金山、阿根廷和澳大利亚。[7]意大利建筑师不仅设计了俄国的克里姆林宫，阿根廷的下水道系统也同样出自他们之手。[8]苏格兰人则在医学知识的国际传播方面厥功至伟：1726年，他们在爱丁堡创办了全欧领先的医学院，后来他们又派出医师远赴俄国及美国弗吉尼亚等地；该校毕业生还在费城创办了美国第一所医学院，并在国王学院（后更名为哥伦比亚大学）和达特茅斯学院开设了医学院。[9]

除此以外，还有数不胜数的群体在各国的一些行业中地位显著，甚至占据主导。一个又一个的例子证明，想要推动不同群体的成员在行业或机构中平均分布或按比例分布仍是一种不切实际的构想。我们也不能完全将此归咎于排斥或歧视，因为繁荣行业的主导者往往是一些无权无势甚至饱受迫害的少数族群。在奥斯曼帝国漫长历史中的大部分时期，基督教徒和犹太教徒都曾被伊斯兰教法明确划为二等公民，但是他们依然成了该国工商业及医药学的主导者。[10] 正如日耳曼将领在古罗马军团之中地位显赫，[11] 在 19 世纪 80 年代，人数约占沙皇俄国人口 1% 的德裔群体在该国高级军官中所占比例高达 40% 左右。[12] 在 20 世纪两次世界大战及 1991 年海湾战争期间，也同样是德裔将领负责美军的作战指挥任务。

在世界各地，种族群体或民族群体的文化模式多种多样，在各国反复出现的群体职业模式只是其中一种。如果能从国际视角审视这些群体，则可以帮助我们避免被时下流行的"社会科学"的教条所束缚——这些教条蕴含了这样的预设立场：一国对其境内不同群体的职业、经济或任何方面模式的"差异"或"失衡"都负有责任（因此也须承担道德责任）。不仅在不同群体之间存在差异，就连这些群体的亚群体之间也同样如此，这是一种普遍规律，而非例外情形——这种差异不仅存在于他们自身可以控制的事物之内，也同样存在于会受他人或其他机构影响的事物当中。无论是在同一社会内部，还是在不同社会之间，生育率、饮酒量、在校成绩和行为、自杀率和人均工时产出只是衡量种族、民族群体行为差异的部分指标。即便是单调乏味的手工职业，群体之间也普遍存在着显著的差异。例如，在殖民统治时期的马来亚，在橡胶种植园里劳作的华人劳工采集橡胶汁液的速度是马来工人的两倍以上。[13]

即便整个社会并不了解某一群体内部亚群体的细微分类（比如，"所有黑人看上去都一个样"），这些亚群体之间存在的巨大差异往往也不亚于其所属群体同社会一般民众之间存在的差别。[14] 长期以来，苏格兰裔一直是美国社会当中较为富裕的群体，但阿巴拉契亚地区的苏格兰裔群体又是美国深陷贫困最久的白人群体之一。我们如果只是将视野局限于美国社会，则很容易会将这类反常情况归咎于当地的"客观条件"，或是人们在此所遭受的"不公待遇"。事实上，几乎所有主流社会学都教条式地采取了这种研究方法。但是，我们如果从国际视角对苏格兰裔的历史进行全面的审视，就会清楚地发现：定居阿巴拉契亚的苏格兰裔亚群体与他们的其他同胞存在文化上的差异——早在他们登上轮船、横渡大洋之前，这种差异便已存在。[15]

历史上，定居巴西的日本移民和定居美国的日本移民也存在着类似的显著差异。第二次世界大战期间，美国日裔曾经遭到了大规模的拘禁，并且他们早在战争爆发之前便已饱受歧视之苦。相比之下，生活在巴西的日裔群体则没有遭受过此类严酷的待遇。然而，在美日开战之后，美国日裔却依然对美国颇为忠诚，而巴西日裔对日本表现出了强烈甚至狂热的支持。如果仅仅将群体视为周边社会以及所受待遇的产物，则很难解释这一情形；但如果我们考虑到两个群体在离开日本之前已经存在文化上的差异，那么这种现象也就不难理解了。[16]

文化不会随着人们跨越国界或远渡大洋而烟消云散，也未必会因其子孙后代接受了他国的语言、服装和生活方式而荡然无存。

人类的文化史并非特定群体离散历史的简单叠加。由于不同的群体之间存在着形式各异的交流往来（如贸易、移民或征服），一个群体的文化优势会不断传播、惠及他人，其中，最为显著的形式当数产品和服务的交换。一些情况下，技术及技术背后所蕴含的知识也会传播开来。此外，群体之间的交流往来本身往往就足以打破愚钝的文化偏狭。例如，随着摩尔人征服了中世纪的西班牙，他们不仅带来了包括伊斯兰文明的有形成果，还带来了伊斯兰文明的科学和哲学；此外，他们还颇为注重阿拉伯语的纯洁性。在这种文化的影响下，西班牙的犹太群体也开始重视科学领域，重视希伯来语的纯洁性。尽管当时的西班牙犹太人刚刚涉足科学领域，所做的大多不过是对伊斯兰科学的重复和派生，但从长远来看，这一文化接触为犹太群体大量的智识努力重新确立了方向，在此基础上，后世的犹太人才得以有形形色色的原创性科学发现。[17]

多数情况下，人类的发展体现为不同文化间的彼此借鉴和相互影响。然而，"人类的发展进步"（即便只是在某些领域）还有其言外之意，指的是一些行事方式（一些文化）在某些方面优于其他行事方式，也就是说，用这些方式人类能够更加有效地完成某些目标。

应当说，文化差异在不同领域的效力颇为明显，但近年来人们变得不愿探讨这一问题，甚至对此颇为反感。有人甚至还借"文化相对主义"这一概念对其大加否定。考古学、人类学研究揭示了一些被斥为"原始"的群体曾取得的文化成就，因此，人们也自然而然地反感于给民族或文化打上或优或劣的标签。尤其是随着二战中纳粹死亡集中营种族主义暴行被公之于众、令举世震惊，这一反感情绪更是有增无减。而阿拉伯数字不仅不同于罗马数字，而且更优于后者。能够佐证这一点的是，阿拉伯数字已在世界范围内得到采纳，甚至连源自罗马的各个文明也不例外。

很难想象如何用罗马数字来表达天文距离，或是高等数学里的复杂内容。就算只是用罗马数字来表示美国独立的年份——MDCCLXXVI，它所占据的空间也已经是阿拉伯数字的两倍还多，并且更容易出现运算错误，因为复合罗马数字根据单个数字在序列中的位置进行加减运算。此外，在罗马数字系统中，"0"这一数字并不存在，这对于数学家们来说无疑是一大缺陷。数字系统并非空中楼阁，也并不仅仅是文化身份的徽章，它们的存在能够帮助人们进行数学分析，而其中一部分数字系统能够更为有效地做到这一点。其他文化特征的存在也同样有其社会功用，而并不只是为了给人们冠以文化标签。这些功用往往颇为重要，有些情况下甚至关乎生死。最早赴澳大利亚定居的欧洲人有时会因饥饿或干渴而殒命荒野，而在同样的环境之中，当地土著居民却能毫不费力地找到食物和水源。[18]

在某些领域当中，文化优势最为清晰、显著的表现或许在于，一些民族宁愿放弃自身已有的物品或做法，转而接纳外来的文化。书籍取代了卷轴，枪支取代了弓箭。这些民族将掌握外来文化的人士请到当地暂时或永久定居，为他们传授新的技能，同时，也将本土青年派到国外、送到这些文化的起源地进行学习。这也是日本在开办现代工业、学习现代技术的过程中所采用的方法。[19] 几个世纪以来，其他国家也采取了同样的方法。工业间谍活动也是如此——尽管英国早在1719 年便已立法禁止此类行为。[20]

特定文化对特定事物的有效性可能会产生至关重要的影响。例如，正是由于古罗马社会更加发达、军事组织更为有序，古罗马军团才能击败规模远大于己的敌军，从而征服古不列颠。只有理解了这些，我们才能理解人类历史上的诸多事件（或许大部分事件）。我们也不必断言某一民族或某一文化在任何领域或任何时候都能处于优势地位。与之相反，几百年甚至数千年以来，引领科学、技术和组织的文明也一直经历着交替更迭。但我们也不必否认，在特定时间、特定地点，特定文化能够对特定事物产生更为有效的作用——即便同时代的其他文化可能在其他领域更胜一筹。

当然，文化并不是在世界人口当中随机散布的，而是在不同的族群（不同的种族或民族）当中集中存在。尽管并不存在纯粹意义上的种族和文化，但我们可以笼统地探讨大致对应社会现实的生物差异和文化差异。

"种族"（race）一词曾被广泛地用于区分爱尔兰人和英格兰人，或区分日耳曼人和斯拉夫人，同样也被用于区分肤色、发质等方面迥然相异的群体。二战之后，"种族"的概念则更多地被用于区分存在显著差异的后者，而"民族"（ethnicity）一词则被用于区分白种人、黑种人或黄种人内部的不同群体。然而，这一对种族和民族进行区分的二分法看似精确，实际却颇具误导性。无论是种族概念本身，还是其相关概念，都无法科学、精确地指代基因混合了几个世纪之久的人类。本书不会采用貌似精确实则不然的二分法，而会采用一般意义上的"种族"一词宽泛地指代一种包含了生物因素的社会现象。

无论从生物角度来看现实情况究竟如何，"种族"作为一种社会概念颇具力量：它能让人们彼此团结，也能让人们彼此分裂。无论是从外表特征就可辨识，还是需要内心感受才能体会，种族塑造出了一个个具有高度凝聚力的群体，这些群体充当了文化的集中载体，将文化传播到了世界各地。种族和文化的独特性一直存在，但同时这种独特性也在不断地遭受着侵蚀。我们如果想从世界视角看待种族和文化，就应当将二者都考虑在内。但是，我们也不能将任何群体视为会任凭周围社会留下印记（无论是通过自发行为，还是通过社会工程）的白板一块。与之相反，如果能够从世界视角看待种族和文化，我们就能从一个距离更近也更具批判性的视角去审视"社会"这一含混不清、模棱两可的概念。

人们究竟是生活在"社会"之中，还是"环境"之中？人们是否受到了祖居之地的影响？如果他们的祖先在迁徙的过程当中在某个地方生活了几个世纪，那么这些祖上的客居之地是否会对后人产生影响？如果以"环境"解释群体行为的理论采用"社会"这一宽泛概念，一国对各群体经济、社会状况所负的因果责任或道德责任也会相应变少，想在短期内以政策推动社会变革的希望也会变得更加渺茫。

即便外人无法按其预设模式塑造群体，群体也仍有可能进行自我改变。种族和文化的历史可为我们探究群体变化的方式和原因提供种种线索。从长远来看，无论这些变化出现在少数民族群体中，还是出现在单一的民族国家中，它们的规模都颇为巨大。在长达千年的一段历史时期内，与欧洲相比，中国无论是在技术上，还是在组织上都遥遥领先；后来，欧洲在这些领域实现了反超，并在此后的数个世纪中都保持着领先的优势。人类所记载的历史是民族和国家的历史，但是历史上出现的种种模式又是文化上的模式。

即使是在技术时代，各个国家、各个民族和各个文化能在文化上接纳这些技术，也比技术传播本身更加重要。也就是说，它们能够采纳这些技术、使其为己所用、对其加以适配、令其自主发展，一些国家和民族对此颇为热衷。不少国家和民族甘于购买先进技术生产的产品或仿制这些产品的机器，模仿不断探索技术前沿的国家和民族。一位修读亚洲社会史的学生曾对亚洲做出如是评价——这些话不仅适用于这一地区，也适用于其他地区：

> 一些群体似乎很轻易地摆脱了原始的生活状态，几乎完完全全地接受了世界主流思维方式，并投身于世界经济之中。而有的群体尽管曾在数百年间在文化上处于领先，但是它们却未能很好地适应新的情况。[21]

早在 18、19 世纪，英国的工业技术曾经领先世界，应用了这些技术的工业产品和生产机器遍及全球，凡是有人类居住的大陆都出现了配备英国技术的铁路和纺织机器。[22] 而以美国为代表的一些国家照搬并发展了英国的技术，并对其进行了进一步的完善和改进，最终超越了英国。

美国和欧洲大陆都借鉴了英国技术，但美国的效果更为突出，其原因在于英美两国不仅语言相同，还承袭了相同的知识传统和文化取向。但是，日本学习西方技术的路径也大致相同——在照搬西方技术、仿造西方商品和机械几十年之后，日本最终走上了技术前沿，并一举成为全球光学和汽车等领域的质量标杆。种族相似性和文化相似性都无法解释日本人为何能够接受西方技术。但显而易见的是，并非所有的亚洲国家都能够或愿意将部分欧洲文化植入本土文化。日本也并非愿意完全模仿西方文明，在很多方面，日本都公开表达过对西方诸多思维模式、行为模式的鄙夷之情，将其斥为社会堕落的表现。

同样为欧洲技术的学习者，美国人和日本人之间存在着显著的差异——一方是欧洲文化的继承者，另一方则是异文异种的民族。显然，在此类情况下，至关重要的并不是哪个民族同掌握先进技术的民族更为相似，而是哪个民族能够更好地接纳先进技术。这表明了技术的传播并不只是简单的信息分享甚至技术转移。有人认为，技术转移只是技术上的获取，并不涉及文化上的接纳。然而，在很多第三世界国家，西方大规模国际援助计划遗留下来的只是一台台生锈的机器、一间间废弃的厂房，这也揭示了这一论调的荒谬之处。

即便欠发达国家的一些人士在新技术方面训练有素，甚至富于创造力，这也并不足以促使他们的国家接纳外来技术。现代世界往往需要的是基层熟练机械工、电气工和电子技术工——正如在工业发展的早期阶段，能工巧匠为前沿技术人员提供了必不可少的支持。如果缺少这些条件以及其他能够予以补充的条件，很多受过良好训练的人士也无法发挥自身才干，一部分人干脆选择离开第三世界社会，前往工业更发达的社会，以求更好地发挥个人的知识和才干，获得更多支持、赏识和回报。人才由欠发达国家流向工业化国家的过程并非不可避免，它也并不是社会之间存在技术或生活水平差异而导致的必然情形。美国人学习英国工业技术以及日本人学习西方技术并未导致两国人才外流欧洲，而是在国内催生了技术精英阶层，从而促进了本土的技术发展。掌握了其他社会先进文化的人才究竟是会选择留在自己的国家，学以致用，促进本国经济和社会的发展，还是移民到能够更好地接受新知识的国家，这取决于母国的文化取向，也取决于政治和经济决策是会促成新知识的推广，还是会抑制新知识的应用。

简言之，在身为国内少数群体的情况下，民族是周围客观环境的产物；而在国际技术传播的情况下，情况则并非如此。在这两种情况下，民族的文化都是影响结果的重要因素——即便在某些情况下，某一种文化的关键特征仅仅是对其他文化的接纳。

当然，技术并非决定经济进步的唯一因素。工作习惯、储蓄倾向、组织技能、个人卫生、做事态度和自我约束方面的差异都会在经济和社会层面产生影响。这些差异不仅会影响一个国家的不同群体，还会影响不同国家。但是，这些差异也并不是一成不变的。无论是通过技术同化、民族迁徙，还是强制推行，文化都会不断地传播扩散。

一些文化为何能够在不同历史时期抢占先机，从而引领科技或医学的进步？它们又是如何做到这一点的？了解这些问题对于我们来说极具价值。然而颇为不幸的是，在如今"社会科学"大行其道的背景下，想要确定一些文化在某些方面的确领先这一事实颇为艰难——无论是想要比较不同国家或不同文明的文化，还是想要比较同一社会不同种族、民族的不同文化成就。然而，在世界各国，差异的存在是一种常态，而非例外，[23] 尽管其程度大小各异，人们对此的反应也各不相同。

群体差异

想要最简单、直接地了解特定文化对某一群体乃至整个人类的发展进步所起的作用，势必会遇到极大的障碍。其中的一大障碍在于，时兴的思想观念固守文化相对主义立场，否认一些文化的相对先进性，并将群体取得的进步视为"社会"境遇的结果。尽管少数群体或被征服的国家往往会受到其他民族、国家的巨大影响，但民族本身并不仅仅是其他民族的行为所塑造的产物。一个民族的长期命运更是很少会被其他民族的政策所左右。外部影响的确可能会重塑一个民族，但是这种影响很少会受个人或集体决策者的直接控制，他们甚至很少能够预知这种影响。暴君独夫能够让一个民族长期蒙受苦难，但他们无法随心所欲地改造一个民族。大屠杀之后犹太群体的行为（尤其是建立现代以色列国之举）凸显了这样的一个事实：压迫者即便推行了大规模灭绝，也无法改造劫后余生的幸存者们。

文化涉及的不仅仅是态度，还有技能、语言和习俗。然而，如果想通过调查态度来衡量不同群体之间的文化差异，则会忽略一个关键问题，那就是文化体现在行为之中，而不是在嘴皮子上。一种文化的价值观念体现在人们为了追求一些目标而又不得不放弃另一些目标的时候，他们会做出怎样的选择以及付出怎样的牺牲。由于参与态度调查并不需要付出任何成本，所以很多群体声称其所追求的事物也存在着诸多的相同之处。然而，在现实中，他们如果会因此牺牲一些东西，则未必会做出同样的权衡取舍。形形色色的文化普遍都对教育和人身安全颇为重视，但是就其情愿付出的代价而言，不同的文化之间的态度可谓千差万别。

文化相对主义的严重危害在于，它非但无法有效地改善某一文化在技术领域或其他领域的落后状态，而且也会否认这一情况的存在。明治时代的日本人痛苦地意识到了自身处于落后地位。为了改变这一局面，几代人付出了坚持不懈、持之以恒的努力，使得这个在 19 世纪中叶技术仍然落后于人的国家在 20 世纪末跻身一流工业国家之列。[24]如果日本人在最初否认自己的国家处于落后的地位，他们在后来所取得的历史成就也就无从谈起。

"刻板印象"

我们在理解群体行为特征时所面临的一大障碍在于，有关群体行为模式特征的任何现象或证据普遍会被冠以"刻板印象"之名。但是任何行为都会产生一定结果，如果同一群体在迥然不同的环境下会取得相同的结果，则可说明它是不可忽视的经验事实。德裔农民在俄国取得了巨大成功，俄国人自然会将此归功于沙皇政府给予他们的特殊待遇。[25]但是如果我们能够看到，德裔农民在澳大利亚、墨西哥、巴西、洪都拉斯、美国、智利和巴拉圭也同样取得了类似的成功，[26]则说明该观点并不足以解释这段历史。同样，如果只是将华人在牙买加零售业的主导地位归功于牙买加所特有的因素，[27] 就无法解释为什么在地球另一端的多个社会当中，华人同样在零售行业占据着主导地位。

尽管世界各国不乏此类证据，但仍有一种颇为流行的论调将某些群体从事某些特定行业的现象归因于刻意的安排（或强迫）。例如，一位知名的少数族裔专家曾声称，"统治阶层强加的权力关系和生产关系预先决定了中间商少数族裔的地位"。[28] 按照这一观点，这些群体"受指派而从事某一特定行业"[29]，将其归因于群体文化特征的做法不过是种"流行的刻板印象"。[30] 然而，考虑到阿根廷、澳大利亚、美国、波兰、牙买加、巴西、英国、俄罗斯等国家都不约而同地将中间商少数族裔的角色"指派"给了犹太人，这样的巧合实在让人难以置信。

不仅犹太群体如此，很多国家的华人、印度古吉拉特人、黎巴嫩人也同样存在类似情况。即便我们将这种现象的原因归结为一种巧合，那么还有一个疑问依然悬而未决，那就是"社会"是如何向相关群体"指派"特定行业所需技能的？如果说在俄罗斯、法国、英国、澳大利亚和美国的德裔族群是受到"指派"而从事钢琴制造，他们又是如何学会相关技能的？同样的问题也适用于意大利建筑师、苏格兰医师以及爱尔兰政治家——这些群体的足迹遍及多个国家，按此说法也是因"受到指派"而从事各自的行业。"族群指派论"也很难解释一个令人不快的事实，那就是因族群规模太小而遭社会忽视的族群（如居住在澳大利亚的阿尔巴尼亚人或生活在加拿大的马其顿人）也最终会集中从事某些职业。[31] 在美国社会，人数稀少的韩裔群体曾经并不起眼，但在他们大量涌入零售业（尤其是内城社区的零售店铺）之后，这一情况得到了改变。[32]

尽管"指派"理论本身颇为含糊，既无具体机制，亦不能够反驳其他假设的实证检验，但它可以支持"群体差异模式必定是由周围社会环境和社会刻板印象所致"的观点，因此不难理解这一理论为什么会存在。但是，"指派"理论先入为主地否认了各个群体所特有的价值观和特征的存在，这一预设如同一切刻板印象一样随意武断。即便区分群体特征的证据并不是工作或研究的专长领域、酗酒的比例或名下拥有企业情况的经验事实，而只是在某些地区的观察所见（如德裔群体勤奋、诚实），但在现代大众传媒尚未出现、不同社会之间并不了解对方给人的刻板印象之前，数量众多的国家（包括相距甚远的巴西和俄罗斯，或是澳大利亚和美国[33]）便已形成了这些所谓的"刻板印象"。因此，将这些观察所见斥为"刻板印象"之论也越发站不住脚。如果这些印象仅仅是刻板印象，那么这些相距遥远、迥然不同的社会为什么会对同样的群体形成同样的印象呢？

即便是在同一社会当中，如果一个群体内部和外部都对其持有相同看法，那么我们也很难将这些看法归为无知的刻板印象。例如，马来西亚华人自视"节俭"的行为，在马来人看来可能是"吝啬"，而二者所指的其实是同一行为模式，尽管其言外之意并不相同。与之相反，世界各国和不同地区在经济上并不成功的群体（如印度的阿萨姆人和马哈拉施特拉人、尼日利亚的豪萨－富拉尼人、特立尼达的克里奥尔人、马来西亚的马来人、斯里兰卡的僧伽罗人）认为是其自身不思进取的态度和行为模式导致了他们在同本国其他更具进取心、更重视教育、更有生意头脑的群体竞争的过程中败下阵来。[34]

可以看到，同一群体在相距遥远、迥然不同的社会之中表现出相同行为模式的情况比比皆是、层出不穷。在这种情况下如果还要固守"刻板印象"的教条，则有失严谨。显然，人们并不会将所有涉及每个种族或民族的观点都视为真理并予以接纳。在可能的情况下，我们应当根据经验证据对某种看法的潜在影响进行验证，如其结果与事实不符，则应摒弃这一看法。例如，如果有人认为"中间商少数族裔导致价格和利率高于合理水平"，但又有证据表明在这些少数族裔遭到驱逐之后，依然存在价格上涨、利率上升的问题，这些证据就可揭露这一观点的不合理之处。[35] 同样，如果有经验证据能够支持这一观点，我们则不应予以忽视或教条地加以否定。

即便所有种族拥有完全相同的先天潜力，人们在创造有形经济成果和社会成果的过程中所依靠的也并非此类抽象的潜力，而是已经得到开发的能力。不同的民族和文化在发展过程中所处的地理环境迥然不同，因此不同民族掌握的技能也是千差万别。

喜马拉雅山地区的民族无法学习航海大国的技能，因纽特人也无从习得热带地区所产原料的加工技术。欧洲大陆所拥有的地理条件几乎在方方面面都优于非洲大陆：便利的航道、丰沃的土壤、充沛的降雨，并且当地的气候也不会滋生能够导致人畜感染的热带致命疾病。[36] 欧洲拥有多条水深流缓的江河，与此形成鲜明对照的是，非洲河流数量相对较少，且不乏急流和瀑布。考虑到水运所发挥的重大作用，这些条件必然会对两块大陆的经济和文化产生影响。欧洲较为贫困的地区也同样缺乏这些地理优势——这些地区或是远离海洋、河流封冻期漫长（如俄罗斯），或是河流水量很小、降雨稀少（如伊比利亚半岛），或是因山脉阻隔导致文化和经济支离破碎（如巴尔干半岛）。难道这些情况也都只是巧合而已？

当然，其中的影响因素多种多样，地理差异只是其中一种，但是单单这一因素便足以导致不同民族难以获得均等或相同的技能。同样，它们也难以获得均等的自然资源、实现均等的文化发展。我们也没有任何理由认为全球各地的影响因素（包括历史的偶然）颇为相近。并非每个社会、每个时代都能出现成吉思汗，同样也不可能拥有同等储量的石油、黄金或铁矿石。这些差异产生的影响可谓数不胜数，更遑论详细描述了。但是，如果这些因素的共同作用能够形成整齐划一的能力，使我们确信所看到的群体差异都是观察者自身的偏见，并将其斥为"刻板印象"，这也未免太过巧合。

经济差异

不同民族之间的经济差异是最为显著的差异，它不仅仅体现在收入或职业上，还在很大程度上体现在工效上。如前文所述，在殖民统治时期的马来亚，橡胶种植园雇用的未受过教育、缺乏技能的劳工当中，华人的产出是马来人的两倍以上。[37] 因此，华人的收入达到了马来人的两倍以上也就不足为奇了。[38] 远在英属圭亚那的种植园的华工也比印度裔工人更受青睐。[39] 在 19 世纪，参与修建法国首条铁路的英国劳工平均运土量达到了法国劳工的三到四倍。[40]

对比不同的国家，我们也会发现类似的情况。事实上，即便国家之间的确存在巨大的经济差异，这些差异也往往不足以反映不同文化在经济效能上的差异。例如，仅仅对比英国文化和伊比利亚半岛的经济史甚至对比英国和西葡两国的分支社会（如阿根廷或巴西），并不足以评估两种文化在经济表现上的差异。原因在于，驱动阿根廷和巴西等国经济发展的主要因素是技术以及来自非伊比利亚国家（如英、德、日及其他经济更发达的国家）的移民。[41]

与之类似，在 19 世纪和 20 世纪初，来自其他文化的人成了推动俄国工农业发展的主要力量——国内的少数种族和少数民族群体（如德裔和犹太人）以及外国资本家（和他们带来的技术）。[42] 在东南亚，欧洲人、美国人和华人历来是推动当地工商业发展的主要力量。在非洲，赶走了欧洲人（无论是有意为之，还是因政策间接导致）的新兴独立国家遭遇了经济上的失败，而留住了欧洲人的国家则普遍得到了发展。[43]

如想检验不同文化在经济方面（或其他领域）的相对效能，最理想的测试方法就是分析它们在没有外来人员、没有外来技术协助的孤立状态下能够达到怎样的水平。但无论是在今天，还是过去的几个世纪，想要对各国开展此类实验室测试都绝无可能。我们不仅应当承认历史整体而言颇为复杂，而且更重要的是应认识到我们最终往往会低估文化差异的影响，而非夸大这种影响。

一些文献著者对不同民族在经济效能上的文化差异颇为轻描淡写，仅仅将其在技能上和表现上的差异界定为"阶层"差异，并断言在"阶层"差异恒常的情况下，民族之间的差异并不会对经济结果产生重大影响。[44]换言之，一旦群体间的技能差异、表现差异得到消弭，那么不同族群之间的经济收入差异也会趋于消失。谁能想到别的呢？将能力的差异称为"阶层"差异颇为庸俗，因为我们无法用技能去定义阶层。一位身无任何经济技能却继承了大笔财产的百万富翁，与一位无技傍身的贫困人士所处的社会阶层并不相同。尽管外科医生和工程师掌握的技能类型颇为不同，但我们仍可将他们归为同一阶层。

毫无疑问，不同的社会阶层所掌握的经济技能也各不相同，但这些技能也同样会因族群而异、因国家而异。不同的是，族群和国家的存在并不依附于任何关于技能的武断定义。此外，一些移民群体在初来乍到的时候，其社会经济地位会低于周边人群，但是他们会逐渐凭借自身的技能、工作习惯，或是其他经济表现的差异，最终实现反超，借助技能、能力或表现实现阶层的跃迁。就学业表现而言，一些族群在某些领域超过了其他族群的较高阶层——这一点在各式各样的智力测试当中也得到了清晰的体现。例如，在1981年参加SAT（学习能力倾向测试）的美国考生当中，低收入亚裔家庭考生的数学成绩好于家庭收入水平数倍于他们的黑人考生、墨西哥裔考生和印第安裔考生。[45]我们不能简单地将这些复杂的群体间模式归结为"阶层"差异。但这种理解也表明，想要逃避种族差异的现实是多么的困难，以及一些人有多么希望现实会是另一番境况。

尽管不同文化的民族经济工效差异巨大，但是这些差异也并非一成不变，更不会代代沿袭。19世纪早期，德国人的工业技术远落后于英国人，德国最早的铁路和钢铁厂不仅要依靠英国人建造，还需要交由后者运营管理。然而，德国人只用了不到一个世纪的时间，就实现了反超。美国也花了大致相同的时间做到了这一点。日本的情况也大致如此，只用了不到一个世纪的时间便从模仿者转型成了创新者。仅举一例，1948 年，尼康出产的第一台相机明目张胆地模仿了德国的康泰时相机；而随着尼康的进一步发展，这家日本企业无论是在技术上还是商业上，都完全超越了它最初模仿的对象。[46]

技术、知识和技能从产出之地向其匮乏之地传播是经济进程当中的一种正常的趋势。收益递减规律揭示了在任何生产要素供应充足的地方，其回报都会趋于下降；而在其供应稀缺的地方，其回报则会趋于上升。正如水面会依势涨落一样，供应充足的要素往往会流向其供应稀缺的地方——在这些地方，正是因为这些要素颇为稀缺，其生产率和回报也会随之水涨船高。因此，资本、技能、组织、技术或劳动力往往趋于流入其供给尤为稀缺的地区和文化。但正是因为这些技能和要素颇为稀缺，也颇具价值，掌握了这些要素的人才得以过上比当地民众更为富足的生活，这往往又会引发负面的政治反应甚至暴力事件。正如在沙皇俄国工业化时期，外来民族在建设这个国家的同时，也曾饱受本地民族的憎恨和谴责，甚至在一些情况下还会遭到袭击。[47]

不同群体在工效方面的差异引发了各式各样的政治反应。一些国家将经济上能够创造效益，但政治上又会引发反感的生产要素拒之门外，甚至驱逐出境——即便此举可能会导致和平人士遭到大肆的无情驱逐。在过去的很多世纪当中，任何一个大洲都发生过这类事件——无论双方的体貌外形差异颇为显著，还是仅凭肉眼并不能加以区分。不仅只有富裕社会发生过这样的情况，急需此类技能的贫困国家也同样如此。在嫉妒心理的支配下，一些群体可能会开展政治动员，通过法律方式限制高工效群体，并为无法与其竞争的群体出台优惠政策，致使前者遭到大规模驱逐，财产被没收，并遭受群体暴力。在文化高度多元的社会中，这类反应颇为常见——无论其所针对的是斯里兰卡的泰米尔人、俄罗斯的德裔、秘鲁的日裔、尼日利亚北部的伊博人、印度尼西亚的华人、德国的犹太人、土耳其的亚美尼亚人，还是其他多个地区的诸多族群。

对经济差异的政治感知所产生的影响已远远超出了种族和民族的范畴。尽管高生产率能够极大地提升一个国家的物质福祉、民众健康和文化机遇，但是为此做出贡献的人反而可能遭受政治和身体上的怨恨、憎恶和袭击。几个世纪以来，掌握着技能和学科知识的人士推动着经济的进步，人们却认为他们是因为损害了他人利益才过上了富裕的生活。而历史也一再地证明，事实恰恰相反——将他们驱逐出境的国家往往会在经济上遭受损失。

有人在政治上对创办企业的商人大加指责，认为他们"控制"或"垄断"了经济活动。尽管这些人贡献了额外的经济产出，他们却被视为造成经济损失的罪魁祸首——如果他们将其中一部分投入国外，此类指责之声更会不绝于耳。因此，有人将东非的印度族裔视为"束缚"了本地工商业的罪魁祸首——仿佛本地工商业的存在非但与印度裔无关，反而还深受其害。与之类似，华人、犹太人、亚美尼亚人和其他族群的贡献也同样遭到了抹杀。他们所创造的经济效益被视作理所当然，由此产生的经济效益，由此形成的富足阶层、国家或族群却遭人猜疑，甚至被视为恶毒的化身。

技术转移

如果文化之间进行的生产优势转移只是将冷冰冰的技术，而非活生生的人从一国转移到另一国，那么这种转移也不会在社会层面引发太多反感或在政治层面遭受过多抵制，而外来人士如果定居当地并过上富足的生活，则很容易遭到嫉恨。然而，不同的文化对技术转移的接纳程度各不相同，在技术掌握、自主开发方面更是如此。如果输出技术的发达社会同接受技术的社会在文化上颇为相近，则有助于促成技术转移。但是一些文化迥异的社会也对技术引进持接纳态度。例如，英国的技术不仅在美国落地生根，在日本也得以发展。

18 世纪后期，英国纺织制造技术很快便传入美国。到了 19 世纪，英国冶铁技术和炼钢技术以及铁路技术也同样迅速传入美国。在纺织制造领域，美国最早的骡机是在 1783 年从英国偷运入境的。10 年之后，纽约便已开始生产、销售这类机器及其他类型的纺纱机。[48] 19 世纪 50 年代，英国钢铁制造业推行了具有革命性影响的贝塞麦炼钢法，美国很快就掌握了这一技术，在此基础上进行了改进，并在 19 世纪 70 年代末一举超越了欧洲各国。[49] 在铁路机车制造行业，美国机械工程师们的赶超更为迅速——只用了大约 10 年时间，便生产出堪与英国产品媲美的机车，并逐步将英国产品挤出美国市场。[50] 在英国将无烟煤用于生铁制造之后不到 5 年的时间内，美国人也采取了同样的行动。[51]

从英国到美国的技术转移代表一种极为理想的情形：两国语言相同、文化传统相似、思维习惯相近。但是即便如此，这一过程也同样牵涉大量的人员流动。例如，美国曾有大批工程师赴英考察，他们学习了英国铁路机车制造工艺，并开启了美国机车制造的先河。[52] 在工业革命早期，英国的技术人员和工匠往返穿梭于大西洋两岸，充当了技术传播者的角色。[53] 日本曾经面临着更为显著的技术差距、文化差距，但是该国最终克服了种种挑战，取得了成功——就此而言，其表现超越了一些在文化上同英国更为相近的欧洲国家或欧洲的海外分支社会。19 世纪中叶，在佩里准将的推动下，日本开始向世界敞开大门。然而就在彼时，这个封闭的社会仍同西方存在着巨大的差距，其中一点表现在，当佩里准将向一位武士赠送一辆等比例火车模型时，日本人的反应如下：

最开始，这些日本人都在一个安全的距离外胆怯地盯着这辆火车，发动机开动的时候，他们都惊呼了起来，倒抽了一口气。很快，他们就凑到了跟前，仔细地端详、触摸、乘坐，整整一天都是如此。[54]

一个世纪之后，日本的"子弹头列车"成为世界一大技术奇迹，令美国的技术相形见绌。就在这一技术问世之前，日本积极地推动大规模的技术转型，积极吸纳西方的先进技术——尤其是19世纪引领全球的英国技术。

在工业革命的早期阶段，在很多情况下，是实践经验而非科学理论推动了技术发展。因此，技术转移的过程也会牵涉拥有实践经验的人员的流动。尽管彼时实践知识和经验尤为重要，技术人员和工匠发挥了主导作用，[55] 但随着以科学理论为基础的技术逐渐兴起，此类技术及相关科学的正规教育也变得愈加重要。随着低工业化国家越来越多的学生前往技术更为先进的国家、就读于当地的高等学府和技术学院，正规教育也逐渐成了国际技术转移的一大重要途径。长期以来，除了这两种方法之外，技术转移的其他形式还包括书籍、期刊以及普遍存在的工业间谍活动，但随着时间的推移，它们各自所占的比例发生了显著的变化。尽管正规教育价格不菲，但是试错式的学习方法也同样需要高昂的间接成本——无论是导致效率低下，还是造成设备损坏。

例如，在19世纪的日本，与其从英国进口一台先进棉纺设备，还不如同时进口两台体量更小、更易操作的机器，原因在于，彼时日本的技术人员极为匮乏，无力进行先进技术的维护。[56] 当时还出现了因染工缺乏必要的科学知识，在使用进口染料时造成织物损坏的情况。直到日本政府派遣学生前往海外学习化学之后，这一情况才得到改观。[57] 此外，由于日本早期的工程师水平欠佳，他们所设计的棉纺厂房也是问题频出，厂房建成之后还需要不断地进行修缮，该项支出也同样数额不菲。[58] 此外，工人所应具备的一般技能也同样严重匮乏，这导致机器损坏、停工维修，造成了巨大的损失。[59] 然而，随着时间的推移，日本人的技能水平也在不断地提高。到了 1880 年，大多数在日工作的外籍火车机车司机都遭到了解雇，取代他们的是学会了这门技术的本土同行。就在同年，一位日本工程师在没有外国工程师帮助的情况下建造了一条连接京都和大津的铁道线路。[60] 19 世纪 90 年代，随着一大批赴英深造的工程师学成归来，日本开始自行生产机车，其质量可与英美产品相媲美。[61]

在技术转移的早期阶段，这一过程往往也会伴随着人员的转移，包括设备的安装人员、操作人员、维护人员及相关的培训人员。因此，在 19 世纪的法国、德国、丹麦和俄国，造船厂的很多技术人员、工人和工头都是英国人。[62] 19 世纪末 20 世纪初，沙皇俄国的工业化计划高度依赖于来自西欧和美国的工程师、技术人员和工人，早期共产主义经济体系下的部分地区也存在同样的情形。[63]

对于技术转移，不同技术输入国的反应可能迥然不同：一些国家只会消极被动地接受产品或技术；有的国家则会积极地进行适配，并进一步发展所学技术，对技术背后的科学原理进行深入分析。第三世界国家大多只是被动接受现代产品、现代技术，而 19 世纪的日本则重复利用了西方技术，并在 20 世纪后期多个领域实现了对西方的反超。为什么一些文化能够更好地接纳、适应其他文化的方方面面？这一问题的答案尚不得而知，但毋庸置疑的一点是，不同文化的接受能力不同——正如它们在其他诸多方面也同样如此。连负责技术转移的官员们都天真地认为，这一问题的关键在于技术的获取，[64] 但事实上，其关键问题在于技术的利用。强调"无法获取技术"只是一些民族为了推卸因果责任的一种托词。在大众传媒时代，多语种书籍在全世界发行、国际学生交流频繁、资本市场遍布全球、跨国公司遍地开花。在这种情况下，技术的获取很少会成为问题。

同样清楚的是，在某一特定历史节点，一些文化处于遥遥领先的位置——这一优势不仅存在于某些单独的进程之中，也存在于整个技术和知识领域。在很多世纪以前，日本不仅引入了中国的书写系统和哲学理念，还引入了中国的棉花种植和纺纱织造技术等寻常技艺。[65]在近代，两国在技术领域的地位发生了显著的扭转，在很多方面也同样如此。在这两个不同的时代，两国之间存在着真真正正且影响颇深的巨大技术差距，尽管这种差距的存在并不长久——如果长久存在这种差距，则可能表明不同民族的确存在着先天方面的能力差异。类似的情况也曾出现在欧洲：在17世纪末18世纪初一举成为新技术净出口国之前，英国也曾对欧洲大陆的技术进口颇为依赖。[66]在这些例子当中，两方之间同样存在着巨大的差距，并且涉及的范围也颇为广泛，涵盖了各式各样的技术。在中世纪时期，欧洲文明广泛地从伊斯兰世界汲取了大量的知识，所学内容包括天文学、哲学、数学、手工艺和农业。[67]与上述例子类似，在后来的几个世纪里，知识流动的方向出现了变化。在一些情况下，从历史的角度衡量，这种扭转的发生过程相对短暂：19世纪，德国的工程师们曾经赴英学习造船技术，但到了20世纪初，他们又前往英国，这一次则是为了教授英国人相关技术。[68]

无论人们对其他文化的技术转移表现出怎样不同的反应，总体而言，相较于外来人员的迁入，人们似乎更容易接受技术的转移——如果移民们继续保持鲜明的群体特征，而且未被同化，人们的态度就更是如此了。换言之，相对于高技能移民，人们对精密机器的反感程度更低。但是，如果有人将国外生产或外资所有的机器视为其产地人能力的体现，那么在某种程度上这些机器也可能会成为人们反感的对象。例如，阿根廷曾在英资铁路收归国有之后，便宣布开展举国庆祝活动。[69]

文化态度

　　文化之间的差别不仅在于成就的不同，还在于促使它们取得这些成就的态度。这些态度同经济成就的相关程度远远高于一些人大肆吹捧的"客观条件"（如初始财富或自然资源）。尽管日本自然资源极度匮乏，但该国经济依然实现了蓬勃发展。尽管很多第三世界国家土地丰沃、矿产丰富、水电潜力巨大，但其经济发展仍旧举步维艰。阿根廷坐拥世界上最适宜种植小麦的土地，该国却一度依赖进口小麦。后来，在其他文化的移民群体的努力之下，阿根廷才得以跻身全球小麦出口大国之列。

　　其他影响经济成果的文化态度还包括对教育、商业、劳动的态度，尤其是对所谓"卑微"劳动的态度。

教育

　　即便不同群体的文化迥然不同，但人们普遍都对教育颇为重视。这种"普遍"颇具欺骗性，因为它掩盖了不同文化之间的巨大差异，即人们愿为哪类教育牺牲多长时间、花费多大精力以及放弃多少乐趣。在很多第三世界国家，人们往往会忽视社会急需的科学技能、技术技能、组织技能和创业技能，转而学习相对容易的学科。这些国家当中，属于不同文化的少数民族（如斯里兰卡的泰米尔人、马来西亚的华人）攻读数学、科学、工程或医学专业的学生比例不仅远远高于族群所占人口比例，甚至占到了绝大多数。

　　拉丁美洲也存在着类似的模式。20世纪中期的一项研究显示，就读于圣保罗大学的学生当中，非巴西裔学生更多地集中于学习和研究工程、经济学及类似的"现代"学科，而巴西裔家庭背景的学生则多集中在法律和医学等较为传统的领域。[70] 同样，在智利大学，德裔或意大利裔学生在物理学科的表现颇为突出。[71] 在拉丁美洲很多地区，技术和科学行业曾经长期受到轻视。[72] 其结果是，移民和外国人成了推动这一地区工业化进程的主导力量。

农业科学同样容易受到忽视，甚至在以农业为主的第三世界国家也同样如此。例如，尼日利亚曾有 40% 以上的高级农业研究岗位出现了空缺。[73] 在塞内加尔独立了近 20 年后的 1979 年，该国仍然没有任何大学开设农业课程，而就读于达喀尔大学的文科学生达到了数千人。[74]

在马来西亚，马来学生也趋向集中于文科领域，[75] 他们当中的很多人在毕业之后只能进入政府工作，[76] 因为他们并不具备任何经济技能。这种情况也并不仅仅存在于马来西亚。斐济的一位内阁成员曾坦率地宣称，该国教育系统培养出来的斐济学生的"唯一用途"就是"进政府机构里面混日子"。[77] 在印度，3/4 的大学生在毕业后进入了政府机构工作。[78] 而一位研究非洲的权威人士将非洲教育称为"出产毕业生官僚的机器"。[79] 尽管印度尼西亚小说家阿南达·杜尔曾经警告"我们必须摆脱要做政府职员的愚蠢念头"，该国青年仍对投身官僚职业颇为热衷。[80] 在欠发达国家，政府部门仍是很多人就业的首要目标，同时它也是导致群体间冲突的一大主要来源。[81]

接受过正规教育者常常会产生这样一种幻觉，那就是自己理应得到回报，也无须从事很多工种——对于极少接受正规教育或正规教育历史较短的民族而言，这种态度更为明显。例如在印度，一个人哪怕只是接受过最为基础的教育，也会不再情愿涉足体力劳动。据估计，在 20 世纪 60 年代，印度生活着超过百万的"受过良好教育的失业者"，他们"在没有带薪岗位的情况下很好地维持着生活，主要是依靠家人的接济和支持"。[82] 这种社会现象不只存在于印度。其他第三世界国家也存在着类似情况。

这些态度不仅会对在岗人士产生影响，也同样会对无业人士产生影响。甚至连工程师在内的受过教育的人士也越来越青睐案头工作，在"可能需要接触机器的时候变得畏首畏尾"。[83] 简而言之，教育能够让人产生期望心理和厌恶情绪，从而导致个人工效的降低；与此同时，教育可能会（也可能不会）赋予人们技能和学科知识，从而导致个人工效的提升。教育的类型、受教育者的个人特质以及社会自身的文化价值观共同决定了提供更多教育是否能够以及在多大程度上能够产生净效益。一味盲目地将更多人推入学校接受教育未必有利于促进经济发展，甚至还可能会影响政治稳定。如果一个社会无法满足权利意识强烈者的诉求，且也缺乏必要的技能或勤奋去创造国民财富，从而满足其期望，那么这个社会则有可能陷入无法治理的境地。在西班牙的巴斯克人和加拿大的法裔群体当中，软性学科知识分子（尤其是教授和学校教师）在煽动内乱和分裂主义方面起到了推波助澜的作用。[84] 这也表明了非技能类教育还存在着多种引发政治不稳定的危险。

不难理解，对于几代人都处于殖民统治之下的第三世界国家民众，西装革履、坐在办公桌后翻阅文件的殖民官僚形象已经在他们的脑海里根深蒂固，因此，他们一有机会便会加以效仿。但是，这些官僚背后的帝国主义国家所拥有的财富和权力并不仅仅是坐在办公桌后翻阅文件便能够创造出来的。真正创造财富和权力的是万里之外的科学、技术、组织、学科知识和创业精神——殖民地民众无法看到这些基础性的因素，也无意模仿它们。

无论是在欠发达国家，还是在工业化国家，社会中的劣势群体普遍青睐内容简单的自我吹捧课程，如新西兰的毛利人研究、新加坡的马来人研究以及美国的各类族群研究。有人声称，此类课程可以鼓舞学生，有助于提高他们其他科目的学业成绩，但这种说法完全没有事实依据。显而易见，无论是民族研究，还是其他学科的简易课程，都对劣势群体的学生颇具吸引力。

这样的模式在很多国家都普遍存在。例如，在印度，贱民种姓的大学生大多学习难度较低、不受重视且报酬较少的学科。[85] 与之类似，在苏联时代，略多于半数的中亚学生都将教育学科当作自己的专业。[86] 与之类似，以色列的中东和北非犹太人群体，[87] 以及美国的西班牙裔群体也同样倾向于在挑战更小的高校就读，攻读难度更小的学科。[88] 此外，相较于英国新教徒而言，北爱尔兰的爱尔兰天主教徒对科学技术并无太大兴趣。[89]

而他们的后代有了更充分的准备、更充足的信心之后，则可能会选择难度更高的学科领域。在美国，父母受过大学教育的黑人大学生、拉美裔大学生和印第安裔大学生修读数学和科学的人数比例远高于族群其他成员，并且这一水平同其他美国大学生无太大区别。[90]

职业

不仅对待教育的态度如此，不同文化对待工商业的态度也同样千差万别。例如，几个世纪以来，西班牙和拉丁美洲的拉丁裔精英普遍轻视工商业。[91] 葡萄牙殖民帝国也存在类似的情况。[92] 即便是拥有巨额财富的精英群体也往往倾向于通过土地持有获得财富，而非通过工商业获得财富。其结果便是，在拉丁美洲大部分地区，各国工商领袖当中有相当大的一部分（甚至数量绝对占优）人士都是非西班牙裔、非葡萄牙裔移民及其后代。20 世纪的一些研究表明，墨西哥 40% 的商业领袖的祖父为外国人。入选阿根廷名人录的声望卓著的企业家中，有 46% 生于国外，其他很多人则是移民后代。在巴西，大多数工业企业家或为移民，或为移民子女。在智利首都圣地亚哥，大型工业企业的掌舵人约有 3/4 为移民或移民子女。即便是在哥伦比亚和秘鲁这些移民相对较少的国家，移民及其子女在工业企业家当中也占据了很大的比例。[93]

西葡社会的较高阶层不仅对工商行业嗤之以鼻，他们对较低阶层的体力劳动和艰苦工作也同样颇为厌恶。这种态度并非只是懒惰，它还反映了一篇描述 17 世纪西班牙的文章所总结的"以懒为荣的幼稚"以及对体力行当"社会耻辱烙印"的厌恶之情。[94] 几个世纪后，拉丁美洲的西班牙和葡萄牙分支社会中也同样存在类似的态度，巴西贵族甚至对脑力工作也颇为不屑。[95] 前往巴拉圭定居的日本农业移民勤于耕种，令当地人颇为困惑。[96] 洪都拉斯的农民则抱怨同德裔农民进行竞争很不公平，因为后者工作太过勤奋。[97] 由于开垦荒地工作辛苦、条件恶劣，巴西、智利、阿根廷和巴拉圭政府甚至曾专门招募非伊比利亚移民前往这些国家从事这一工作。[98]

这里关注的并不是伊比利亚文化有着怎样的"问题"，而是少数几个西北欧国家及其海外分支（如美国和澳大利亚），以及借鉴、发展西方技术的亚洲国家（日本是其中的杰出代表）有着极高的生产率水平。从国际角度来看，这些繁荣的国家是例外情况，而不是普遍情形。其人均产出水平远远高于其他国家。[99] 在这几国的近代历史上，适宜的因素为什么又怎样恰到好处地结合在一起？这是一个尚未得到解答的主要问题。无论是小心翼翼、彬彬有礼地遮掩这些差异，还是坚持文化相对主义观点将其置之一旁，似乎都无法为我们揭示任何答案。在拉丁文化和葡萄牙文化乃至第三世界大部分地区的文化当中，商贸活动对受教育阶层远远不像政府工作或专业工作那样具有吸引力。[100]

这并不是一个抽象的"能力"问题，甚至也不是一个具体的技能问题，同样也绝非简单的经济活动参与意愿的问题。这些活动都有其自身的先决条件，不同的文化满足这些先决条件的程度各有不同。显然，如果社会文化对契约义务颇为抵触，[101] 或"将真理视同儿戏"，[102] 或对地位差别过度敏感导致职场合作难以进行，[103] 或缺乏主动性和责任感，[104] 或对精确程度、因果关系无甚概念，[105] 那么，这些社会也就很少能够满足或无法很好地满足参与经济活动的先决条件。

对于很多人甚至大多数人而言，现代技术的核心方法——科学抽象是一个颇为陌生的过程。一些国家的智力测试人员注意到了这样一种现象，那就是对于某些文化背景的人来说，认真对待抽象问题颇为困难。[106] 在文化取向迥然不同的情况下，我们甚至很难将先天"能力"的问题摆上桌面进行探讨。即便是想通过一场赛跑来测试跑步速度，首先也需要人们在起跑时间和奔跑方向方面达成一致。

同样，不同群体、不同社会对"卑微"工作的厌恶也大为不同。通常而言，工业化国家会引入外籍劳工承担这些"卑微"的工作，但如今的日本则是个例外——在这里，人们并不排斥此类工作，也不会像其他地方的人们那样以此为耻。[107] 相比之下，很多斯里兰卡人仍然对任何形式的体力劳动都极端厌恶，即使安排他们完成一些简单的经济任务也会颇为困难。[108]

价值观念与现代工业经济要求更为契合的个人或群体可能存在于同一社会内部，也可能来自外部，但问题在于他们是否能够产生持续的影响。如果自以为是的本土精英阶层影响力巨大，足以吸纳充满活力的新兴力量（例如，只有在企业家放弃商业，转而持有土地的情况下才接受他们），则有可能会扼杀这些推动社会整体进步的动态力量。俄国的德米多夫家族便是一个典型的例子。这一家族在 18 世纪开创了俄国钢铁工业，其产量长期占据着国内行业的半壁江山，在整个欧洲也处于领先地位。但在后来，随着德米多夫家族被沙皇封为贵族，这一家族退出工商业，成为地主贵族。[109] 在沙皇治下的俄国或帝制时代的中国，崛起的资本家们普遍期望跻身地主绅士或政府官员之列。[110] 西班牙和拉丁美洲的历史上也出现了类似的情况。18 世纪的法国同样如此，在这个国家，一个家族在商业方面的成功很少能够延续三代，因为人们在拥有了财富之后，往往会受封贵族或者得到公职。[111] 一个国家如果对商人推行了掠夺性或腐败性的政策或实施了此类行为，将其视为猎物而非资产，那么此类举措往往会加速企业家的角色转变。[112]

在本土居民历来缺乏创业精神的社会之中，社会的发展向来高度依赖外国人士——阻碍或弱化本土创业精神的社会力量并不会对后者造成影响。尤其令人啼笑皆非的是，在清朝晚期和民国早期，中国现代工商业仍被欧美人主导的同时，世界其他地区为数庞大的华人企业家阶层却在不断发展，并未受到其母国社会模式的约束。过去的中国也并不是唯一一个在创业、贸易和手工业方面都严重依赖外国人的国家。在16、17世纪的西班牙，此类职业也极度依赖来自欧洲其他地区或伊斯兰世界的人士，[113] 而后来拉丁美洲的西班牙分支社会也同样依赖来自欧洲其他国家、亚洲或中东的移民。[114] 与之类似，奥斯曼帝国的经济活动也严重依赖国内少数民族和外国人士。[115] 在东南亚和非洲部分地区的很多国家，情况也同样如此。[116]

文化"认同"

我们可将独特行为特征、独特价值观念和独特思维方式的问题同民族成员个体自觉"认同"的问题区分开来。即便是否定自身根源的人士也仍会不知不觉地展现这些根源。尽管15世纪皈信基督教的西班牙犹太改宗者大多支持反犹政策，但他们所从事的职业、所取得的成就依然同其改宗之前别无二致。生活在东南亚地区的很多华人都自视为热爱自己国家的泰国人或缅甸人，但他们依然保持着华人所特有的工作习惯和价值观念。东南亚的很多带有华人血统的人士也同样如此，但如同西班牙的犹太改宗者热衷于排挤犹太人一样，这些拥有华人血统的人士也有部分成了臭名昭著的排华者。

与之相反的是，已经脱离所属群体文化根脉的人士以及鲜有甚至并无所属群体社会经历的人士反而对其族群有着尤为强烈的"认同"，他们甚至可能会以高调、夸张的方式来表达这种认同感。事实上，一个在全世界都颇为普遍的社会现象是，人们在失去了某种文化之后，往往又会成为这一文化最为坚定的倡导者。一直以来，在欧美接受教育，思想和价值观彻底西化的非洲人一直是泛非主义的极端信奉者。最早提出"黑人性"（Negritude）概念的是生活在巴黎的加勒比移民群体，[117] 而最早提出"巴基斯坦"一词的则是一群来自南亚次大陆的剑桥大学穆斯林学子。[118] 对秘鲁的古印加文化最尊崇的并不是土著印第安人，而是文化互渗之下的印欧混血——梅斯蒂索人。[119] 在 20 世纪 50 年代的斯里兰卡，一个曾经就读牛津大学、不懂本族语言的西化僧伽罗基督徒推动了佛教极端主义和僧伽罗沙文主义的滋生。[120] 在这些国家及其他国度，被同化程度最高的族群成员不仅是文化复兴的领导者，[121] 也是历史仇怨的煽动人。第二次世界大战期间，加拿大的第一代及第二代日本移民曾经饱受歧视，随后失去了人身自由。但战争结束后，他们几乎并未对此怨恨不已。而对于这些自己并未经历过的事件，第三代日裔却感同身受——对于老一辈的经历，他们常常会发出这样或那样的感叹："他们为什么不肯说二战时在加拿大被人喊'肮脏的日本佬'是什么感受？"[122]

相较于人为推动的复兴运动，文化认同在真正意义上的延续很少会像前者那样咄咄逼人、夸张做作。看到少数爱尔兰人说盖尔语或看到少数美国黑人讲斯瓦希里语，公众往往都会大肆追捧，而讲意第绪语的犹太人数量颇多，人们对此的反应却颇为平淡。一些群体，如宾夕法尼亚州的阿米什人及生活在加、美、墨三个国家的门诺教徒，几百年以来都保持着相同的生活方式，几乎如同封存在时间胶囊里一样，从未表现出装腔作势的姿态。

当一种文化无可挽回地走向没落之时，便会有人极力捍卫它，不仅民族问题上存在这类情形，其他问题也同样如此。在美国的南方地区，南部同盟战败之后出生的一代人曾不遗余力地美化其内战期间的未竟之志及战后影响，相关的例子包括经典电影《一个国家的诞生》，乌尔里克·B.菲利普斯所讲述的颇具学术性但又充满自我辩护意味的历史，以及对一切大肆美化的小说《飘》及其改编电影《乱世佳人》。[123] 与之类似，对种族和民族的文化认同往往会在它们随风"飘"零之后呈现出其最具意识形态的形式。

过于夸张的文化"认同"已经不仅仅是一种缺陷，它还会造成更严重的社会后果，其中包括将危险的权力拱手送给各个群体的边缘极端分子，并将其同身边整个社会的文化优势隔离开来，由此也扼杀了落后群体的文化发展。尽管长远来看，文化狭隘主义或许会带来严重后果，但是，将危险的权力拱手交给极端分子则会造成更加严重的短期威胁。

当两个群体的边缘派别发生冲突时，即便双方各有 90% 的成员对另一群体并无敌意，其各自的反应也会因内部认同和团结程度的不同而迥然不同。在群体认同和团结达到狂热程度的时候，每一场这样的冲突都可能被视为所在群体遭受了更大的威胁；而在风平浪静的时期，双方可能会将同样的事件归咎于流氓或煽动者——这些人本身就为多数群体成员所不齿。夸大的身份认同会给相关群体和整个社会造成高昂的社会成本。

长期来看，对于在教育、收入及二者的社会影响方面都落后于人的群体而言，过分夸大的"认同"会导致尤为高昂的成本。纵观历史，对于群体、国家乃至文明而言，想要取得文化成就，就需汲取他人之长。在中世纪时期，西班牙犹太人完全照搬了伊斯兰世界的科学和数学，直到后来，他们才做出了属于自己的贡献。西方文明则吸收了中国和伊斯兰世界（包括南亚次大陆部分地区）的技术和科学，此举也为其自身在相关领域的领军地位奠定了基础。尽管日本在 20 世纪也曾长期生产仿冒欧美商品的伪劣廉价产品，但它最终在多个领域冠居全球——无论是从数量上，还是质量上来看，都是如此。

过分夸张的群体"认同"会使文化借鉴之举形同叛变。有人甚至敦促一些群体放弃为同时代 10 亿人所用、在科学和哲学等领域大量文献中所使用的语言，转而使用他们祖先的语言——这种语言只有当地才有人使用，且会者寥寥，用该语言撰写的文献也颇为稀少，甚至从未存在。在新西兰，有人甚至提出将毛利人的语言定为整个国家的官方语言。[124] 马来西亚已经不再把英语作为高等教育用语，尽管英语已在马来西亚颇为普及，连主流媒体《新海峡时报》用的也是英语。

如果一国政府为族群的认同提供资金支持（在澳大利亚、英国、加拿大和美国，此举常常被冠以"多元文化主义"之名），则无异于人为地制造巴尔干化现象，而完全无视亚非多地及巴尔干半岛本土巴尔干化的惨烈历史恶果。

第二章

移民与文化

　　人类的移民活动让文化得以跨越遥远的距离、改变整个世界，这是因为，新的技能、新的组织模式、新的工作习惯、新的储蓄倾向以及对教育和生活的新的态度，都会对人们所迁入的环境产生影响。环境能够塑造文化，但随着文化传入其他地区，文化也能塑造新的环境。

人类的移民活动让文化得以跨越遥远的距离、改变整个世界，这是因为，新的技能、新的组织模式、新的工作习惯、新的储蓄倾向以及对教育和生活的新的态度，都会对人们所迁入的环境产生影响。环境能够塑造文化，但随着文化传入其他地区，文化也能塑造新的环境。

　　人类移徙的形式多种多样。在成吉思汗的蒙古大军横扫亚洲、深入欧陆的同时，这些地区的所有民族也随之而动。与之形成对比的是，在不同的历史时期，有大批的犹太人和华人遭到驱逐，数以百万计的非洲奴隶被贩往西半球和中东。从古到今，全世界有大量的难民为了躲避天灾人祸而被迫逃离故土。移徙的人群不仅在种族和民族群体之间存在着某种文化差异，在难民和征服者之间以及在完成同化的移民和自我封闭的移民之间，还存在着更为普遍的差异。我们将逐一探讨这些不同类型的文化差异及其后果。我们还要探讨一个更加宏大的问题：在一定程度上存在于多个民族、多种文化之中的现代文化是如何演变的。

移民的影响

近几个世纪以来，个人和家庭的自愿移民一直是推动国际人口流动的最主要原因。就连黎巴嫩这样的小型国家，在一个世纪的时间当中都有数十万人移居国外。在 19 世纪下半叶，曾有 250 万穆斯林从俄罗斯帝国移居奥斯曼帝国。[1] 而欧洲作为这个时代的主要征服力量，成了大部分移民的输出地。美国则一直充当着欧洲移民的最大输入国，其本身也是移民推动经济、文化变革的最好例证。在过去几个世纪，有 7 000 万移民离开了欧洲，这些移民当中，有近 5 000 万人前往了美国，[2] 其中有 3 500 万人是在 1830 年至 1930 年这百年之间抵达的。[3] 然而，澳大利亚、阿根廷、加拿大和巴西等其他欧洲分支社会的转变和发展并非仅仅依靠征服者之力，来自欧洲其他地区的移民群体对此亦有贡献，在某些地区，后者甚至还主导了这一进程。这些群体不仅包括移民来的定居者，还包括暂居于此的旅居者（如对拉丁美洲的经济发展贡献卓著的外籍旅居人士）。

非欧移民在很多社会的现代化进程中发挥了重要作用，其中包括曾处于欧洲殖民列强政治控制之下的一些社会。例如，来自南亚次大陆的移民群体在东非的广大地区开创了零售和批发贸易以及工业和国际贸易，卢比也一度成为这些地区的本位货币。[4] 在东南亚的很多国家，华人移民最初往往只能依靠苦力谋生，后来一些人成了企业家，改变了当地的经济和社会格局。[5] 无论是在东非还是东南亚，移民在推动经济转变的同时，也实现了自身由贫至富的经济转变——从贫穷到富裕，或至少以当时当地的标准来看，其生活达到了小康（modest prosperity）水准。西非的黎巴嫩裔群体及巴西南部、加拿大西部的日裔群体都曾推动或在一定程度上推动了当地经济的早期发展。这种经济和社会变革并没有随着这些国家开拓时代的告终而结束。一批又一批来自不同地区的移民又会带来新的技能、新的态度、新的资源，有些情况下它们会产生巨大的影响。

这些转变反映了土著和新移民之间的显著文化差异。例如，尽管葡萄牙人在巴西居住、统治了数百年之久，但是在欧洲其他国家移民群体到来之前，他们对当地现代经济的发展贡献甚微。在 19 世纪早期的巴西，连门、面粉、糖、盐、家具和书籍之类的基本物资都需要从国外进口。[6] 到了 19 世纪晚期，来自德国、意大利和其他国家的移民群体成了该国大多数行业的开拓者。直到 20 世纪中期，他们的后代仍然主导着这些行当。[7] 从 19 世纪末到二战结束这段时期，圣保罗的进口商人几乎无一例外都是移民。[8] 这并不是因为葡萄牙裔巴西富人的数量寥寥无几，而是因为在巴西种植园主精英家庭中，从事非农职业的人士往往更愿投身专业领域，而对工商行业并无兴趣。直到 1913 年，巴西港口城市桑托斯的前 15 大出口企业中，只有两家是巴西人创办的公司。[9]

与巴西类似，阿根廷也曾因移民大量涌入所导致的人口结构变化而发生了显著的变化。截至 1914 年，移民占到了阿根廷总人口的 30%——几乎两倍于美国大规模移民时代的峰值。[10] 然而，移民对阿根廷经济的影响不仅仅限于人口方面。在大规模移民时代开始之前，除了养牛行业之外，阿根廷的经济缺乏活力。到来的移民一手开创了该国的工业和农业。

1873 年，布宜诺斯艾利斯的德裔群体拥有 43 家进出口企业、45 家零售企业和约 100 家手工艺品店。[11] 该国移民群体当中人数最多的是意大利人，一些时期他们占到了逾半数比例。他们当中的农民和农场工人将阿根廷的潘帕斯草原变成了丰饶高产的农田。[12] 意大利裔群体对城市经济发展的贡献颇大，他们有一技之长、身强力壮、省吃俭用，促进了很多行业的发展。[13] 截至 1895 年，阿根廷产业工人当中外国人的比例达到 3/5，而在工业企业主当中，外国人则占到了 4/5。[14]
直到 20 世纪 20 年代，阿根廷还流传着这样的说法："要想钉鞋掌、
修锁、补壶、做书架、装订书、印册子、冲胶卷或修相机，你得去找
移民或移民的儿子。"[15]在 20 世纪中叶的 25 年时间中，阿根廷的将军、
海军将领和主教群体中，超过 3/4 的人要么是移民，要么是移民的儿
子（后一种情况居多）。[16]

在 20 世纪初，墨西哥尤卡坦州人口比例不及 1% 的移民群体成
了工业发展的主导力量，使得这个原本贫困不堪的地区一举跻身全国
最富地区之列。[17]在秘鲁，非外商控制的制造业企业大多也是由移民
家庭所掌控。[18]在智利，德裔移民将贫瘠的荒野变成了南美闻名的农
业景区，[19]并创办了皮革厂、锯木厂、肥皂厂、面粉厂、酿酒厂、制
鞋厂和造船厂等工业企业。[20]在智利的工业化进程当中，移民也同样
扮演了颇为重要的角色——直到 20 世纪的下半叶，圣地亚哥的工业
企业当中仍有 3/4 的企业属于移民及移民后代。[21]

这些移民当中很少有人是带着财富来的。相反，在阿根廷，跻身
中产阶层的人士大多是劳工阶层出身。[22]前往巴西、巴拉圭进行拓荒
的德裔农民也大多出身农民，早年有过悲惨的经历，曾为生存而挣
扎。[23]意大利裔农场工人最初生活贫苦不堪，并遭受了粗暴的对待。
秘鲁的华人和日本契约工更是如此，尽管他们的后代在当地的零售业
颇具地位。[24]这些群体并没有带来财富，他们带来的是创造财富的能
力——无论这些财富的规模是大是小，也无论创造这些所依靠的是
自身的技能，还是勤奋的工作。不同于来自西班牙和葡萄牙的殖民
者，这些族群对待体力劳动、工商行业和节俭行为并无鄙夷之情。[25]

在欧洲移民（主要为非伊比利亚移民[26]）的工作推动拉丁美洲发
展的同时，外国商人的经济活动也起到了补充的作用。尽管这些外国
商人未必会在他们创业的国家永久定居，但是他们仍在该地区的经济
体中发挥了重要的作用。外籍人士往往会主导贸易行业，尤其是国

际贸易。1841 年，巴西主要港口——累西腓的 65 家进出口商中，只有 22 家为巴西人的企业；到了 1848 年，该港口的 77 家进出口商中只有 23 家是巴西人的公司。1885 年至 1886 年间，在桑托斯港从事咖啡贸易的 27 家出口公司中，只有 4 家是葡萄牙裔商人开办的企业。1844 年到 1902 年间，里约热内卢贸易协会成员当中，巴西本地人所占比例甚至不足 1/3。[27] 在 19 世纪的拉美地区，国际贸易商中外籍商人人数占优的现象颇为普遍。[28] 在智利的瓦尔帕莱索和圣地亚哥，从事进出口贸易的外籍商人与本国商人的比例几乎达到了 2 比 1，而前者拥有的企业数量为后者的 4 倍之多。在墨西哥首都墨西哥城，外籍商人所有的大型国际贸易、批发和零售公司的数量为墨西哥商人的 4 倍。在乌拉圭首都蒙得维的亚，外籍进口商与本国商人的比例为 7 比 1。[29]

1888 年，布宜诺斯艾利斯的进出口批发和零售公司当中，仅有不到 10% 的企业为阿根廷人所有。[30] 从全国范围来看，1895 年以前，81% 的工业为外资所有，直到 1914 年，这一比例仍然高达 66%。外商主导地位的下降究竟代表的是阿根廷企业家阶层的崛起，还是代表了外籍商人的归化，这一点尚不清楚。在 1914 年的阿根廷，外商除了掌握着阿根廷 2/3 的工业之外，还控制着该国近 3/4 的贸易。[31] 这种模式并不只是阿根廷所独有，也并不只是这些经济部门所独有。在拉美铁路和公用事业的发展过程中，英国的资本、技能和创业精神发挥了重要的作用。在拉美各国的首都城市当中，秘鲁的利马颇不寻常，因为其市政设施的建设并未牵涉大规模英国投资。[32] 即便拉美本土企业能够战胜外商企业，这种商业成功往往也只能持续一代人的时间，因为成功的拉美商人会让儿子接受教育，为其职业生涯做铺垫。[33] 这在一定程度上反映了人们在文化上对"绅士"职业（如土地所有者、专业人士或政府职员）的青睐。[34] 同样，它也在一定程度上反映了西班牙继承法的影响——一些条文禁止将企业全部传给一个儿子。[35] 管理权分散的企业在经济上会面临较多困境，在第二代人接手之后，企业往往会面临更加不确定的前景。

移民群体对各个经济体的转型产生了极为重要的影响——这一模式不仅仅出现在拉丁美洲和欧洲移民群体之中，在世界其他地区，外来移民或外来投资者也同样充当了推动现代经济发展的主要力量，而本土居民的贡献可谓寥寥无几，甚至毫无作用。例如，在殖民时期的马来亚，很多华人移民成了该国锡矿行业的主要劳动力，使其得以发展成为一个庞大产业，而印度移民则成了橡胶种植园的劳动力来源。欧美资本成了两个行业的主要资金来源。[36] 这种欧洲资本与非欧移民劳工共同推动经济发展的模式也同样存在于南太平洋的斐济、非洲东海岸国家及中东国家。然而，在这些国家及其他国家，早期居民或土著几乎无一例外地对这些提高了当地经济水平的外国人（无论是旅居者还是移民）颇为憎恶。在后来的一段时期（外来人士对一些经济活动所做出的开创性贡献逐渐消失于时间的迷雾之中），外来群体常常会被斥为侵占本国工业、剥削本国民众的罪魁祸首，仿佛是这些外国人侵占了原本存在的企业和财富。

随着欧洲开始大规模移民并在西半球及澳新两地建立欧洲分支社会，欠发达国家开始出现大规模移民现象——这一情况在 20 世纪尤为明显。截至 20 世纪 80 年代，据估计有 5 000 万至 5 500 万人生活在出生地以外的地方，其中约有 60% 来自欠发达国家。[37] 这些来自第三世界的移民也并不都是无技傍身的普通劳工。20 世纪后期，仅印度一国，就有超过 25 万名医生、科学家、工程师、经理、行政人员和从事类似高级职业的人员在海外生活。[38]

并非所有移民都会最终在移居的国家永久定居。无论是否会在经济上取得成功，很多移民都会再度移徙到另一个国家，有些情况下甚至还会前往第三个国家、第四个国家。历史上，饱受迫害的犹太人会从一个国家辗转到另一个国家，往往只是为了逃避迫害、获得一口喘息的机会。[39] 19 世纪末加拿大的德裔移民大多并非来自德国，而是来自俄国——他们几代人都生活在俄国，但因条件的恶化而被迫再度踏上迁徙之路。从德国移居加拿大的一些门诺派德裔教徒又从加拿大迁居墨西哥，其中一部分人又辗转前往洪都拉斯。[40] 20世纪20年代从希腊大陆迁徙到澳大利亚的移民当中，有一半以上曾有过在其他国家生活的经历。[41] 在20世纪，大多数迁居玻利维亚的日裔移民并非来自日本，而是来自秘鲁。[42] 移民的历史本身也是一部再移民的历史。

移民并非在任何时候都是劳动人口中的"少数群体"。20世纪80年代，一些中东国家（沙特阿拉伯、利比亚和巴林）的外籍劳工占到了总劳动人口的半数左右，而另一部分国家（科威特、卡塔尔和阿拉伯联合酋长国）的外籍劳工比例达到了4/5甚至更高。[43] 这些劳工大多来自亚洲。据估计，在20世纪80年代，中东地区有250万名亚洲移民劳工，他们在这里的收入往往数倍于国内的薪资水平。[44] 这些人士大多是已婚青年，他们来这里打工的同时，妻子和孩子在国内生活。[45]1980年，他们从中东地区汇回的资金总额达到了70亿美元。[46] 外籍工人在劳动人口中占据主导的现象也并非中东所独有。在斐济和圭亚那，印度移民及后裔的人数已分别超过了斐济人和非裔美国人。在毛里求斯，印度裔族群已占到全国总人口的2/3以上。[47]

移民所带来的文化可能会扩散至周边社会（也有可能不会如此）。在巴西，移民群体对创业和工业化的热衷最终影响了一部分就读圣保罗理工学院的传统种植园主精英阶层的后代。[48] 但是在马来西亚、斐济或中东地区，几乎没有任何迹象能够表明移民文化的扩散。有些情况下，也许是移民和土著之间的人口规模存在着巨大的差异，因此会出现相反的情况，即移民群体吸纳了所在地的主流文化。但其发生的程度及速度都因所处社会的不同而不同。俄国德裔群体曾在当地生活了一个多世纪之久，在此期间，他们几乎完全排斥当地文化，因此，当19世纪俄国德裔再度踏上移徙征途的时候，他们的文化几乎与早在叶卡捷琳娜大帝时期其祖先迁入之时并无二致。[49]

尽管不同移民群体常被冠以泛泛的称谓（如黎巴嫩人、菲律宾人和南斯拉夫人），但实际上，根据思维方式和行为方式的不同，他们可以被划分为不同的群体（通常是更小的群体）。东南亚的很多华人移民在他们生活的社会看来都是华人，但实际上，广东人、福建人、海南人有各自的聚居区，并从事不同行业，彼此之间也不乏争斗。与之类似，海外的黎巴嫩移民群体往往也各自聚居在一起、相互对立，将割裂故国的派系仇恨带到了异国他乡的土地上。[50] 其他群体也同样如此，一个普遍的情形是，在原籍国同一地区聚群而居的移民到了他们移民的国家后普遍也会聚群而居。

　　在新的国家，移民们也并不是随意找地方定居的。例如，在阿尔巴尼亚、意大利、希腊和南斯拉夫，相隔仅几英里①的城镇和村庄都有居民前往澳大利亚各个地区从事各类行当。[51] 这种模式也并非澳大利亚所独有。马其顿一个村庄曾有约 2 000 人生活在多伦多，而村中只剩下了 500 位村民。在布宜诺斯艾利斯、多伦多和纽约，意大利裔移民仍旧与同省同胞甚至同村同胞比邻而居。[52] 美国南达科他州农业社区的瑞典移民群体，[53] 以及一些国家的黎巴嫩移民群体也同样存在类似"同地而来，同处聚居"的情况。[54]

　　彼此熟识的移民在新的国家聚群而居的现象反映了移民在人际和经济方面所面临的高成本和高风险，这一做法也是在弱化其带来的影响。移民在到达新的国家之后，如果选择随意而居，往往会陷入茫然失措、孤立无助的境况，或会因意外事件而遭受打击。但他们如果追随家庭成员或同社群成员的足迹，则可避免这些问题。对于一穷二白、未受教育且所在社会的生活观念不同于其传统社群的移民群体而言，这一点尤为重要。在一些情况下，外人所贴的国家标签同这些以社群为中心的移民群体的自我认知并无关系，或同他们在他们移民的

---

① 1 英里 = 1.609 344 千米。——编者注

国家的社会联结形式并无关系。很多来自意大利乡村地区的移民直到抵达西半球后方才知道自己是意大利人。[55] 在澳大利亚，南斯拉夫移民创办的也多是塞尔维亚组织或克罗地亚组织，而非南斯拉夫组织。[56]

正如国家标签可能会在无形之中夸大相关群体的社会凝聚力一样，这些标签同样也会掩盖一些群体间跨越国度的凝聚力。犹太人之所以能在不同国家、不同历史时期的国际贸易中占据突出地位，其中一个原因就在于各国犹太贸易商之间的关系颇为紧密。[57] 与之类似，黎巴嫩纺织品贸易商形成了以英格兰曼彻斯特为中心的一个跨国贸易网络，这一网络也对其他国家的黎巴嫩移民开放[58]——尽管他们可能不会与本国其他派系的移民商人相互往来。总的来说，观察人士、分析人士赋予所有群体的标签未必与其社会凝聚力、文化忠诚度相符。

男女移民比例可对移民文化的存续产生深远的影响。在早期移民群体或试探性移民群体当中，往往男性移民人口比例过高，继而可能导致族际婚姻大量出现，从而造成移民文化被稀释乃至灭绝。如果移民群体为全家移民或其群体内部性别比例较为平衡，能够形成新的家庭，那么这一群体则可维持自身的文化凝聚力。如果某一移民群体在同一国家不同地区的男女比例存在很大差异，则有可能出现这两种模式并存的情况。例如，在澳大利亚南部的巴罗萨山谷定居的德裔社群几代人都保持着本民族的语言、文化特色，而维多利亚州和新南威尔士州的德裔群体则较快地融入了本地民众之中。

不同移民群体的男女比例存在着巨大的差异，而同一群体在不同时期也同样如此。16 世纪初迁居西半球的西班牙移民当中，男性占比约为 95%，到了 16 世纪末，这一比例降到了 65%。[59] 在日本移民、意大利移民或华人移民群体中，男性人数通常为女性人数的 10 倍以上，而大饥荒时期逃往美国的爱尔兰移民群体的性别大致平衡（难民移民群体通常符合这一情况），在一些年份，女性移民的数量甚至超过了男性。即便在早期试探性移民阶段的移民群体以男性为主，在其永久定居、组建家庭之后，女性移民人数超过男性的情形也并不在少数——日本移民、意大利移民和华人移民在不同时期、不同地区都出现过这一情况。移徙国外未必代表远离故土，也未必意味着定居他乡。一些群体往往会在国外旅居数年，赚够钱、存够钱之后便衣锦还乡。意大利人、波兰人等族群对故土历来情有独钟，在出国赚钱之后便返乡置地。擅长商业的民族，如华人，也同样如此，年轻时旅居海外，年长后归国定居——这种情况在他们当中颇为普遍。此外，还有一些移民是季节性临时移民，这种情况在从事农业的群体当中尤为普遍。随着蒸汽轮船的出现大大降低了海外旅行的成本，季节性移民的数量也越来越多。

通常来说，旅居者不仅会在客居国社会发挥重要的经济作用，在其原籍国社会中也同样如此。华人对东南亚各国经济的影响可以算得上是一个最为显著的例子。而在 19 世纪，在一些国家（如俄国、日本、德国、阿根廷和美国）推广技术的英国工程师、技术人员尽管人数不多，但往往也对这些国家产生了重大的影响。[60] 与之相反，一些欠发达国家的人士为了学习知识报效祖国，也会前往高度工业化的国家。18、19 世纪时曾有日本人、德国人、美国人、俄国人赴英旅居，学习当地的先进技术。[61] 20 世纪后期，大批外国人前往美国参加科技培训，其结果是，美国高校有半数以上的数学和工程学博士学位都授予了非美国公民。[62]

尽管在很多情况下，移民需要穿越大陆、远渡重洋，但是在南美、欧洲和非洲，区域内的移徙也颇为常见。据估计，南美的这些移徙行为当中，有 80% 到 90% 是非法行为，[63] 因此我们很难了解准确的统计数字。据测算，20 世纪后期已有数万名萨尔瓦多人暂时或永久性地移民洪都拉斯，[64] 还有 10 万名巴西人在巴拉圭生活。[65] 总体而言，拉丁美洲（尤其是阿根廷和委内瑞拉）的移民是从相对贫穷的国家前往较为富裕的国家的移民。[66] 与此类似，欧洲的"客工"通常来自欧洲大陆上较为贫穷的国家和其他洲的国家。非洲也同样存在类似的大规模移民行为，以及移民被逐出境和大规模难民逃亡的事件，两个突出的案例分别是 1972 年乌干达有 5 万名印巴族裔人士突遭驱逐，以及 1983 年科特迪瓦有类似数量的加纳人被赶出国境，这两个事件也引发了国际社会的广泛关注。但是近来，尤其是自 20 世纪 60 年代独立浪潮席卷非洲以后，其他非洲国家也出现了欧裔人士和印裔人士源源不断被迫逃离的情形。

我们也不能因为移民群体做出了积极的贡献，就否认他们对他们移民的国家所造成的负面影响——在一个文化相对主义盛行、讨论任何群体或文化的不利方面都为人忌讳的时代，这一点尤其重要。但是，不同的移民群体在诸多社会特征（如卫生标准、犯罪和暴力概率、加重国家负担的可能性）方面存在着极大的差异，这种差异不亚于他们同其他群体间的差异。在特定国家、特定时间，移民群体与其移民的国家的社会民众之间也可能会存在类似的重大差异。

19 世纪时，霍乱不仅侵袭了美国波士顿和费城的爱尔兰移民社区，也同样在英国伦敦的意大利移民群体当中蔓延开来。对于这种情况，我们已经无法简单地用周围社会的"观念"或"刻板印象"进行解释，同样的理由也无法解释东南亚各国几百年间华人堂会的腐败、暴力行为，以及 20 世纪后期美国旧金山湾区中国香港移民有组织的犯罪团伙。[67]

移民群体带来的负面影响并不仅限于他们的不良行径。他们同移民国家社会民众之间相互往来的方式可能受到生物、语言、宗教等特征的影响，这些特征能够帮助一些移民群体更好地融入移民国家社会。事实上，一些移民群体对于融入移民国家社会有着更强的意愿。一些国家还推行了种种政治计划，出资保护移民群体的原籍文化——即便有人抱怨此举会引发巴尔干化的恶果。[68]

在美国，相较于来自亚洲或加勒比地区的其他肤色移民，来自英国的移民往往更容易融入本土社会。但随着时间的推移，亚裔和拉丁裔更倾向于接受文化上的同化，他们的第三代移民群体当中跨族婚姻的比例颇高。而 18 世纪移民俄国的德裔群体在经过了一个世纪之后同化程度仍然很低，在这一群体当中，跨族婚姻依然颇为罕见——尽管相较于美国华裔同美国白人的差异，俄国德裔在外形上与俄国人更为相似。在日朝鲜人也同样高度独立，尽管其体貌特征（如肤色、发质等）同日本人颇为相似。

问题的关键并不在于在外人看来这些群体有多么相似，而在于在他们看来彼此之间有多么不同。在某些时期、某些地区，宗教信仰的差异盖过了肤色或语言上的差异，但在不同时期、不同地区，情况可能又会截然相反。差异的评判既无普遍的绝对标准，亦无客观的测量方法。但是，无论对一些群体间差异的评判多么主观，它们的社会成本的确存在，并且可能相当高昂——这种社会成本可能体现为经济代价、生活质量下降甚至是流血冲突。

除了"移民会带来社会成本"的观点，还有一种看法错误地将他们斥为本地人口的负担，就其所指情况而言，事实并非如此。但是，在一些情况下，也的确存在着一些与之不同但又颇为显著的隐性成本。移民常被斥为抢夺本地工人工作岗位的罪魁祸首。但是，工作岗位的数量并不是固定的，也不会因为移民的就业而出现缩减。更多的生产者参与经济能够提高产出、刺激需求，反过来又会创造更多的就业机会。

移民的经济活动所创造的就业岗位是否等于或超过了他们所占据的就业岗位？这是一个经验问题。即便在移民到来之后，本地工人也完全可能获得更多的就业机会。例如，有研究表明，涌入美国南加州地区的墨西哥移民并未对可能会与其竞争类似岗位的当地黑人的失业率或劳动参与率造成负面影响。事实上，在这个受墨西哥移民影响颇深的地区，黑人的就业势头反而好于全美整体水平。[69] 但是，在就业岗位总数出现了明显增加的同时，人们的薪资水平却出现了相应下降。这是因为，大量移民的涌入也让雇主认为没有必要通过涨薪的方式保证人手的充裕。[70]

移民对当地民众造成的经济影响远比工作替代理论所揭示的更为复杂。但与此同时，它也不像辩护者们说的"移民只干本地人不干的工作"那么简单。

如果一个国家推行福利国家制度，为低收入者提供社会福利金，那么只有在工资、薪金水平高于福利金的情况下，低收入者才有意愿进入劳动力市场。在这种情况下，移民的确很有可能接受本地人无法接受的低薪岗位。但这并不意味着没有移民这些岗位就会一直空缺。因为绝大多数职业都不可或缺，如果没有移民，雇主就会提高很多岗位的薪资来吸引本地人填充这些岗位——即便在这种情况下岗位的数量并不像移民众多的时候那样充足。在福利国家存在着一种颇为普遍的模式，那就是较贫困国家的移民从事酒店女佣、医院护工之类的岗位，但这并不代表没有移民，这些岗位就不会存在。

在移民给经济带来显而易见的好处的同时，其导致的隐性成本也不容小觑，包括本地工人赋闲（无论是长期失业，还是短期待业）给纳税人带来的成本，因为本地人往往需要更长时间才能找到报酬高于失业补偿或其他福利的工作。福利国家制度提供的福利越多、补偿越高，大批劳工移民的存在导致本地纳税人承担的成本就会越高。即便移民并未充分利用福利国家制度来补偿其税收贡献（加拿大、澳大利亚和美国的研究表明他们对公共财政的贡献大于从中所得[71]——至少在这些国家情况如此），但他们所造成的间接影响——导致更多当地人赋闲更久，也仍会给纳税人造成负担。至于这些额外税收负担是否超过了移民所贡献的额外税收，这是每个国家都需考虑的经验问题。但值得注意的是，一些福利政策规模庞大、种类繁多的国家（如新西兰）对大规模移民尤为抵制，即便其现有人口规模很小，无论是就其绝对人口而论，还是相对于国土面积和自然资源而言。丹麦当局对寻求庇护的难民态度颇为强硬，其理由是这些难民只是为了坐享福利国家制度之利。[72] 德国则向移民敞开了大门，为他们提供慷慨的福利待遇，但同样是在德国，也发生了最为激烈、最为暴力的排外活动。纯粹从经济角度来看，各国对移民的需求减少也不足为奇，因为对于有移民迁入的国家而言，移民群体导致的成本远高于从前。在福利国家制度全面开花之前，世界上很多地区都允许外来移民迁入，西半球的一些国家甚至还为移民提供补贴资助。

相较于经济影响，移民所带来的社会影响更难估量。大批移民子女涌入学校，可能会导致本地儿童难以学习母语。此外，教育从业者的教条态度可能会让本土家长心存不满，但又因为怕被贴上"种族主义者"之类的标签而不敢表达怨言。[73] 移民群体的犯罪率和生育率可能高于本地人群，原因在于移民多为年轻人，其犯罪率、生育率本来就高于其他年龄段人群。如果根据移民群体和本地居民之间的年龄差异对数据进行修正，我们可能会发现：与同年龄段的本地居民相比，移民群体并不存在更高的生育及犯罪倾向。但是对于本地居民而言，这些统计学上的"修正"并无实际社会意义——随着不会本国语言的学生涌入，孩子的教育会因此受到影响；随着犯罪活动的日趋频繁，他们自己也同样深受其害。新移民不仅常常遭到本地居民的反感，甚至还会被更早移民来的本族同胞嫌恶，例如，已融入当地文化的墨西哥裔美国人就常常对从墨西哥来的新移民颇为不满。[74]

无论是出于社会原因，还是经济原因，1991 年，比利时、英国、法国、德国和意大利的民意调查显示，大多数人都认为国内的移民数量"太多了"。[75] 此外，在一些欧洲国家、美国及澳大利亚，此类情绪还引发了限制移民的政治呼声。[76] 日本则是直接将移民拒之门外，从而避免了这一问题。

在这些反对外来移民的观点当中，有多少代表着个人的经历或有关移民群体社会成本的合理推断？又有多少代表了对现实情况的认知或群体之间的偏见？这一问题令人颇感疑惑。但显而易见的是，移民往往会引发内部冲突，这种冲突本身就是一种高昂的代价，无论其潜在的顾虑是否真实、合理。旨在保护外来语言、外来文化的政治活动会导致社会因接纳移民而承担更多成本，即便移民已在颇为迅速地与当地社会同化——这是因为，相较于族群当中别有用心的分离主义者所提出的强硬诉求，这一同化过程可能远不如前者那样广为人知。[77] 而如果群体因为子虚乌有的问题而产生摩擦，整个社会也会因此承担实实在在的代价。

这里所强调的并不是当下的移民政策问题，而是持续存在的群体文化会产生怎样的经济影响和社会影响——相较于周边环境、政府政策或意在影响此类政策的政治活动，这是一个更为重要，也更为长远的问题。简而言之，在移民（以及被征服民族或中间商少数族裔）存在的情况下，社会内部文化模式会在多大程度上持续存在并塑造一个民族的经济和社会命运。

移民的类型颇多。不同种族或民族群体的移民除了在文化上存在差异外，还存在着普遍性的差别。例如，难民群体的性别比例通常较为均衡，而旅居者们则常以男性为主，尤其在早期阶段或探索阶段更是如此。

人们在逃避灾难或灾难威胁的时候通常无暇顾及性别比例，也不像其他移徙行为那样可以选择。与之形成对比的是，移民群体能够代表的只是母国民众的一个选择性样本，他们多为男性，期望赚得财富后便回国成家或与家人团聚，过上更好的生活。其他类型的移民也同样存在普遍性的不同。中间商少数族裔（middleman minority）和封闭型少数族裔（encapsulated minority）是其中的两个不同类型的群体。

中间商少数族裔

中间商少数族裔在经济上承担了各种职能，同时也会遭受类似的政治敌对情绪。除此之外，他们在某些社会特征方面往往颇为相似，尽管他们彼此之间在宗教、饮食、服饰、语言等文化特征方面存在着很大的差异。华人和流散在外的犹太人显然是不同的种族，他们信仰不同的宗教、有着不同的饮食、讲着不同的语言，但二者都因勤奋、节俭、平和（有时也会被视为懦弱）、做生意可靠、"喜欢抱团"而著称，与之类似的还包括黎巴嫩人、亚美尼亚人、印度的古吉拉特人和仄迪人。他们的这种模式特征在很大程度上都同其承担的经济角色颇为契合。

开办小型零售店铺远比创建大型工业企业更容易，但竞争压力无处不在，这使得中间商少数族裔难以轻松赚取利润。这些店铺的营业时间也必须考虑顾客方便，有时需要在他们早晨上班之前就开门迎客，在其晚上回家后才能歇业打烊。长时间工作一直是世界各地中间商少数族裔的重要标志，无论是东南亚华人、[78] 西非和美国的黎巴嫩裔、[79] 美国韩裔、[80] 南非印度裔，[81] 还是其他国家的犹太人、亚美尼亚人或其他中间商少数族裔，都是如此。同时，他们的消费水平和生活质量普遍较低，一心想要依靠微薄的利润维持生意，并积攒资金以做大规模。世界各地的中间商少数族裔在创业阶段大多都会直接住在自家店铺。塞拉利昂的黎巴嫩裔不仅以柜台为床铺，还会在上面做饭。[82] 在很多时期、很多地方，他们往往需要长年工作（通常从事的是艰苦的体力劳动）才能攒够本金开办一家小企业。此后，他们还需要付出很多的牺牲。一项有关美国亚特兰大韩裔商人的研究表明，他们平均需要工作近 4 年时间（有时需要同时打两份工）才能攒够资金创办自己的第一家企业。之后，他们每周平均要在自己的商店或商铺里工作60 多个小时。[83] 在更早的时期，黎巴嫩裔在美国开办的商铺日均营业时间达到了 16 到 18 小时。[84] 菲律宾华人的工作时长也大致相同，他们每周 7 天都是如此。[85]

在居住分散、交通不便的时代和地区，中间商少数族裔商贩会四处游走兜售物品，他们的顾客也因此无须远行。这种模式曾常见于美国、加拿大、阿根廷、巴西、加勒比地区、澳大利亚、塞内加尔、科特迪瓦和塞拉利昂等国家和地区的部分区域的黎巴嫩商贩群体，[86] 以及其他国家的诸多犹太人、华人、印度人等商贩群体，这种情况一直持续到他们开始创办其他商业企业（包括美国的布鲁明戴尔百货和哈格服装）。[87] 随着公共交通和个人交通的广泛普及，顾客的流动日趋频繁，此类模式也就随着时间的推移而逐渐消隐。如果顾客经济条件不佳，为其提供贷款需承担较高的风险，与之相应地也会收取较高利息——或单独收取，或将其包含在商品价格之中。在农业社会中，农民在收获季之前需要大量贷款维持生活，此外，由于他们还需要收割小农作物，并将其成批运往城市或国际市场，其中也可能涉及大量运输、协调和储存的工作。[88]

中间商少数族裔的利润通常低于本土同行，因此他们必须精打细算，也几乎没有任何容错空间。对于固守传统、遵循常规或是很少长远打算、缺乏自我约束的其他群体而言，这一特点尤其容易招致他们的憎恶。也就是说，最反感中间商少数族裔的恰恰是最依赖其经济资源的群体。例如，中间商少数族裔在积攒了一定资金之后，便可为无储蓄习惯的群体提供信贷。[89] 经济上的互补往往意味着社会差异和政治对立。

中间商少数族裔的另一个重要作用在于，对于一些因贫困或不可靠而被他人视为高风险借贷人的群体，他们能够为其提供信贷。中间商少数族裔之所以能够做到这一点，是因为他们往往会不厌其烦地单独走访本地居民，进行摸底，因此相较于银行、大企业或政府机构，他们能够更加准确地识别不同的信用风险。从西非的黎巴嫩商人[90]

到泰国的华商群体，[91] 这种模式一直颇为普遍。然而，同样普遍的一种观点却认为中间商少数族裔是在"大肆收取高额利息"，无论是单独收取利息，还是将其包含在商品价格中。为了防止此类"剥削"，政府设立了专门机构为农民提供信贷，但是此类机构常常出现亏损，[92] 这表明，中间商少数族裔所收取的利率掩盖了某种真正的风险。并且，即便政府为遭受"剥削"的农民设立了其他信贷渠道，后者也依然更愿向中间商少数族裔筹借资金。[93]

世界各地的中间商少数族裔常常会被指责"利用"了他人的"劣势"，比如让顾客赊购其原本无力承担的物品。18 世纪的法国犹太人及东南亚华人都曾经饱受此类责难。[94] 因此，顾客和社会理论家都错误地将责任推给了中间商群体，将愤怒发泄在了他们身上，认为其价格"过高"导致顾客难以偿付。但事实上，中间商少数族裔所赊销的商品价格高于店铺售价的原因在于顾客自身违约风险过高。对于此类顾客，店铺或是要求现金购买，或是直接将他们拒之门外，从而避免信用风险。

中间商职业的性质本身也会对从业者的人格类型有所限制。例如，一个人如果吵闹不休、嗜酒如命，或无法给供应商付款、给员工发薪，那么他也很难在行业立足。为人可靠是中间商能够维持生意的前提，也是长期以来这一群体的显著特点，无论是西非的黎巴嫩人、[95] 东南亚的华人，[96] 还是美国的韩裔，[97] 无一例外。此外，由于中间商少数族裔的价值观和生活方式都与周边人群截然不同（后者的很多价值观和生活方式甚至可能会导致他们的生意无法持续下去），所以他们会竭力维护自身文化，特别是让他们的孩子免受这些影响，一言以蔽之，就是"抱团"。[98] 美国的黎巴嫩移民店主便是如此。很多时候，其他中间商少数族裔也存在类似情形：

他们的学龄儿童会在课余时间帮助父母看店铺、找零钱、摆货架，学习如何在资源极其有限的情况下经营生意。他们被灌输了父辈勤奋工作、崇尚节俭的观念，以及家庭团结、自我牺牲对于实现家庭目标的重要性……然而，尽管黎巴嫩父母们对美国情有独钟，但是他们并不同意自己的孩子摆脱黎巴嫩价值观的约束、"像美国孩子一样"成长。[99]

到了后来，人们发现纽约的韩裔商人颇为"蔑视黑人和波多黎各人的奢侈生活，希望同他们保持距离"。[100]尽管在美国，无论是在纽约、亚特兰大还是洛杉矶，很多城市的韩裔族群通常会将企业开设在市中心和少数族裔社区，但是他们自己的居住地点则选在了距此颇远的地方。[101]

抱团行为往往伴随着优越感——无论是明显流露出的优越感，还是礼貌掩饰之下的优越感。这同样有可能是社会环境导致的难以避免的结果。如果一个人对某些规范颇为重视，那么在他人违犯的情况下，这个人不可能对此无动于衷。此外，规范和习惯的差异是中间商少数族裔及其客户经济关系的核心所在，无论是在美国的城市里，还是在缅甸的农民社区，印度的仄迪人都扮演了中间商的角色。

仄迪人主要从事的生意是为稻农们提供贷款。缅甸农民普遍缺乏商业头脑，他们在收完稻谷、卖了粮食之后，就会想着去享受一番，捐建佛塔，给妻子买衣物、珠宝，此后他们又会过上紧巴巴的生活，直到下一个收获季节，而仄迪人提供的贷款能够帮助他们在此期间勉强度日。[102]

如果仄迪人将他们的价值观和行为模式推广给缅甸农民，他们自己也会因此失去价值。正是族群的差异造就了彼此之间在经济上的互补。但是在政治上，这些差异很有可能酿成恶果。

本地顾客常常对中间商少数族裔的态度和价值观颇为憎恶。如果两个群体的价值观截然不同，那么它们之间或会彼此敌对，或会不相往来——这可能会体现为多种多样的形式，也可能会被礼貌的举止或委婉的表达所压制或掩饰——甚至还可能演变为公开的对抗和暴力。但是在这种情况下，埋怨"抱团"或隔离则意味着公开冲突的风险。这种情况不像练习题那样附有"解题方法"，而是需要人们权衡抉择，并且无论怎样选择，人们都会面临重重限制以及高昂的代价。

如果交易双方明显具有某些共同特征，那么他们也很容易达成互相信任且可靠的商业交易。在纽约从事珠宝业的哈西德派犹太人可以说是一个极端的例子，他们会把珍贵的宝石交给同胞去贩卖，而无须同他们签订合约或采取其他成本高昂的防范措施。而签合同或采取防范措施，都是同陌生人打交道时绝对必要的做法。塞拉利昂内地的黎巴嫩商人也同样需要位于港口城市且诚信可靠的同胞商人将他们的农产品运往国际市场，并共同分享所得收益。[103] 东南亚的华人之间在进行大额交易和复杂交易时，也不需要签订书面合约。[104] 中世纪时期，最早从事国际信贷业务、信贷银行业务的人士都来自擅长贸易的群体——犹太裔、印度裔等群体的家族企业。如果需要从中东长途贩运货物，家族或族群（无论是犹太裔、印度裔还是华人）往往会采取风险共担的模式来分散风险。[105] 这一经商模式不仅对于商人自身而言颇为有利，对于他们的客户而言也同样如此（前者经营成本的下降能够让他们享受更低的价格）。而正是因为"抱团"行为的存在，这一经商模式才得以具有显著的经济优势。但是，这种好处也存在着代价，无论接受还是拒绝，都无法避免对利弊的权衡。

东南亚的华人、非洲的印度人和黎巴嫩人，以及生活在美国黑人聚居区的越南裔、韩裔族群常常会因为没有雇用本地人，并让他们从事责任重大的岗位而饱受指责。此类针对中间商少数族裔的抱怨由来已久，也颇为普遍。例如，1919 年，乌干达的青年巴干达协会曾经抱怨，印度人在当地所开办的企业所雇用的巴干达职员和店员数量不足。[106] 在印度的阿萨姆邦，马尔瓦利商人也遭到了类似的指责，有人认为他们雇用的阿萨姆人数量过少。[107] 在塞内加尔，人们也普遍抱怨黎巴嫩商人没有雇用足够的非洲员工。[108] 这种抱怨也并不仅存在于不同种族之间。一位尼日利亚作家就曾经抱怨来自另一地区的尼日利亚中间商"更愿意雇用本族人士，而不愿雇用或培训当地人"。[109]

中间商少数族裔很少会雇用周边居民，也很少与其建立商业合伙关系，他们也因此广受诟病。但是，这一观点忽视了一个颇为关键的因素，那就是这些中间商少数族裔在其他族群的社区人数众多，恰恰表明他们有着不同的行为模式和价值观念，否则他们从事的行当就会被本地中间商所主导。忽视这些差异则有可能会危及企业自身的生存。有人认为，中间商少数族裔的本地雇员或本地合伙人能够学得他们的技能，最终扮演类似的角色。然而，在中间商少数族裔雇用当地人或同当地人建立合伙关系（往往是迫于政治压力而为之）的地区，中间商很少会抱怨当地人技能不足，大多情况下他们抱怨的是本地人不利于企业发展的态度和行为模式。例如，在印度的阿萨姆邦，马尔瓦利人就抱怨阿萨姆雇员既懒散又不可靠。[110] 科特迪瓦的黎巴嫩商人[111] 和美国亚特兰大的韩裔商人[112] 对他们的本地员工也有类似的抱怨。这里所说的"不可靠"既包括旷工缺勤，也包括小偷小摸。印度商人认为他们的非洲合伙人态度存在问题，只想着分成，又不愿出力。[113] 在马来西亚和印度尼西亚，有政策强迫华人同当地人合伙经营企业，但普遍认为企业的经营和运作仍由华人来负责，这种企业便是所谓的"阿里巴巴"企业——"阿里"为本地合伙人，"巴巴"则是承担工作的华人。[114] 这些中间商少数族裔所抱怨的事情也绝不能简单地视为偏见。例如，在马来西亚，马来政府就一直严厉批评马来人缺乏主动性和进取心。[115] 在世界各国其他团体内部，也同样存在着类似的声音。[116]

一些政界领袖会施压甚至威胁中间商少数族裔，迫使他们雇用原本并不愿雇用的本地人，甚至对其委以重任（包括建立合伙关系）。尽管这种做法或许在短期内能够从在此经营的中间商身上榨取额外利益，但是此举也会导致社区或国家对企业的吸引力减弱，正如征收附加税也同样会阻碍或阻止新的企业入驻当地。即使是已经身陷于此的中间商少数族裔，也可通过以下几种方式将其部分经济资源投入其他地区：（1）取消本地扩张计划，（2）安排子女接受相关教育，帮助他们跨业转行，（3）将利润投资于其他地区，（4）寻找机会迁走企业，（5）选择提前退休。例如，在独立后的塞内加尔，敌对情绪的日益加深，导致拥有专业技能的黎巴嫩裔青年纷纷离开。[117] 马来西亚的排华政策同样导致了华人资本以及华人的外流。[118] 随着肯尼亚摆脱英国殖民统治、取得独立，并致力于推行"非洲化"，该国亚裔族群也将大量资本转移至国外。[119] 在美国，在黑人社区饱受骚扰的韩裔店主通常会用所赚到的利润前往白人社区开设店铺。[120] 几个世纪当中，犹太人也一次又一次地逃离反犹政策、暴民暴力颇为猖獗的国家。

实际上，本地政治领导人也同样懂得，给中间商施压只会造成适得其反的经济后果。但即便如此，由于此类政策能够取得立竿见影的政治收益，他们还是有十足的动力去推行此类政策，无论它们会给社区、国家的长期经济发展带来怎样的损害。事实上，这些政治领导人或社区活动人士常会率先谴责中间商少数族裔，批评他们"赚了钱就走人"。但实际情况是，在他们为了某些政治目标施压少数族裔商人的时候，后者往往已经在当地生活了几代甚至几个世纪的时间。

人们常常会用某一群体特有的某些特征来解释中间商少数族裔遭受的敌意，例如，一些基督徒将犹太人视为"基督杀手"便是其最为粗劣的形式。尽管宗教的作用在华人文化中并不显著，并且东南亚其他宗教也并未妖魔化华人群体，但是，东南亚的华人在历史上也遭受了同样的敌视、职业限制、贫民窟化、驱逐和零星的大规模暴力。在欧洲表现为宗教形式的嫉妒和敌意，在东南亚则主要体现为世俗化的表达。尽管一些东南亚的穆斯林将华人视为喜食猪肉、爱好赌博的异教徒，但这些反对理由也并非关键，因为当地的非穆斯林群体也同样对华人怀有类似的敌意。

批评人士常常对中间商少数族裔大加责难，认为他们只是忠于别国的过客，只会榨取本国的资源，赈济自己的国家。事实上，"旅居"甚至可以说是中间商少数族裔的一大定义性特征。犹太人作为极具代表性的中间商少数族裔，常被人们用来同其他民族进行类比，[121]但是他们在很长的时期内都处于无家可归的状态。他们的"故土情结"[122]甚至不及美国爱尔兰裔、俄国德裔或巴西日裔——这些族裔并非人们眼中的旅居者或中间商少数族裔。

事实上，东南亚的华人曾长期处于旅居状态，但是，自20世纪30年代开始，他们以旅居为主的模式出现了变化，特别是在1949年之后。在世界范围内，华人已经脱离了先前时期以男性移民为主的模式（这也是旅居者的特征），发展出了性别平衡、立足家庭、扎根当地的华裔社群。几个世纪以来，犹太人一直保持着这样的生活模式，而印度的帕西人、奥斯曼帝国的亚美尼亚人也同样如此。况且，即便东南亚华人改变了旅居方式，回寄的侨汇也出现了大幅的缩减，针对他们的敌意和歧视仍然没有减少。与之类似，尽管犹太人已经在一些国家定居了几个世纪之久，当地的反犹主义却一直颇为猖獗。遭遇过种族灭绝式的暴力的并非只有犹太人，土耳其的亚美尼亚人和尼日利亚的伊博人等族群也同样曾经深受此害——他们所遭受的暴力攻击甚至超过了旅居华人遭受的零星大规模暴力袭击。

常有政界人士乃至学界人士声称，中间商少数族裔"垄断"了某些职业或行业，[123]但是仅凭中间商少数族裔组织了专业协会和商业协会，并不能从根本上证明这一观点。这是因为（1）无论是成功的族群还是不成功的族群都会如此，（2）中间商少数族裔不仅在其优势行业存在此类行为，在其劣势行业也同样如此（例如华人在东南亚高度资本化的行业被欧洲人所取代）。随意使用类似"垄断"的字眼会将"排挤对手"同"超越对手"混为一谈。在本地商人业已立足的国家，初来乍到的中间商少数族裔并无能力将他们逐出市场，只能提供更低的价格、更优惠的利率，工作更长的时间，只有这样才能在经济上取而代之。即便做到了这一点，中间商少数族裔也并不会构成经济意义上的"垄断"，因为他们往往会集中于竞争激烈的行业，与他们竞争对手的种族背景并无关系。

由于同周边人群存在差异或是遭受了他们的敌意，中间商少数族裔往往会因此而衍生出一些特征，这些特征也常常会被视为他们的重要特征，例如生活在各自独立的聚居区，固守本族的语言和文化，保持着独立的组织，总体而言较为排他（尤其是在婚姻方面）。但是，俄罗斯及拉丁美洲的德裔农民、中亚地区的俄罗斯人和巴西的日本农民也同样具备这些特征，更不用说殖民时代遍布世界各地的英国人了。在中间商少数族裔已经得到当地社会接纳的地方，他们往往趋于文化同化和生物同化。纳粹上台前的德国犹太人便是一个典型的例子。此外，美国华人也同样如此，他们与马来西亚华人形成了鲜明对比。

有人认为，中间商少数族裔的文化特征首先会受到当地社会所施加约束的影响，其次才会受到群体自身文化发展的影响。[124]简而言之，按照这种观点，他们所从事的经济活动"更多的是他们获许从事活动的范围所造成的结果，而非其自身的'传统'倾向所导致的结果"。如果武断地将研究对象的选择范围局限于殖民社会，则会让人更加相信其旅居或移民的国家是为了"达到特定目的"才"勉强准许"中间商少数族裔从事一些行业。[125]但即便是在殖民社会，殖民国家尚未到来之前，某些行业就已经出现了中间商少数族裔的身影，在有些情况下他们还占据着经济上的主导。当然，桑给巴尔的印度人及沙俄割据下波兰部分地区的犹太人也同样如此。在帝国主义列强占据的其他地区，一些殖民政府实施了严厉的经济控制，中间商少数族裔当然也无法幸免。但这并不代表他们在零售、放款和其他传统中间商行业集中的主要原因在于殖民地官员选择，毕竟在未被殖民的社会，这些群体也一直从事这些行业。殖民政权往往只是简单地将既有经济模式予以明文规定，或是为了宗主国及当地殖民者的利益而试图加以操控。此外，类似的职业模式在非殖民地国家也颇为常见——这些地区也并未出台过任何限定个人或群体职业范围的官方政策。

例如，在澳大利亚、美国或阿根廷等国，其他族裔也不会选择犹太人所从事的职业。抵达美国的犹太移民一旦离开纽约埃利斯岛，便可自由地前往任何想去的地方或从事任何想从事的职业。他们通常会选择定居在主要的大都市，从事的行业和职业依然与远在阿根廷、澳大利亚的同胞们相同。与此同时，同样生活在这三个国家的爱尔兰人则选择了全然不同的道路。至于"中间商少数族裔无法获得土地，因此被迫迁入城市"的说法，尽管历史上也的确存在这样的事例，但是这种说法可能言过其实，特别是在近代更是如此。富有的犹太慈善家赫希男爵曾在一些国家购置大片土地供犹太人居住，想要改变他的同胞们在城市聚居的模式。但是只过了不到一代人的时间，很多定居在这些地方的犹太人又开始返城就业。

有人引用斐济、圭亚那和南非的印度裔农民的例子，想要证明他们是因获得土地而从事农业生产，从而走上了一条与侨居他国的中间商同胞截然不同的职业路径。[126] 但是，这一观点忽略了一个关键的事实：在殖民时期，具有农业背景的印度人被选中、送往这些地区（以及斯里兰卡和马来亚），而印度的古吉拉特人、仄迪人和其他中间商则定居了东非、缅甸等地。事实上，在印度人多为农民或农场工的国家（如斐济、南非），古吉拉特人等群体仍然从事中间商行业。这恰恰是传统的倾向在遥远社会中重新出现的例子，尽管知识分子们武断地否定了这种可能性的存在。

无论中间商有着怎样的种族背景、文化背景，在世界各地迥然不同的社会环境中，他们都遭到了怀疑、怨恨和误解。即便在一些地区，中间商并非少数群体，他们所承担的工种仍可能遭到误解，他们自身也备受谴责。低价进货、加价卖出的行为向来会引发道德上的反感，而放贷收息的做法则曾被世俗法律和宗教戒律所禁止。在儒家思想影响下的传统中国社会，商人的地位颇为低微。在中世纪欧洲的基督教社会以及北非和中东的伊斯兰社会，发放高利贷都被视作非法行为。在帝国主义时代，西非殖民地官员普遍抱怨非洲人的小买卖过多，并认为他们如能转而投身工业农业，会创造更多产出。然而，一位研究当地经济的著名经济学家发现，这些非洲小商贩提供了有必要且有价值的服务。在进行了详细分析之后，他得出了如下结论："如果这些商贩过多，他们的服务也并无必要，顾客就会绕过他们，节省下他们的服务价格，也就是中间商的利润。"[127] 很多被指多余的非洲小商贩就在欧洲人的店铺之外安营扎寨，非洲消费者想要绕过这些中间商可谓轻而易举：只需走进欧洲商人的店铺购买整装商品，而不从非洲商贩手里购买散装物件，比如"一滴香水、半根香烟或一小捆火柴"。[128]

　　在另一个迥然不同的环境——第二次世界大战期间的战俘营里，人们对中间商的角色也存在着类似的误解。一些盟军战俘会辗转于战俘之间，交换由红十字会按月发放的各类供给用品，也会根据自身的意愿来交换个人物件。此外，这些中间商还会在月底之前将香烟或巧克力借给其他战俘，并要求他们在下个月领到供给之后连本带利加量归还。在这个例子中，中间商与他们的客户并不存在种族上的区别，并且他们的生意十分红火。因此，在一名同为战俘的经济学家看来，他们提供了一种有价值的服务。但是战俘营的公共舆论并不这样认为：

总体而言，人们普遍对中间商持敌对态度。他的作用以及他将买卖双方撮合在一起的辛勤工作，都被人们忽视。他赚取的利润并没有被视为一种劳动的报偿，而被看作行骗所得。尽管中间商的存在本身就证明了事实完全与此相反，但是他仍然被人视为多余……[129]

简而言之，无论是在迥异的环境里，还是在不同的族群当中，都会出现对中间商作用的误解，并且这种误解还引发了道德上的谴责、法律上的封禁，以及各式各样的暴力行为——从致人死亡的群体骚乱到惨绝人寰的种族灭绝。对于这种遍及世界、可追溯到数千年之前的模式，我们几乎无法简单地用某一中间商少数族裔的特殊特征或其偶然所在社会的特殊特征来进行解释，尽管这种模式在不同地区会有不同变化，故而会形成特殊的特征或表述。但是，无论是中间商少数族裔，还是其反对者，都会想办法应对环境中所固有的制约因素——其中既包括中间商所面对的经济、社会制约因素，也包括因经济职能遭观察人士误解而产生的制约因素。此外还有第三个群体——擅于煽动民心的政客（既包括地方政客，也包括在全国性机构任职的政客），擅长借势谋利的他们常常能起到决定性的作用，却又会带来灾难性的后果。

尽管中间商少数族裔本身可以算得上是教科书式的资本家，但是他们有一个颇为奇特的特征，那就是在政治上亲近左派。在欧洲、美国、智利、以色列、古巴和南非，犹太群体历来都是左派的拥趸，无论是温和左派还是极端左派。长期以来，美国犹太人一直支持两党当中的自由派候选人，并不在意他们（及其竞选对手）是否也同为犹太族裔。[130]巴西有很多政治上颇为激进的犹太裔大学生和反犹太复国主义者甚至切断了同父母和犹太社群的关系。[131]尽管人们尝试从犹太传统、犹太历史的角度来解释这种亲左派倾向，但其实这种模式并非犹太人独有，它在世界各地其他中间商少数族裔当中也同样常见。

例如，在战后的马来西亚，马共游击队成员也几乎都是华人。[132]

同样，在很多国家，海外印度人同样被视为政治左派。在马来西亚，在城市生活的印度族裔选民支持左翼政党。[133] 在斐济，曾经短暂执政并引发了 1987 年政变的印度族裔主导的政府也同样秉持左翼立场，力主推行国有化和收入再分配。[134] 在锡兰举行的首次选举中，印度裔选民将选票投给了一些马克思主义者。[135] 在白人执政时期的南非，印度族群被认为"比黑人还像共产主义者"。[136] 与之类似，西半球最著名的印度裔政治家——圭亚那的契迪·贾根博士本身也是一位广受东印度裔社群支持的马克思主义者。[137]

中间商少数族裔为什么会在政治上支持左派？这一问题尚无解答。部分原因可能在于，这些族群在创业成功之后往往会退出商界，转而从事其他行业、过上不同的生活。各国富商的子女往往会在拥有中间偏左政治倾向的高等院校就读。此外，老一代人创业发家颇为不易，对于年轻一代来说则可能是不劳而获，他们可能会为此心生愧疚。此外，对于年轻一代而言，老一辈的成就很难企及，而在政治上"左倾"则可给予他们某种道德优越感。还有一种可能性，那就是历史上中间商少数族裔曾经饱受迫害，所以他们自然无法认同或完全接纳保守的权势集团——尽管中间商少数族裔在经济上已经颇为富足。

有观点认为，随着中间商少数族裔退出商界，他们也更加容易受到左派学说的影响，中东犹太人和以色列西化犹太人的不同政治取向可以印证这一看法。中东犹太人在进入以色列之前，主要在阿拉伯世界从事中间商行当，[138] 他们普遍支持更为保守的党派，[139] 而生活在欧洲和西半球的德系犹太人则多为知识分子和专业人士，长期以来一直支持社会主义和福利国家制度。[140]

无论是哪些原因在发挥作用，中间商少数族裔的"左倾"现象引人注目，值得我们进一步研究和分析。

封闭型少数族裔

在沙皇时期的俄国，德裔群体在境内各个聚居点生活了大约一个世纪，随后便迁往西半球。从他们身上，我们可以看到一种不同寻常的社会现象，这些现象也颇具启示意义。他们几代人都同原籍文化相互隔绝，也几乎不会受到周围文化的任何影响，因此也保留了过去的生活方式——即便在他们的故土德国，这种生活方式已经发生了巨大的改变。因此，他们在外迁途中经过德国及后来抵达美国或巴西的时候，都会让所遇到的德裔同胞惊讶不已。18 世纪，在世界其他地区不断发展的同时，生活在俄国的伏尔加德裔和黑海德裔却在时间和空间上都处于与世隔绝的状态。随着时间的推移，或许有一些俄语单词渗入了他们的语言，但即便如此，他们也仍然使用德语进行日常交流，这种情况一直持续到了 20 世纪。[141] 更为显著的例子是一些德裔宗教派别，他们遁世而居，其"进步"也是有意而为之。例如，阿米什人和门诺派教徒在语言、衣着和耕作技术等方面仍然停留在 18 世纪。无论是俄国的德裔，还是美国的阿米什人和门诺派教徒，他们都不是百分之百地没有改变，但他们引人注目的地方在于，在长达两个世纪的时间里，面对周围世界所发生的急剧变化，他们很少妥协，很少去主动适应。

生活在北非和中东地区伊斯兰国家的犹太人也存在着类似的模式，但其主要原因并不在于族群的自身选择，而在于他们在穆斯林社会中封闭地生活了几个世纪后，同西方世界的联络变得极少。西班牙系犹太人和德系犹太人之间相对地位所发生的历史性逆转（这一点在后来的以色列得到了淋漓尽致的体现）反映了这样的一个事实：在近几个世纪活力不及欧洲文明的伊斯兰世界，西班牙系犹太群体中有很多人处于与世隔绝的状态。[142] 而在西班牙系犹太人并未处于封闭状态的地方（如美国和库拉索等地），也并没有出现过这类颇具戏剧性的地位逆转，尽管这些地方的德系犹太人也同样发展迅速。此外，在德系犹太人群体内部还存在着德国犹太人和东欧犹太人的历史差异，东欧犹太人曾在波兰和俄国社会当中处于封闭的状态，随着这种封闭状态的结束，在东欧犹太人大规模移民美国之后，这一差距也逐渐开始缩小。

如同大多数社会现象一样，不同族群的封闭程度也各不相同。海外印度人往往生活在与周围文化相对隔绝的环境中，与此同时，在他们或其祖先离开南亚次大陆以后，他们也同不断发展的本国文化割断了联系。然而，在大多数国家，印度族裔同其移民或旅居的国家的文化的隔绝程度、所保留原籍文化的稳定程度以及同母国文化交流的隔绝程度远不及 19 世纪的伏尔加德裔族群。亚洲及非洲的印度人族群仍会往返于印度，因此保持着与故土的联系，而包括电影在内的现代传播技术也对此起到了补充作用，对于远在西半球的海外印度人更是如此。

与世隔绝的族群并不仅仅是一种奇特的社会现象或历史现象。它们也代表着对基因因素影响和环境因素影响的一种测试。例如，西班牙系犹太人和德系犹太人在文化和经济相对地位的历史性逆转让任何认为基因存在优劣之分的说法不攻自破——尽管他们的体貌差异的确能够表明二者存在基因上的差异。在 19 世纪的欧洲，生活在帝国本土的德意志人同俄国德裔之间开始出现经济和社会上的差距，而在 20 世纪的美国，这些差距则出现了缩减。这同样说明了环境差异的巨大影响。

第三章

征服与文化

　　在人类历史当中，有很大一部分历史都是征服的历史。一个时代征服他人的民族往往又会在另一个时代被他人所征服……无论是古代中国的盛世王朝、伊斯兰世界的庞大帝国，还是成吉思汗打下的广袤疆土，古往今来的征服民族都经历了与之相似的兴亡盛衰。

如果有一种事实能被所有的经验所验证，那就是在一个国家征服另一个国家的时候，统治民族的个体……会将这个国家的民众视如草芥……

——约翰·斯图亚特·穆勒[1]

在人类历史当中，有很大一部分历史都是征服的历史。一个时代征服他人的民族往往又会在另一个时代被他人所征服。尽管古罗马人征服了不列颠、北非和中东，但罗马也曾多次被外族所征服，其珍宝遭到劫掠、民众遭到折磨、女性遭到强暴、手无寸铁者遭到屠戮。无论是古代中国的盛世王朝、伊斯兰世界的庞大帝国，还是成吉思汗打下的广袤疆土，古往今来的征服民族都经历了相似的兴亡盛衰。

征服是人类历史当中最为丑陋的行为之一。奥斯曼帝国的苏丹常会获赠用被杀害者头颅堆砌而成的金字塔（这些手无寸铁的俘虏的头颅数量有时会达到几千个[2]）。普通奥斯曼士兵则会把瓜分到的被征服民族的妇女和男童当作玩物来享乐。在殖民时代之前的非洲，本巴人首领在征服了其他部落之后常常会挖掉歌手和鼓手的眼睛，以防止他们逃跑。[3]在西半球，阿兹特克人曾将数千名战俘活活献祭，[4]一些人被挖出心脏，一些人则被活活烧死。[5]罗马人的酷刑包括将人活活剥皮、水煮油烹，以及用烧红的烙铁灼烫裸身的受刑者。[6]二战时期，臭名昭著的"巴丹死亡行军"事件中，日军士兵曾经强迫被俘的美军士兵互相残杀，甚至活埋战友。尽管征服的过程血腥恐怖，但也正是历史性的征服活动及其文化影响，塑造了我们今天的世界。

文化的扩散

我们所用的词汇及思维框架都是由过去几个世纪当中凭借武力传播的文化模式塑造的。近代欧洲很多国家都继承了罗马帝国的文化，它们所用的语言也是拉丁语的分支。德语和斯拉夫语等其他欧洲语言则在由5、6世纪的征服所塑造的地理格局中占据着主导地位。[7]伊斯兰的数次征服为深陷中世纪"黑暗时代"的欧洲带来了文明的曙光，将源自东起南亚次大陆西至大西洋这一片广袤地区的先进知识传播到了欧洲，推动了当地数学、科学和哲学的发展。而所谓的"阿拉伯数字"实际上源自印度，尽管这一错误的称谓也向我们揭示了这套数字系统是怎样传入西方的。公元8世纪，穆斯林征服了西班牙，此举产生了尤为重大的影响——在此后的几个世纪当中，西班牙一直扮演着传播中心的角色，将地中海世界和东方国家在天文、医学、光学、几何、印刷和地理领域的先进知识传到了北欧和西欧。甚至连古希腊哲学都是先通过阿拉伯语译本传至西欧，在西班牙再转译为拉丁语及西欧各国语言。[8]

穆斯林的征服为后来北欧、西欧在科技领域的崛起奠定了文化基础。到了近代，先进的科学技术则是通过欧洲的征服、移民及其他方式传播到了世界各地。整个西半球都是欧洲帝国在4个世纪的时间中形成的文化产物。古代中国存续的时间远长于此，但为了便于理解如今的种族和文化之间的关系，我们主要关注的是欧洲的影响——不仅包括欧洲在西半球的影响，也包括欧洲在亚非两地的影响。

然而，并非所有的征服都会产生文化上的影响，能够带来文化裨益的征服很少。灭族战争（如罗马与迦太基之间的战争）是一种极端的情况，其所造成的文化影响微乎其微，并且这种影响也仅限于极少数的幸存者。其他类型的征服往往只是为了榨取财富，这些行为往往持续时间较短，很难造成文化上的影响。二战时期，法国大部分领土有 4 年时间为纳粹所占领，但这对战后法国人的生活方式影响甚微，甚至毫无影响。这段痛苦的时期既没有改变当地的美食佳肴，也没有改变法国民众擅长的其他领域。很多其他类型的征服也同样在文化上影响很小，甚至全无影响，其原因可能在于征服时期较为短暂，也可能是因为征服者目标有限，需要控制战略港口、修筑军事基地、开采矿产资源、勒索赋税贡品，这使得被征服民族的文化生活基本未受到影响。同样，我们也应当认识到，一些征服行为对既有文化的破坏已经超过了其传播新文化的贡献。古时的马背民族在征服了早期农业文明之后，给后者带来了毁灭性的影响。[9] 在此后的历史时期，一些征服者在被征服之地大肆损坏图书馆阁，在一个卷籍仍需依靠手工誊抄且多为不可替代的孤本的时代，这些行为对文化造成了毁灭性的破坏。在英语当中，汪达尔征服者的名号已经成为"破坏"的代名词，而很多其他征服者则完全以破坏为乐。与此全然不同的是，另一些征服民族由于自身文化落后、无法取而代之，会试图消灭这些被征服民族的文化。

从漫长的人类历史来看，几乎所有的民族都曾有过被外族征服的经历。但是，种族和文化研究所要关注的是对征服者与被征服者的生活和历史产生了文化影响的征服行为。

在罗马军团入侵并征服古不列颠之前，从没有任何一位不列颠人做过任何一件足以名载史册的事情。[10] 直到罗马人到来之后，不列颠的建筑才被首次建造出来。[11] 此外，罗马人还修建道路、开拓城镇，带来了先进的农业技术，并广泛传播了雕塑和具象艺术。[12] 用丘吉尔的话来说，就是"伦敦的建成要归功于罗马"。[13] 公元 5 世纪，随着帝国走向衰落，罗马军团也撤回欧陆抗击敌军。此时，罗马文明对不列颠的贡献更是体现得淋漓尽致：到了 6 世纪初，不列颠的城镇已经变得破败不堪，建筑和雕像沦为废墟，马路、水道年久失修，一些地方的人类居住地已是杂草丛生。[14] 很多死者甚至都无棺下葬，直接被人草草埋葬。[15] 此前在罗马人治下全岛大部地区形成的统一政治格局也在此时变得支离破碎，为不同部族所割据，这时的不列颠人软弱无力、缺乏组织，根本无法抵御来自欧洲大陆的掠夺者和入侵者。并非只有不列颠在罗马帝国衰落之后陷入了倒退，欧洲大陆也出现了同样的情形：一座座城市走向衰败，有些地方的城市甚至已经完全消失。[16] 粗制滥造的陶器、布料和金属制品等商品充斥着市场，无法同罗马时代的产品相提并论。[17] 有人估计，直到 1 000 年之后，欧洲的物质水平才重新回到了罗马人统治时期的标准。[18] 直到 19 世纪初，欧洲仍然没有哪个城市的供水系统能够比肩罗马帝国时代。[19]

如果是在一些领域较为先进的民族长期的征服促成了文化的传播，那么被征服民族则普遍容易产生一种矛盾心理。征服者们既可能会遭人憎恨，也可能会受到崇拜，既可能被人模仿，也可能会遭到杀害。这种矛盾心理不仅存在于一些个人身上，它也代表着被征服民族内部不同群体的迥异反应。英国在印度的统治让双方都产生了颇为矛盾的心理，直到印度取得独立之后的很长一段时期内，这种心理依然存在。[20] 部分波多黎各人士为了推动该岛脱离美国独立，甚至不惜铤而走险，诉诸恐怖主义。他们的波多黎各同胞却通过投票将此目标彻底否定，无论是通过就此展开的公民公决，还是通过主张不一的各家政党进行的常规选举。[21] 在威尔士，一些主张脱英的民族主义者参与了打砸破坏以及零星的恐怖活动，一些知识分子则对英国的政治霸权和文化霸权大加批判。但即便如此，他们的威尔士同胞仍然通过投票否定了寻求自治的政治提案。[22] 在殖民时代的非洲，尽管很多非洲人将欧洲文明视为一股比本土传统文化更为先进的解放力量，但是他们也对与其相伴而来的种族主义抱怨不已：

> 被人称为"黑仔"，排队要让白人优先，一块块写着"只限白人"的标示牌，这些事情让非洲人感到受伤、愤怒，对于接受过教育的非洲人来说更是这样。[23]

很多被征服的民族也经历过类似甚至更糟的情形，无论他们是看上去就与征服者明显不同，还是体貌相似。克伦威尔曾在爱尔兰大肆屠杀当地民众，大量没收土地，此外，他还颁布了压迫、侮辱爱尔兰人的法律，导致他们在此后的一个多世纪当中一直无法摆脱二等公民的身份，其他征服者也普遍存在这类行为。在哥伦布尚未到达西半球的时候，很多土著民族已经饱受其他土著民族的压迫，这或许有助于解释为什么很多印第安部落愿意联合外来种族一同打击此前压迫他们的部落。[24]

想要完全罗列征服的所有利弊可以说颇为艰巨。两位殖民主义史方面的权威专家表示："很难笼统地概述任何殖民国家控制的哪怕一片领地。"[25] 另一位学者指出：德国人在喀麦隆的殖民地兴建了"不计其数的公共工程"，同时也犯下了"不计其数的残虐暴行"[26]——古往今来的很多殖民列强身上也同样存在这些行为。

一个较为清楚的现象是，被征服时间更久、受先进社会文化霸权影响更彻底的被征服民族往往会在征服民族所擅长的经济领域和文化领域中脱颖而出。罗马在远伐不列颠的过程中，最早征服了地处东南的英格兰，将其彻底纳入罗马帝国版图，那里也发展成了不列颠群岛当中最为发达的地区。几个世纪之后，在殖民时代的印度和锡兰，同一种族、同一民族的成员在技能水平、教育水平和经济自发性上层次不一，这取决于他们是长期生活在英国的直接统治之下，还是居住在坚持独立的地区。即便在印度取得独立之后，英国人治下的安得拉人在各个方面也都优于印度王公治下的特伦甘纳人——尽管他们种族相同、文化相近。[27]与之类似，在斯里兰卡，生活在英国人统治地区的僧伽罗人要比独立时间更久的康提高地的僧伽罗同胞表现更佳，即便在过了几代之后也同样如此。[28]在从苏格兰到东南亚的其他高地，土著民族也因其地形优势能够在较长的时期内保持独立，但是，他们也会因此在较长的时期当中处于落后状态。

文化接受度

即便在被征服的国家，民众会接触或被灌输征服民族的文化，不同民族对这一文化的接受程度也迥然不同。有时候人们会选择刻意远离外来新文化。例如，在欧洲殖民统治时期，亚非各国的穆斯林群体就曾经拒绝加入基督教传教士在当地设立的学校和其他机构。但现实是在很多情况下，教会学校又是唯一的教育机构，因此，未能进入教会学校体系的人士在要求技能、教育背景的竞争中长期处于劣势，无论是在文员岗位、医学法律相关职业、军官团中，还是在科学或工程领域。例如，在殖民时代的尼日利亚，绝大多数受过西方教育的人士都来自南部地区，而全国大多数人口则生活在以穆斯林为主的北部地区。截至1912年，在北部地区读小学的学童数量不足千人，其他地区的人数则超过了35 000人。20多年后，北方地区就读中学的学生仍然不足百人，而其他地区的人数则超过了4 200人。[29]这些教育上的差距产生了持续的影响：到了20世纪50年代初，该国每160位医生当中仅有一人是北方的豪萨－富拉尼人，有49人是南方的伊博人和约鲁巴人；[30]在军队里，3/4的步兵是豪萨－富拉尼人，4/5的军官是南方人。直到1965年，尼日利亚军官群体中仍有半数是伊博人[31]——这个在历史上并不富足的群体[32]借助西方教育实现了族群的发展。甚至在北方当地的很多需要从业者具备一定教育背景、技能水平或创业精神的职业当中，也同样是南方人占据了主导。[33]

这种差异（或者说是殖民统治推动的文化变革所导致的族群位次变化）并不只是尼日利亚独有。在殖民时期的锡兰，笃信佛教的主体民族——僧伽罗人对基督教传教士创办的教育体系颇为抵制。相比之下，居住在岛屿北端贫瘠土地上的少数民族泰米尔人则更好地利用西方教育的机会实现了民族的发展。1921 年，身为少数民族的泰米尔人从事医生职业的人数高于身为主体民族的僧伽罗人。[34] 1942 年，在锡兰大学就读的泰米尔族学生占到了该校学生总人数的 30%，尽管泰米尔族仅占锡兰人口的 11%。[35] 在 1945 年该国取得独立的前夕，泰米尔人占据了该国 30% 的公务员岗位以及 40% 的司法岗位。[36] 而在该国取得独立之后，泰米尔人在教育方面依然优势明显：1969 年，在这个如今名为"斯里兰卡"的国家，身为少数民族的泰米尔人在大学理科学生中的比例高达 40%，其中工科生比例为 48%，医学生比例则为 49%。[37]

尼日利亚和斯里兰卡的一些少数族群后来居上，大获成功，也引发了政治抵制、族群配额、暴民暴力以及国家内战。在马来西亚、斐济以及印度的几个邦，除了没有发生内战，其他类似的情形都有发生。其他国家也同样如此：被征服的国家被并入领土更大、更为先进的国家，种种文化机遇、经济机遇也随之出现。对于这些机遇，被征服国家不同族群各自的应对方式也大为不同。威尔士、爱尔兰和苏格兰在并入英国之后都取得了经济上的进步，但是其中只有苏格兰培养出了本土的企业家与技术人员阶层，不再需要依靠英格兰人在其经济体系中承担此类角色。在苏联时代，苏联人常常派遣技术专家前往各个共和国发展当地经济的重要领域，但是亚美尼亚则会任用本土技术专家，甚至还派遣部分专家去往苏联其他地区进行指导。[38] 有人认为，罗马时代的古不列颠人"从罗马那里学到的不是罗马所能够传授的经验，而是通过罗马人的训练而掌握的学习的能力"。[39] 简而言之，被征服民族并非可任由征服者的文化在上面书写的白纸一张。对文化的接受度是文化传播的重要部分。

征服活动不仅能给一些地区带来更先进的技术、更缜密的思维模式，还能扩大文化体系。其影响已经不仅仅限于物品和理念的传播，它还能够打破文化上的故步自封，因为过去那种墨守成规的思维方式失去了立足的空间。得以拓展的文化体系成了更广阔的舞台，所有民族都能参与其中。在文化体系的范围之内，发展相对落后的民族不仅可以学习更加先进的文化，很多时候还能为其进一步发展做出贡献。正如中华文明最先起源于黄河流域，长江流域各个民族推动了它的进一步发展。[40] 在英格兰人征服了苏格兰，同时也用英语及英格兰文化征服了后者之后，苏格兰人并未简单地对他们进行亦步亦趋的模仿，而是在多个领域走到了英国文化和世界文明的前沿，涌现出一大批标志性人物，包括哲学家大卫·休谟、经济学家亚当·斯密、化学家约瑟夫·布莱克，以及改良出具有划时代意义的蒸汽机的詹姆斯·瓦特。整体来说，苏格兰人通过勤奋努力在工业工程领域超过了英格兰人。[41] 此外，他们还创办了世界领先的医学院，该校毕业生在殖民时代的美洲创办了当地最早的一批医学院。而在彼时美洲的殖民地总督当中，苏格兰人的比例占到了2/3。[42]

无论是征服者，还是被征服者，都会经历文化上的改造。大约1 000年前，阿拉伯人在传播亚洲文化、希腊文化和波斯文化的过程中，对这些文化进行了改造，同时，他们自己也被这些文化所改造。

征服活动不仅会将征服民族的文化传播给被征服的民族，还会通过商贸、移民和知识传播（无论是通过正规教育还是非正式接触）将征服民族的文化传播给当地其他独立民族。例如，早在不列颠被罗马征服之前，罗马文明的手工制品便已经传入这一地区，[43] 以及罗马从未征服过的其他国家和地区，如波兰、斯堪的纳维亚和波罗的海。[44] 同样，在其后的时代，文化创造物也通过征服活动传到了未被征服的地区。征服活动在其他方面造成的文化影响也不限于文化的直接传播。征服者还常常会扮演中转者的角色，将其他民族、其他地区的文化传播到当地。

例如，阿拉伯人在征服过程中所传播的文化大多并非他们的发明创造，其中很多都是伊斯兰帝国辽阔疆域之内的其他社会所创造的物质或智识成果，或是所征服地区的个人和群体（包括基督徒和犹太人）创造的成果。[45] 阿拉伯人在征服过程中传播的文化创造物还包括源自境外、闻名境内的物品，如中国的纸张和印刷品，伊斯兰世界将它们传到西欧，使得批量印制的书籍取代了昂贵的手写卷轴，从而对知识的广泛传播产生了革命性的影响。

在此过程中，阿拉伯语这一共同的媒介使文化得以传到更远的地区，范围遍及扩展之后的整个文化体系，这又推动了文化的发展。近代也出现了类似的情况，欧洲帝国列强不仅带来了欧洲文化的成果（其中大多是对其他文明的借鉴），还将欧洲的语言传遍世界，也让人们得以了解数千年来欧洲及其他地区的思想家们。

征服活动不仅拓展了思想、产品和技术所赖以流通的文化体系，还在很大规模上改变了世界各个民族的分布格局。分布格局有变化的民族不仅限于征服者——无论是历史上曾入侵欧洲和中东的蒙古人、突厥人，还是历史上曾殖民西半球和澳大利亚的欧洲人。战争造成的破坏以及随之而来的和平红利也同样促使征服者和被征服者以外的其他群体远离故土。在古代中国战乱时期，逃往周边地区的难民也将中国文化带到了这些地方。[46] 在其他时代，征服者通过霸权平定了大片区域之后，大批外来民族也会随之迁入——在此之前，他们常常会因惧怕土著民族或担心遭其劫掠，而不敢贸然来此定居。在欧洲帝国主义者们在东南亚建立殖民地之前，便已有中国或印度移民迁居于此，但是他们当中的绝大多数都是在欧洲在当地建立霸权之后才移徙到了马来人和印尼人所居住的地区。与此类似，在撒哈拉以南非洲的部分地区落入欧洲人掌控之前，部落成员如果前往其他部落的地盘定居，甚至可能会招来杀身之祸。全球各地大多数工商行业的开启都可归功于大规模的移民活动——无论是华人移民东南亚、印度人移民东非、德意志人和意大利人移民巴西、阿根廷，还是一些族群在征服某地之后所促成的其他族群的国际流动。

征服活动对征服者的文化影响

征服活动产生的文化影响并不限于征服者对被征服民族的影响。征服者的文化未必更加先进，在有些情况下，他们会认识到这一点，并主动汲取被征服民族的文化。有时，他们会与被征服民族血缘交融，例如，诺曼人最终融入了英格兰人，外族征服者最终融入了中华民族。

尽管在有些情况下，征服者会带来更加先进的技术，或组织更为完善的经济制度、政治制度和社会制度，但是在另一些情况下，他们则完全依靠人数优势或知兵善战征服了在其他领域更加先进的民族。很多中亚地区的征服民族都是如此（最著名的当数成吉思汗麾下的众部落及奥斯曼帝国的创立者们[47]），他们在中国、中东和东欧都征服了文明程度更高的周边社会。罗马人征服古不列颠显然就是在方方面面都更为先进的民族取得了胜利，满族人在崛起之后征服了中原，对汉文化的优越性也颇为认可，并致力于学习、保护这一文化。与之类似，罗马帝国在征服了希腊人之后，也吸收并传播他们的文化。

在长达数千年的历史时期当中，文明社会以外的部族不断通过武力发动对文明社会的侵袭。但是从文化角度来看，这一过程反而是文明社会对征服者所生活的社会的侵袭：文明社会的精美物产和舒适生活吸引很多征服者前来定居，而这些物产、生活方式又会在一定程度上影响到仍然过着原始生活、游牧生活的其他族群。和其他的文化传播过程一样，这种文化传播也是一种带有选择性的传播。江河流域文明的种种农业技术并不适用于中亚的草原和沙漠。即便这些文明的成果适宜被当地采用，但对于不同文化背景的人士而言，它们的吸引力也各不相同。例如，人们更有可能对兵器、布料和黄金颇为热衷，而对数学知识缺乏兴趣。[48]

有些情况下，征服者由于在军事上成就显赫、在政治上雄踞一方，会更加重视军事力量，而忽视其他方面的成就。同时，他们也会因此心生傲慢，对其他群体不断取得的成就、不断提高的实力视而不见，最终贻害自身。如果征服民族长期将精力用于打造军力、钻营权术（包括各种官僚统治），那么此举也势必会影响他们对被征服民族从事的普通经济活动的态度。尽管这些经济活动为人们提供了衣食住行方面的基础性保障，并为统治者的军事征服活动提供了经济支持，但无论是欧洲和西半球的西班牙征服者和葡萄牙征服者，还是奥斯曼土耳其征服者，[49] 都轻视这些经济活动。在亚洲地区，蒙古征服者们也让被征服民族承担着商贸和生产活动。[50] 这并不仅仅是因为重要的经济活动完全可以由他人开展，也是因为征服者们对此类活动极为轻视——哪怕并不富足的征服者也是如此。例如，奥斯曼人将此类行当都视为异教徒的行当，[51] 因此无视这些领域的发展，但这也导致了他们的帝国最终深受其害。在中世纪和近代早期的西班牙，对这些行当的蔑视也导致一些民族遭到了驱逐，其中包括数万摩里斯科人[52] 以及数万犹太人。[53] 随着两个族群的出走，他们的技能也随之一同流失，给当地经济造成了沉重的打击。"现在谁来给我们做鞋呢？"在摩里斯科人遭到驱逐后，巴伦西亚大主教如是问道，而他本人恰恰又是此次驱逐活动的支持者。[54]

征服民族的傲慢也同样会导致他们蔑视、低估其他国家（包括敌对强国、敌对文明）取得的成就。奥斯曼帝国大军曾经在连续几个世纪当中打败、击溃欧洲军队，并征服巴尔干半岛，兵临维也纳城外。

同时，在文化方面，该国也同样比欧洲更胜一筹。在几个世纪的领先之后，面对不断崛起的欧洲文明，长期处于优势地位的奥斯曼帝国和整个伊斯兰世界都不屑于了解对方、借鉴对方，因此未能阻止欧洲扭转局势，最终又反过来征服了这些穆斯林。

一个微小却又十分常见的现象也同样能够体现征服者的傲慢，那就是他们往往会拒绝学习被征服民族的语言，同时还会强迫后者学习他们的语言。直到诺曼人征服了英格兰两个多世纪以后，英格兰才终于有了一位不只是会说几个英语单词的国王。[55] 法语是法律程序、议会程序的通用语言，也是贵族阶层的社交语言，而普通大众和小乡绅阶层则仍然使用英语，并保留着英格兰文化。其他社会也同样如此，被征服者中的精英群体为了跻身新的精英群体之列，往往会使用征服者的语言、接受他们的文化，甚至成为他们的左膀右臂。因此，后来随着大英帝国版图的扩张，英语成了被征服民族中受教育阶层的语言，尽管帝国的身影早已在历史中销声匿迹，但英语的地位仍未动摇——它依然是全世界使用最为广泛的语言。与之类似，法语也成了法兰西帝国在非洲和加勒比地区领土的精英语言，并最终成为大众语言。西班牙语和葡萄牙语则成了拉丁美洲的主要语言。在苏联，仅有3%的俄罗斯人除母语外还会说一门语言，甚至生活在中亚各个共和国的数百万俄罗斯族裔当中，也只有不到10%的人会说一门中亚语言。[56] 但是在苏联的非俄罗斯族裔当中，除母语之外会说俄语的人士占到了半数以上。[57]

通常情况下，最先吸收征服者语言和文化的是被征服民族中的精英群体，这会导致或加剧土著民族内部的分化。在有些情况下，这种分化在很大程度上并非源自社会阶层的区别，而是源自地理位置的差异。居住地毗邻外来文化中心、军事据点或经济中心的民众会成为外来语言、文化的最早吸收者，而生活在内陆地区的人们则会延续古老的语言和习俗。因此，在欧洲殖民主义时代的非洲，通常是居住在殖民地首都及周边地区、主要港口的非洲人最先学会英语或法语，随后他们往往会皈依基督教，而居住在内陆地区丛林乡野的居民则保留了本土的语言及宗教。与之类似，低地苏格兰人的盎格鲁化进程远远早于高地苏格兰人——后者在18世纪仍然将盖尔语作为主要语言，直到19世纪初，他们的语言仍然没有完全消亡。[58]然而，正如人数处于劣势的征服民族能够同被征服民族血缘交融，征服民族的文化也同样能够融入本土文化，后者继而又会实现社会地位的提升。因此，在诺曼人统治英格兰的时代，英语吸收了很多法语词汇。但与此同时，英语的社会地位也得到提升。作为首部用英语撰写的文学经典，乔叟的《坎特伯雷故事集》具有里程碑式的意义。在此后的一个世纪，该国转而使用英语来记录法律程序和议会程序。起初，只有较低阶层的诺曼人与英格兰人会进行族际通婚，此后这种行为逐渐蔓延到了社会较高阶层，最后甚至连身为诺曼人的英格兰国王也开始迎娶英格兰女子。[59]

简而言之，征服活动促成的文化传播并非只遵循某种单一模式。有的情况下是征服者的文化盛行，有的情况下则是被征服民族的文化居于上风，但无论是哪种情况，很少有未经改良的文化能够占据主导。但显而易见的是，这种扩散的影响很普遍，分布广泛，且具有历史意义。我们可以从一个很小的迹象看出此类文化影响有多么的彻底：被罗马人征服的古不列颠人所用的语言在今天的英语中几乎已经无迹可寻，但与此同时，拉丁语词汇、日耳曼语词汇和法语衍生词汇却在英语当中比比皆是。

经济影响

征服活动的经济影响既包括有意的影响，又包括无意的影响，同时，其中既包括积极的影响，又包括消极的影响。征服活动所造成的国破家亡显然是种沉重的经济代价。旷日持久的战火动荡又会导致更为沉重的代价，体现为战火所到之处会出现经济活动的减少和总体投资的缩减。与此同时，由于军事冲突结果难料、收益回报悬而未决，人们更愿囤积黄金珠宝——但是，这些财富对于经济而言并无助益。不过，一些征服活动成功地终结了边境地区持续了几年甚至几代人之久的零星劫掠行为，从而为当地的经济发展做出了巨大的贡献——在此之前，甚至无人敢去开展农耕或建设活动。因此，尽管欧洲征服者在罗得西亚占取了大量良田沃土，但非洲人的可用土地非但没有减少，反而出现了增加[60]。这是因为，他们此时已经可以自由前往一些曾因部落冲突而无法安居的地区。

征服活动有多种多样的目的，包括开发他国自然资源、向被征服民族勒索赋税贡品（包括奴隶）、安置部分本国人口，以及建立海外战略军事基地。尽管长期以来，经济目标一直是征服活动的主要动因之一，但还原论者认为，近代资本主义时代的征服活动背后必然存在着经济动机。令人哭笑不得的是，这一观点被套用于19世纪至20世纪——在这个时期，非经济因素对征服行为的影响尤为显著，尤其是殖民者对撒哈拉以南非洲大部分地区的征服。

欧洲国家的财政官员往往反对在非洲开拓殖民帝国，[61]在他们看来，除一些特殊情况（如坐拥宝贵矿产资源的刚果或南非）之外，这些殖民地几乎无力偿还征服的成本——他们是对的。

欧洲对非洲的经济影响远远大于非洲对欧洲的经济影响。与种种帝国主义经济理论截然相反，非洲既不是欧洲的主要投资目的地，也不是欧洲的主要出口目的地。20世纪初，英国仅在加拿大一地的投资规模就超过了在非洲和印度投资的总和[62]，并且，英国在美国的投资还要高于在加拿大的投资。[63]法国和德国也同样不愿将大笔资金投往非洲。[64]在欧洲列强的经济当中，对非商业贸易的地位同样微不足道。尽管在一战前夕，德国海外殖民帝国的面积已经超过本土，但彼时德国对比利时的出口规模达到了对其海外殖民地出口的5倍以上。[65] 与之类似，法国对比利时的出口规模达到了该国对其非洲殖民地出口的 10 倍。德国对其非洲殖民地的出口规模占该国出口贸易的比重不到 1%。[66]

非洲对于欧洲的重要意义更多在于它可充当后者的进口来源地，尽管所进口的物品大多源自有限的几处地方，如南非的金矿和金刚石矿区，或西非的可可和棕榈油产区。总体来看，英国自非洲进口额不及其总进口规模的 7%，这一比例低于其他任何大洲，包括人口稀少的澳大利亚。[67] 非洲殖民地往往并非欧洲投资者的主要利润来源，也不是欧洲各国政府的主要收入来源。例如，在一战之前的几年当中，德国各殖民地的财政支出一直远远高于自身收入，中间的差额则需要德国纳税人出资弥补。私营经济部门也同样状况不佳，德国殖民地的 19 家剑麻种植园企业当中，只有 8 家支付了股息；22 家可可种植园企业当中，只有 4 家支付了股息。同时，在这些地区，58 家橡胶种植园企业只有 8 家支付了股息，48 家钻石开采商只有 3 家支付了股息。[68]

然而，从非洲的视角来看，则是另一番情形：尽管在欧洲殖民列强的对外贸易当中，对非洲贸易只占到其中的一小部分，但是对于非洲殖民地而言，这部分贸易在其国际贸易当中则占据着相当大的比例。[69] 此外，非洲进出口贸易在殖民时代得到了大幅增长。例如，从 1905 年至 1913 年的短短数年间，德属东非的花生、橡胶、可可、咖啡和剑麻出口出现了成倍的增长。[70] 1938 年至 1958 年间，英国、法国、比利时的非洲殖民地也出现了类似的出口增幅。[71] 相应地，非洲的进口规模也出现了增长，本地商品的消费规模亦有提高，二者都提升了非洲民众的生活水平。例如 1950 年至 1958 年间，比属刚果的实际消费增长了 77%。[72] 此外，很多非洲国家的现代工业、商业部门几乎都是欧洲人一手开创的。欧洲人还引入了新的农作物和新的耕作技术，[73] 并建设了现代基础设施，包括公路、港口设施、铁路、电报、汽车运输等。[74] 一个微小的细节足以反映这些变化的经济意义：在非洲大部分地区，火车运输成了常见的运输方式。一节车厢可以运载相当于 300 个人的货物，并且，两天便可走完一个商队需要花两个月时间才能走完的路程。[75]

但是，随之而来的代价也十分高昂。征服者在最初发动军事行动、造成人员死亡之后，往往又会对起义者进行血腥镇压，除此之外，征服者们对非洲人的凌虐、不公甚至残暴行为数不胜数。非洲人曾经普遍遭受到了令人深恶痛绝的虐待，强迫劳动就是其中之一。和其他虐行一样，在不同殖民地、不同时期，强迫劳动的环境条件各不相同。但即便是契约工所面临的劳动条件也可以说恶劣不堪。据信，19 世纪后期从葡属殖民地安哥拉前往圣多美的契约工没有一人能够活着回来。[76] 1904 年，在德属西南非洲的赫雷罗人发动起义、杀死 123 名欧洲人之后，一名德国将军命令士兵对赫雷罗人大开杀戒，无论对方是全副武装还是手无寸铁，也无论是大人还是孩童。据估计，在这名将军被召回柏林之前，80 000 赫雷罗人中约有 60 000 惨遭杀害。[77]

殖民者们在决定是否要在非洲获取殖民地的时候，会考虑多种因素，其中经济因素未必会成为主导因素。在殖民地赚取了大笔财富的塞西尔·罗兹等人将其个人所得与国家收益混为一谈——尽管远在国内的纳税人所蒙受的损失已经超过了这些殖民地欧洲商人所获得的收益。在非洲问题上，有影响力的伦敦传教士游说团体常常不顾殖民地官员及财政官员的反对，竭力推动英国政府深入参与非洲事务，而他们的国家一旦涉足其中就会越陷越深，又需要不断加大军事投入、政治投入来应对种种意外情形。之所以会出现这些情况，是因为相较于欧洲各国政府可以调度的资源而言，控制非洲大片地区所需要的投入相对较少——不仅对于英国而言如此，对于其他欧洲殖民列强也同样如此。正如一位战争史学家所言："在欧洲打一个月仗比在殖民地打一年仗的花销还要高。"[78] 第二次世界大战后，随着非洲独立运动风起云涌，维持非洲殖民地的成本也变得更高昂，如同他们当初迅速征服非洲大陆那样，此时的殖民者们又迅速地抛弃了这片土地。还有一种较为罕见的情况，那就是殖民者依旧顽守殖民地，或是面对本地人的起义仍然竭力地维护欧洲人的霸权，这种情况通常都是因为大量欧洲侨民社群不愿离开，或不愿分享权力——阿尔及利亚和罗得西亚的情况便是如此。简而言之，几乎没有什么证据可以表明非洲殖民地的经济价值足以让殖民帝国为了保留它们而大动干戈。

相较于罗马人在不列颠、华人在东南亚部分地区、穆斯林在欧洲部分地区长达几个世纪的统治，欧洲对非洲的影响，无论是好是坏，从历史角度来看都较为短暂——大约只延续了三代人的时间。正如19世纪80年代欧洲开始"争夺非洲"一样，20世纪60年代欧洲人又开始大规模撤离。最开始是20世纪50年代的北部伊斯兰国家，彼时利比亚、摩洛哥和突尼斯宣布独立。在接下来的20年里独立浪潮迅速向南蔓延，尼日利亚、坦桑尼亚、乌干达、刚果、肯尼亚和其他黑人国家取得了独立。[79]正如罗马统治者的撤离导致不列颠出现倒退一样，在非洲很多地区，欧洲统治者的离去导致了科技停滞、经济萎靡、政治混乱、军变频发。

尽管从表面上看，帝国主义的经济动机似乎是近代资本主义时代的主导因素，但事实上，相较于中世纪或古代时期的帝国主义，这个时代的帝国主义存在时间更加短暂，文化渗透程度也不及前者。其中一个原因在于，现代资本主义时代恰逢欧洲主要大国的民主政治崛起，各国政府需要面对种种彼此冲突的影响因素和利益关系。此外，从纯粹的资本主义角度分析其成本和收益，大部分的征服活动并不划算。毕竟连自由放任经济学之父亚当·斯密都曾敦促其英国同胞放弃美洲殖民地以及其他经济上无法自食其力的殖民地。[80]

促使人们参与征服活动的因素还包括非经济动机，如国家荣誉、政治权力、观念之争和宗教运动，而此类行为仅凭经济成本效益分析并不足以维持。在追求政治目标的过程中，被征服的民族被迫承担了巨大的代价，在某种程度上，整个国家的经济也同样如此。20 世纪 30 年代，斯大林在乌克兰制造的饥荒导致数百万人丧生，[81] 即便不从人道主义角度考量，这些人原本也可为苏联经济贡献力量。但是此举在政治上颇为成功，因为它击垮了反对苏联计划的乌克兰人。正如当时的一位苏联官员所言：

> 农民群体和我们的政权之间正展开着一场残酷的斗争。这是一场殊死斗争。这一年考验了我们的力量和他们的耐力。一场饥荒让他们明白了谁才是这里的主人。虽然失去了几百万人，但是集体农场制度将继续存在。我们打赢了这场战争。[82]

相较于经济动机驱动的行为，政治动机驱动的行为往往更容易不计成本。暂且不论征服活动的受害者，即便是对于征服者而言，这些行为也需要付出代价。因此，尽管近代的帝国主义凭借着前所未有的财富和技术遍及全球，但与早期帝国（罗马在西欧的统治延续了几个世纪之久）相比，其所存在的时间只能算得上昙花一现。相较于快速地占取殖民地，殖民列强快速地放弃已成烫手山芋的殖民地是资本主义时代更为典型的特征。

生物学影响

征服活动不仅会在文化、政治和经济领域产生影响，还会在基因及流行病方面造成影响。大批男性在一个地方短期停留之后，往往会在当地留下大量身怀混血婴儿的女性。同时，他们也会将所携疾病传染给当地民众，或是被当地民众所传染。疾病导致的士兵死亡数目往往远高于战争。例如，在 1490 年围攻格拉纳达的约 20 000 名西班牙士兵中，有大约 17 000 人死于斑疹伤寒。在拿破仑远征俄国期间，因严寒、供给短缺而死的法国士兵是战死人数的 10 倍以上。[83] 西半球的土著在突然接触了来自欧洲和非洲的疾病之后，几乎遭受了灭顶之灾——外来疾病造成的死亡人数远远高于长年不断的军事行动所导致的死亡人数。据估计，在19世纪中叶的20多年当中，美国陆军在战斗中杀死了约4 000名印第安人。[84]而疾病的破坏力则远大于此。仅仅几代人时间，从欧洲和非洲带来的天花、疟疾、流感等疾病就造成了土著的大量死亡。直到幸存人群获得生物免疫力之后，这种情况才逐渐好转。

19世纪，美国的印第安人口数量缩减至白人到来之前的1/4，[85]直至20世纪才恢复到了哥伦布时代之前的水平。[86]美洲印第安人对来自欧洲和非洲的疾病极度缺乏抵御力，导致这些疾病在西半球其他地区造成了更大的破坏。加勒比地区的土著人群几乎完全灭绝。[87]西班牙征服秘鲁之后，当地的土著印第安人口数量缩减了90%。[88]据估计，在如今的巴西，美洲印第安人口数量甚至不及欧洲人抵达时的5%。[89]而这还只是其中一部分，欧洲人在世界各地推行殖民统治期间，他们所携带的疾病普遍对当地民众造成了毁灭性的冲击。这些来自欧洲的征服者也同样受到了当地疾病的影响。[90]

独立及其影响

无论征服活动能够带来哪些好处，被征服民族很少会享受其中。正如征服活动在人类历史上尤为普遍，争取自由的反抗斗争也同样如此。被征服民族获得自由的方式多种多样。有的国家从顽固而强大的殖民势力手中夺回了自由，而有的民族获得自由则在很大程度上是外人政治决策的意外结果，有必要从根本上对二者加以区分。后一种模式见于罗马时期的不列颠、一战后的中欧和东南欧国家，以及二战后取得独立的诸多第三世界国家。殖民地凭借自身的经济发展、军事实力和政治团结而取得独立是一回事，在并无此类成就的情况下获得自由又是另一回事。

在美国独立战争的时代，尽管英国是当时世界上最发达、最先进的国家之一，但是英美两国民众在文化上并无巨大差距。彼时的美国人也多为英国移民，他们完全有能力维持殖民时代的经济与政治结构，并推动二者朝着新的方向发展。而在5世纪的不列颠，当罗马人撤回欧陆、守卫帝国的时候，不列颠人还并不具备此类能力。在二战后获得自由的很多第三世界国家，情况也是如此。早期的不列颠人无力维持罗马人的经济、文化水平，同时他们在政治上无力统辖全国，在军事上又无力抵御一批又一批来自欧洲大陆的掠夺者和入侵者。

一战之后，东欧、中欧和东南欧的一些国家纷纷获得独立，但是这一情况是奥匈帝国战败之后遭到西方盟国肢解的意外结果，而并非这些国家凭借自身的力量或团结而取得的成功。它们之所以能够在经济上维持运转，很大程度上要归功于德裔、犹太人及其他少数民族的技能贡献。但是，由于其军事力量孱弱，在20世纪30年代末期，这些国家又被希特勒逐一拿下。奥地利和捷克斯洛伐克甚至在二战开始之前便已陷入内忧外患，波兰则是在遭遇了引燃二战的德国闪击之后旋即崩溃。而在此之前，任何针对奥地利或捷克的威胁或攻击都需要面对强大的奥匈帝国，而不是单个的弱小国家。

同情被征服民族所受苦难的人士往往容易对其抱有理想化的看法。但在有的情况下，这种倾向酿成了种种危险后果，不仅包括让人高估了它们在经济、政治或军事方面的生存能力，还包括让人低估了它们对本国少数民族的压迫和暴力。第一次世界大战后，奥匈帝国被肢解后而形成的独立国家普遍出现了愈演愈烈的反犹主义。[91] 类似的情况还发生在第二次世界大战后，随着独立浪潮席卷东南亚、东非和西非，针对当地华人、印度人和黎巴嫩人的歧视和压迫也不断升级。再后来，曾属于苏联或南斯拉夫的领土上爆发了野蛮的种族暴力和内战。人们常常声称，帝国主义列强"分而治之"的策略是造成群体之间对立的原因。但在很多情况下，这些对立在帝国主义到来之前便已存在，并且在其离开之后又重燃。

与之相关的一种观点认为，征服者所划定的国界，与文化和种族的边界并不重合，国界只是人为地将人民与其居住在邻国接壤地区的同胞分离开来。然而，在世界大部地区，不可能存在同民族、语言或文化分界线"自然"重合的国界线。几个世纪的迁徙、征服和广泛散布的民族聚集地，以及不同程度的同化形成了一个无法厘清的"文化旋涡"。一位著名历史学家曾如是评价巴尔干诸国，"即便各方怀有善意，在这一种族混乱、民族分裂、忠心不明的环境下"，划定政治边界也会"极为困难"，更何况这样的善意"从未有过"，很多地区的情况也是如此。[92]

无论征服活动带来的影响是好是坏，它都在很大程度上塑造了世界文化与种族史。

第四章

种族与经济

种族不会改变经济学的基本原理。但是，我们如果将经济学原理运用于异文异种的群体身上，就会发现比同质群体间经济交易更为复杂的情形。

种族不会改变经济学的基本原理。但是，我们如果将经济学原理运用于异文异种的群体身上，就会发现比同质群体间经济交易更为复杂的情形。群体之间的文化差异体现在他们的角色之中，无论是工人、消费者、企业家、租户，还是其他经济交易者。各个种族和民族的历史一再表明，这些群体在很多方面存在着显著的差异，包括具体的工作技能、普遍的工作习惯、职业偏好、从商传统、教育背景、节俭程度，以及其他影响最终的经济结果的因素。

对经济结果的研究就是对因果关系的研究。哲学观察、道德哀叹或是政治说辞都不是经济分析。经济学能够通过系统地分析不同市场条件下的不同激励因素，帮助人们理解种族和民族的收入、职业和总体物质条件。几个世纪以来，人们通过研究市场、价格、收入、利润率和其他变量，总结出了一些一般性经济学原理，这些激励因素的影响也同样遵循着这些原理。究其本质，种族经济学就是将这些原理运用于对异质人群的分析。

个人和群体从事交易的市场也各不相同——有些市场存在着激烈的竞争，有些市场则会受到来自政府、工会、商业卡特尔等机构的各式管控。除此之外，可供买卖的物品范围极广：从面包到股票期权，从服装到油井，无所不包，并且各类异质群体、各类异质市场的组合几乎是无限的。但是，我们可通过三大类的交易行为来说明可用于分析种族、民族的一般性经济学原理。这些交易行为涉及就业、住房，以及消费品与服务的销售。

就业

就业显然是一个关键性的经济因素，无论是对个人还是群体而言都是如此。一个人所从事职业的类型不仅会影响其当下的收入和生活方式，还会影响本人及子女的未来前景，包括他们接受的教育和从事的职业。不同的职业不仅薪资不同，其失业的可能性也不同——这两个因素都会影响个人和群体的经济状况。然而，尽管职业和收入都是决定当前生活水平上限及未来存钱比例上限的重要因素，但是历史也一再地表明，将此类上限视为长期存在的严格制约因素是一种极为荒谬的观点。此外，认为一些职业"没有前途"、一些工资水平"只够糊口"的看法也颇具误导性。

例如，在很多国家，来自中国、意大利或日本的移民都是先从底层职业做起，从事着本地人往往颇为不屑的工作——这些工作艰苦、"卑微"、薪资很低，也无技术要求。然而，经过一代又一代人年复一年的努力，这些移民群体的平均收入和职业层次超过了周围的群体。"贫困恶性循环"理论认为，当下的收入并不能预先决定未来的收入。有些情况下，贫困的确会延续数代人，但是，如想解释仍然陷于贫困的个人和群体与业已脱贫者的差异，我们则需要探究除了其最初薪资以外的其他因素。同样，工资"只够糊口"的人士往往会将很大一部分收入积攒起来，拿这些资金创办企业、购置房产，或通过其他方式改变自身的境遇。同样，所谓"没有前途的工作"也并不能预先决定人们的未来。在美国的纽约以及巴西的里约热内卢、圣保罗和桑托斯等城市，意大利人曾经是擦鞋行业的主力[1]——这一职业中不存在晋升阶梯，堪称典型的"没有前途的工作"。然而，意大利人却很快从这些岗位中脱颖而出，他们崛起的速度丝毫不亚于公务员或其他存在晋升阶梯的职业。

在殖民时期的马来亚，华人移民最初往往都会前往橡胶种植园或锡矿从事非技术劳动。在攒了一些钱之后，他们就会开始做些自负盈亏的小生意，由此一步步地走上成功的道路。20世纪初，美国的很多日本移民都从事种田、家政工作，他们当中从事这些行当的人数甚至超过了同时代的黑人群体。[2]但美国的日本移民只用了一代人的时间便改变了这一境况，他们的第二代人开始从事其他经济部门当中更高端的职位，促成这一改变的主要因素便是教育。简而言之，尽管职业对个人或群体的短期经济前景能够产生重要影响，但从长远来看，这些职业很难决定一切，即便是对特定的个人而言也同样如此。

在某些情况下，移民的社会地位看似有了提升，而实际上，他们只不过是重新回到了他们在移民之前便已拥有的社会地位。在卡斯特罗时代之前移民美国的古巴专业人员为了维持生计，常常会从低微的职业做起，后来逐渐重归旧业。在更早的一个时期，擅长针线贸易、富有创业经验的东欧犹太人在到达美国后，要经过一段时间之后才会开始在美国的服装行业自立门户。但是，有必要将这些情况与通常既无技能也无创业经验的华人移民、意大利移民或日本移民的情况区分开来。然而，从这两种情况都能看出，最初所从事的职业及收入水平并非长期经济结果的决定因素。

在种族多元、文化多元的社会中，个人和群体的就业前景往往不仅因为技能和工作模式各有不同，还会因同事、顾客或雇主对其接受程度的不同而存在差异。如果人们对某些群体接受程度较低，就可能会导致后者在同一行业或其他行业的同一商业机构或不同商业机构中处于就业隔离状态，这种隔离可能会伴随着收入歧视，也可能不会。薪资管制、职业许可法律或其他政府政策也会对种族、文化上的异质群体造成不同的影响，无论这些政策是否明确或有意地对不同种族区别对待。

就业隔离

同"隔离"一词的其他用法一样，"就业隔离"作为雇主的一项政策或一种行为，须同不同群体选择不同职业或拥有不同职业资格的模式区别开来。职业篮球运动员当中很少能看到日裔美国人或西班牙裔美国人的身影，但很少有人将此现象斥为族群隔离或族群歧视。原因在于，职业篮坛高人林立，身高低于平均水平的族群很难在此立足。也正是由于黑人对篮球运动尤其热衷，且球技高超，所以从事职业篮球运动的白人比例并不算高。

曾几何时，篮球赛场上也不乏犹太人的身影，但随着时间的推移，由于其他领域的就业机会更具吸引力，他们也逐渐淡出了这项运动。随着爱尔兰裔美国人在其他职业领域逐渐崛起，他们也纷纷离开曾经雄踞多年的拳击擂台。简而言之，不能从群体比例统计数据推断雇主是否推行了隔离政策，因为这些统计数据很容易受到群体自身的技能及其选择的影响。这并不是要否认雇主们有意而为的族群隔离已经存在并会继续存在的事实，而是要指出单单凭借数字并不能定义或证明这一点。

雇主有意推行群体隔离政策或有意实施群体隔离的情况由来已久，也十分普遍。在大量移民涌入美国的时代，雇主们发现让爱尔兰移民和意大利移民一起工作很容易滋生暴力事件，特别是当这些工作需要工人们长时间生活在一起（如一起修建铁路或开凿运河）时，就更容易发生暴力冲突。事实上，来自不同地区的意大利人一同工作也同样有此风险。美国的季节性农业工人往往都属于同种族、同民族群体，他们会同工、同住数月之久，招募、管理他们的往往也是同种族或同民族人士，例如墨西哥人、意大利人、印第安人或其他族群。语言的差异及族群仇恨都有可能导致这种隔离政策的出台，无论雇主本人是否对某一族群心存反感。此外，这种隔离本身并不代表族群之间的收入差别或是职业贵贱。这完全是另一个问题，其答案也会因具体情况的不同而存在差异。

这种就业隔离实际意味着，相较于雇用同质工人群体，雇用互不相容的群体会招致更为高昂的成本，无论这些成本源自语言、生活方式的不同，还是源自群体间的敌意——换言之，这种做法必然会导致更加高昂的成本。没有任何一种"解决方案"能够在不产生其他成本的情况下将其完全化解。从另一个角度来看，团队内部互不相容会增加生产成本，无论是因为争执斗殴导致工作停滞，还是因为语言不同、彼此误解造成沟通出错，或是因为工作场所气氛紧张而造成士气低落或人才流失——最好的员工往往不乏机会另谋高就，选择一个更加融洽的工作环境。

在某些情况下，群体混合的企业劳动力成本较高是因为不同工人群体期望不同的工作条件。例如，在此前的一个时期，美国的东欧犹太移民工人通常不愿在周六工作，因为这一天是他们的安息日。彼时的工厂通常实行六天工作制，因此，如果企业员工中既有犹太人又有基督徒，工厂需要承担的代价是每周有两天都会有人无法到岗，而无法安排员工在周日企业停工时集中休息。排工困难所造成的成本会因行业而异，并且随着人员的正常流动，犹太人与非犹太人的比例也会变化，情况也会随之变得更为复杂。

无论如何，在这些条件下，如果犹太人和基督徒各自受雇于不同的商业机构（无论是否为同一行业），则会产生较低的生产成本。也正是因为如此，在充满经济竞争压力的产品市场上，全犹太员工企业或全非犹太员工的企业更容易生存，无论这些企业的所有者是犹太人还是非犹太人，企业所有者和雇主是否对另一群体怀有敌意，也无论犹太人或非犹太人是否能力更胜一筹。无论是在沙皇时代的俄国，还是在移民时代的纽约下东区，犹太雇主往往会雇用犹太工人。[3] 但是从经济角度来看，我们并无理由预期在这种情况下某一群体的工人的薪酬会高于同工同效的另一群体。

在犹太人稀少、基督徒占优的地方，工作安排通常会照顾后者周日休息，犹太工人也很难找到能够确保他们周六参加宗教仪式的各类岗位。同样，这一"问题"并没有不需要任何成本的"解决方案"。无论这种困境最终如何解决，都会产生更高的成本，无论是对企业还是对于犹太员工而言，都是如此。随着生产率的日渐提高，企业开始推行周末停工两天的工作制度，犹太雇员和非犹太雇员也得以参加各自的安息日活动，因此，即便他们在同一商业机构工作也不会产生额外的成本。

尽管就业隔离本身未必会造成不同群体收入的不同，但是某些情形的确会导致薪酬上的差异，而其他情形则不会如此。如果一些群体的内部已经拥有齐备、互补的经济要素——经理人、劳工，包括熟练工人和非熟练工人——则可另行创办企业，从而充分地利用就业隔离的低成本优势，其劳工或经理人的收入也不会低于产出规模相近企业的水平。但是，如果一个群体缺乏创业所需的互补要素中的一项或多项（如缺乏经理人或熟练工人），那么他们可能就会面临就业前景不佳的困境，或者不得不接受更低的薪资。

如果工人和经理人属于主体族群，或是拥有齐备的创业、岗位技能的少数族裔，那么他们也不会甘于自己拿到的薪资低于其他地区的同胞，否则他们就会一走了之，另谋高就。因此，任何非隔离就业所产生的成本——无论是因语言不同、宗教差异而产生，还是因厌恶反感所导致——往往会由无法自行创业的族群所承担。通过法律确立"同工同酬"原则之举反而减少了少数族裔获得雇用的可能性，而在其所居之地建立族群雇用配额，则更容易促使雇主将企业迁往他处，甚至远走海外。这是因为相关的成本的确存在。这不仅仅是"观念"或"刻板印象"的问题，相关的法律也无法降低这些成本。

非隔离雇用的额外成本究竟几何，这是一个经验问题，毫无疑问，它因地不同，也因时而异。然而，即便是在美国南方推行《吉姆·克劳法》、强制种族隔离的时代，大多情况下，黑人雇员也都与白人同工同酬，他们只是被限制获得一些高薪岗位，而这些岗位本可让他们与白人平起平坐。尤其是在南方，白人并不抗拒同黑人身体接触，只是不愿与他们平起平坐。他们乐于雇黑人为仆、与他们生活在同一屋檐下——甚至连抗拒与黑人同桌而坐、洽谈生意的白人也同样如此，因为洽谈生意代表着地位上的平等，而雇用黑仆或其他密切接触则无此意味。

就业歧视

"歧视"从概念上界定较为容易，但是在实践中想要进行判定则颇为困难。群体之间在技能、教育和经验等方面存在诸多显著差异，因此很难判断其薪资或职业之别究竟是反映了工效的差异，还是代表了工作、效率相近的一些群体领取着随意而定的较低薪酬。此外，须将对整个群体的歧视同对群体内某些成员的歧视加以区别。例如，群体歧视意味着印度孟买的马哈拉施特拉人在同工同效的情况下所获平均工资低于古吉拉特人或南印度人。然而，在竞争激烈的市场中，这种歧视对私营雇主而言往往代价高昂。受害群体可以自立门户，自行生产、销售相关产品，而消费者们也很少在意其所购买的产品究竟出自谁手。如果某一群体无法从雇主那里获得与自身工效相匹配的薪资，他们就会创办企业，自行赚取本可获得的工资、利润和利息等。然而，歧视导致商业失利的情形还不仅限于此。除了在这些情况下受害者可以规避歧视之外，以这一方式施加歧视的一方也会在竞争激烈的市场中付出无谓的代价。

就业歧视的代价形式众多，也有多种不同的因素。如果同工同效的两个群体薪资差异显著，则雇用薪资较低群体的雇主就会获得更多利润，从而在商业竞争中淘汰负担过高员工薪资的对手。商人从商是为了赚钱，而非推行某种社会观念，因此，即便是偏见颇深的雇主也很少会坚持这种代价颇高的歧视。事实上，在白人治下的南非社会，白人雇主们自始至终都在抵制和规避政府强制推行的黑人就业歧视政策。[4] 没有任何有说服力的理由能够证明这些白人雇主对种族问题的看法与同时代南非的其他白人不同。但不同的是，雇主实施南非政府的就业歧视政策会承担巨大的成本。其最终结果是，即便在种族隔离时代，黑人被雇用的人数和岗位的层次也常常高于法定水平。[5]

对于工效各异的群体而言，如果薪酬的差异超过了他们的工效差异，则仍然属于歧视行为。如果雇主只是因求职者的种族或族裔群体"并不合适"而将其拒之门外，也同样是一种明显的歧视行为。无论哪种歧视都会给雇主造成损失。在第一种情况下，为了从个人青睐的群体中挑选员工，存在歧视态度的雇主需要承担额外的成本。在第二种情况下，雇主如将其他群体的求职者拒之门外，他们就得花更长的时间填补岗位空缺，或退而求其次，或需要提高岗位薪资，吸引更多求职者应聘，以便更好地从所青睐群体中挑选出完全合格的应聘者。

与此同时，相较于这些存在歧视行为的企业，偏见较少或深知歧视成本危害的竞争对手则能够以较低的成本进行生产，因此能够在产品市场上压低价格，并依靠薄利多销赚得利润。如果存在歧视态度的雇主不提高岗位薪资待遇，而是继续让职位处于空缺状态，则会导致客户订单延期（意味着销售放缓甚至客户流失），或得安排加班（也需要支付更高薪资）以便在人手不足的情况下按时交付。具体选择可能会因雇主或行业各不相同，但歧视的代价在竞争激烈的市场上仍然无可避免，其不同之处只在于形式上的差异。

如果某一群体的产出效率低于其他群体，但其中个体成员的表现并不逊色，则会出现一种不同的歧视行为，并且这种歧视会持续存在——即便在竞争性市场中也同样如此。在这种情况下，就需要将这种歧视行为的成本同了解个人实际情况的成本进行对比权衡。如果19世纪美国爱尔兰移民普遍会因酗酒而影响工作，或在其他方面招惹麻烦，或效率不佳，雇主们也就不愿雇用爱尔兰人从事一些可能会受此类问题严重干扰的工作。尽管也有爱尔兰人本身滴酒不沾、极富效率、善于合作，但是择优选才的成本不可忽视，并且这部分人的比例越小，就越不值得为此劳心费力。因此，对于某些要求较高的工作岗位，更节省成本的方式便是直接套用当时流行的一句话——"爱尔兰人不必申请"。

对于完全能够胜任工作的求职者个人而言，只是因为自己属于某一种族、民族或其他群体就被拒之门外是种难以接受的苦楚。但从经济学角度来看，将整个群体收入低于平均水平都归咎为歧视则无疑是一种谬误。如果整个群体的平均生产率都遭到低估，将会给偏见较少或更重视利润的雇主带来莫大的良机——激烈的市场竞争会让种种谬论完全失去生存的空间。这一结论绝不只是乐观之辞，更是经验之谈。即便是在存在着串谋现象的不完全竞争市场，市场的压力仍然很大。在美国内战结束之后，南方白人建立起了卡特尔组织，意在压低黑人收入，这些黑人或为雇员，或为佃农。然而，一旦卡特尔所定的黑人收入无法匹配他们的实际生产率，那么对于白人雇主个人而言，无论是用更高薪资挖走竞争对手的黑人雇员，还是提高黑人佃农的作物分成比例，都是有利可图之举。最终，在白人雇主之间相互指责的同时，整个南方地区的白人卡特尔组织也开始陷于崩溃。[6]20世纪早期，加利福尼亚州的雇主们曾试图有组织地压低日本移民的工资，但随着雇主之间对劳动力的争夺不断加剧，这一尝试最终也同样以失败告终。[7]

美国黑人学者杜波依斯并不是经济学家，但是他意识到了"一个群体整体所得薪资过低"与"该群体当中工效高于平均水平的人士薪资过低"并不相同。杜波依斯曾在 1899 年写道："对黑人劳工个人的评价所依据的并非其自身工作效率，而是与其一同工作的其他黑人劳工整体的工作效率，而他们整体的工作效率通常很低。"[8]他认为，即便白人一夜之间摆脱了种族偏见，这对大多数黑人经济状况的直接影响也几乎微不足道。根据杜波依斯的说法，"少数人能够升职，少数人能够到新的地方工作"，而"大多数人都会保持原来的状况"，直到年轻一代开始"发奋努力"，直到"无所事事者和灰心丧气者"受到激励，直到整个种族"不再以'偏见'作为失败的一贯借口"，这一切才会发生改变。[9]无论杜波依斯的观察准确程度究竟如何，其重要的概念点在于，他将针对个人的歧视同针对群体的歧视区分开来——前者无法解释为什么一个群体的收入会低于另一个群体。

显然，种族歧视的终结能给杜波依斯本人的职业生涯带来巨大的影响。作为学者，他因为种族出身无法执教顶尖高校。与之类似，多才多艺的保罗·罗伯逊也同样因为种族障碍无法施展自身的才华。杜波依斯和罗伯逊最终都成了愤世嫉俗的共产主义者。在其他国家，很多人的能力也都远在种族或民族同胞之上，但由于被剥夺了经济机会，或无法被社会接纳，他们愤然而起，积极领导社会运动，并率众推翻了现有的政府机构和社会经济秩序。然而，这种政治上的应对方式并不是唯一的应对方式。

选才成本可能导致对个人价值的低估，在这种情况下，雇主常常采取的应对方法是委托选才成本较低的雇主代为雇用这些被低估的人士。属于同一群体的成员往往选才成本相对较低，原因或是在于他们对所雇同胞或其家庭有一定了解，或是在于他们更擅长解读该群体所特有的文化指向性言语行为。其中最简单的情形便是雇主们选择雇用来自和他们自己同种或同族的员工。但是，属于同一群体的劳务承包商也同样可以承担挑选员工的工作，为其他雇主提供劳务派遣服务，一些情况下他们还会亲自出任主管，为工人安排住宿、交通和饮食。劳务承包商这种大包大揽的做法在澳大利亚和西半球的意大利移民及其他地中海移民群体当中十分常见。[10]

对于因存在选才成本而被低估的人士，还可通过自我雇用的方式应对这一情形——毕竟人们对自身的能力和责任心更了解，而其他人想要了解这些则需要大费周章。包括擦鞋工、拾荒者、小商贩在内的个体经营者在入行之初并不需要投入大量资本。尽管这些职业被人们认为"毫无前途"，但是凭借资金、经验和口碑的积累，它们不仅能够帮助人们维持当下的生计，还能为他们日后的转行铺就进身之阶。很多犹太商人最初都是背包推车沿街贩卖起家，后来又创办小店，随着生意不断壮大，店铺发展成为百货公司，少数甚至扩张成为全国连锁。不仅仅是澳大利亚的犹太人群体延循着这样的发展轨迹，他们远在美国的同胞也同样如此。相比之下，英国、法国、澳大利亚、阿根廷和美国的意大利移民发展轨迹则通常相对平缓：他们常常会从街头音乐人做起，而对于其中极富才华者而言，这一自雇模式甚至可能会帮助他们跻身乐坛。在因外人对其缺乏了解以及选才成本过高而导致一些人士的才干遭到低估的情况下，他们可以借助这些方式和种种其他方式来摆脱这些问题所造成的限制。

在美国的大移民时代，出现了一种风行一时的特殊自雇形式，即在家完成被分派的任务。例如，服装制造商会把布料交给工人，后者在家完成缝制工作，前者根据其所完成的工作量计件付酬。服装业的工人和雇主当中很多都是纽约下东区的犹太人。这种在家工作的模式在最大程度上减少了种种问题（如语言差异、安息日活动、犹太洁食、族群摩擦或雇主成见等）所带来的负面影响。包括意大利人在内的一些族群并不希望女性在外工作，因此，家庭工作制也很契合他们自身的文化价值观。在家的工作通常是由全家人共同承担的，一些孩子也会参与其中——由于他们岁数不大，父母还不愿将其送到外人身边工作，也不想任由他们趁大人不在溜出家门、混迹街头。但是，这些优势也并非全无代价。随着大批的贫困移民涌入美国，在家工作者之间的竞争也变得尤为激烈，这导致他们的薪资变得极为微薄，家庭成员需要长时间工作才够维持生计。无论工作地点是在家还是在工厂，服装业的劳动往往工时长、强度大，计件计时的报酬也相对微薄，是一种"血汗工厂"式的劳动。

社会批评家和改革者们常常声称在血汗工厂工作的劳工遭到了"剥削"。但即便那些更爱打抱不平、仗义执言的人士（包括美国新闻记者、社会改革家雅各布·里斯等人）也承认一个事实，那就是血汗工厂的雇主本人所赚取的利润往往也很微薄，且极不稳定，并且在这个竞争激烈的行业中，企业破产倒闭的情形也并不罕见。[11] 真正从中受益的是广大消费者，他们从此可以购买批量生产的新衣，这些衣服的价格也完全在可以承受的范围之内。由于后世的人们对平价服装的种种好处早已习以为常，他们很容易忽视这一点：在19世纪的最后20多年里，新衣的普及掀起了一场社会领域的革命。

在此之前，即便是在美国这样相对富足的国家，普通劳工阶层所穿的也多是家人缝制的衣服、淘来的二手衣服或年长的家庭成员穿过的旧衣服。人们很少会去商店购买新衣服，所有衣服都要穿很久才会丢弃。但是二手衣物的转手过程可能会传播疾病，存在着健康方面的隐患，因此，量产的低价新衣的普及代表着疾病控制的进步，同时也代表着人们整体生活水平的提高。

直到20世纪，还有人常常会用19世纪贫民窟血汗工厂的历史图片去呼吁禁止与其并无相似之处的家庭劳动。受时代所限，19世纪的血汗工厂劳工及19世纪的消费者创造财富的能力远远弱于今天。使得美国工人过上富足生活、全球消费者能够购买美国工人制造的商品的原因并不在于禁止血汗工厂劳动，而在于他们的财富创造能力有了极大的提升。

"廉价劳动力"

学者和记者们反复提及的一个说法是，雇主们会试图或直接从国外引进"没有技能的廉价劳动力"，这些劳工通常来自不同的种族或不同的民族。尽管这种情况在一些国家确实存在，但实际情况往往是，相较于本地劳工而言，外来劳工的价格并不低廉，尤其在算上运送成本和其他成本之后更是如此。但雇主们之所以选择外来劳工，是因为外来劳工的生产率更高，也更为可靠。例如，英国殖民者在东非修建从蒙巴萨到维多利亚湖的铁路时，并未优先雇用非洲本地劳工，而是不惜重金从印度引进劳工参与建设。[12] 即便是从事无技能要求的简单工作，工人们不同的效率也会造成薪资水平的显著差异。在殖民时期的马来亚，华人劳工的薪酬水平远远高于从事相同工作的印度劳工，原因在于他们的劳动产出远高于后者。[13]

在这些情况下，最重要的考量因素并不是这些劳工的单位时间劳力价格"低廉"，而是他们勤奋、可靠、熟练或认真，能够以更低的成本完成工作任务。简而言之，"廉价劳动力"的陈词滥调混淆了单位时间所赚的薪金收入和单位时间所需的生产成本。生产率的差异意味着两者既不相同，也未必相关。就具体一项任务需要付出的成本而言，"价格低廉"的本地工人可能更为昂贵，即便观察人士认为他们薪资颇低是遭人"剥削"的体现。

工人生产率的差异并不意味着具体技能的差异。即便是所谓的"非熟练"劳动力之间的差异也颇为显著。此外，殖民时代的美国和工业化时代的苏联都曾重金引进为数众多的熟练技术工人。引进这些工人是因为他们技能熟练、工作勤奋，而绝不是因为他们一无所长。

政府政策

基础性制约因素会导致就业隔离或血汗工厂等问题，这些现象不仅引发了市场反应，还引发了政治反应。多国政府出台了各类政策（如制定最低工资标准、立法禁止歧视行为、明令禁止家庭劳动），在整体上加强了对劳动力市场的监管。这些政策的依据和意图属于社会哲学或政治哲学的范畴，但是它们造成了经济方面的影响。这些影响可能会因种族的不同而迥然相异，即便政策本身的逻辑依据和意图并无任何种族牵涉。

很多政府政策本身并无牵涉种族、民族之意，却仍对种族和民族产生了重大的影响，最低工资法便是一个例子。适用于同质群体的经济学认为，无论是通过最低工资标准、工会合同还是其他方式，人为地将薪资提高到高于市场的水平都会促使雇主缩减用工规模；同时，更高、更有吸引力的薪资又会促使劳动力供给增加。其最终结果便是求职者过剩，出现失业现象。经济学界的大量实证研究证实了最低工资法的确会造成此类趋势，例如，用工规模的缩减。[14] 这些研究所涵盖的时间段和研究方法各不相同，因此对它们造成的影响大小的结论也各不相同。

关注异质群体的经济学研究对此进行了进一步的分析。如果一个群体在就业市场备受冷落（无论是因为技能水平较低、工作缺乏活力、工作态度不佳，还是因为其他群体不愿与其交往），假如通过人为干预为其涨薪，反而会导致其失业率高于社会整体水平，或高于同样受到影响的行业水平或同薪资水平其他工人的失业率。在有众多求职者可供雇主挑选的情况下，不受青睐（无论何种原因）的求职者被拒之门外的可能性更大。举例来说，如果缺乏经验的青少年工人和经验丰富的年长工人同样领取最低工资，那么青少年工人的整体失业率有可能高于年长工人。[15] 如果同时还存在种族差异或民族差异，则容易出现受冷落的青少年群体在失业人口中比例过高的现象。1950年之后，随着美国逐步上调最低工资标准，这些举措对黑人青少年群体造成了尤为猛烈的冲击。

1938年，美国颁布了《公平劳动标准法》，直到1950年以前，这一有关最低工资的规定基本没有任何改变。二战期间开始出现的通货膨胀导致了这项法律在实际上形同虚设，因为即便是非熟练工的薪资水平也已经超出了其规定的标准。直到那时，青少年失业率水平尽管高于较年长的工人，但这一差别并不显著。黑人青少年和白人青少年的失业率水平也非常接近。然而自1950年起的数年当中，国会多次批准提高最低工资标准，同时将该法律适用范围扩大至其他低薪行业。在此后的30年中，相较于年长工人，青少年的失业率出现了相对增长，并且黑人青少年失业率远高于白人同龄群体。到了20世纪70年代，黑人青少年失业率已经增长到了数倍于1950年的水平。1950年之后的30年中，即便在最繁荣的年份，黑人青少年的失业率也都高于衰退之年——1949年的水平。[16]

尽管不同群体受到不同经济影响并不是人们有意而为之的结果，但是在一些国家及一些历史时期，最低工资法的出台都有其明确的目的，那就是将某个群体从他们的工作岗位上赶走，让另一群体填补其所留下的空缺。20世纪20年代，南非推行了一项计划，其中包括一部最低工资法律，其目的是将黑人劳工赶离工作岗位，让白人劳工取而代之。[17]大约就在同一时期，加拿大也通过了一项最低工资法律，意在赶走日本劳工，将他们的工作岗位留给白人。[18]在大英帝国时代，英国生产商曾极力支持政府提高印度当地薪资水平，[19]从表面来看，这一立场是出于对印度工人的人道主义关怀，但是其谋取私利的意图也很明显，那就是人为地提高印度的劳动力成本，从而便于英国企业同该国企业展开竞争。

尽管从表面上看，无论是否存在最低工资标准，劣势群体的就业人数似乎都相对较少。然而，正如此前提及的黑人青少年失业模式所揭示的那样，劣势群体的就业水平有可能达到其他群体的水平。事实上，从1890年到1950年间，美国的每一次人口普查都表明了黑人的劳动参与率高于白人。[20] 如同诸多其他经济现象一样，价格是其中的关键因素——这一案例所说的价格为劳动力价格。在薪资可随工人生产率的不同自由浮动的条件下，雇主不仅乐于以较高的薪资聘请生产率两倍于平均水平的工人，也同样愿意以较低的薪资雇用生产率仅为平均水平一半的工人。

19世纪普遍采用的计件工资制促使雇主招用生产率各不相同的工人为其工作。后来，随着计时工资制以及同工时、产出关联较小的年薪制越来越普及，薪资和生产率之间的关系也进一步减弱。推动出台这些制度的人士本意是为了帮助工人，但是这些制度客观上也促使雇主们设定了生产率门槛，将低于标准的工人拒之门外。而在计件工资时代，这些工人完全有可能获得这些工作机会。

同样，岗位晋升序列制度也会导致无法满足高职级岗位要求的员工更加难以获得工作机会，即便他们完全可以胜任低职级的岗位。如果空缺的岗位只是一份"毫无前途的工作"，并无晋升序列设置，则会有更多的求职人士可供选择。他们当中有一部分人看似无晋升潜力，但实际情况并非如此。这种潜力只有在实际工作中以及在这些人掌握了新技能、学习了新经验之后才会表现出来。

即便一些人在某一预设的晋升序列中无法得到发展，他们也仍然可以在其他工作中取得成就。部分原因在于，在所谓的"毫无前途的工作"当中，丰富的经验和认真的工作态度十分重要。19世纪涌入美国的数百万移民并未接受过良好教育，也无技傍身，很多人只会说一点儿英语或压根儿不懂英语，但是他们很快便融入美国经济之中，投身于各类"毫无前途的工作"，这些工作也推动了美国经济的发展。在中世纪的英格兰，很多富人家的女佣由于熟知食品、深谙礼仪、洞悉人情、擅长组织，选择自己开办旅馆，从事经营活动。[21]同样，在18世纪和19世纪的美国，黑人在餐饮业占据着一席之地。独立战争后，乔治·华盛顿为军官们举办了一场告别宴，地点就选在了一家由黑人自由民开办的酒馆。[22]与之相反，随着20世纪政企官僚机构岗位的晋升阶梯逐渐普及，"不宜雇用"的情况也变得愈加普遍。

尽管政府政策可能会有意无意地加剧种族歧视，但是有些政策的本意是为了减少歧视。在这种情况下，主观意图或逻辑依据也同样无法决定实际结果。经济激励对于理解经济结果至关重要。举例来说，在每周工作六天的时代，犹太人需要周六参加安息日活动，而非犹太人则需要在周日参加安息日活动。如果政府在这种情况下通过了一项反歧视法案，那么，此举会产生怎样的激励效果？法律的出台并不能降低犹太人与非犹太人共同工作所造成的内在成本。显然，这项法律只会促使雇主规避法律、违抗法律。

在这种情况下，无论是创办公司，还是开设新店，企业在选址的时候往往会避开犹太人和非犹太人混居的社区，从而最大限度地减少"错误"群体的人士前来求职的可能性。无论是犹太雇主还是非犹太雇主都可能会有这种动机。这会导致企业的雇用模式同反歧视法施行之前并无太大差别，甚至会导致就业隔离情况变得更为严重。雇主们主要在意的是成本，而非其个人对某一群体是否抱有敌意，因此在没有出台反歧视法的情况下，他们还可能会聘用"错误"群体的工人从事某些特定岗位，例如只工作五天的岗位，或是可以灵活调整（如在周日补做周六未完成的工作，或在周六提前完成周日的工作）的岗位。然而，一旦有了反歧视法，政府官员们将会仔细审查岗位统计数据以及招聘和晋升情况。在这种情况下，雇主如果聘人从事特定岗位，则有可能会面临代价不菲的歧视诉讼。

显然，在这些条件下，如果迁离犹太人或非犹太人聚居区的成本并不昂贵，雇主会更倾向于只吸纳犹太员工或只吸纳非犹太员工。考虑到在这个时代，全美犹太人分布很集中（半数以上的犹太人都生活在曼哈顿东南部地区），因此对于非犹太雇主而言，将企业地址定在犹太求职者不大可能出现的地方并不困难。而反歧视法则会为此提供更多的激励。美国在 20 世纪 60 年代出台了反歧视法，有更多企业因搬离黑人聚居区而遭人诟病。如果事实果真如此，则有可能是反歧视法本身促成了此类行为。总的来说，这些法律究竟是减少了歧视，还是加剧了歧视，这是一个实证问题，而其中的实证证据十分明确。

政府本身可能也存在着针对种族、宗教或其他群体特征的歧视行为，这种歧视涵盖了就业、住房以及从教育到垃圾收集等在内的公共服务项目。此外，在有的情况下，政府还会勒令雇主、房东或其他私营部门人士施加歧视。事实上，各国政府向来都是推行歧视的主要力量。20 世纪 80 年代，苏联军队里的中亚士兵仍会遭受各种形式的种族歧视，与 20 世纪 40 年代美国军队中黑人的遭遇如出一辙。[23] 南非曾因推行种族隔离制度而在全世界声名狼藉。很多撒哈拉以南非洲国家歧视亚洲人，导致数以万计的亚洲人被迫离开。从南太平洋热带岛屿斐济，到北大西洋岛屿爱尔兰，政府歧视甚至被写入了法律。

政府歧视的一个重要方面在于不同群体所受教育的数量和质量，因为这也会对他们在私营部门的生产率和职业潜力产生长久的影响。此类歧视在很多地方、不同历史时期都有发生。在很长的一段历史时期内，东南亚华人接受教育的唯一途径是华人社群，而非当地公共教育机构。[24] 在白人统治南非的时代，只有在为白人建立教育制度之后，黑人方才开始接受教育，并且所接受的教育水平低于白人，此外，投入在黑人学生身上的人均教育支出仅为白人学生的一小部分。[25] 圭亚那最早的义务教育法明确将东印度人排除在外。[26] 在美国历史上，不同种族的教育开支大不相同的现象长期存在。此外，在南北战争前的南方部分地区，为黑人提供教育的行为可能会招致刑事处罚，甚至连自掏腰包予以资助的行为也无法幸免。[27]

这些并不完全的例子表明了政府在教育领域的歧视可能会对某些种族、族裔群体造成极其不利的影响，导致民间的歧视难以被发现或难以估量，因为不同群体最终形成了迥然不同的生产率水平。政府在其他公共服务（治安维护、垃圾收集、公共卫生等）方面的歧视行为也对不同种族和族裔群体产生了类似的不同影响。

就政府对一些群体所造成的经济影响而言，问题不仅仅在于政府推行了哪些政策，还在于是否执行了这些政策，后者可能更为重要。无论政府对经济的影响相对较弱，还是无处不在，它们都会在种族问题上产生重要的经济影响和其他方面的影响。例如，在美国南方的吉姆·克劳时代和南非的白人统治时代，经济领域及其他领域的白人至上主义政策颇为常见。然而，美国的宪法和理念对政府角色存在种种限制，因此，私人市场在很多方面都享有自主决定的自由。其最终结果是，相较于南非的情形，美国的种族主义政策并未影响黑人在经济领域的崛起。事实也证明，私人市场的歧视行为（即便是由雇主和土地所有者卡特尔组织的），效力远远不及垄断着武力的政府所推行的歧视。

在这两个国家，最倾向于压制黑人的白人政治领导人同时也是自由市场的最大反对者。他们的这一立场并不仅仅限于种族问题，在对待其他问题上的态度同样如此。在吉姆·克劳时代的美国南方，涌现出了大批反对华尔街、反对黑人的激进民粹主义政客。[28] 同样，在南非倡导"肤色障碍"政策及后来的种族隔离制的人士也普遍秉持社会主义和国家主义思想。[29]

在美国南方以外的其他地区，种族、民族对立也同样存在，但19世纪美国的主流政治理念认为政府应当减少限制，给予市场相对自由，这也使得这些种族和民族之间互动往来的问题能够自行化解。因此，相较于南方，这些地区的种族歧视相对较少。有一个显著的例子可以证明，这是一种市场现象，而非纯粹的地域现象，即南方的黑人熟练工匠能够获得更多的工作机会。在北方完成工会化很久之后，南方的工会组织才刚刚兴起。在更为自由的南方市场上，熟练黑人工匠的就业状况也远远好于北方市场。[30]

普遍而言，相较于政府在经济交易中作用较小的国家，在政府积极控制、参与经济的国家，往往会出现更多的群体间歧视和冲突。很多殖民地国家（特别是自由放任时代的英属殖民地）在取得独立之后，随着政府在经济领域的角色大幅扩张，民族间的歧视和冲突反而更加严重。从斯里兰卡到尼日利亚、特立尼达、乌干达、圭亚那、马来西亚、肯尼亚，以及其他曾被英国统治过的国家或地区，都可以发现这种模式。在很多英国统治或其他欧洲殖民列强统治的殖民地，相较于主体民族而言，少数民族对国家取得独立并无太大热情。举个特殊的例子，在克伦威尔治下的爱尔兰，英国殖民当局进行了大规模干预，转移了大量的经济资源，尤其是土地所有权，与施行类似政策的国家情况一样，此举引发了歧视、族群间的憎恶和持久的冲突。

针对某些群体的恣意歧视会给经济造成高昂的代价，这些代价可能会以种种方式转移他处，但并不会烟消云散。只要市场仍然可以自由地向决策者传达此类成本问题，这种行为本身就会产生一种威慑。即便是在种族主义最为严重的社会中，这种威慑的作用也十分明显。如果仅将其他一些社会现象称为"歧视"并立法禁止，那么此举可能非但无法确保预期受益者受益，反而可能会减少他们的就业机会。

住房

量与质

住房是一种种类繁多的产品：有人栖身于肮脏简陋的屋舍，有人则居住在金碧辉煌的豪宅。因此，正如来自不同文化的观察人士所感受的那样，对于文化异质的群体而言，这一产品的供需情况也是林林总总，各不相同。很多观察人士在了解了不同阶层、不同种族、不同国家的人士的居住条件后，可能会为之大为震惊。有些情况下，其原因只是观察人士自身和居住者之间存在着收入上的差距——后者无法负担更好的居住条件。然而，在其他的一些情况下，住房的选择反映了居住者所追求的不同目标，或他们在权衡不同的目标后所做出的不同选择。

无论是在欧洲还是在澳大利亚，意大利男性移民或旅居者向来对住房的数量、质量没什么要求。在意大利人大规模移民海外的时代，身在异国他乡的意大利男子为了省钱，常常会几人共居一室，[31] 以便积攒钱财日后返回家乡，或是把家人接来一同生活。但这并不意味着住房对于意大利人而言无足轻重。相反，全家人在异国团聚之后，这往往就会成为他们的头等大事，他们也愿意为此付出巨大的努力和牺牲，包括儿童也需要和成年人一样工作，全家人还要省吃俭用、节俭度日，只为攒够首付购买家庭房产。[32]

与之类似，生活在海外的中间商少数族裔，如东南亚的华人、西非的黎巴嫩人或东非的印度人，最初对住房数量、质量要求也极为简单，目的是给家人积攒财富或为创业积累资金。随着犹太群体大规模地移民（大多是举家逃亡），世界犹太中心也从东欧转移到了美国。在一开始，限制其住房要求的并不仅仅是收入，还包括他们较高的储蓄倾向，曼哈顿下东区的破旧社区便很能说明问题。[33] 简而言之，这些群体和意大利人一样，特定时期的住房选择既反映了其长期的计划，也反映了其短期的权衡。而为其住房条件感到震惊的观察人士往往忽视了这一点，决心做出改变的社会改革者更是如此。

社会改革者们所做的种种努力很少是在为住房条件不尽如人意的群体争取更大的选择余地。在更多情况下，住房改革项目反而缩减了他们已有的选择范围，无论是摧毁低质住房的"贫民窟清除"计划，禁止建造未设计规定设施的住房，还是限制一定面积内居住人数的法规，都导致这些运气欠佳的群体被迫增加住房开支。他们无法按照自己的价值观、目标和权衡来支配自己的收入，并从中获得最大的满足。他们不得不将收入的一部分花在让观察人士们称心的地方。

改革者们常常辩称，在推行了改革之后，人们的平均住房质量的确得到了提升。然而，即便是在改革之前，如果租户能像重视其他花销项目一样重视住房改善，那么这种住房的改善（资金来源于向租户收取更高租金）也同样可以实现。我们也不能想当然地认为，如果没有住房改革，如今的住房质量仍会停留在一个世纪前的水平。无论政府是否干预住房市场，收入的增加往往都会带来住房质量的提升。[34]时代的更迭便是这般，人生的变迁亦是如此，正如有的群体会租住在廉价、狭小的出租房里，经过不断努力最终拥有属于自己的房产；而其他一些群体，如犹太人或华人，则往往将所攒积蓄投资商业或投入子女教育。

整体而言，在人们拥有多维目标，却受其财富创造能力束缚的世界中，政府的干预行为总是能够改善某一个维度，并将其记为"成功"，而忽略了遭到舍弃的其他方面。这是一种普遍的行为模式，住房只是其中的一个特例。与其他特例相似的是，被选择改善的维度通常是观察人士所能看到的维度，而那些观察人士很少看到的维度则遭到了舍弃。人们无法看到未来，因此常常会将其舍弃，同样被舍弃的还有当下的内心满足。他们为购房、创业和子女教育而努力打拼，能够攒下余钱、实现经济独立，或者有能力寄钱给父母或其他亲戚，帮助他们在新的环境里站稳脚跟。

但是，如果租户因第三方干预被迫舍弃自己的选择，而为他人所选的配套设施支付更高的租金，他们的这些目标就会被迫搁置甚至遭到破坏。如果改革者文化背景不同，无法理解或尊重相关群体的自主选择，那么这种将外人的价值观和偏好强加于人的做法就会变得尤为普遍。改革者如果受教育程度较高，并由此认为他人的选择是无知蒙昧之举，则更是如此。受教育者的无知是最为危险的无知。

在 19 世纪后期，纽约社会改革的主要倡导者——新闻记者雅各布·里斯曾详细地记述了各个移民社区拥挤、肮脏的生活条件。然而，里斯也顺带提到了租户与房东串谋逃避新的住房改革法，并且也提及，地方当局在将租户从官方认定不合标准并已标记拆除的房屋中驱逐的过程中，遭到了一些租户的暴力抵抗。[35] 这些观察并未促使里斯重新审视自己的假设，他只是将其视为一种反常或异常现象，顺带提了出来。在此前的一个时期，也出现了类似情况：面对他人代为选择的种种"好处"，"受益者"却避犹不及。19 世纪中期，英国政府通过了法律，规定为运送海外移民的船只提供更好的生活条件。无论从哪个角度来看，彼时船只上的居住条件都令人触目惊心。然而，此政一出，却促使远赴海外的爱尔兰移民们争先恐后地赶在规定期限之前登船离境。[36] 此举表明，对于他们来说更重要的不是所乘船只的居住条件，而是低廉的船票价格。

居住隔离

在世界很多国家，不同的种族和民族群体普遍聚居在不同的社区、街区，甚至不同的街道。德裔移民在异国他乡创造了一个又一个的德裔村镇——从美国密苏里州的赫曼，到巴西的布卢梅瑙，再到澳大利亚的汉多夫。同样如此的还有美国宾夕法尼亚州布林莫尔的威尔士人或新西兰达尼丁的苏格兰人。一种更为常见的模式是某些群体聚居在城镇的某个区域——最著名的例子可能当数从墨尔本到多伦多各地的唐人街。通常，在民族聚居区的内部还会有更细致的划分。例如，在移民时代曼哈顿下东区的犹太社区，匈牙利犹太人和波兰犹太人各自居住于不同区域，而德国犹太人的居住地则往往远离这些东欧犹太人的定居点。与之类似，生活在布宜诺斯艾利斯、纽约或多伦多的意大利人也同样按照其国内原籍地或祖籍地比邻聚居。

这些无处不在的居住隔离模式（包括民族聚居区内更小区域的划分）大多数并不像美国的黑人和白人的居住隔离那样完全肉眼可见。人们倾向于认为后一种模式独一无二，但实际上它只是肉眼可见的独一无二。所谓的"白人外逃"（当黑人开始迁入某一社区时，白人会纷纷搬离）只代表着一种更为普遍但不易察觉的现象的一小部分。随着文化融入程度较低的犹太人迁入，文化融入程度较高的犹太移民搬离了芝加哥社区。[37] 爱尔兰移民的迁入也曾促使土生土长的美国人搬离社区。[38] 事实上，中产阶层的黑人并不只是因为低阶层黑人的迁入而搬离居住地。在波兰移民迁入底特律、爱尔兰人迁入曼哈顿的时候，他们也同样出现过类似的行为。[39]

此类"逃离"居住地的模式并非为美国所特有。在加勒比地区，同样的模式也见于印度裔群体（在加勒比地区被称为"东印度人"）和非洲裔群体（被称为"克里奥尔人"）。一项学术研究发现，"东印度人定居在某处之后，那里的克里奥尔人通常就会搬离"。[40] 在澳大利亚，随着大量南欧移民涌入居民区，大批的英裔澳大利亚人开始搬离其所居住的社区。[41]

放眼全世界，人们常会选择与同一群体的成员比邻而居，这里的"群体"不仅可以是同种族、同民族群体，也可以是有着相同的收入水平、教育程度、生活方式和其他特征的群体。居住隔离的程度或严重程度因时代不同、群体不同而迥然相异。在同一国家，同一群体在不同城市的居住隔离程度也各不相同。此外，处于居住隔离状态的群体究竟是主动选择聚群而居，还是因风俗、约定或法律原因遭人排斥而被迫如此，这两种情况也很不同。持有"人群理应随机分布"这一预设立场的观察人士往往将居住隔离视为需要政府采取行动"解决"的"问题"，其背后往往是他们的主观的臆测——将住房隔离视为一种不合理的现象，或仅仅是群体偏见和敌意的流露。

在现实中，随意而居的居住模式可能会造成高昂的成本，其所导致的居住成本甚至高于雇用成本。事实上，参与铁路或运河建设的工人及流动农业工人因工作需要而长期共居一室，因此他们当中也会出现最为普遍、最为持久的就业隔离现象。如果他们的语言不同于周围社会的语言，居住隔离的好处就会得到凸显。在澳大利亚、加拿大或美国这样国土广袤的国家，如果真的将不会英语的个人随机地安置到某地，几乎无异于将其同其他人类隔绝开来。而居住隔离不仅能让这些人享受同胞的陪伴，还可帮助他们在适应其移民或旅居社会的同时获得相关的知识——这通常是一个缓慢甚至痛苦的过程。

当然，居住隔离有利有弊。它的代价包括滋生群体的狭隘心理、放慢群体对当地文化的适应过程以及推迟他们对其他群体的了解。确定其利大于弊还是弊大于利既无必要亦无可能，因为它因人而异，甚至在同一个人的不同发展阶段也各不相同。

体现为法规的政策当然无法完全顾及所有这些差异和细微差别——无论该项政策的制定是为了促进居住隔离，还是旨在减少这一现象。在各国政府所出台的相关政策中，对这两点都有考虑，甚至在某些情况下，例如在美国，政府在不同时期所推行的政策完全相反。美国联邦政府曾一度出台法律推动居住隔离，在不到半个世纪后又立法予以禁止。

在自由市场之中，居住隔离的成本和收益会以经济的形式传导至个人交易者。如果房东因个人歧视一些群体而将这些群体的求租者拒之门外，那么其所承担的代价便是待租房屋会继续空置，在此期间也无法为其带来租金收入。房东还可以选择降低租金来吸引其青睐的群体的求租者入住，从而避免待租房屋的空置。无论哪种情形，房东都须为自己的歧视行为付出代价，而这些成本往往出现在其他行为会造成更大代价的情况下，无论是被排斥群体对房屋的破坏已经超出了正常水平，还是由于他们不受欢迎，一旦搬入就会导致其他租户搬离。如果房东本人不在其所出租的房屋生活，则更是如此。然而，一个群体的行为很少会完全一致，其他群体的反应也很少会完全相同，这使得市场中常见的渐进调整成为可能——这不同于明确、直接的政府政策。

如果群体内部不同小群体同另一群体存在着不同程度的文化差异，或对其他群体的包容程度各不相同，那么各群体最为相似的小群体彼此相邻而居的成本往往也维持在最低水平。例如，在殖民时代末期以及独立初期的锡兰，受过教育的泰米尔人和受过教育的僧伽罗人都讲英语、生活西化，因此他们也往往会比邻而居，而不是选择与语言、传统生活方式不同的本族同胞一起生活。[42]

对于美国的一些种族和民族群体而言，少数族裔聚居区的扩张往往是由更好地融入了社会规范的个人和家庭所主导，他们"率先"迁入了此前对其所在群体颇为排斥的社区。这种模式在黑人、犹太人及其他族裔当中都有出现。有关美国城市少数民族聚居区的研究表明，每个聚居区的内部还存在着经济、文化水平不同的居住区，其中较为富裕、文化融入程度较高的区域位于整个聚居区的外围地带。[43]故而，聚居区向外部社会扩张的主导者往往是面临最少阻力的人——尽管在某些情况下，即便是最少的阻力也可能令人望而生畏，尤其是所在地的居民可能会将他们视为打入当地的一枚楔子，更多对外人接受度较低的当地人最终也会出现在这里。

相比之下，政府推动群体居住融合的手段不仅更加粗陋，其代价也往往更为高昂。例如，将不同群体的成员不加区分地混合安置在公共住房中，或者将某些群体中受教育程度较低、收入较低的成员（来自破裂的家庭，破坏、犯罪和暴力倾向较高者）集中安置在位于另一群体居住地的住房项目中。这一过程会导致双方群体出现持久存在的敌意（在有的情况下会演化为暴力），因此对于双方而言，其中的代价都很高昂。

试图打破居住隔离模式的社会改革者往往认为，在缺乏外界干预的情况下，这一模式将会延循惯性无限期地持续下去。但历史和逻辑打破了这种看法。随着个人和家庭的文化融入程度逐渐提高，人们往往会搬离住所，转而与其他价值观或生活方式相似者比邻而居，他们可能会在民族聚居区内部或民族聚居区之间迁移，也可能会搬到外部社区。[44] 同样，随着整个群体在文化上的逐步改变，邻近群体对他们的接受程度也会改变。19 世纪来到美国的爱尔兰移民可谓臭名昭著：打架斗殴，嗜酒如命，在城市社区饲养家畜家禽，聚居区垃圾遍地、污秽不堪，这导致其所在社区疾病滋生。在 19 世纪中叶爱尔兰人定居波士顿以前，霍乱在当地并不为人所知。霍乱的流行也主要集中在纽约的爱尔兰社区。[45] 在当时的那个历史节点上，如果让爱尔兰移民散居于美国各个城市，则会在更大范围造成社区的破坏以及致命疾病的传播。随着时间的推移，在天主教会的带领下，爱尔兰人开始不断地进行自我改进，并改变了这种境况。随后出现了一个不同于"旧屋子爱尔兰人"的"花边窗帘爱尔兰人"阶层。最终，爱尔兰人被邻近群体和整个社会所接受，并逐渐成为一个以散居分布为主的族群。

此类根据社会现实情况调整居住模式的做法还跨越了肤色的界限。早在美国内战之前，黑人自由民便已成批迁离南方、搬入北方城市社区，尽管人数规模远不及 19 世纪末 20 世纪初的大规模迁徙。身处西方文明的底层，他们当中有很多人都花费了多年时间才适应了城市生活的新环境和新要求。总体而言，白人对他们的到来反应颇为消极，甚至充满敌意，这一态度所导致的后果之一便是居住隔离。然而到了 19 世纪后期，有诸多迹象表明，经历了文化改变的黑人群体所面临的社会态度也发生了改变，这一点表现为他们获得了更多的住房机会。[46] 在纽约、费城、底特律和芝加哥以及南方以外的其他城市，很多先前的种族限制政策开始放松或被取消。除此之外还出现了其他方面的变化，包括更多的公共住房机会、更多的投票权，社会其他种族也对其更加接纳。[47]北方更是在1870年至1890年间步入了"前所未有的种族友好和融合时期"。[48]简而言之，盲目的惯性无法阻挡不断变化的现实，例如黑人不断提高的文化融入程度在经济交易和社会往来中得到了体现。然而，随着19世纪90年代大批黑人搬离南方以及20世纪初他们加快了移居的步伐，城市黑人群体的人口数量出现了显著增长，同时，他们的文化特征也因此发生了改变。

此次大规模迁离南方的黑人的文化融入程度远低于他人，他们的行为举止不仅遭到了黑人同胞的抨击，也受到了白人群体的谴责。[49]在此次移民之后，此前在住房和其他领域，种族问题上的进展不仅开始陷于停滞，甚至还出现了逆转。在此之前，完全的黑人社区在芝加哥、纽约、华盛顿、费城或底特律等城市颇为稀少，甚至并不存在。在这个时候，20世纪常见的黑人聚居区开始逐渐成形。[50]简而言之，如果社会现实造成群体间的居住融合成本发生了显著改变（无论是积极改变还是消极改变），市场也会随之做出相应的反应。

居住隔离和就业隔离一样，其关键的问题在于，这种情况是否存在真实、高昂的内在成本，还是仅仅是一种"感觉"和"刻板印象"。在语言不同、行为各异的群体相互交往会带来切实成本的情况下，这些成本也绝非凭一纸政令便能消除。在可以自由选择的情况下，各个群体往往会自发地聚居，从而最大限度地降低此类成本。政府如果在住房项目中强制推行其所设想的混合居住模式，就会带来较为高昂的社会成本，这些成本往往体现为群体间敌意和暴力的加剧。实际的代价无可避免，无论是经济代价还是其他方面的代价——包括流血事件。

产品与服务

消费品市场和服务市场都是典型的竞争市场。然而，在种族多元化的社会中，这些市场常常会被冠以"垄断"或"剥削"的恶名，其原因可归结于某些特定的经济现象，而这些经济现象恰恰是这些社会种族异质性的表现。

"垄断"

垄断的危害性在初级经济学中已得到了确认。然而，政治意义上的"垄断"所指较为宽泛，它被用于阐述包括高度竞争市场在内的各类情形。例如，黎巴嫩人曾被视为"垄断"了西非部分地区的纺织品贸易，因为黎巴嫩商人是这一行业中的佼佼者——即便他们自己内部的竞争也同样激烈。[51] 与之类似，华人也常常被多国视为经济行业的垄断者——尽管其他族群也完全可以自由进入这些行业与其竞争。事实上，垄断甚至被视为中间商少数族裔的普遍特征。[52] 但是，如果没有排他的权力，就不存在经济意义上的垄断，即使所有的卖家都来自同一种族或同一国家。

实际上，政治意义上的"垄断"说法反而可能会催生减少竞争的政策。被视为特定经济行业垄断者的少数族裔可能会被限制移民或被限制创办企业，其最终结果便是本地企业会免于受到竞争的影响，而消费者则需承担较高的价格。尽管推行此类政策的意图往往在于允许其他族群，尤其是人数占优的土著群体创办企业，但是他们未必就会如此，或者说这类政策未必能够催生更多的本地企业。即便是在此类政策的庇护之下，效率低下的本地企业得以生存，但是它们的高价商品和高价服务只会加大消费者的负担，继而减少他们的其他消费开支，而这些消费原本可以用来支持包括本土企业在内的其他企业。[53]
简而言之，政治意义上的"垄断"同经济意义上的垄断不同，"垄断"
一词的随意使用往往会导致减少竞争相关的政策出台，反而会产生广
被诟病的垄断结果。

被斥"垄断"的国内群体或国外群体很少具有垄断的真正特
点——企业利润长期高于竞争对手的收入水平。初始投资者，甚至包
括最早投资新兴经济体的大批人士，都有可能在一段时间内赚取高出
平均水平的利润，正如在沙皇俄国引进外国投资的早期阶段，这些
企业可谓利润颇丰，但仅仅 11 年后，它们的利润便出现了大幅下降，
从最初的每年 17.5% 跌至不足 3%[54]，这恰恰反映了竞争的力量。

"剥削"

如果卖方、放债人或其他经济交易者主要来自同一群体，而买
方、借款人等来自另一群体，则很容易出现"剥削"的指责，尽管通
常并无证据可以支持这一点。在不同群体中，获得信贷的难易、信贷
利率的高低可能会与个人或借款人群体的还款能力不同相关。如果是
偿还能力较差者不易获得信贷或只能接受更高利率水平的信贷，那么
此举并非剥削行为，而是通过收取更高费用来抵消较高违约率所造成
的损失。问题在于，应当将这种情况同另一情况加以区分，即某一群
体相互串谋向另一群体收取高于竞争市场正常水平的利率。在贫穷的
农民社会，放债人所拥有的"权势"一直是人们的流口常谈。然而，
这种说法并无真凭实据。

通常而言，像东南亚华人、欧洲犹太人或缅甸印度人等从事放债
的群体只是以较高利率将资金出借给他人拒绝提供贷款的借款人——
他们或者会收取更高的利率，或者仅仅以借款人并不拥有的物品作为
抵押。但如果问题真是"有权有势"的放债人通过勒索获得收益，那
么其他放债人也必然会发现这个生意有利可图。缅甸政府为了防止印

度放债人"剥削"缅甸农民，曾经为后者直接提供信贷，然而这些贷款令该国政府损失惨重。[55]与之类似，在马来西亚，政府创办了一家银行，旨在为华人"剥削"下的马来人提供其他信贷选择。但是，这家银行的大部分贷款实际流向了信用更好的华人、印度人和其他外来族群。[56]同时，马来西亚政府向本土借款人所发放的贷款当中，出现坏账的情况十分普遍。[57]简而言之，自由市场形成的利率代表的是一种经济现实，而不是华裔放债人或印度裔放债人的某种神秘"权势"。

在某些情况下，利息并非单独收取，而是包含在了赊购商品的价格之中。在人种混杂的地方，这会导致不同种族、不同民族或其他不同背景的个人在购买同一商品时被收取不同的价格。在美国的多民族社区发现了此类情况的社会学家们声称：（1）"穷人需要支付更高价格"；（2）此类定价是种族歧视行为。[58]然而究其本质，这种情形同向信用记录不同的群体收取不同的利率并无区别。

相关的问题在于，不同群体偿还贷款的可能性是否相同。而研究中就此所问的是一个完全不同的问题——来自不同群体的类似个体是否被收取了不同的价格。其前提条件是，个人在信贷偿还方面是否不同于所在群体的平均水平，这一点可以忽略不计。即便并无实证检验可以证明群体利率"剥削"猜测，从一般的经济学原则来看，如果一个群体被征收过高利率或因还款可能性较低而被拒贷，这对于其他放债人而言也显然会是一个利润丰厚的机会。这又要回到刚才的问题：不同于"感知"或"刻板印象"的实际情况究竟是什么？

由于存在获取信息的成本，贷款机构对借贷风险的判断往往会高于实际的情形。例如，在意大利人大批移民到美国的时代，美国银行家们可能并未意识到意大利移民热衷储蓄并且还款及时。但是意大利裔社群的银行家们则对此颇为了解，于是他们建立了自己的机构，利用所掌握的信息盈利。为了吸引意大利移民在此办理业务，他们在加利福尼亚创办了"意大利银行"，随着其业务的不断增长、客户的不断增加，这家银行大获成功，其分行遍布全州，最终成了全世界最大的银行，并拥有了新的名字——"美国银行"。[59]

尽管相较于外人而言，某些族群的内部成员能够更清楚地认识到族群的经济现实，但这并不代表只有族群内部的银行家（或其他经济交易商）才能真正让市场了解情况。在塞拉利昂，尽管黎巴嫩移民起初较为贫困，但由于信用极佳，他们得以在当地欧洲企业赊购商品，[60]这使他们在零售行业取得成功。与之类似，移民美国的俄国德裔也同样因还贷及时、信用良好，而从当地银行获得了条件颇为优惠的农业抵押贷款。[61]与之相反，在还款前景并不乐观的地方，这一现实也会为市场所感知——无论是族群内部的银行，还是族群外部的银行。在美国，黑人银行的破产率通常相对较高，而其中能够存活下来的黑人银行往往比白人银行更倾向于将资金投给黑人以外的其他社群。[62]

一项对美国贷款机构进行的研究表明，同样是申请按揭贷款，黑人被拒贷的比例明显高于白人。尽管该项研究并未对申请人的信用记录或现有债务水平进行变量控制处理，但它仍被广泛视为种族歧视的证据。[63]尽管白人的净资产通常高于黑人，甚至高于同等收入阶层的黑人，但该调查也并未虑及二者的净资产差异。事实上，黑人群体中收入最高阶层者的平均净资产水平甚至不及白人群体中的收入次高阶层。[64]如同很多针对群体间差异进行的统计研究一样，该项研究并未考察结果背后潜在因素的差异。此外，其底层的推理还忽略了一个事实，那就是银行的贷款行为并非向借款人施与恩惠，而是银行自身赚钱谋利的门路。

由于信用风险不同的群体被收取的隐含利息存在差异，商品和服务的价格也会各不相同。尽管如此，在有的情况下，商品和服务的价格也会因社区而异，而非因个人或群体而异。在这种情况下也同样存在"穷人需要支付更高价格"的情况，因为在其所生活的社区，这些商品和服务的供应成本更高。如果所在地的犯罪率或破坏行为出现率高于平均水平，商家显然需要承担更高的成本，不仅包括直接遭受的损失，还包括为了控制损失所需安全设备的成本——例如需要在商店门面安装铁栅栏，或是需要雇用保安在店里店外值守。

此外还有其他一些更为间接的成本，但这些成本确实存在，并且会产生重大的影响。无论是劳工还是管理层人员往往都不情愿前往环境不佳的社区，这意味着那里的门店和其他企业须提供更高的薪资才能吸引同等资质者前来工作，或往往只能被迫花费高薪聘请资质较差的员工，这令客户服务大打折扣，并且这些付出还不会为其创造额外的利润。很多大型连锁超市、百货公司和其他企业则可能会直接选择避开此类社区，从而避免这些问题，也不需要承担因服务质量下降而导致声誉受损的风险。

从经济角度而言，这些并不仅仅是"感知"或"刻板印象"的问题。如果潜在的现实不同于人们一般的感知，那么掌握准确信息的人也就拥有了更多的获利良机。但是，如果现实情况与人们的看法并无巨大差异，那么不同的价格、利率或信贷可获得性就会无限期地存在下去，或直到现实情况发生变化才会改变。剥削理论通常意味着，商业利润率高于竞争市场中的利润率水平。即使在竞争激烈的市场当中，价格、销量和成本的正常波动也会导致利润出现短暂的高低起伏。剥削意味着利润持续高于平均水平，但很少会有可以支持剥削的说法的证据。

在美国大规模移民的时代，贫民窟房东或血汗工厂主们显然并未获得超额利润。[65] 20 世纪后期，很多企业纷纷搬离黑人聚居区，这也表明这些区域绝非有利可图之地。从国际上看，在 20 世纪五六十年代，欧洲列强匆匆撤离亚非殖民地（在大多数情况下殖民地也并未出现武装起义）也表明，殖民列强无法从中获取巨额利润，因此也无意努力维持其控制权。而一些国家之所以发生了激烈的武装斗争（如阿尔及利亚或肯尼亚），往往是因为那里还居住着众多生长于此、不愿放弃特权地位的欧洲侨民，而不是因为巨额的利润流向了海外公司。

影响

经济学通常假设人口是同质的，这样做只是为了避免分析变得过于复杂。然而，这一假设对该分析来说并不十分重要。如果将经济学原理用于分析种族和民族群体，则人口的异质性就成了不容忽视的因素，事实上它是导致当前情况的根本原因。不同群体间的行为差异可能会给其中一方或双方带来成本。一个群体如果存在更高的犯罪或患病趋向，就会给所接触的群体带来成本，无论是在工作中，还是在生活的社区中。如果群体之间还存在语言差异，则两个群体都需要承担成本。这种成本是真实存在的，而非来自感受或刻板印象，也未必包含偏见或敌意。

人们往往会通过各种方式最大限度地降低自己的成本，例如工作隔离、居住隔离，或向不同群体提供不同的信贷条件。处于竞争压力之下的市场不仅能够反映这些成本差异，还会对提高或降低群体间交易成本的行为变化做出反应。尽管不同群体的行为具有异质性，但政府政策追求同质性的结果，这最终会促使私人交易者减少经济交易，例如最低工资法的出台导致了就业机会的减少，或高利贷法规定利率上限造成了可用信贷的收缩。而这些经济机会的缩减又会变本加厉地冲击原本就处在弱势的群体，也就是说，该群体的实际情况同政策背后的同质性假设相去甚远。

试图在异质人口中产生同质结果的一个特例是"平权运动"政策，一些国家推行了这种政策，并冠以不同的名称，如"积极差别待遇"（印度）、"标准化"（斯里兰卡）或"反映国家的联邦特性"（尼日利亚）。在官方所青睐的群体之中，这些政策的实际影响也迥然相异。

在这些为其谋利的政策实施之后，幸运儿们能够获得大部分利益，而运气不佳者则会落在后面，甚至与普通民众进一步拉开距离。[66] 而从经济学的角度来看，这些结果并不稀奇，因为经济学研究的是激励因素及其后果，而非逻辑依据及其目标。

经济学研究的是前因与后果，而非动机和愿望。如果仅凭动机好坏判断政策，或先入为主地认为经济境况不尽如人意是因为不良动机所致，则往往会将根据现实差异所进行的经济调整行为视为种族歧视。

只有将种族歧视同因群体现实差异所做出的经济反应区分开来，种族歧视的概念方才具有分析意义或道德意义。然而，有关歧视的政治辩论，甚至连一些学术探讨都未能对此成功加以区分。如果将不同群体收入、职业和就业率的差异都简单地定义为"歧视"，然后将这些差异再次归因于歧视，就会陷入循环推理，使得量化此类歧视"影响"的做法变得更无意义。[67] 在统计数据中，重复的假设并不构成证据。

一旦群体之间存在经济表现差异的可能性得到承认，决策者们在看待收入、职业"代表性"等差异时也就不会将种族或民族因素纳入考量。但在其他情况下，群体成员的身份实际可能会被用作具有经济意义的代理变量，而无法体现错误的偏见，甚至主观的亲密和敌意。例如，美国一项研究发现，黑人房东和白人房东同样都对白人租户颇为青睐。[68]

人们常常会将群体偏见与经济歧视相关联，继而将其同收入差距相关联，这种做法既忽视了群体之间的行为或表现差异，也忽视了在竞争市场迷信无稽之谈的经济成本。经济竞争是否有效并不取决于雇主是否对自我利益有清晰的认知。即使一些雇主无法改变他们的观念，但市场完全可以决定其命运存亡。对于房东、放债人和其他经济交易人士而言也是如此。对知识分子、法官或媒体而言，犯错可能无须付出成本，但对于参与市场竞争的经济交易者来说，并非如此。

仅仅将一条条的经济差异予以罗列，会给人以群体歧视颇为普遍之感。但事实上，群体歧视存在着成本，故而此类行为并不普遍。群体歧视的成本也解释了为什么在不同的经济市场其普遍程度迥然不同。企业的生存越不依赖于经济效率，歧视行为的低效率就越难对其构成有效的威慑。政府机构的运转依靠国库资金支持，因此其生存显然并不依赖经济效率。然而，政府机构的歧视行为造成的社会代价可能并不亚于私人企业，但是政府相关决策者的实际收入丝毫不会受其歧视行为的影响，无论此举会让纳税人付出多大的代价。根据最简单的经济学原理可知，在歧视成本较低的地方会出现更多的歧视行为——经验也印证了这一点。在很多国家，政府机构在长期以来一直是歧视行为最为严重的雇主——无论是普通的歧视，还是平权行动下的"逆向歧视"。[69] 由于类似的原因，政府监管的公用事业公司的歧视行为也同样严重，无论是就普通歧视而论，还是就"逆向歧视"而言。

尽管公用事业领域的私营公司也会赚取利润，但是政府监管机构会对其利润率严加限制。假设一家不受监管的垄断供电公司对一定用电量收取 5 美元的费用，并且在最高运营效率的条件下能够获得 20% 的投资回报。如果监管机构将其投资回报率上限设定在 8%，同在最高运营效率的条件下，同等用电量的价格可能会是 4 美元。在受到监管的情况下，企业缺乏以最高效率投入运营的动力。

这种情况下，企业会纵容其管理层或工人的偏见，即便此举会导致成本的增加。原因在于，只要确保利润率不高于 8%，这些成本就会让消费者相信涨价的"合理性"。如果在最高运营效率条件下，同等用电量本来只需收取 4 美元，而现在则因群体歧视需要收取 6 美元，那么对公用事业公司而言也无须承担任何损失——尽管公众可能会因此付出数百万美元的代价。考虑到这些经济激励因素，也就不难理解美国电话企业为什么能够在成为最歧视黑人的公司的仅仅几年之后，又成了最热衷于雇用黑人的雇主之一[70]——两种政策都不会为其带来昂贵的成本。同样，高校等非营利组织也面临较小的经济效率压力，因其较高的成本被认为体现了通过捐款来维持运转的"必要性"，或可从政治上证明动用捐赠资金的合理性。同样，在成本较高的情况下（正如歧视性招聘所导致的那样），基金会可将更多资金用于满足自身内部的"需求"。与处于监管之下的公用事业一样，高校、基金会和其他非营利组织也曾因歧视黑人而臭名昭著[71]，但仅仅过了不到一代人的时间，它们又成了"平权行动"下优先雇用黑人的雇主。

　　并非所有种族、民族群体间的交往都是出于经济方面的动机，但这些行为往往会受到经济约束。理解这些经济约束的性质和原则有利于我们从一个全新的维度去理解种族问题和民族问题。

第五章

种族与政治

政治能直接塑造人们对种族、民族的态度，以及种族和民族政策，但这只是政治对种族、文化影响的一个方面。尽管很多政策的制定并无任何牵涉种族或民族的意图，但是它们对不同群体产生了不同的影响。

很少有哪些集合体能比种族和政治更加变化无常。个人和群体间的正常摩擦和怨恨很少会达到种族政治化的狂热和暴力程度。20世纪，在大众政治、大众意识形态传播到全球更多地区的同时，种族迫害也卷土重来，并达到了前所未有的高度或者说深度。"民族自决权"的政治理想催生了新的国家，但它们又动用自己刚刚获得的权力对少数民族加以迫害，最先是在一战后的欧洲，此后又在二战后的亚非大部分地区，以及南斯拉夫和苏联解体后的巴尔干和高加索地区。20世纪，为了描述一战期间亚美尼亚人的遭遇和二战期间犹太人的遭遇，甚至还出了一个新词——种族灭绝（genocide）。在犹太人大屠杀中，有600万人丧生，这曾令全世界震惊，但是，人们知之较少的是，据估计，二战以来世界各地因种族或民族出身而惨遭屠戮者达到了千万之巨。[1]

政治能直接塑造人们对种族、民族的态度，以及种族和民族政策，但这只是政治对种族、文化影响的一个方面。尽管很多政策的制定并无任何牵涉种族或民族的意图，但是它们对不同群体产生了不同的影响。公用事业法规、职业许可、最低工资法可对较为贫困的少数民族产生深远的经济影响（通常是负面影响）。[2]然而，一些政治安排能够改善种族摩擦、缓和种族关系，而另外一些政治环境则会在短短几年内令群体间的和睦关系演变为街头流血冲突。政治权力、政治体制和政治意识形态对种族、族裔群体的经济和文化命运及其生存的能力都产生了短期和长期的影响。

我们在检视政治制度的时候，要如同检视经济制度那样去考察它所形成的激励因素，而不能仅仅看它所追求的目标或其背后的哲学理念、思想观念。此外，将"黑人"、"犹太人"或"华人"视为追求群体利益的统一体是一种严重的谬误。这些群体及其他群体的领导者，或有志于此的人士有自己的计划和职业目标，他们会针对影响其计划和目标的政治激励因素予以回应，不管此举能否增进其所代表群体的福祉。这并不是说所有的政治领导人都是自私自利的操控者，而是说，政治竞争中最有可能生存并发展的是能够适应政治过程中紧急情况的人士——无论这种适应能力是有意练就的还是偶然获得的。

政治制度

政治制度在本质上是权力制度，它们对不同目的的相对有效性反映了这一核心的事实。政府可动用自身权力进行禁止、胁迫、没收、惩罚或驱逐。这些手段可实现的目标也完全处于政府的有效控制范围内。而对于须依赖大众的创造力、技能、节俭、工作习惯、组织能力和技术知识方可实现的目标，在职官员则很难凭借权力在重要的政治时期内实现。从短期来看（例如，在当选官员的任期之内），政府几乎无法大幅地增加这些可以促进经济繁荣的动力。它也无法改变民众代代传承的传统、态度、智慧和宽容（或不宽容）——这些因素限制了当权者的选择，并决定了政府结构本身的稳定性和可行性。

一些国家（如马来西亚、菲律宾、尼日利亚、斯里兰卡和圭亚那）的政治领导人都曾敦促本国民众效仿颇具活力的少数族群。[3]然而，几乎没有证据能够表明这些劝告起到了作用。政府权力也有起作用的时候，它通过排挤、限制或驱逐具有生产能力的群体，导致现有生产能力的削弱。从1492年西班牙驱逐犹太人，到1973年乌干达驱逐印度人和巴基斯坦人，政府一直通过这一手段来实现眼前的政治目标，但是此举也带来了长久的经济代价。

政府也可能会动用所掌握的权力没收部分人的财富，并将其转给其他人。但此举通常也只能给接受财富者带来短期利益，对于国家整体而言则是一种损失，因为被掠夺的群体往往会减少财富生产，无论是因为缺乏激励因素，还是因为将财富隐匿起来或转移至国外，或是选择移民海外，前往对其更为友善的国家。政治迫害和掠夺的消极后果并不限于经济损失。整个国家还可能遭受医疗、文化甚至军事方面的损失。在驱逐了犹太人之后，西班牙人开始抱怨，与其交战的穆斯林们从西班牙犹太难民那里学到了知识，并将其应用于作战。[4]同样，在20世纪，随着欧洲反犹情绪日渐高涨，以阿尔伯特·爱因斯坦和爱德华·泰勒为代表的犹太赴美逃难者帮助美国成了首个拥有核武器的大国。简而言之，能够行使政治权力并不代表能够利用这种权力实现所愿，甚至并不代表能够避免巨大的负面影响。

然而，对政治权力的控制有时会以两种颇为不同的方式扩大整个社会的选择范围。在政府部门之间，权力较大的部门可以减少权力较小的部门有悖初衷的活动。因此，在20世纪中叶的美国，联邦政府废止了南方各州的诸多种族歧视法律。不同的政治部门也可达成共识，同意减少彼此之间适得其反的活动。例如，在德国仍然处于四分五裂、邦国公国林立的时期，众多政治实体间的关税和其他贸易壁垒严重地阻碍了整个地区的经济发展。19世纪早期，这些邦国和公国成立了关税同盟，消除了诸多壁垒，此举使当地民众得以自由地开发现有的优质人力资源和自然资源。

政府的基本资源是权力，因此其基本运作模式也是通过权力来限制所辖民众和组织的选择范围。在历史上，大多数情况下，政府会对少数种族、少数民族的选择范围予以限制，而很少会对主体种族、主体民族予以干涉。在过去，这种情况发生在美国这样的独立共和国、马来亚或澳大利亚这样的殖民地，也同样出现于日本这样的王朝国家，以及奥斯曼帝国、俄罗斯帝国或哈布斯堡帝国。除了在运用权力时故意区分种族之外，政府和政治的一般运作往往也会产生种族方面的影响，即便其意图及明文法律政策并不牵涉种族。

一些政治制度可对种族和文化群体的命运产生重大影响，其中包括（1）法律和秩序，（2）民主，（3）政党，（4）军队，有些情况下还包括（5）在种族或民族群体的祖国行使权力的外国政府。这些制度既可能会产生积极的影响，又可能会发挥消极的作用。

法律与秩序

可以通过几种方式利用政府减少民众选择的能力，创造其他选择，其中最为重要的方法之一是维持普遍的法律和秩序。此举可减少每个人施加暴力或实施盗窃的可能性，但法律和秩序并不仅仅是一个零和过程。社会因此变得更加安全，人们也会有更多的选择，而不需要花费大把时间、投入大量资源来保护个人财产和维护个人安危。正是因为几乎人人都愿意放弃第一种选择、获得第二种选择，法律和秩序才能够为社会带来明确的收益。即便是犯罪分子也并不希望社会陷入没有法律或无政府的状态，因为这同样会让他们感到心惊胆战，只有闭门在家的时候才敢入睡，甚至无法安心享受所得的不义之财。

在很多情况下，法律和秩序的经济意义尤为显著。人们不会在屡遭劫掠的土地上进行耕作活动，不管是良田沃土，还是不毛之地。这种不安全感导致了在苏格兰和非洲的部分地区，大量土地曾被闲置，直到外来力量征服了两地的战斗人员或入侵者，在外国霸权的干预下实现和平以后，这一状况才得到了改变。[5]中世纪的欧洲同东方的商贸往来需要途经中亚的几条重要陆路通道，但这些通道的畅通情况迥然相异，取决于每条线路是否完全处于同一政权之下（如成吉思汗时代），或取决于借道此地的商旅货物是否遭受过无法无天的袭击以及不计其数的勒索。[6] 在欧洲东南部屡遭土耳其人袭击的时代，部分地区因此变得几乎荒无人烟。随着 18 世纪后期土耳其人放弃了袭击，人口又变得稠密起来。安全的环境使得人们能够从事耕种。在此之前，只有少数的牧民可以携带牲畜逃避劫掠，而田地里的农作物由于无法转移，则未能逃过被放火焚毁的命运。[7]

　　法律和秩序未必一定公正。其经济效益更多地来自它们的稳定性、可预测性，而非它们的公平性。在一个稳定的社会环境中，有法律保障人身安全和个人财产，即便是法定的二等公民群体也依然能够得到长足的发展，并且往往能超越在法律上地位高己一等的群体。在历史上，颇为显著的例子包括东南亚的华人、东欧的犹太人和奥斯曼帝国的非穆斯林。

　　法律和秩序不仅应当同无政府状态或军事上的不安全进行对比，还应当同专断权力的政权进行对照——无论表现为个别官员的浮收勒折，还是政府的横征暴敛。政府腐败和专断猖獗的社会如同不受约束的法外之地，可能抑制经济的发展。罗马人在不列颠大部分地区建立了法律和秩序之后，当地的商业和工业才开始蓬勃发展。同样，近代帝国主义列强在东南亚大片地区建立了法律和秩序后，大批华人、印度人才移徙至此，并为这一地区的经济发展做出了贡献。

　　法律和秩序能够对投资产生直接的促进作用。英国之所以成为全球首个工业国家，很大程度上得益于它能够以低廉的成本筹募大量资金，并且拥有能保障财产安全的稳定的法律体系。人们愿意将储蓄投资于长期项目，包括修建铁路、运河和其他基础设施，即便其回报率十分微薄，原因在于：（1）这些回报受物权法保护；（2）币值的稳定意味着即便回报率不高，也不会被通货膨胀所吞噬。相比之下，投资屡遭官员敲诈和政府没收（"国有化"）困扰的国家很难吸引到所需的资金，无论是来自本国民众的，还是外国投资者的，除非是利润高、回报快的项目。而这些项目又会导致民众因外国人的"剥削"行为而对他们产生政治上的敌意，继而抑制长期投资流入。而足量外资的存在能够促成或孕育竞争，从而将利润率降到适度水平。

国际资本的大规模投资推动了工业革命在世界范围内的传播，而这些资金主要流入了法律健全、秩序井然的国家，如欧洲国家或欧洲的分支社会（如北美、澳大利亚或南非）。这些国家吸纳的投资规模远远大于欧洲在欠发达地区的投资规模，在这些地区，当地统治者或殖民列强所构建的法律和秩序并不牢固。

正如法律和秩序的确立有利于吸引投资，如果法律和秩序的某一方面（例如财产所有权）面临崩溃就会导致资本外逃。20世纪中叶，随着肯尼亚从殖民地转变为独立国家，反亚裔情绪开始浮现，亚裔群体将大量的资本转移到海外，它们最终的流入地既非印度，亦非巴基斯坦，而是伦敦。[8] 资本没有国界。

在很多国家（或许是大多数国家），在大片地区建立法律和秩序是个漫长而艰巨的过程。然而在今天，有关将政府的经济角色限定于维护法律和秩序的基本框架，并将具体经济决策留给市场的主张，却被斥为在怂恿政府"撒手不管"，尽管（1）人们努力几个世纪才实现了如今所谓的"不管"，（2）"不管"让无数的人享受到了经济利益。

法律和秩序对于经济的重要性不仅体现在不同地区因法律和秩序情况不同，对资本和移民的吸引力各有不同，还体现在同一社会中不同群体的经济表现的对比——在一些特殊情况下，某些群体更容易被纳入某个可靠的法律和秩序框架之中。例如，一个军事强国的公民可能会在其他国家享有单方面的"治外法权"，因此能够在其本国的法律和秩序框架下开展经济活动，而不需要遭受地方当局的反复无常或浮收勒索的影响，而当地民众的经济活动仍可能因此陷于停滞。

尽管外交人员所享有的特殊治外法权被广泛视为国家间的一种互惠安排，但是，为本国在其他国家活动的国民赋予治外法权向来被视为对主权的侮辱行为。然而，奥斯曼土耳其人在征服了君士坦丁堡、建立了他们的帝国之后，却主动将治外法权拱手赠给了一些并无能力提此要求的国家。这一点清楚地表明了此类法律和秩序的特殊安排有可能会给本国带来益处。如果外国商人和投资者能够受到保护，使其免于遭受地方当局的不确定性、低效率、反复无常、敲诈勒索或肆意没收的影响，当地就会吸引更大规模的国际贸易及投资。

在后来的几个世纪里，曾经强盛的奥斯曼帝国开始走向衰落，越来越多的欧洲大国在为其在奥斯曼领土上从事经营活动的国民争取特殊法律地位的同时，也在为担任欧洲政府或企业代理人的奥斯曼臣民争取特殊的法律地位。这些代理人通常为基督徒，主要是亚美尼亚人、希腊人或犹太人，而非占帝国臣民人口中占多数的穆斯林。尽管这些特权使得外国企业和国内少数民族在同奥斯曼帝国主体族群的竞争中获得了某种优势，但这种安排并非只是简单的零和利益转移。帝国现代行业的经济发展大部分归功于这些外国人和国内少数民族，他们是可靠的法律和秩序框架的受益者。[9] 奥斯曼帝国并非唯一一个允许外来人士沿袭本国法律风俗的国家。19 世纪，其他中欧国家普遍鼓励德国农民前往定居，并允许他们在异国的土地上延循自身的法律和习俗，这些国家正是希望从德国的先进耕作技术中受益。[10]

那些关注已有的法律和秩序中的公正与不公正的人，尤其是那些关注关于种族和少数族裔的法律和秩序的人，有时会认为破坏法律和秩序会对受压迫的群体有利。然而，当法律和秩序不再那么有效时，往往是最不幸的人受苦更多。在犯罪猖獗的城市里，穷人不仅得首当其冲地直面人身安全的威胁，还将承担间接的代价——生活在盗贼横行、打砸肆虐的街区，他们需要负担更高的生活成本。[11] 富人群体则可以生活在远离危险地带的社区，安住在配有安全系统、安保人员的豪宅里。从历史上看，边境社会的法律失序、帝国的崩溃或反复无常的战争所导致的政府倾覆，都曾引发针对弱势少数群体的暴力行为。

在旧金山的治安委员会时代，以及二战后日军撤离印度尼西亚到荷兰重新统治之间的过渡时期，华人成了此类暴民暴力的受害者。在布尔什维克革命后红白两军争战的无政府时期，伏尔加河畔的德裔群体沦为了邻近居民施暴和劫掠的目标。在中世纪的欧洲，犹太人屡屡成为法律废弛、社会失序的受害者。从 20 世纪 60 年代开始，美国暴力犯罪大幅提升，而黑人受害者的数量远高于所占人口比例，在某些年份，被杀害的黑人数量甚至超过了白人，[12] 尽管在全国人口中，黑人所占的比例还不到 1/8。

民主

当诸如自由、平等或个人尊严等各种理想目标被纳入民主的定义时，"民主"这一原本看似简单的概念（多数裁定原则）不仅开始变得更为复杂，也变得更加混乱。多数裁定原则是否真能实现此类理想，这是一个经验问题，而非既定结论。大量证据表明，多数裁定原则可能导致事与愿违的后果，在多种族或多民族的社会尤其如此。这种情况并非不可避免或总是如此，但是，民主能在多大程度上促进或否定这些目标，以及在何种条件下它能够产生某种效果，而非适得其反，这些都是需要审视的问题。而通过修改定义来解决这一问题则会导致此类调查无从开展。

在二战后取得独立的很多殖民地国家，种族、民族和宗教少数群体对独立的态度即便谈不上强烈反对，也可以说并不热衷。因为他们预见到了多数裁定原则会导致自身的权利遭到践踏。为此忧心忡忡的少数群体包括缅甸的克伦人、桑给巴尔岛的非洲大陆人、菲律宾的穆斯林、印度尼西亚的华人、黎巴嫩的马龙派基督徒和斯里兰卡的泰米尔人[13]。而后来发生的事件证明，这种担忧往往并非毫无根据。对这些群体来说，民主并不意味着自由、平等或个人尊严。也是因为担心失去这些，他们才宁愿生活在独断专制的殖民统治之下。内战刚刚结束后的美国南方也出现了类似的情形，在占领部队尖刀利刃的武力保障之下，推行半殖民统治的各州政府更好地保护了黑人的权利，而后来取而代之的代表着白人多数群体的民选政府则大肆推行种族隔离，在法律上认可歧视行为，同时还采用了新的手段剥夺黑人的政治权利，并放任法律管辖以外的暴力行为，包括对黑人滥用私刑。

当然，民主制度也能够保护少数群体的权利，甚至能够制定特别规定保障其发展进步。在 20 世纪下半叶，美国、新西兰、以色列、印度、英国和加拿大等国的民主政府便承担了这样的角色。代表族群联盟的政党也试图平息族群间的冲突，缓和它们的分歧——20 世纪后期的马来西亚"联盟"组织以及欧洲移民时代的美国城市多族群政治机器便是这样的例子。然而，民主本身并不足以表明政治行动和政府政策将会怎样对种族和民族群体产生影响。为此，有必要更仔细地审视政党的性质或军事力量的性质，在一些情况下还需要审视不同群体原籍国所采取的政治行动。

政党

在多元民族社会，政党既可帮助缓和矛盾，亦可加剧两极分化，这取决于政治竞争的性质。在民主政治体制中，所有群体都拥有选举权，没有任何群体能就纯粹民族问题组建多数派。为了最大限度地争取选民支持，政党需要安抚各个族群，并且在广大选民普遍关注平等主义原则或担忧国家分裂的情况下，至少要维持外在的体面，甚至对倾力支持敌对政党的族群也同样需要做到这一点。

例如在美国，大多数犹太人会将选票投给自由派民主党人，但这并不意味着共和党人就可以登上反犹平台参与竞选——此举不仅会让非犹太选民和犹太选民对其避而远之，共和党选民和民主党选民也会同其划清界限。美国共和党的政治家们不能公开地表示自己是非犹太群体的支持者，无法像斯里兰卡的政治家们那样公开宣称支持僧伽罗人，或像特立尼达或圭亚那的政治家们那样公然表达对印度族裔的支持。这也并非仅仅是个人信念、道德或意识形态的问题。这些国家的政治家们同样都是为了赢得选举，但他们所表现出的不同行为须从政治条件角度加以解释——有些条件有助于缓和群体矛盾，而有些条件则会加剧两极分化。

如果仅仅是一些群体大举投票支持某一政党，而其他群体大举投票支持另一政党的情况，对竞选者们而言，民族两极化的政策并无政治可行性及吸引力。无论政党的选民族裔构成情况如何，如果相当比例的选票源自意识形态、自身经济利益、竞选人的个人魅力、选民的忠诚或其他方面的考量，则说明该政党并非民族政党。正如在尼日利亚、斯里兰卡、特立尼达或圭亚那的情形，民族政党的出现不仅需要一些群体给予其选票支持，而且（1）这些政党的选票支持几乎完全依赖于某族群选民，（2）这些政党几乎完全不可能获得其他族裔的重要政治支持，（3）公开引导种族立场，包括对其他群体表现出敌意，并不会让其损失现有选民或普通民众的选票。

上述情形均为某种条件的不同表现——只有在民族问题取代了阶层、意识形态、个人魅力和其他考量，并且得罪一个群体的做法不会冒犯其他群体的情况下，大型民族政党才有可能存活下来。简而言之，这样的社会已经出现了民族派系主义现象。这里需要探讨的问题是，在这些条件下，政党究竟是缓和了当前的对立情绪，还是加剧了这一情况。

如果实际情况中并不存在可催生真正的民族政党的所有三个先决条件，那么政治竞争会趋向于缓和民族冲突，而非加剧这一形势。在20世纪80年代，美国黑人选民投票支持民主党总统候选人的比例同特立尼达、圭亚那、加纳、尼日利亚和刚果共和国一些族裔群体大举投票支持某些政党的比例颇为相似，[14] 但这并未使得美国政党变为民族政党。对于政治家们而言，只有在因民族缘故获得某族群青睐本身足以助其执掌政府的情况下，加剧族群的两极分化才是可行之策。两极分化是否有利于国家的长期生存则完全又是另一个问题，这也是竞选人和谋权者们常常无视的问题。

1948 年，欧裔白人阿非利卡人主导的南非国民党掌控了政府，这一事件本身就反映了种族和民族间的分歧，而其推行的种族隔离政策又显著地加深了这种分歧。与之类似，在美国的重建时期之后，南方白人因明显的种族原因获得了区域政治权力，这不仅反映了种族主义的存在，而且《吉姆·克劳法》的实施又加剧了种族主义。当然，在美国其他地区，白人在政治上同样占主导地位，但其主导地位的形成源自意识形态、经济因素和其他因素，因此在北方也并不存在此类种族或民族政党，故而也不存在类似的加剧种族或民族冲突的动机。与之相反，代表多族群选民的美国政党在历史上一直发挥着缓和、调解民族冲突的作用，或者至少掩饰了民族间的冲突。几十年来，民主党在北方扮演着缓和冲突的角色，而在南方却又扮演着加剧分化的角色。

尽管在美国南方以外的地区也存在着种族冲突和民族冲突，但是并没有一个族群的人口规模足以在选举中占多数，与此同时，尽管白人种族在人数上明显占优，但由于黑人群体在北方人数较少，未能引起足够的关注，种族政治问题也并未成为优先于阶级、意识形态、经济和其他问题的存在。因此，美国南方以外的地区形成了由多民族政党构成的两党制，而在南方地区，从内战前到二战后的很长一段时间内，以种族为基础的民主党一直占据着绝对的统治地位。这些截然相反的政治趋向能够同时共存于同一国家的不同地区，共存于同一政党内部，这凸显了以民族为基础组建的政党和以其他各种非民族因素为基础组建的政党所产生的不同影响，即便这两类政党的选民和领导人的实际种族构成十分相似。

在斯里兰卡和马来西亚独立后的历史时期，民族政党和多民族政党对种族或民族冲突造成的影响差异更为显著。在斯里兰卡独立之初，僧伽罗人同泰米尔人之间的关系远不像马来西亚的马来人和华人那样相互敌对——在马来西亚，华人共产党游击队同马来人军队和村民长期处于内战状态。但是多年来，马来西亚多民族联合政府总体上还是很好地缓和了本可能会一触即发的不满情绪。相比之下，在斯里兰卡取得独立之后[15]，僧伽罗人和泰米尔人之间原本相对友好的关系却演变成了彼此敌视，原因在于，为了获得某一族群或另一族群的支持，各个民族政党相互竞争，连双方的温和派人士都不惜为了争夺本民族选票而被迫选择更加极端的立场。[16]

1956年，在擅长煽风点火的僧伽罗政治领袖、彼时正竞选总理的所罗门·班达拉奈克的一手推动下，斯里兰卡的两个族群从最初的相互容忍，演变为彼此敌视并催生了种族问题政党。对于意识形态倾向各异的政党而言，一旦种族问题成为优先考量，僧伽罗人和泰米尔人很快就会提出更为极端的诉求。此外，这种政治上的两极分化又加剧了文化上的两极分化，连两个族群中的世界主义人士也不例外。在此之前，受过高等教育的僧伽罗人或泰米尔人在家中使用英语进行交流，只在同仆人或其他下层民众说话时才会用到各自的本族语言。但是在政治两极化出现之后，这种情况发生了变化：

如今这些阶层的人士仍以英语作为第一语言，但是他们可以阅读、书写僧伽罗文或泰米尔文，同时他们在更多地使用本民族语言同子女进行交谈，通常在教育子女时也会使用本民族语言。[17]

简而言之，斯里兰卡的两个族群中受过高等教育、更为国际化的人士曾被寄予希望能够成为两个族群之间的桥梁，部分原因在于他们确实使用着同一语言[18]。现在他们自己也加入了普遍的两极分化，并且这种分化已经不仅是文化上的分化，同时也是政治上的分化。尽管这一情形被视为"原始的认同和忠诚胜过了在阶层、城市化和西化基础上形成的新的认同"，[19]但它实际上是诸多政治激励因素的产物，无论是在西方社会，还是非西方社会，这些激励因素都产生了全然相同的结果。

尽管一名政客的煽风点火已经足以使群体间的敌对情绪上升到各自组建民族政党的地步，但是种族问题相关的竞争会自成逻辑，并独立于其始作俑者而存在。在班达拉奈克借助民族紧张关系成功谋取斯里兰卡总理一职后，他又开始试图缓和这种局面，此举最终导致自己被本方阵营的极端分子所刺杀。种族问题政党的先决条件一旦形成，种族或民族两极化的过程也就很难再逆转。

在肯尼亚和赞比亚等国，直到一党治下的威权政府出现，政治两极化的过程才得以终止。[20]马来西亚将公开质疑政府民族政策的行为认定为犯罪行为，此举也抑制了民族政治的发展。[21]相较于马来西亚内战，尼日利亚内战更激烈，也更血腥。在此之后，该国推行了政治改革，规定总统须由全国选举产生。这也意味着在这个不同地区由不同族群主导的国家，当选总统需要获得多个民族的支持。尽管尼日利亚的投票模式仍然颇具民族特色，但是这些新政也确实达到了预期的效果，曾经一度致人死亡的民族紧张关系得到了缓解，这也同斯里兰卡相反的政治动机造成的相反趋势形成了鲜明的对照。

即便是一位几乎无望问鼎国家权力的少数民族政治家，只要其竞争对手已将民族问题作为头等议题，其本人就也可能产生推动两极分化的动机，尽管其所属的族群的人数劣势可能会使其成为两极分化的输家。但也正因如此，这位少数民族政治家更有可能获得光明的仕途，因为他扮演了捍卫困境族群利益的角色。

并非所有政治家都会选择推动两极分化，但无论他们怎么做，结果可能都是一样的。在这种情况下，反对民族分化理念的政党和个人会遭受政治上的灭顶之灾（在斯里兰卡、圭亚那和特立尼达不乏这样的例子），一些人为了挽救自己的政治生涯而突然改变立场。[22] 而另一些人则由于缺乏选民支持，自此从政坛销声匿迹。

在一党制种族政治时代的美国南方，由于黑人被剥夺了权利，所以并不存在少数族裔政党。20 世纪 60 年代，种族主义在南方地区逐渐消失，黑人在全国范围内获得投票权，持续了一个多世纪之久的单一种族、单一政党的政治体制也随之瓦解。但由于在南方大多数州白人种族人口仍然占优，仅靠赋予黑人选举权并不足以终结种族分化政治。此举只是能够使得黑人少数政党合并，并同白人多数政党并存，如同斯里兰卡、特立尼达、圭亚那等地的单一群体多数政党和少数政党一样。如果种族问题仍然优先于所有其他政治问题，那么对于南方几乎所有白人而言，此类情况在该地区就有可能发生，并且两极分化的情形完全可能愈演愈烈。如要打破南方旧有的种族政治，至少需要相当数量的白人选民对其他问题（包括种族和平）做出反应，从而分流白人选民的选票，使任何政党在政治上不可能在与所有黑人选民为敌的情况下获胜。事实上，这正是在黑人获得选举权之后美国南方的政治形势。

对于白人和黑人种族都颇具吸引力的两党政治在南方迅速扩展，流传了一个多世纪之久的"白人至上"这一强硬言论突然之间成了禁忌。在这种情况下，政治并不只是民意的反映。在民意尚未变化之前，多种族、多党政治所形成的激励因素促使群体之间的敌意有所缓和，正如世代以来，单一政党、单一种族政治也是在民意变化之前加剧了本地的群体对立。政治变革的迅猛突兀是任何民意变化的速度都无法企及的。和经济领域一样，在政治领域也同样无须根除种族主义便可令其有效力量土崩瓦解。无论是在经济体系里，还是在政治体系中，竞争因素都发挥着至关重要的作用。

简而言之，民族政党的兴起，或现有多民族、意识形态或利益集团政党转变为民族政党，不仅是对民族分裂的一种回应，还会助长这一态势，使之演变为两极分化。与之相反的是，非民族政党之间的竞争具有缓和作用，原因在于各个政党都会努力吸引核心支持者群体之外的选民。而在两党均为非民族政党的政治体制下，如美国、英国或澳大利亚，两党都可能会竭力去争取政治光谱中中间派选民尚未投出的选票。相比之下，民族政党（如加纳、斯里兰卡、特立尼达、圭亚那或旁遮普等地的民族政党）则无法有效地争取到非本民族的选民，因此也几乎并无动力缓和其民族主张，反而有太多的理由去竭尽全力地全面塑造毫不妥协地致力于此的形象。[23]

即便在某些群体由于无选举权，所以并无自己的政党（如白人少数族裔统治时期的南非黑人）的情况下，政治动机也仍然会产生影响。在无选举权的群体中推行温和政治立场的动机之一是希望对方有实实在在的让步——哪怕这种让步颇为有限，政治温和派也会将其视为自身成功的战利品，并希望借此换取选民对他们本人及其施政理念的支持。但是，在温和诉求得到满足的可能性并不高于极端诉求的情况下，极端分子的激烈言辞反而成了他们的优势，同时他们也无须担忧承诺无法兑现的劣势。例如，南非非洲人国民大会在其成立之初诉求颇为温和，但白人执政者们拒绝做出任何哪怕十分微小的让步，这导致了其领导层中的温和派人士逐渐被更多的激进分子和极端分子所取代。

相比之下，布克·华盛顿的温和派领导方式在美国更为成功，至少从政治角度而言，为其赢得了部分重要黑人选民（无论是否占据多数）的支持，并且这种支持一直持续至其去世，甚至此后更久的一段时间。布克·华盛顿及其支持者的例子所指向的事实在于，他的确能够兑现承诺，例如为塔斯基吉学院及其他社会事业争取到了白人的资金支持——尽管在他所生活的时代，美国南方黑人同南非黑人一样，几乎完全没有选举权。

事实上，南非非洲人国民大会的早期领导人曾是布克·华盛顿的追随者，但是此人的策略并未在南非取得政治上的成功，因为南非白人更加顽固不化，他们拒绝让步，这也导致南非的黑人领导者们逐渐趋于极端。一些观察人士认为，非国大最初提出的诉求（例如在国家各类政治委员会中赋予黑人象征性的代表地位）对于生活在 20 世纪 80 年代的大多数南非白人而言都完全可以接受，而彼时的非国大已不再会提出此类诉求，部分原因在于，上一代白人对于其诉求无动于衷。[24]

军队政治

军事力量很少能够反映其所在社会的民族构成。[25] 在马来西亚的空军部队中，华人军官曾一度占据了半数之多，而马来人只占到了大约 1/3——与他们在全国人口中所占的比例正好相反。[26] 苏联军队中，超过一半的士官为乌克兰人。[27] 在很多亚非国家，少数民族军官在武装部队或军官团中人数占优的情况颇为常见。[28] 无论这些民族差异是由有意而为的政策造成的，还是社会模式的后果，它们往往都会产生政治方面的影响，尤其是在刚成立不久、极易遭受军事政变威胁的国家。然而，事实情况往往是，文官政客出于民族动机干预军队指挥体系在前，而军方出于民族动机干预文官政治在后。[29] 在世界许多国家，民族极化和军事政治的混合已经引发了爆炸性的后果。

对于并无太多很好的经济选择的群体而言，从政为官的道路颇具吸引力，参军入伍、成为下级官兵也同样如此。因此，在很多殖民国家的军队当中，现代化程度较低的土著民族人口（通常来自农村腹地）占据了极高的比例。这种模式存在于殖民时期的缅甸、伊拉克、尼日利亚、印度尼西亚等地。[30] 如果殖民势力在征募兵员时会有意根据民族进行挑选，那么最受青睐的往往是军事素质过硬且在政治上可靠的族群，印度的锡克人和廓尔喀人便是这样的例子。

在殖民地各族民众最终被允许进入军官团的情况下，军官群体中的多数族群往往并不是士兵中的优势群体。如果成为军官需要依靠军事院校的教育背景，而非通过军衔晋升，那么这一点就尤为明显。受过良好教育的军官往往来自更为现代化的本土民族群体，而应征入伍的士兵则更多来自传统的民族或部落地区。因此，尽管殖民时代的尼日利亚军队中，豪萨步兵占据着大多数，但在首批非洲军官中，有半数以上都是伊博人。锡兰、加纳和伊拉克的本土军官亦曾前往欧洲军事学院接受教育。但是，在军官主要通过军衔晋升的国家，如肯尼亚或多哥，军官当然同普通士兵来自同一民族——并不一定是他们普通民众的种族。而在两者兼有的殖民地，如乌干达或几内亚，由普通士兵晋升而来的军官与军事学院毕业后直接获得任命的军官往往来自不同的民族。[31]

如果一个国家摆脱了殖民统治，取得了民族独立，那么这一转变也常常会影响到军队的民族结构。在军队（特别是军官群体）的民族构成同执政的政治家们不同的情况下，社会中民族的两极分化往往会导致意在改变军队民族构成的政治干预行为，或会导致意在改变文官政府民族构成的军事干预行为，或二者兼而有之。加纳、乌干达和利比亚便出现了此类彼此互相干预的情形。[32]在民族两极分化的社会，如塞拉利昂或斐济，对掌管军队的族群颇为敌视的族群通过选举获得政治权力之后，选举结果又因军事政变而产生了逆转。[33]但是在从乌干达到苏里南等国家，在军事权力的扶持之下，少数民族得以执掌政治权力——在有的情况下借助政变，有的情况下则通过其他方式。[34]

在两极分化的社会之中，如果文官权力和军事权力分别掌握在对立的族群手中，那么猜忌和威胁也就在所难免了，军事机构和政治机构之间的界线几乎无法获得重视，也无法得到维持。政界人士为了预先阻止政变的发生，会在征兵和提拔军官时偏袒一些种族，在有的情况下，他们会出于政治原因对军官进行清洗，有的情况下还会根据高级军官的民族背景（以此判断他们是否忠诚）来决定是将其派驻至敏感关键的指挥所，还是无关紧要的指挥所。从政者对军队的这种侵犯之举又会引发敌意，甚至包括不涉政的非职业军官的敌意，这种行为又会推动或促成政变。但是，如果未能采取这些预防措施防范政变，也可能会产生灾难性的后果。简而言之，种族两极分化造成了军事、政治和社会上的对立，而这些对立几乎不可能得以解决。

有时，在外敌当前的情况下，军队又会对民族之间的紧张关系起到缓和的作用。相较于过去身为平民时身处不同聚居区或不同社会阶层，军队中不同民族的官兵将士朝夕相处，甚至以命相托，更能够增进彼此的信任和理解。英军中的爱尔兰士兵在两次世界大战中发挥的作用缓解了战后时期的民族分歧。[35] 二战期间，日裔美军战斗部队军功赫赫，这使得其他美国人对他们的态度几乎在一夜之间发生了转变。[36] 在以色列遭受军事打击之时，中东北非系犹太人所发挥的作用也同样帮助他们弥合了与欧美系犹太人之间的嫌隙。[37]

但是，如果外部敌人与内部的其中一个少数民族属于同一种族或民族，那么随着战争所引发的仇恨愈演愈烈，这一族群很可能也会因此饱受伤害。在两次世界大战期间，德国对俄国、澳大利亚和巴西发动了战事，生活在这些国家的德裔族群也因此沦为众矢之的。[38] 但是这种情况也并非不可避免。美国在一战时期出现的反德情绪并未在二战期间再度上演，同时，日裔美国人在国内国外表现出的爱国主义行为也让美国人改变了对他们的敌对态度。

作为肩负着重大使命且拥有着严格内部传统和准则的组织，军队在很多情况下都可借助关乎生死、凌驾一切的军纪军令来缓和民族问题。但强烈的民族感情可能会危及军队的作用和效力，因此，无论是在和平年代还是在战争时期，很多国家都会将不同族群的服役人员分隔开来。从独立战争到南北战争，美国一直存在民族隔离的部队，例如，德裔族群会在通行德语的部队当中服役。直到第二次世界大战，种族隔离下的部队也仍然颇为常见。在欧洲殖民主义时代，帝国军队常常将种族隔离之下的部队派驻外地（其他地区或是其他国家），苏联军队也延续了这种做法。

民族、两极化政治和军队之间的繁复互动并不会产生任何可以预知的结果，但是，很多政变和流血事件表明，它们都是极为强大的力量，其冲突可能会带来灾难性的后果。但是，尽管在拉丁美洲部分地区和很多自二战以来取得独立的第三世界国家，政变已经变得颇为寻常，但就西北欧国家和其海外分支社会而言，如美国或澳大利亚，长期以来军事政变的威胁一直与其相距甚远。也许需要解释的恰恰不是为何其他国家的文官政府会屡屡遭受军事干预，而是为何这些国家的文官政府能够免遭此劫。正如在其他领域一样，仅仅照搬稳定社会的体制并不能生成其在历史的演进中形成的传统和态度——有了这些传统和态度，这一体制才能发挥作用。

家国政治

少数民族社群同其海外故国的关系可形成种类繁多的政治模式。这些模式会因族群的不同而迥然相异，也会因为时间、地点的不同而有差异。家国政治包括：（1）某一族群竭力推动所居国家及民众对其祖居之地采取更为有利的政策；（2）故国竭力推动另一国家对其移民及其后裔采取更为有利的政策；（3）故国竭力借助异国同胞之力来促进该国的自身利益。

而移民群体与海外故国的文化纽带同其政治纽带之间并不存在简单、直接的关联。例如，意大利人即便是几代人都在他国定居，也往往仍会保留祖国的若干文化模式，但是他们很少会在政治上向其所居国家施加压力，敦促它们对其母国采取优惠政策。与之类似，世代生活在沙皇俄国的德裔族群在文化上高度独立且具有高度的自我意识，但他们同时也效忠于俄国，甚至在 1914 年至 1917 年德俄两国交战时期也同样如此。然而，在第二次世界大战期间，数十万德裔居民从苏联叛逃，跟随德国军队撤离了这个国家。这一改变同其多年所遭受的残暴对待有着莫大的关联。[39]

早在19世纪，德国的国内组织便已试图同海外德裔保持联系，并发挥他们的影响力，有时这些行为能得到德国政府的帮助，有时则并非如此。但在波希米亚和波罗的海地区的德裔族群在政治上长期忠于所在国家，并乐于接纳当地居民，使其融入居于主导地位的德裔族群文化。然而，捷克本土沙文主义的崛起最终激起了德裔族群的反沙文主义。1938年，捷克斯洛伐克苏台德地区的德裔族群成了一场国际危机的焦点，此次危机也导致该国遭到肢解。甚至早在希特勒上台、纳粹崛起之前，德国政府便已经开始利用或尝试利用海外德裔，令他们为其充当国家外交政策的工具。此举也令居住于澳大利亚、巴西或美国的德裔族群饱受伤害——在第一次世界大战期间，这些国家的排外活动尤为强烈。

国与国之间的民族政治未必源自祖居之地，也未必与后者存在任何关联。几个世纪以来，即便是在以色列尚未建国的情况下，各国的犹太人也一直彼此帮助、相互扶持。与之类似，不同国家的门诺派教徒也同样保持相互联系，而与各国政府并无关联。在奥斯曼帝国开始衰落之后，欧洲各国政府也为奥斯曼帝国的少数群体给予了保护——后者既非这些欧洲强国的公民，也非其公民的后裔。欧洲各国通常为基督教徒少数群体提供保护，例如俄国对东正教徒的保护、法国对天主教徒的保护以及英国和普鲁士对新教徒的保护。[40]具体到个人而言，如果这些群体和其他群体（包括犹太人）的成员以某种身份供职于一些政府机构，那么后者就有可能会赋予其外交身份或贸易伙伴地位，从而为其提供保护。[41]这些关系当中也同样出现了诸多与家国政治相关的现象，特别是在他们同外国保护者存在冲突或关系紧张的时期，被保护人的忠诚程度迥然相异，并且他们同样也会遭到周围民众的敌视。

正如家国政治的一些社会现象和政治现象未必与移民同故国的联系存在关系，在海外与旅居者或移民有联系的也未必是政府机构。美国路德教会密苏里总会便是一个独立运作的中心，影响着其他国家的德裔族群，并同德国的路德教组织进行竞争，为附属宗教团体及其海外学校提供智力支持和财力支持。例如，在巴西和澳大利亚，隶属于美德两国路德教组织的当地组织对待德国在欧洲的军事侵略的反应各不相同。[42]

移民群体在异国他乡保留故国文化的行为既非他们同原籍国存在政治纽带的必要条件，也非其充分条件。爱尔兰裔美国人长期以来已经完全融入美国的文化，在经济、社会或政治方面与普通美国人并无本质区别，然而他们却一直为阿尔斯特地区持续的暴力活动提供经济支持。犹太裔美国人也同样已经彻底美国化，但也正是因为有了他们关键性的资金支持和政治支持，以色列才得以在中东地区存续下来。而美国黑人选民对美国涉非外交政策（特别是对南非的政策）的影响相对较小。然而，非裔美国人和非洲人之间的文化亲缘关系充其量是微弱的。

一些情况下，故国可为其海外侨胞提供某种保护。中国的历届政府都为华人提供了某种形式的保护，尽管很多情况下其效果存疑，尤其是在二战之前更是如此。而同期国力更为强大的日本则更好地支持了海外日本人的事业。例如，1882年，美国禁止华人移民，导致大量华人同妻儿骨肉分离、滞留他乡，很多人只能勉强度日，最后在孤独之中度过余生。[43] 而日本移民之所以能够幸免于此，是因为本国军力强大，不可能白白遭人侮辱。美国和日本之间达成了顾及颜面的"君子协定"，允许日本家庭在美相聚，或代理结婚的新娘赴美与夫团圆，而日本则进一步禁止国民移徙美国。

日本对整个西半球的海外日裔群体尤为关切，它不仅同日裔群体所在国的政府商谈有关日侨的协议，有时还会积极参与海外日侨居住区的建设。在袭击珍珠港、摧毁美国舰队之后，日本又通过闪电战占领了亚洲部分地区，在此过程中，所在地区的日侨为其提供了有价值的军事情报。尽管美国、加拿大和秘鲁对潜在的日本间谍行为和破坏行为表现出了颇为极端的反应，但是此类威胁也绝非凭空想象。美国政府官员如果对日裔美国人的文化历史能有更多的了解，就会知道这个族群对美国忠心耿耿。与之形成对照的是，二战期间的巴西日裔自始至终都是日本的狂热支持者。

在某些情况下，海外侨汇也成了驱动一国经济或维持一国国际收支平衡的重要因素。美国华人寄给国内的汇款使得原籍地变得更加繁荣发达。[44] 与之类似，日裔美国人寄往国内的汇款也让广岛获得了长足的发展，[45] 但此举反过来又为其后来的悲惨遭遇埋下了伏笔——二战期间，广岛成为军事打击的主要目标。20 世纪后期，前往中东石油大国务工的亚洲各国劳工寄回国内的汇款不仅改善了其家庭的经济状况，在某些情况下，还为本国的国际收支平衡做出了贡献。[46]

尽管某些情况下，原籍国会为其海外侨民提供帮助，但如果此举与其外交政策目标存在冲突，这些国家则有可能不会如此。

英国殖民时代的印度政府颇为关注海外印度人（特别是印度苦力劳工）的遭遇，他们会进行公开抗议，同他国政府展开谈判，要求改善印度人的待遇，或是直接禁止印度人移民到其所认定的条件不佳的地方。即便对方同为大英帝国成员国，印度殖民政府也丝毫不会因此退缩。然而，颇为讽刺的是，在印度成为独立国家后，该国政府对这类问题的态度却变得远不如此前那样强硬。[47] 在这个时期，印度外交政策的方向转为取得不结盟的第三世界国家的领袖地位，而这些国家往往又是海外印度人遭受打压、迫害的重灾区。1953 年，印度总理贾瓦哈拉尔·尼赫鲁告诉在非的印度人，他们是非洲人的"客人"，"如果他们不想要你们，你们就要收拾东西走人"。[48] 这种事先默许将数代人生活于某国的民众驱逐出境的行为，恐怕对于任何政府而言都是绝无仅有的。在非洲国家驱逐印裔"客人"的时候，印度确实未采取任何行动。其中最明目张胆的行为当数乌干达的 50 000 名印度裔和巴基斯坦裔民众被剥夺财产、驱逐出境，对于这一行为，是英国政府而非印度政府带头提出抗议，向阿明政权施压，迫使后者缓和了其所推行的野蛮政策。不过，在白人治下的南非出现印裔歧视的时候，印度政府也确实曾经出面干预。[49] 但是，对于印裔群体在第三世界国家遭受的更恶劣的待遇，印度却一直保持沉默。

相比之下，以色列一直对海外犹太人的命运十分关注，即便这些犹太人在现代以色列国家建立之前很久便已流散各地，即使他们的种族是从未在古代以色列或现代以色列居住过的种族（如埃塞俄比亚犹太人）。纳粹大屠杀的悲惨经历促使全世界的犹太人团结在了一起，因此，以色列政府在对待海外犹太人方面不会像其他很多国家那样，为了达到一般性的外交政策目标甚至不惜牺牲自己的海外侨民。

社会影响

如果说政治制度的影响存在固有的限制，那么政治理念的承诺则无此束缚。然而，为了让其承诺看起来合理，政治理念须首先构建并维持某种有关社会进程的幻影，后者会在政治行动的范围内确定一个"解决方案"。无论真正发挥作用的社会力量有多么复杂，也无论导致某一群体在社会中遭遇困难的种种因素相对权重怎样，政治领导人往往都会强调（有时会专门强调）这些因素当中可以用于制定法律政策的若干因素，以及其中可以使其立于道德高地，谴责其他群体的若干因素。

诸如人口特征、地理分布、技能水平或文化价值观等群体间差异的因素往往会被忽视，无论它们在因果关系上的重要性有多么显著。[50] 因此，尽管在 20 世纪后期，美国黑人中暴力犯罪率飙升、未成年母亲大量出现、毒品泛滥，他们的政治领导人却在竭尽所能地试图纠正白人的过失（无论是的确存在的过失还是其所臆想的过失）——种族主义、歧视行为以及类似的问题。此类项目不仅更容易在心理上和政治上为黑人群体的领袖接受，此类过失的矫正也似乎名正言顺地属于政府的职责范围。但这并不意味着在此投入时间、精力便可有效地增加美国黑人的福祉。

试图将某一群体的弊疾或尴尬境遇归咎于其他群体的行为多种多样。即便这些群体是推动社会经济发展的主要力量（如乌干达、肯尼亚和坦桑尼亚的印度人，东南亚的华人，拉丁美洲的非西班牙裔移民），他们也会被斥通过所谓的"剥削压榨"、转移财富或其他手段致使其他群体经济状况恶化，因此而遭到政治上的谴责。他们对社会经济增长的贡献不仅会在政治上被忽视或淡化，他们本人还会被扣上过多地侵吞既存社会财富的帽子。在迥然相异的社会中，这种政治模式也颇为普遍，这表明了其背后存在着共同的动机，而非共同的文化反应。

象征意义

政治上的"解决方案"往往富于象征意义，而鲜有持久的结果。这种情况在世界很多地方普遍存在，并非偶然的现象，也不仅仅是个别领导人的过失所造成的。就其本质而言，政治无法创造长期经济成就所需的技能、态度和习惯，它能创造的只是此类成就的象征和符号。例如，在工作习惯、技能、主动性或企业家精神上，印度的阿萨姆人无法凭借政治之力赶超孟加拉人或马拉维人，而这也并非阿萨姆人的诉求。

······阿萨姆人越发强烈地要求孟加拉人承认阿萨姆族符号在公共

生活中享有唯一合法的地位——不仅是阿萨姆语，还有其文化节日、历史英雄、历史重大事件。[51]

　　这些要求并不仅仅体现为虔诚的希望，它们往往还伴随着暴力、纵火和抢掠。1972 年，随着阿萨姆邦一所大学宣布准许孟加拉国学生使用本族语言参加考试，当地很多城镇都爆发了骚乱，最终不得不出动军队维持秩序。[52] 在印尼，强制其他族群顺从本族文化的象征性要求也颇为常见，华人被要求改用印尼姓名，连色彩斑斓的舞龙游街等并无冒犯之意的民族文化活动亦遭禁止。[53] 其他国家的华人社群也常常遭遇此类情形。这些做法都例证了同一种行为，即在政治关键时期诉诸政治手段，以求在文化上压制经济成就上无法匹敌的族群。与之类似，在加拿大的魁北克省，法裔分裂主义者们也曾将语言和文化上升为爆炸性事件，而这里的"爆炸"不仅仅是一种比喻，面对该国更富裕的英语母语人群，他们曾经通过炸弹袭击来发泄自己的不满和愤怒。20 世纪 60 年代，法裔加拿大人皮埃尔·特鲁多步入魁北克政坛，并喊出了"法裔力量"的口号，[54] 然而，除了主张推行双语并重、双文化并重之外，他并未推出任何实质性的政策。[55] 从特鲁多的例子中可以看出，一个历来缺乏经济成就的民族会如何从周边的环境当中寻找象征性的替代。

　　过分专注于政治象征主义既难以获取实质性的成就，又难以赢得成就带来的尊重。但是，一个民族如果通过长时间的努力大幅提高其生产率水平，从而取得了显著的进步，那么，在一段具有政治重要性的时期内，象征物、饰品、信物还是完全有可能为其赢得相应的尊重的。

群体极化模式

　　当然，并非只有劣势人群会在政治上表达愤怒和诉求。事实上，尽管有的时候诉求的提出会打着劣势种族或劣势族群的旗号，但是，提出诉求并且在相关政策出台后从中受益的往往是这些群体中的优势成员。在接受过良好教育的新阶层形成（或急剧扩大）之后，这些诉求可能会突然爆发，因为他们发现自己梦寐以求的中产职业道路因为其他群体的竞争而被阻断，例如在印度、加拿大法语区和立陶宛便出现了这样的情形。[56] 尽管对于优势成员而言，在政治上以劣势群体为名谋取更多利益颇为容易，但他们完全可以放下这层伪装，因为其政治凝聚力足以表达他们的力量。民族主义、种族或宗教会成为表达政治诉求、争取政治利益的战斗口号，南非的阿非利卡人和美国南部的白人便是这一过程的极端例子。

在这些政治斗争中，群体之间可能存在着种族、文化或历史方面的显著差异。此类差异如果的确存在，则会在政治上被人利用。但群体间差异如果很小甚至对于外人而言微不足道，则会遭到人为放大，从而达到某些政治目的。正如一项学术研究所示，印度不乏此类例子：

孟买的本土主义运动对外来的泰米尔人大加抵制，却很少关注人数更多的泰卢固人——尽管两者都来自印度南部。海得拉巴市的本地居民则对同邦东部的外来人口充满敌意——尽管他们的语言、文化和宗教完全相同。与此同时，海得拉巴人却对来自异邦的马拉地人、坎纳达人和泰米尔人并无怨恨，而他们同这些移民的文化差异要大得多。[57]

在数千英里以外的西非，类似的模式也同样存在：

一个例子很能说明问题：在尼日利亚西部的奥约州和翁多州，来自伊杰布奥德地区的农产品买家遭到了强烈的抵制。在过去的几年里，来自相邻的伊杰布奥德地区的伊杰布商人一直在此收购可可和棕桐仁。从种族角度看，伊杰布人与奥约人和翁多人血缘相近，而在民族和语言上，他们几乎完全相同。此外，伊杰布人还常常会雇用本地代理商和卡车司机为其工作。这些贸易商往往出价更高，因此保障了其货源供应，但是本地的一些颇具影响力的约鲁巴族首长对此颇为不满。显然，这一情况并不涉及任何种族仇恨，它是本地农产品收购商为减少竞争而采取的手段，而竞争的存在显然对本地农民有利。这一例子清楚地表明，在仇外心理的表象之下，是经济因素驱动了此类行为。[58]

经济因素往往是导致此类反常现象的关键所在，并且其影响范围远远超出了印度或尼日利亚的范围。在印度，要求本地群体获得优待的本土主义政治运动开展最为激烈的城市通常具有如下特点：（1）外来群体承担了大多数的中产低端岗位，（2）本地受过良好教育的失业人员越来越多。热衷于参加此类运动的大多是家族当中第一代接受教育的人士。[59]而令人啼笑皆非的是，在东非地区对印度族裔大加排挤的也恰恰是这一群体。[60]

因此，教育的快速扩张也是导致群体之间出现冲突的一个因素，尤其是如果这种教育的结果只是区区一纸文凭，而非令人具备有重大市场经济价值的技能，情况更是如此。文官、官僚或教师等工作，短期内岗位数量相对固定，长期则由政治决定，所受教育如果只能满足此类岗位的需要，则会导致群体间的政治化冲突变本加厉。然而，无论是在本国还是在海外，新兴的群体往往都会选择此类要求较低的工作领域。例如，马来学生常常会攻读马来语研究和伊斯兰教研究，但他们无法从中学到可帮助自己在市场上同华人竞争的商业和专业技能。美国的黑人群体和西语裔族群也存在类似情况，他们过多地攻读相对容易的领域，所以也无法获得多种市场技能。因此，这些群体通常别无选择，只能求助于政府，不仅是为了在市场上获得群体的优待，也为了获得各式各样的象征性认可。

从某种意义上说，在一个资源无法无限供给的环境中，群体之间的竞争不可避免。但是，这种竞争的性质和强度可能会因竞争机制的不同而存在着强弱缓急的不同。在各个群体相互竞争资源和经济产出的情况下，市场会促使他们减少此类需求，原因在于，价格充当了促成自我配给的非人格化机制。而民族政治的效果恰恰相反。尽管政治家们无法创造经济利益，但他们可以将其以低于成本的价格转移给受惠者，而且通常是免费赠予对方。价格的存在迫使人们进行自我配给，免费的供给又会让人们沉溺于自我放纵。在价格无法传达所需物品的稀缺性和生产成本的情况下，群体之间对资源的竞争很容易导致供不应求。政治干预并不能消除经济生活的内在约束。个人和群体的配给仍然必要，因此只能借助其他手段实现，如政治斗争、暴力手段或暴力威胁。

一方面，政治可能解决种族和民族之间的分歧，但另一方面，政治也可能产生和放大此类冲突。几乎没有种族差异或文化差异的群体（如印度的安得拉人和特伦甘纳人[61]），可能会刻意夸大它们之间的微小差异，从而凭借或多或少的人为推动形成的社会群体身份为己方争取更多的政治利益。同样，或多或少通过"自然"形成的社会群体，如澳大利亚的意大利裔和希腊裔，在最初曾经极少构建甚至并未构建族群政治组织[62]。直到族群从全国性的政党那里获益，这一情况才得到改变。除了美国以外，全世界任何地方都不存在所谓的"西语裔群体"，其原因在于，只有美国的政府项目才承认这一类别，这种情况也催生了受益于政府经费和拨款的民族政治联盟。简而言之，政治优待并不仅仅是对现有群体诉求的回应，这些群体本身也可能是政治优待的产物——即便并非政治优待的直接产物，其自我意识、政治化或两极分化的程度也与政府所给予的慷慨资助息息相关。

无论两极分化对某些群体或整个社会有多大危害，对于各级官员而言两极分化十分有利。例如泰国曾一度试图在大米出口行业建立政府垄断机构、将华人逐出行业，尽管这一目标并未实现，但是此举成功地将利润转移进了士兵、警官和政客的口袋——尽管华人企业家们在行业之中无可替代，但彼时的他们只有同这些人合作，才能继续在这一行业立足。[63] 这种腐败行为及类似腐败的行为在马来西亚和印尼也同样存在。[64] 政策在政治上行之有效，在经济上却适得其反的情况并不少见。在乌干达，驱逐印度族裔的行动颇受欢迎，在邻国肯尼亚，甚至有人施压政府采取同样的行动——尽管此举为乌干达带来了灾难性的经济后果。

尽管在有些情况下，经济利益能够很好地解释政治决策，但这并不代表这一因素能够解释所有的情形。劣势群体当中受过良好教育的精英可能会有充分的经济动机来推动两极分化和优待政策，但真正的问题是，为什么这些群体中未受过良好教育的大众会给予他们必不可少的政治支持。事实上，暴民暴力的发起者往往是受教育程度较低的民众，而最终受益的却是他们的精英族胞。比如在马来西亚、斯里兰卡、印度部分地区、非洲或美国，此类暴力事件推动了就业、教育机构等领域出台群体优待政策。这些迥然相异的社会背后的共同情绪似乎并不仅仅限于对其他群体的成功心存不满，还包含了对己方无力与之竞争的忧心，此外还夹杂着对己方在社会声望较高的职业和机构中比例明显过低（甚至全无踪影）的痛苦和尴尬。想要在重要的政治时期改变这一状况，不仅需要为其种族或民族争取更多机会，还需为之争取专门的优待政策。[65]

政治领导力

在很大程度上，政治是一种对"领导力"的推销——这不仅适用于具体的领导人、运动或政党，也同样适用于政治领导力的概念及对其重要性的解释。如果政治领导力在很多重要事项上都影响甚微，那么领导人自然也无法自诩为最佳领袖。即便领导者们彼此争论不休，他们也都会心照不宣地鼓吹领导力的重要性，但其本质是一种自说自话，并不能说明任何问题。对于背景各异的政治领导人而言，夸大政治领导力的重要性代表着他们的一种共同利益。即便是无望获得国家最高权力的少数民族领导人，也同样有动机力推"领导力"的概念，因为此举也能够为其带来政治升迁的良机。

如果民族政治家们的领导力真的对经济发展至关重要，那么按此逻辑，更为富裕的民族理应得益于更为优质的政治领导，但这一点并不清晰。在海外各国，在华人从白手起家到过上富足生活的过程中，杰出的政治领导人颇为稀少甚至并不存在。而业已出现的领导者们又往往保持着个人和整个族群的低调——这与颇具感召力的领导形象完全相反。几个世纪以来，很多国家的犹太人也同样如此。阿根廷的犹太人群体甚至对政治权力的关照颇为不满，[66] 原因在于，从长远来看，公众对犹太人群体的警觉可能将其置于危险的境地。

当然，优秀和杰出是领导力的两个不同方面，因此，在一些情况下，鲜为人知的领导者可能极富智慧、擅长指挥。即便如此，优势群体的领导力是否显著优于或始终优于劣势群体领导力，这一问题的答案也并不明晰。在历史上，华人群体常由堂会领导，由于其运作颇为隐秘，甚至牵涉犯罪活动，故而普遍招致不满，也遭到了所在国当局的镇压。一些国家的德裔族群迟迟未能形成政治领导群体，而最为显著的例外情形当数在纳粹时代，海外德裔群体的政治领袖使整个族群遭人怨恨，甚至沦为镇压和暴力的受害者。

在劣势族群内部，领导人往往层出不穷。任何对本国较为了解的美国人都能轻而易举地说出一连串黑人领袖的名字，无论是当前的黑人领袖，还是美国历史上的黑人领袖，但是如果让他们列举出犹太裔领袖、日裔领袖，或是意大利裔领袖、印第安人酋长，他们所知道的恐怕就寥寥无几了。爱尔兰裔美国人当中的确产生了一些著名的民族领袖，但是这些人多出现于族群仍然颇为贫困的 19 世纪，到了 20 世纪，在他们过上富足的生活之后，这样的领袖就很少再出现了。

群体团结

促进群体团结向来是政治领导力的一个方面，但这里存在疑问的同样是，在经济上取得成功的群体是否比劣势群体更加团结？在历史上，东南亚华人社群会依照籍贯的不同分散而居，即使在加勒比地区的小型华人社区中，广东人和客家人的居住地和社交圈也各不相同。在海外印度裔群体的内部，不同民族在区域、种姓和宗教上的差异仍然颇为显著。犹太人的内部存在着诸多群体，各个群体都有不同的宗教会堂和坟场墓地，他们彼此之间鲜有通婚甚至互不通婚。在一个国家内部，海外意大利人的互助组织常常能够达到数百个之多，原因在于来自不同省份（甚至城市或村庄）的意大利人各自为伍，也拒绝合并——尽管这样做能够更好地分散风险。而美国黑人群体的内部分歧程度是否与经济上更为成功的其他群体相当，这一点仍然存疑，但毫无疑问的是，其分歧的严重程度不会超过社会上或政治上更成功的其他群体。

在任何种族或民族中都很少会存在政治领袖和知识分子们设想的那种理想化的团结。种族或民族群体所取得的经济进步与他们的团结程度也并无太大关联。通过政治计划强行促进族群团结的做法反而会导致更为激烈的内部冲突。此外，社会思想史和科学思想史也一次又一次地表明，即便是最杰出的思想家往往也只能掌握部分真理，只有经过同他人的思想碰撞（即使这些人的思想存在着整体性的根本错误），才能获得更为全面的认知。而群体单一思想的拥护者们实际上是在孤注一掷地寄希望于群体无须经此过程便可获得全面的认知。

群体才干

个人和群体取得的一切成就都离不开前提性的社会条件，因此，这些成就也因文化的不同而各不相同。但是，包括政治领导力在内的语言和文字类的成就并不像科学、数学或工程那样需要相当程度的社会基础。即便是相对落后的民族也能产生聪慧睿智的政治家、精明老练的煽动家和诡计多端的阴谋家。无论是沙俄时代弄虚作假、装点门面的"波将金村"，还是中东、远东、拉美和非洲的部分地区长久以来所特有的严重腐败，这些现象都出现在了科学或经济发展相对落后的国家和地区。

高度政治腐败往往是经济发展的一大阻碍。本地人才如果受人蛊惑而参与彼此阻碍、贻害社会的活动（包括政治阴谋、军事政变和恐怖运动），也同样会阻碍经济发展。从历史上看，科学知识和组织知识可以在相对较短的时间内实现社会间的转移。日本可谓这一方面的经典案例。这个国家只用了不到一个世纪的时间，便跻身世界科技前沿。但是，创造接纳、应用文化进步所需的一系列社会先决条件是一项更为艰巨的任务，尤其是如果当地原来的文化不会轻易接纳外来事物或者往往会将人引入相反的方向，那么想要做到这一点更是难上加难。

在并不具备经济生产、经济组织所需技能的社会或群体当中，政治即便不是唯一的选项，也至少是少数的几个能让参与者符合技能要求的行当之一。随着人们把聪明才智和野心抱负倾注于此，政治活动很容易变得错综复杂、趋于极端。个人或团体如果过分醉心政治，就可能会忽视生产率的提升。伊迪·阿明或阿道夫·希特勒那样的人物很难获得经济方面的技能，使其能够从希望渺茫的职业做起，最后取得类似于其显赫政治地位的经济成就。而经济技能落后了几代人的群体或国家则可能会通过某些政治捷径（思想观念、象征策略、没收财产、恐怖主义或战争）获得重要地位。

他们所提出的问题可能会有助于其有效地开展政治动员，但这些问题既非导致其群体当前困难的真正原因，也非这些顽疾的解决手段。无论社会面临的实际苦痛多么严重，凭借这些问题上位的政治领袖所提供的可能也都不过是对虚幻的问题开出的虚幻解决方案。而如果其他人寻求同其达成妥协方案的理性之举，也可能只会导致他们变本加厉地提出要求，甚至更加顽固地坚持自己所提出的过分条件。而他人寻求以理性方式终结的动荡局面实际上可能正是政治领导人把持权力的基础所在。例如，印度曾尝试介入斯里兰卡事务，从而帮助该国实现和平，但是，此举在两国均遭到了部分政治派别的激烈抵抗——对于这些派别而言，在冲突的状态下它们才能拥有更大的权力。

理念视野

长期以来，信仰、态度、理想和情感上的忠诚一直发挥着社会黏合剂的作用，促进或阻碍着政府的运转，并一次次地引发政治运动。法国大革命以来的两个世纪中，首先是在欧洲及欧洲的分支社会，随后是在传入了欧洲理念的其他地区，更为明确的政治理念发挥了更加显著且日益重要的作用。这些理念对人类存在的方方面面都产生了影响——在种族和文化方面也同样如此。

思想意识会让人颠倒事实、罔顾道德，这一点在知识分子群体当中尤为明显。例如，一位学者在谈及东非新独立国家驱逐印巴族裔时曾如是写道：

在对待东非亚裔的问题上，最耻辱的事情是英国拒绝允许被踢出肯尼亚的亚裔英国护照持有者入境。至少南非没有阻止本国公民入境。如果议会之母和西方民主摇篮的所作所为比全世界最严重的种族主义暴行还要糟糕，那么亚裔人士们还有什么可期待的呢？[67]

此类推理的思维模式远远不限于这一件事或这位知识分子，因此也值得我们更为仔细地探讨其更广泛的含义。攻击的矛头并未指向那些迫害亚裔，并强迫他们离开自己的生身之地和家族数代人所居之国的非洲人。义愤的对象也并非几乎完全没收了亚裔几代人辛勤积攒的财富，导致一贫如洗的他们被迫流落他乡的非洲国家政府。恰恰相反，其攻击的矛头对准了为亚裔难民提供避难所，并接收了数以万计亚裔难民的国家——其接收人数甚至超过了这些难民位于南亚次大陆上的祖居之地。

英国之所以会成为遭谴责的对象，其行为之所以会被斥为"比全世界最严重的种族主义暴行还要糟糕"，仅仅是因为该国最后认为其承受能力已达极限，无法再吸纳更多这些从未在该国生活过的外来民众，尽管他们自殖民时代便持有英国护照。

这种双重标准和选择性义愤的经典例子也同样可见于有关奴隶制历史的大量文献之中。此类文献几乎清一色地都在探讨西方世界的奴隶制，只有少数作品谈及伊斯兰世界也有大量奴隶存在。[68] 奴隶制在各大洲存在的历史可追溯至数千年前。欧洲人参与非洲奴隶贸易之前，阿拉伯人已经从事这项贸易数个世纪了。在欧洲结束西半球奴隶贸易活动之后至少一个世纪的时间内，阿拉伯人仍然继续从事这一活动。即便如此，人们在探讨这一问题时，仿佛总会将其视为西方文明所特有的事物。一项有关奴隶制的学术研究声称，"反对奴隶解放的法律障碍"曾是"北美奴隶制的一大显著特征"，[69] 而在事实上，法律障碍也曾经存在于东南亚、[70] 古希腊、[71] 法属安的列斯群岛、[72] 苏里南和库拉索岛等地。[73] 尽管有著者一直不加批判地重复着有关伊斯兰国家的奴隶制多么温和，那里的奴隶有多么幸福满足的记述，但他们从不接受美国内战之前南方白人奴隶社会也是如此的类似说法。

尽管在横跨撒哈拉沙漠的输送路线上奴隶死亡率极高，尽管在伊斯兰国家几乎并无非洲离散群体的身影，尽管这些国家从非洲带走的奴隶人数多于西方，但是这些似乎并未让人怀疑有关中东奴隶"快乐""满足"的说法。

比伊斯兰教和基督教还要古老的奴隶制是如何灭迹的？这是奴隶制最为重要的问题，对于这一问题，人们却很少提及。其核心之处在于，西方在不到一个世纪的时间内便在其领土范围内终结了奴隶制，并向其他国家施压，要求它们也废除奴隶制。而西方反而被斥为这一普遍恶行的罪魁祸首，事实上，其唯一独特之处在于最终反对并废除了这一罪恶制度。然而，知识分子们仍然不顾一切地诋毁或贬低西方长期的道德征伐，也正是后者促使奴隶制最终灭亡。此类诋毁行为包括认为西方废奴是有"经济利益"驱动的粗暴教条[74]，以及延循着同样思路的含沙射影。[75]

这类思维模式普遍存在于大量文献之中，无论其所探讨的是奴隶制度、种族主义、性别歧视还是其他恶行。在此类文献中，人类的恶行和缺点被描绘成了西方世界所独有的特质——即便是在被此类选择性义愤所忽视的地区，这种情况明显更为普遍甚至更加严重。形成这种思想的原因庞大而又复杂。而与此相关的是，这种思想本身就是一种不可忽视的政治力量。而这些思想能在多大程度上破坏西方文明的正统性，以及在多大程度上推动其种族极化，则是一个只有未来才能回答的问题。

思想意识

在有关种族和民族问题的讨论和争辩中所用到的很多词汇，与其说是为了辩明问题，不如说是为了避免让持某种思想观念的人士感到尴尬。例如，特别是在西方社会，如果有人想将群体收入和职业上的差异描述为"社会"对不同群体区别对待的反映，那么就其理念而言，种族和民族之间的表现差异就会令其陷入尴尬的境地。人们常会通过"优势""优待"，或"机遇""机会"这样的字眼来形容不同群体的实际结果差异，此举也导致了群体间的表现差异在言语上被先入为主地同遭受区别对待或一时运气混为一谈。这些用词也将不同群体事后表现的差异等同于事前外部强加的"劣势"。某一群体如果在备受青睐的职业或机构中"比例过低"，就会被称为受到了"排斥"，而无论事实的真相究竟如何。

在对西方国家少数民族的探讨中，这类先入为主的言辞模式十分普遍。同时，它成了一种广泛存在的心理习惯，并被应用到了其他的情境之中——将事后的不同结果同事先的不同机会混淆，此举也在言语上抹杀了群体的内在特征及其外部境遇的所有差异。即便并无任何直接思想方面的目的或意图，这种思想意识所形成的心理习惯即便不会引发偏见倾向的蔓延，也至少会让更多的人陷入困惑之中。例如，有人声称，售卖假发的美国韩裔群体"缺乏在美从商所需要的精明头脑和启动资金"[76]，这成了他们所面临的一种"障碍"。与之相反，在殖民时期的西非与欧洲同行竞争的黎巴嫩小商人取得的成功则被归因于这一群体所具有的种种"优势"：

> 黎巴嫩人之所以能够成功地将与其竞争的欧洲人甩在身后，原因可归结为几个因素。首先，黎巴嫩人的个人消费水平低于欧洲人。此外，他们的家人可以来店里帮工，这是他们在经济上的优势，也是欧洲人的劣势。在双方技能相当的情况下，黎巴嫩人可以通过价格竞争来不断扩大业务份额。此外，黎巴嫩人的技能在某些方面更胜一筹，他们与非洲客户联系更为频繁，愿意与他们长时间地交谈和还价，对他们有着更深的了解。因此，相较于欧洲商人，他们向非洲人提供贷款的风险较低，能够更早地掌握消费者需求或作物前景的变化，也能够更为巧妙地应付还款关系。黎巴嫩人的另一个优势在于，他们几乎没有任何固定资本，因此也几乎无须挤出任何利润摊还这项支出——至少在早期阶段情况如此。由此可见，黎巴嫩商人之所以能

在价格竞争中胜出，是因为他们拥有商业成本较低、个人成本较低的优势。[77]

　　事实上，这些所谓的"优势"没有一个是真正意义上的优势。它们都是表现上的差异，无论造成这些差异的原因是技能的不同还是付出的差异。在此过程中，欧洲人所面临的选择同黎巴嫩人并无二致，只是他们不像后者那样愿意忍受种种的恶劣条件。其最终结果是，黎巴嫩人取代了欧洲商人，但是我们将此表述为一种初始条件，而忽略掉"表现"这一颇为关键的干预因素。例如，按这位作者的说法，黎巴嫩人在"最开始时几乎身无分文，只能沿街叫卖"，那么，如果"几乎没有任何固定资本"是一种"优势"，为什么他们只有在"早期"的时候才会如此？[78] 简而言之，如果他们在早期近乎一无所有的状态真的是一种"优势"，为什么黎巴嫩小贩们后来会放弃这种"优势"？显而易见，对于贫困的黎巴嫩小贩们而言，在沿街叫卖可以勉强糊口的时候，购买或租赁店铺的行为会带来沉重的经济负担，因此是一种愚蠢的选择。但事实上，黎巴嫩人最终还是会选择持有店铺及固定资本，这表明这种做法并不是一种劣势。

　　这一点不光存在于这个特殊的例子中，它实际上十分普遍。在世界各地，人们常常会用"优势""特权"，或"机遇""机会"这样的字眼来形容不同群体的不同表现，这导致初始条件和最终结果一次次地被混为一谈。而消极的字眼，如因"歧视"被"拒绝"而无法"获得机会"，也同样将最终的结果涵盖在内。例如，如果一些群体只是因为未能达到其他群体所适用的标准而未能进入一些教育机构，就会有人声称这些群体被剥夺了这样的"机会"。在任何特定环境下，只要群体 A 的表现优于群体 B，按流行的思想意识词汇来说，这些环境就都对群体 A "有利"。在有关殖民时期马来亚的讨论当中，很多观点认为英国在当地施行的政策"偏袒"华人。但事实上，华人群体所享有的权利及所获得的公共教育都无法同马来人相提并论。问题的关键并不在于这些几乎毫无争议的事实，而在于传达事实（或是遮掩甚至扭曲事实）之时所用的带有思想意识或倾向性的词汇。

有一种观点认为，一个群体比另一个群体更容易获得贷款是因为获得了更好的"机会"，以此来解释不同群体取得的商业成就。此举同上述纯粹通过定义的方式来掩盖表现的差异也就只有一步之遥。无论是人与人之间，还是群体之间，如果存在还款概率上的差异，那么信用风险较低者都会获得更多的贷款，并且获得更优惠的条件。将其归因于"机会"也同样是将最终结果和初始条件混为一谈，而忽视了行为差异这一干预性因素。

在美国，人们也会常常大谈特谈群体"隔离"，并且，这一论调并不只限于存在某种法律障碍或其他障碍的情况。即便是在素来无此障碍的情况下，如果存在群体相对自身人口比例而言"占比过低"的情况，人们也往往会将原因归咎于此。在世界各个国家，歧视和隔离一直都是生活中存在的丑陋现实，如果这种情况确实存在，那么应当对此予以正视。但是，在其并无踪迹或应当正视其他因素的情况下，则不应滥用这些词汇，也不应妄加对其重新阐释，继而导致相关的问题被忽视。

"感受"和"刻板印象"是流行的思想意识用词中的另外两个词汇，人们使用它们的目的也颇为相似，那就是遮掩群体之间的行为差异。如同歧视和隔离一样，在一些种族和民族群体的历史和当前经历中，毫无根据的感受和刻板印象是一种重要的现实存在。但是，我们同样不能仅仅因为不利的最终结果就想当然地假定这种情况的存在。我们不能粗暴地认为，被指肮脏、吵闹、暴力等的群体与其他群体不同，并因此将所有的负面特征都加到他们头上。如果这样的事实并不存在，这种定性就是毫无根据的指控，并不能说明这一群体或指责者的任何情况。然而，古罗马政治家、法学家西塞罗曾劝诫同胞不要购买不列颠人为奴，因为后者过于愚蠢，这也被视为"种族主义"之举。[79] 尽管并无证据能够反驳西塞罗的说法，而所能找到的证据则表明，古不列颠人的确在文化上远远落后于同时代的罗马人。

在当代思想意识形态当中，"种族主义"一词可谓是使用最为频繁、定义却最为稀少的词语之一。种族主义最为直截了当的含义是认为某些种族是天生的劣等族群，这一含义很容易让人联想到希特勒和大屠杀。但实际上，"种族主义"一词常被赋予全然不同的意义，用于全然不同的情境。在一些人看来，对任何种族或民族群体行为或表现有任何方面的负面评判都是"种族主义"；而对另一些人而言，只有对某个种族或民族群体的行为或表现做出负面评判才是"种族主义"。因此，即便是对白人、"盎格鲁人"或犹太人进行大肆谴责，也完全可能不被指责为种族主义。

一般而言，对历史上曾经遭受过西方文明不公待遇的群体进行批评，必然无法逃脱被控"种族主义"的风险。而这些群体内部的言语攻击（甚至人身攻击）却往往能够不被指控为种族主义——有时是通过对种族主义进行明确的重新定义的方式，而权力是其中的关键要素。例如，美国社会中，黑人不能被称为种族主义者。按照这种逻辑，最初在街角煽动暴乱的希特勒就不能算作种族主义者，只有在成为德国总理之后，他才能被视为种族主义者。

这些外显程度各不相同的倾向性意识重新赋予了种族主义更多的含义，这些含义已同种族主义的直接含义——认为某些种族是天生的劣等族群，相互交织、彼此混杂，这可能会导致这一原本指向明确、意义明显的概念变得令人不知所云。这个词最初所指的社会现象可能会在不同程度上继续存在，并产生不同的影响，但是对于这种社会现象的存在或重要性而言，人们很难借助这个变色龙般的词在实际中明确地予以评估。这个词能够有效地警示切实存在的危险，但是在政治领域过度地使用这个词则有可能导致这种效力的丧失。

很多人将种族主义视为歧视的前提，或者几乎将其等同为歧视。然而，针对某一种族或族群的普遍敌意或具体的歧视，并不代表歧视者就认为被歧视对象天生低劣。1905 年，在禁止日本人移民美国的政治运动的首次集会上，有人明确地说出了这一点：

> 我们一直习惯于把日本人视为劣等种族，但现在突然意识到我们所面临的危险。他们既不是擦窗工，也不是家仆。日本人会思考、会学习、会发明。我们突然意识到，他们开始在我们国家的每一个技能行业里站稳脚跟。他们的智力水平同我们一样，他们的劳动能力与我们相当。他们骄傲、坚定、勇敢，但是他们可以忍受更差的生活条件……我们今天来到这里就是为了防止这样的竞争。[80]

其他国家的一些族群也同样引发了美国人的不满之情，但是他们并未被人视作"低劣种族"。他们遭受怨恨的原因往往是他们为人们所公认的优异表现。例如，在洪都拉斯，有人抱怨德裔群体工作太过勤奋，其他族群根本无力与其竞争。[81] 在印度安得拉邦，一位特伦甘纳族领导人承认，与其敌对的安得拉人比他们"更能胜任很多工作"。但是他也反问道："难道就因为我们不如他们能干，我们就没权利得到工作吗？"在很多国家，有很多人都承认犹太人、华人、黎巴嫩人能力出众，并以此为由歧视他们，这种歧视的外显程度各不相同。如果可以将这种行为冠以"种族主义"标签，那么很显然，这个词所表达的含义已不再是认为对方天生低劣。在有的情况下，受歧视方反而是为人所公认的优秀群体。例如，在尼日利亚，有人主张推行歧视政策，声称若不如此，"受教育程度较低的北方人就会被推搡而来的南方人淹没"。[82] 在马来西亚，也同样有人提出，"马来西亚有太多公民是非马来人，一旦取消保护政策，马来人就会被他们所淹没"。

如果在讨论种族或民族问题时使用思想观念定义的词汇，其根本问题并不在于使用者在这个问题或那个问题上是对是错。更加根本性的问题在于，我们丧失了通过实际经验审视这些问题的能力，任由带有倾向性的词汇掩盖重要的社会问题，或得出先入为主的结论。种族和民族关系的历史之痛提醒着我们其中的利害攸关，因此，明确事实颇为必要，而隐瞒事实则十分危险。

第六章

种族与智力

　　讨论种族和智力这样的话题本身已经颇为困难，而想要不带感情色彩地从经验角度进行逻辑探讨更是难上加难。即便能够剔除其中的情感或理念因素，我们所面临的困难也颇为艰巨。

讨论种族和智力这样的话题本身已经颇为困难，而想要不带感情色彩地从经验角度进行逻辑探讨更是难上加难。即便能够剔除其中的情感或理念因素，我们所面临的困难也颇为艰巨。在人口基因混杂的现今时代，"种族"是一个难以解释的概念，"智力"更是如此。我们须在限定的范围内进行谨慎探讨，但这也不代表相关的讨论就无法进行。

在此过程中，需要考虑的问题包括：（1）种族和民族群体之间智力表现差异存在与否、程度和存续时间；（2）造成此类差异的原因，而这些原因可从现有证据当中推断而来；（3）智力表现差异的测量工具是否可靠、有效；（4）这些问题会产生怎样的社会影响。

巨大的差异

早在智商测试或其他现代手段出现之前，有关群体智力表现差异的种种疑问便已经存在。古罗马政治家、哲学家西塞罗曾告诫自己的同胞不要购买不列颠奴隶，因为他认为这些人异常难教。尽管有人可能会将其视为偏狭之见或种族主义，[1] 但是，并没有任何先验理由可以否定西塞罗的一手观察——2 000 年来，人们已经剔除了部分笼统的假设。事实上，已知的很多不列颠部落和欧陆先进文明之间的文化和技术鸿沟往往都能印证西塞罗的智力差异结论。而这些差异是否源自遗传则完完全全是另外一个问题了。

尽管智力具体的构成仍然颇具争议，但人们普遍认同的是，评判智力高低的维度不止一种。由此，我们可以对国家和群体之间的各类智力表现进行比较，每种表现都被视为智力的一个方面。即便这种比较并未识别其中的核心因素或关键因素，我们也可以借此就智力的总体差异展开探讨。例如，我们可以将形形色色的测试结果视为指示性的结果，而无须将其视为最终的结果。为了进行总体比较，这些测试包括所谓的"成就"测试以及传统的"学能"或"智力"测试。至于这些测试之间存在多大的差异，界限多么分明，无须在此进行争论。同样，也无须争论实际测试结果是否同其理论设计预期相一致。[2] 就当前目的而言，它们都是在测度智力表现的不同方面，即普遍意义上的"智力"。

国别比较

在现代，不同国家之间的智力测试表现差异往往遵循着某些在经济领域和人口领域业已存在的模式。欧洲北部社会及其分支（如澳大利亚、美国及西方化的日本）往往会形成一个收入、生育率相近的群体，同样，它们的智力测试结果常常呈现出聚集之势。这些社会同拉丁美洲、亚洲和中东的传统社会在智力测试结果上存在显著的差异——正如它们在收入和生育率方面也同样如此。一项针对世界各地 14 岁儿童的智力测试很好地说明了这一点。[3]

现代或西方化社会	平均得分
澳大利亚	24.6

英国	21.3
日本	31.2
瑞典	21.7
美国	21.6
西德	23.7

传统亚洲、中东、拉丁美洲社会	平均得分
智利	9.2
印度	7.6
伊朗	9.4
泰国	15.6

人们相信对于科学知识的理解在经济和社会方面十分重要，却未必相信这种理解能力是遗传的。诸多文化差异会带来不同的后果，而这种理解能力上的不同也是一种文化差异。

其他智力测试，包括智商测试，也存在着国家之间和群体之间的差异。这一现象不足为奇，原因在于，无论被称为成就测试，还是智力测试，各类标准化的心智测试的结果之间往往存在着明显的关联。例如，正如日本人在科学方面领先于人，他们在一项数学测试中的得分也同样高于其他群体：[4]

国家	平均得分
英国	19.3
芬兰	24.1
日本	31.2
美国	16.2

群体比较

在同一国家不同群体之间，智力测试的成绩也可能会存在显著的差异。1981 年，有人对美国各族裔群体之间的 SAT 成绩差异进行了研究，结果表明，6 个群体的语文测试平均得分分差超过了 100 分，数学平均得分分差超过了 150 分。[5] 在较高的分数区间，这种差异尤其显著：在 SAT 数学成绩高于 700 分的所有考生当中，亚裔考生人数超过了黑人、墨西哥裔、波多黎各裔和美洲印第安人考生数量的总和，尽管其总人数达到了亚裔考生的 3 倍以上。[6] 这些群体之间的差异也并不仅仅代表社会经济背景的差异。家庭收入不高于 6 000 美元的亚裔学生在 SAT 数学考试中得分高于家庭收入不低于 50 000 美元的黑人、墨西哥裔美国人或印第安人。[7] 这样的模式并非只是美国所独有。在英国殖民统治下的香港，尽管英裔居民的社会经济地位较高，但英裔学童的非语文测试成绩却不及土著学童。[8] 在新加坡[9]和印度尼西亚，[10]华人的表现也优于马来人和印尼人。

即便不能简单地用社会经济因素解释这种群体间的成绩差异，这一现象存在的原因也不能完全归结为教育的差异。一项研究对世界各国成年文盲群体的鲍德斯迷津测验得分进行了调查，结果显示，不同群体之间的成绩存在显著的差异，无论他们是在国内居住，还是在海外生活。例如，生活在马来亚殖民地的印度裔群体当中，泰米尔人的得分高于廓尔喀人，而二者的得分都高于生活在孟加拉国的孟加拉人。该项研究还涵盖了非洲的布须曼人、华人和其他族群。这项调查的对象均为文盲人士，因此教育的数量差异或质量差异不会对其构成影响。尽管如此，平均得分最高的族群和最低的族群之间的差异尤为显著，二者都来自印度，他们间的差异甚至超过了在种族教育差异长期存在的美国黑人群体和白人群体之间的智力测试差异。[11] 其中问题的重点并不在于这些差异是源自文化上的不同，还是遗传上的差异；

而在于，这些差异以及它们所导致的后果都是真实存在的。

在基因上存在差异的族群间的不同并不都是遗传差异。比如，一些群体往往会生育更多子女，并且家庭成员较多的孩子在智力测试中的得分通常低于家庭成员较少者。当然，有着遗传差异的群体之间还存在着诸多其他方面的非遗传差异。

一战期间，美军开展了一场智力测试，这也是世界上最早的大规模群体智力测试之一。参加这一测试的很多士兵都是移民，他们的平均得分也因原籍地的不同而各不相同。在这场测试中，不同族裔中超出全国智力标准的士兵人数比例如下：[12]

英格兰裔士兵	67%
德意志裔士兵	49%
爱尔兰裔士兵	26%
俄罗斯裔士兵	19%
意大利裔士兵	14%
波兰裔士兵	12%

而在同一时期，对美国普通民众进行的智力测试所显示的群体间差异无论是在排名上，还是在程度上都与以上结果颇为相似。美国英裔和德裔群体的平均智商往往会达到或超过 100 分，而意大利裔、斯洛伐克裔、希腊裔、葡萄牙裔、波兰裔、克罗地亚裔、西班牙裔和立陶宛裔族群的平均智商则为 80 多分。对普通民众进行的研究显示，美国黑人的平均智商水平与这些欧裔族群处于同一范围，并高于其中一些群体。但是，在美国军队开展的智力测试中，黑人士兵的得分低于所有欧裔群体。究其原因，普通民众的智力测试主要是在移民群体聚集的北方各座城市进行的，并且从历史上看，北方黑人的智商水平高于南方黑人。[13]美国军队的样本更能代表彼时黑人在美国的情

况——绝大多数黑人都生活在南方地区。这个例子也说明，很难将遗传影响和环境影响分离开来。在这一历史时期，北方黑人与南方黑人之间存在着遗传和文化上的差异。[14]

这种群体之间的显著智商差异在其他国家也颇为普遍。美国的黑人和白人存在 15 分左右的智商差异，而类似的差异也存在于以色列的西班牙系犹太人和德系犹太人之间[15]以及北爱尔兰的天主教徒和新教徒之间。[16]此外，这种智商方面的差异也并不限于不同的种族或民族群体。在美国，居住在阿巴拉契亚山区的一些社群平均智商在 85 分左右，与英国的一些运河船民社群大致相当。苏格兰赫布里底群岛的居民也同样如此。[17]在印度尼西亚，爪哇岛居民的得分高于外岛居民，而女性居民的得分则高于男性居民。[18]一个家庭的头胎子女往往智力测试成绩更高，在校成绩也好于更晚出生的子女。[19]此外，如果所处的环境全然不同，那么同一种族内部的智力测试结果也会迥然相异。例如，生活在美国佐治亚州农村地区的黑人同加州黑人之间便存在这样的情形。[20]

选择性偏向

在对群体和国家进行比较的过程中，群体和国家受教育者的人数比例、教育程度和教育质量各不相同，这一因素也会导致情况变得更为复杂。1975 年，不发达国家仅有不到 5% 的适龄人员接受过高等教育，而在较发达国家，这一比例为 23%。在北美，接受高等教育的适龄人员几乎接近半数，欧洲的比例为 17%，亚洲和拉丁美洲为 6%，而非洲则不足 2%。[21]因此，在教育过程中的特定年龄或特定节点进行测试，有可能测的是一个国家或一个群体精心选定的样本。然而，不同群体文盲人士的考试成绩也存在着显著的差异，这表明是否受过教育并不足以说明问题。此外，在高等教育中"代表人数不足"的群体，如美国的黑人、西班牙裔或美国印第安人，往往比美国亚裔等"代表人数过多"的群体得分要更低，尽管单从选择性因子来看，情况正好相反。

从 20 世纪 60 年代中期到 80 年代初，美国学生的 SAT 考试成绩出现了长期的下降，这一现象有时会被归因于少数族裔考生或"弱势"群体考生人数的增加。与之对应的是，20 世纪六七十年代，这些群体在美国大学生当中比例逐年提升。因此，在此前应试群体的成绩可能并未变差的情况下，人群结构的变化被视为导致成绩统计平均值下降的罪魁祸首。高分区间考生的绝对人数出现了下降，并且跌幅显著。1976 年，美国 SAT 数学成绩达到或超过 750 分的考生人数约为 12 000，而到了 1981 年，这一数字跌至 6 500 左右。生物、法语和德语科目也出现了类似的下跌，语文高分考生数量的下降幅度更为显著。[22] 简而言之，人群结构的变化并不能解释 SAT 考生分数下降的原因，并且这种情况不仅出现在高分区间，在其他分数区间也同样存在。20 世纪 80 年代，SAT 考试成绩出现小幅的回升，颇为讽刺的是，这主要归功于黑人和其他少数族裔学生的成绩有所提升。[23]

影响

如想对智力测试中的群体间或国家间差异进行明确的研究，我们不仅需要考虑到选择性偏向，同时还应考虑其他诸多因素——这些因素可能数量颇多，难以应付。就此而言，我们只需要确定这些差异是真实、普遍、显著的存在，并会产生重大影响，做到这一点便已足够。在这个方面，这些差异就如同家庭模式、饮食模式、工作模式和其他文化特征中的其他行为差异一样。遗传和环境对智力的作用存在争议，我们如果想要分析智力测试中的国与国间和群体间差异对该争议的影响，可以首先考虑智力测试的内在模式，将其同整体成绩水平区分开来，并且还要考虑智力得分差异会在多大程度上持续存在，是否会随着时间的推移发生改变。

差异模式

群体间的差异不只体现为智力测试的整体得分，也体现在他们在智力测试不同部分中表现出的优势和劣势。例如，涉及空间的三维概念考题对非洲青少年而言尤为困难[24]，对于牙买加人来说也同样如此。[25] 相比之下，中国香港儿童比当地的英格兰裔儿童以及苏格兰或印度等地的儿童更加擅长此类考题。而因纽特青少年的相关成绩甚至优于华人。[26] 在美国，华人在空间概念方面的表现也优于犹太人或黑人。[27] 凭经验可知，空间感知能力的差异与人体化学的差异存在着关联。[28] 而这些差异是否同基因差异有关，以及它们是否因种族不同而迥然相异，则是另外需要考虑的问题。考虑到在漫长的西方文明历史中，三维视角概念的出现相对较晚，[29] 因此在其他文化内部或不同文化之间，人们对此并无共同的感知，这种情况的出现也就不足为奇了。

无论这种三维空间感知能力的不同究竟是遗传差异，还是文化差异，这种差异都是真实存在的。其遗传或文化起源在一些情况下可能无关紧要，在另一些情况下却有可能成为举足轻重的因素。犹太人显然并未因其空间概念能力较弱而受到过多的不利影响。这一情况的核心之处在于，不同的群体各自有其独特的模式。纽约的不同族群青年（华裔、波多黎各裔、黑人和犹太裔）除了智力测试总体得分存在差异之外，其自身的优势劣势也各有不同。在波士顿，上述族群的儿童当中也存在着颇为相似的模式。此外，家庭社会经济地位较高的学生与其各自族群较贫困者的得分模式基本相同，只是前者处于更高的分数区间。[30]

一些群体在测试中的总体得分较低，人们往往将此归咎于"文化偏向"，尤其是归咎于其所用词汇或所涉信息更为白人或中产家庭的考生所熟知。在包括"成就"测试和"智力"测试在内的一些测试中不难发现这样的例子。但是，持此观点的大多数批评者并未问及，此类问题是否真的是导致低分群体成绩不佳的原因所在。几乎无一例外的是，低分群体最不擅长的是非语文类考题，而解答此类抽象考题并不需要用到中产阶层所熟知的词汇或信息。这本身不能证明文化偏向并不存在，但它的确能够表明，此类偏向的形式应与通常所认为或所阐述的形式迥然相异。

低分群体最不擅长抽象考题的模式并非新近的现象，也不仅仅在如今的低分群体当中存在。1917 年，一项研究对纽约埃利斯岛抵美移民群体进行了测试，结果显示，这些群体当中的低分群体抽象考题成绩尤为糟糕。[31] 这也证实了著名心理学家亨利·戈达德在早先时候（1913 年）观察到的一个现象，他本人也曾在此对这些群体进行了测试，并得出结论："这些人理解不了抽象概念。"刘易斯·特曼（斯坦福－比奈智商测试的创始人）也曾做出过类似的判断。在研究了美国西南部得分较低的少数种族群体之后，他得出的结论是，这些群体"无法掌握抽象概念"。[32] 1932 年，一项针对美国偏远山区白人儿童的研究表明，他们不仅整体智商得分较低，而且尤其不擅长涉及抽象理解的问题。[33] 与之类似，黑人和白人在智力测验中得分差距最大的也是抽象问题。[34]

类似的模式在其他地方和文化中也很常见。例如，英格兰的一项研究表明，相较于其他类型的问题而言，农村劳工阶层男童在抽象问题方面的表现与城市男童存在着更大的差距。[35] 在苏格兰的赫布里底群岛，以盖尔语为母语的幼童平均智商为 85，与美国黑人相同。讲盖尔语的青少年在信息类测试题上表现良好，但是，在涉及时间、逻辑和其他非语文因素的抽象题目上，他们的成绩却落后于同一班级中讲英语的同学。[36] 在平均智商低于正常水平的牙买加，人们在涉及语文内容最少的测试当中得分最低。[37]

简而言之，尽管很多智力测试有语言和信息方面的偏向，但是，低分群体往往是在非语文考题和非信息（即抽象）考题上得分最低，似乎各个种族都是如此。当然，不同种族或民族群体中低分者所出现的比例也各不相同。

非语文考题的文化偏向未必更少。而不同文化对抽象事物的反应似乎迥然相异。在南非，接受测试的印度裔儿童"对非语文材料缺乏兴趣"。[38] 在西非，观察者们表示，抽象问题令接受测试的男童们"明显感到厌倦"，并且在第二次接受此类问题测试时，他们的得分也出现了下降。[39] 这印证了"厌倦可对结果造成影响"的推论，因为对内容更加熟悉往往有助于在第二次测试时提高成绩，而厌倦则会导致第二次测试成绩的下降。在一战时的美国，观察者们声称，参加抽象测试的黑人士兵往往会"注意力涣散，几乎睡着"。[40] 在委内瑞拉，人们认为出身于较低阶层的青少年不可能在当地的一项广为人知的抽象测试中取得理想的成绩。[41] 类似的证据还包括苏格兰赫布里底群岛的居民同样无法将注意力完全集中于这些问题。[42]

简而言之，我们有理由怀疑不同群体投入抽象思维的程度是否相同。如果不同群体对此热衷程度和投入程度大为不同，那么我们也无法将测试结果的差异同可证明群体潜质的证据相提并论。此外，即便有可能在某一测试场合激励所有受试者付出同样努力，我们也仍然无法消除此前几年的兴趣差异对其相关方向能力的发展所产生的影响。

然而，在很多情况下，就实际效果而言，抽象思维成绩不佳究竟是因为忽视，还是因为能力缺乏，实际并无真正的区别。在科技发达的社会当中，这两种情形都会产生严重的后果。

持续差异

到目前为止，我们的讨论尚未对造成群体间智力测试成绩差异或模式差异的遗传因素和环境因素进行区分。这些水平和模式的持续存在可能源自遗传因素，也可能是环境因素所致。但是，随着时间的推移，在各自遗传结构并无显著改变的情况下，如果群体之间的排名顺序出现了变化，那么导致这种变化的更有可能是环境因素，而非遗传因素。

尽管国与国之间的比较使得我们能在某个时间段了解不同情况下持续存在的群体模式，但如果想对其在不同时间节点的存续状况进行广泛的比较，则会面临相对较大的困难。原因在于，在世界大多数地区，智力测试只有百年左右的历史（尽管在中国，官员选拔考试的历史颇为久远），而大规模的测试也只有区区几十年时间。即便如此，我们还是可以在重重限制之下对已发生的情况进行分析。

一战期间美军的大规模心智测试成了测量智力测试结果持久性和变化情况的一个起点。就在约 1/4 个世纪过去之后的二战期间，美军又进行了类似的大规模智力测试，这使得人们能够对两次测试的结果进行颇为罕见的比较。彼时，美国的社会领域和教育领域均发生了颇为显著的变化，其中最为重要的是大规模移民的结束以及随之发生的文化互渗。普通民众的受教育水平亦有提高。在这些社会变化发生之后出现的群体差异也颇为显著。

二战期间的美军士兵智力测试成绩平均比一战期间的美军士兵高出 12 至 14 分。[43] 如果只是两人之间存在这样的差异，那么也不值得大惊小怪。但是，对于人数众多的群体而言，这是相当大的差异——它相当于世界各地低分数群体智商平均值同 100 分的标准智商之间的差异。此外，荷兰、日本、西德、澳大利亚和法国等的情况也极为类似，测试分数出现了大幅的上升。[44] 显然，数百万人的平均智力表现能够随着时间的推移产生显著的变化。

当我们探讨遗传和环境的问题时，一个关联更为直接的问题是一些群体的相对排名，以及随着时间的推移这些排名的持续情况或变化模式。在一战期间参加美军智力测试的欧洲移民士兵当中，俄罗斯移民、意大利移民和波兰移民士兵的平均得分最低，并且他们的得分也并没有显著高于美国黑人士兵。[45] 由于彼时大多数来自俄罗斯和波兰的移民都为犹太人，所以，杰出的智力测试专家卡尔·布里格姆（SAT 考试创始人）得出了如是结论：这些结果"推翻了人们普遍认为犹太人非常聪明的看法"。[46] 然而，不到 10 年，犹太人的智商就超过了全国平均水平，并且一直保持了下来。[47] 而后来，布里格姆也推翻了自己早期的研究，承认其所得出的一般结论"毫无根据"。[48]

这是一个社会经济迅速发展的时代，犹太人逐渐崛起，并迅速融入美国社会。但是在同一时期，犹太人并未同美国其他族群进行大规模通婚。因此，导致美国犹太群体经历急剧变化的是环境因素，而非遗传因素。

多年来，美国意大利裔和非犹太波兰裔的智力测试分数也发生了显著变化。本书笔者进行过一项调查，从每个族群抽取逾万人作为样本，其结果显示，在 60 年的时间内，两个族群的智商得分中位数分别如下：[49]

年代	意大利裔美国人 智商得分中位数	波兰裔美国人 智商得分中位数
20 世纪 20 年代	92	91
20 世纪 30 年代	93	95
20 世纪 40 年代	95	99
20 世纪 50 年代	99	104
20 世纪 60 年代	103	107
20 世纪 70 年代	100	109

意大利裔和波兰裔美国人智商得分的提升尤为显著，其提升幅度甚至比这些数据所揭示的还要大。在一战前后进行的普通民众智力测试中，两个族群的平均智商均为 85 左右。[50] 从那时起到 20 世纪 70

年代，他们的智商得分提高了 15 分甚至更多。在这些群体智商得分上升期间，其跨族通婚率相对较低，因此，这一变化也在很大程度上代表了环境的变化，而非基因的变化。

正如其他领域一样，时间本身并不能够确保进步。趋势也并不一定能够一直延续。美国黑人群体的智力测试结果是所有测试结果当中最为复杂的情况之一。一战时期，美军黑人士兵的智力测试得分已经落后于白人士兵。二战期间，这种差距更是进一步拉大。[51] 然而，最近的一项研究显示，白人家庭收养的黑人孤儿平均智商为 106 分。[52] 此外，黑人群体在智商方面的区域差异一直颇为显著，并且持续存在——南方黑人的平均智商约为 80 分，而南方以外地区黑人的平均智商则约为 90 分。[53] 智商的区域差异还跨越了种族的界限。例如，在第一次世界大战期间，来自俄亥俄州、伊利诺伊州、纽约州和宾夕法尼亚州的黑人士兵在智力测试中的得分高于来自佐治亚州、阿肯色州、肯塔基州和密西西比州的白人士兵。[54]

整个国家的测试分数可能随着时间的推移而上升，但也可能随着时间的推移而下降。近 20 年来，美国 SAT 考试成绩持续下降。[55] 中国也曾出现过类似情形。[56] 尽管两国在意识形态上存在着很大的差异，但是两国的教育实践均出现了类似的变化，突出表现为否定客观标准、强调教育"民主化"，同时，教师的权威也遭到了弱化。[57]

在美国，人们常会将黑人的智商同"全国平均智商"进行比较，或将其同白人的智商进行比较，这种做法让人产生了一种黑人群体颇为独特的幻觉。但如果对其稍加审视，便会发现这种群体独特性并不存在，因为美国黑人群体的平均智商同世界各国的一些血统相异的群体水平相当。近年来，有关智商问题的激烈争议集中于黑人群体和白人群体的差异，[58] 这导致美国一些城市明令禁止进行群体智力测试，人们也普遍不愿公布此类数据。这种情况的出现恰逢美国黑人的社会经济水平不断提高，智商分数有望提升的时期。事实上，黑人学生的

SAT 成绩已经开始提高。[59] 此外，标准化测试的结果往往相互关联，因此，我们可以推断，黑人的智商水平也出现了相应的增长。但由于按照种族进行的智力测试遭到禁止，种族智商差异数据的发布或讨论都会遭受压力，所以这一推论不太可能在短时间内得到验证。具有讽刺意味的是，黑人政治领袖和发言人也同样强烈支持压制此类证据。

有关种族与智商的禁忌使之未能成为一个开放的问题。这种禁忌造成了适得其反的效果——大多数测试专家也由此而坚信，种族之间之所以有智商差异是因为受到了遗传因素的影响。[60] 人们如果无法讨论某一种观念，也就无法对其进行反驳，无论能否反驳成功，事实真相都会越辩越明，个人或社会也可从中受益。

遗传与环境

我们不能从逻辑上对遗传和环境的相对影响予以明确定论，尽管在争辩激烈的情况下往往能实现这一目标。正如身体遗传的组织能在一定身体活动水平下将食物转化为体重，大脑遗传组织也能够将环境刺激转化为智识成果。明确地讨论哪个更重要，就如同争论方程 $y=f(x)$ 中的 f 和 x 哪个更加重要一样。f 代表着 y 随 x 的变化而变化的过程。

简而言之，任何一方都不能否认其中任何一个因素的影响，在个人层面上当然也无法如此。真正的问题是，在对两个群体进行比较时，遗传或环境的变化会造成怎样的渐进影响。相对于高度刺激的环境，令人愚钝的环境在出现改善的情况下能够更好地提高人们的智力表现。反过来说，遗传潜质不同的个人对同样的环境改善所做出的反应也不同。这两种情况的结果都取决于我们最开始所处的环境，因此，我们无法就遗传和环境的影响给出一劳永逸的答案。相较于起初叠加了不同环境因素或遗传因素的群体而言，遗传和环境的影响对于整个社会来说可能也颇为不同。

政策问题

有关遗传与环境的争论意在阐释个体之间和群体之间的现有差异更多的是由遗传差异所导致的，还是因环境差异而形成的。这个认知问题常常会受到政策问题的影响，可行的社会变革能否在教育方面实现所期望的结果。这两个问题也是两方争论的焦点所在。

引发当前争论的是加州大学伯克利分校教授亚瑟·詹森于 1969年发表的一篇题为《我们能在多大程度上提高智商和学业成绩？》的文章，[61] 其中给出的答案也长期处于争议之中。文章认为，劣势少数群体的学习成绩可以得到显著的提高，劣势群体拥有"丰富的尚未得到很好的开发的智力储备"[62]，可以通过不同的教学方法开发这种潜能，[63] 但是，他同时也认为智商分数不会出现类似的变化。也正是后一个问题导致了激烈的争论，并在很大程度上淹没了其余的讨论。由于所涉及问题颇为复杂，所以应当非常谨慎、系统地处理相关的认知问题和政策问题。争议的问题并不在于某些种族是否只适合"砍柴打水"，甚至像西塞罗口中的不列颠人那样，连奴隶都当不好。争议的问题实际在于：（1）种族群体之间的智力水平或模式是否存在重要差异；（2）这些差异是基因的差异导致的，还是文化的差异造成的。

无论人们对先天潜能有着怎样的看法，很难否认的一点是，已经开发的能力存在着水平上或模式上的差异。在新加坡、波士顿、纽约和旧金山接受测试的华人一再地表现出了极强的空间感知能力，很难否认他们身上存在着某种东西，无论它源自哪里。詹森教授认为，这是一种遗传的能力，但他所提出的政策结论并未以此为基础。詹森教授曾经主张："我们应当进一步地探索不同的能力类型和学习模式，并找出这些各不相同的能力如何能够服务于教育的目标。"[64] 他所敦促的是一条在思维方式上与纯粹文化差异相匹配的行动路径。简而言之，相较于情感或理念方面，在政策方面这些问题的范围更为狭窄。

无论遗传－环境问题在哲学、政治或其他方面被赋予了怎样的弦外之音，它终究是一个经验问题。起到决定性作用的是证据，而非偏好。如果一种理论是正确的，那么和与它相反的理论相比，我们会观察到怎样的证据，这是个值得探讨的问题。

经验证据

如果每个群体的遗传性智力潜能（无法直接观察到的东西）分布情况相似，那么我们能够观察到什么？反之，如果群体各自的遗传性智力潜能分布存在差异，那么又有什么是我们无法观察到的？一些现象在一种情况下可以被观察到，而在另一种情况下则不会被观察到。但这些现象也并非不可更改。如果有相当数量的现象都指向同一点，那么这一点就可能具有指示意义。

如果两个群体之间的差异是环境因素而非遗传因素导致的，那么，假如一个群体的成员成长于另一群体的文化环境中，其智力水平应当近于其成长的群体，而非其本身所属的群体。这种模式存在于美国白人家庭所抚养的黑人孤儿身上。类似的结果也存在于战后驻德美军同当地女性所生的非婚生子女身上，其中，黑人士兵所生子女与白人士兵所生子女的智商水平并无显著差异。[65]

如果在智力表现发生显著变化的同时，并未出现相应的基因变化，则可同样表明至少就这些群体而言，最初的差异是由环境因素所致。在美国犹太裔、波兰裔和意大利裔的族群历史当中，我们可以发现这种模式的身影。此外，在世界各国智力测试得分大幅提高的过程当中，也能够找到它的踪迹。

很多相信基因为智力决定性因素的早期学者也由此得出结论：低智商阶层和种族出生人口较多，久而久之，它们在人口中所占比例也会逐渐上升，最终导致一国的整体智商水平下降。欧洲和美国都曾出现过这样的预测，但是后来，两地发生的实际情况都证明了此类预测并不正确。智力测试通常将一国民众的平均智商的基准值设定为 100 分，因此需要不断地调整测验常模。但是这种调整也掩盖了不同时期智力测试成绩的一些显著变化。[66]

有研究表明，环境因素对男性的影响较大，而对女性的影响相对较小。[67] 既然群体之间的智力测试成绩存在差异，如果这些差异是由环境因素所致，那么，在低智商群体当中，受环境影响更大的男性可能会在智商水平上低于受环境影响较小的女性。反之，如果群体之间的差异是由遗传因素所致，那么低智商群体的女性可能会在智商水平上低于同一群体的男性。而各项研究结果一再表明，美国黑人女性无论是在智力测试上，还是在大多数其他测试上，得分都高于黑人男性。[68] 在犹太人智力测试得分较低的时期，该族群也出现了相同的情况。[69] 然而，在平均智商达到 106 分的白人家庭抚养的黑人孤儿当中，并不存在女性优势，[70] 这表明，高智商黑人群体中女性显著占优[71] 是一种环境现象，而非种族现象。

这些将群体间智力测试差异归结为环境因素的研究结果同针对一般民众开展的大量研究的结果相互冲突。有关智力测试结果中个体差异及社会阶层差异的研究所得出的结论与此恰恰相反——这些研究认为，遗传差异对个体平均智商差异所造成的影响在很大程度上大于整体社会环境的差异。[72] 然而，将遗传因素视为造成普通民众内部变化主要因素的观点，同将环境因素视为造成普通民众与某些社会亚群（尤其是环境条件迥异、文化历史不同的亚群）之间差异主要因素的观点并不冲突。也就是说，渐进的变化对于最初所处环境并不相同的群体所产生的影响可能也不相同。

关于遗传和环境的相对影响，并无任何先验的理由能够证明答案具有唯一性。此外，"环境"是一个涵盖颇广的笼统概念，并不是其所涵盖的事情都会产生影响。例如，尽管测试成绩通常与一般民众的家庭收入或父母职业存在关联，但是这些社会经济指标并不能解释诸多群体之间存在的差异。在中国香港，非语文测试中表现更胜一筹的当地学童家庭经济状况不及成绩更低的英裔学童。[73] 在美国，社会经济地位高于社会平均水平的黑人在平均智商方面不及社会经济地位相对较低的白人。[74] 此外，在 1981 年的 SAT 考试中，家庭收入在 50 000 美元及以上的黑人、墨西哥裔美国人和印第安人得分不及家庭收入在 6 000 美元及以下的亚裔美国人。[75] 就此而言，产生重要影响的可能是文化环境，而非经济环境。

与其说"环境"是一种能够解答深层问题的答案，不如说它是通往这些问题的一条道路。它是对诸多尚未明确的非遗传因素的一种笼统的叫法。特别是，"环境"不能仅仅局限于家庭、学校或社区等周边环境。在美国，不同种族、不同文化背景的移民青少年生活在同一个社区，就读于同一所学校，但是这些群体之间的智商差异堪比在美国南方诸州处于居住隔离和教育隔离中的黑人和白人之间的智商差异。[76] 如想让智商差异环境论更加合理，就需要大幅拓展环境概念，使其涵盖历史上的文化导向和价值观。但是这个更宽泛的环境概念所涵盖的范围远远超出了周边环境，因此，想借助社会工程手段（如补救项目或学校里的种族融合）推动显著变化的希望也就更加渺茫。

测试偏向

无论是招聘考试还是本硕招生考试，很多以选拔为目的的主流考试都遭到了一些人的质疑，理由是，它们总体而言并无效果，或对社会中的劣势种族或劣势族群并无作用。具体而言，有人认为这些测试低估了劣势群体的真实能力，因此也会低估他们未来的实际表现。包括智商测试、SAT 考试、公务员考试在内的诸多考试都遭到了类似的指责。

长期以来，在智力测验的预测效度问题上，人们一直各执己见、争执不休，原因在于：（1）就其本质而言，这是一个经验问题，人们可以通过审视既有的事实来确定答案；（2）多年以来，不计其数的研究项目已经对各类知名测试的预测效度进行了检测。此外，负责选拔工作（且需承担相应后果）的人士通常可以选择是否采用智力测试、采用哪些测试、给予它们多大权重。通常来说，还有其他的标准和方法可供他们选择，作为智力测试的补充或替代。然而，智力测试的预测效度已经成了一个触达美国政府高层部门的政治问题以及一个在美国最高法院激辩不休的法律问题。[77]

经验证据

有大量证据表明，测试得分和后续表现之间存在着相关性，不仅一般民众当中存在着这样的情况，在少数种族和少数民族当中也同样如此。现实一再证明，标准化智力测试非但没有低估低分少数群体的后续表现，[78] 反而还趋向于略微高估他们后来的实际表现。[79] 长久以来，这种模式一直持续存在，并且在不同的国家都有发生。

例如，菲律宾的低收入家庭学生和农村家庭学生不仅在智力测试中得分不及平均水平，他们在菲律宾大学的学业成绩也低于参加智力测试的其他低分学生。[80] 在印尼，男性的平均测试得分低于女性，即便是在测试当中成绩达到女性受试者水平的男性，他们在入读印度尼西亚大学后的学业成绩也不及前者。[81] 多项研究显示，美国的黑人和白人之间也存在着类似的模式。在各类能力测试、成绩测试和岗位测试中，黑人的得分往往不如白人。即便将测试得分相同的黑人和白人进行比较，黑人的后续表现也往往不如白人，无论是学业成绩还是工作业绩。对比的内容不仅涵盖了他们在大学、法学院和医学院的学业成绩，还包括他们在政府部门和空军部队的工作表现。[82]

尽管有大量证据表明，在招生考试中得分较低的考生在入学之后的学业成绩也相对较差，但是仍有质疑标准化考试的批评人士认为，这对受试者们未来人生中的表现并无指示意义。然而，此类断言几乎从未给出其他实证证据，证实其他的能力衡量标准可以更好地预测受试者在未来人生当中的表现。

无论是对于少数群体，还是对于一般民众，测试成绩和未来表现之间都不存在完美的关联，因此例外的事例可谓比比皆是。此外，也并无科学方法可以确定关联性的大小。相关的决策问题在于，有哪些其他选项可供选择？其关联性更大还是更小？评估人生的未来前景从来都不属于科学的范畴，即便是将政治因素掺于其中也无法提高其精确程度。

大多数的争议甚至都缺乏经验依据的支持。人们常常一看到测试中某些题目存在文化偏向（其用词、假设信息更有可能为中产阶层所熟知），便会断言这种测试低估了劣势群体的真实能力。这种推理看似合理，人们常常会直接采纳，却忽略了对结论的实际验证。由于"能力"的概念颇为模糊，很少有人明确指明它究竟是指先天的潜力（这一点无从得知），还是指测试之时便已存在但未能得到正确评估的某些能力。如是后者，则须阐明正确评估方法的实证基础，并通过其与后续表现的较高关联性来论证替代方法的预测效度。但截至本书创作之时，此类工作还是一片空白。

在政治程序和法律程序当中，仅仅对智力测试提出疑问就会给测试的使用者带来高昂的成本。在有利的条件下，一项较为简单的效度研究成本在 40 000 到 50 000 美元之间。[83] 要研究对不同种族或民族群体的不同效度可能要花费更多。这些成本又会让使用机构望而却步、放弃测试，或是在涉及一些群体的情况下将测试结果置于一边、不予采用。当然，这正是很多群体的激进分子所期望的结果。既然只需激烈地提出似乎有理的反对意见便可得到丰厚的回报，那么在这种情况下，出现权威人士所说的"无休无止"的"反驳、狡辩和争论"也就不足为奇了。[84]

这一程序中的关键之处在于：（1）举证责任由被告承担，且其成本颇高；（2）所有相关类别中样本容量不足，无法证明任何东西；

（3）一些美国法官接受如是假定——受试群体之间的不同结果代表着制度性歧视。这些政治状况和法律状况的出现更多地源自争议的持续存在，而并不代表经验证据的模棱两可。

群体"比例"

无论是在苏联和中国，还是在印度和美国，或是其他国家——从尼日利亚到斐济，再到英国，都会有人对高等教育机构进行政治施压，要求后者提高学业不佳群体的学生比例。在有的情况下，学业不佳的族群为主体民族，比如马来西亚或斯里兰卡便是如此。有时学业不佳的则为少数族群，如印度的"贱民"或美国的黑人。通常情况下，表现不佳的群体会选择就读于难度较低院校、攻读难度较低的领域。这些情况存在于印度的"贱民"、美国的墨西哥裔、[85] 以色列的西班牙系犹太人 [86] 等诸多族群中。

在顶级院校寻求提高低分群体占比的同时，一个严重问题也随之而来——想让他们在学业上达到其他学生的水平颇为困难。这种情况在精英院校尤为明显。在两个受试群体平均得分存在差异的情况下，分数段越高，这种差异就会变得越大。[87] 例如，即便是在美国黑人群体内部，男女平均智商哪怕只有区区几分之差，也会导致高智商分数段黑人女性比例是黑人男性的几倍的情况。[88] 类似的模式也存在于黑人和白人之间，或其他群体之间。1981 年，美国亚裔考生的 SAT 数学平均成绩为 513 分，比白人考生的成绩（483 分）高出 30 分，二者之间的差距并不大。而在 700 分及以上分数段，亚裔考生的比例则达到了白人考生的两倍还多。[89]

美国精英院校录取的高分考生比比皆是，其中的黑人考生却颇为稀少。例如，很多顶尖院校学生的平均 SAT 总分（包括语文和数学）达到了 1 200 以上。这些高校不仅包括耶鲁大学、斯坦福大学、芝加哥大学等知名学府，还包括很多声望稍逊的院校，如戴维森学院、波莫纳学院、圣约翰大学、明德学院、哈维·穆德学院、卡尔顿学院等。然而，能够达到这些标准的黑人则相对稀少。1983年，全美仅有不到600名黑人考生的总分达到了1 200分以上，而相同分数段的白人学生数量则已经超过了60 000。[90] 尽管分数达到1 200分的黑人考生已被美国的8所常春藤盟校尽数吸纳，但即便如此，从统计上来看，常青藤盟校的黑人学生仍然"比例过低"。

从统计数字上看，申报美国各大工程院校的少数族裔考生所面临的严峻境况可谓有过之而无不及。就读于全美十几所工程院校的学生仅SAT数学一科的平均分数就超过了700分（满分为800分）。1985年，数学成绩达此水平的黑人考生或墨西哥裔考生不足200人，同等成绩的波多黎各裔考生人数不到100，而同分数段的印第安考生数量则不及50。即便这些学生全部申报工程院校，这四个群体在工程学院的人数比例仍会"过低"，因为他们加在一起总数也不足500人，而达到这一标准的美国亚裔人数已经超过了3 600人。[91]

研究生教育中也存在着类似的模式。就读于美国排名顶尖研究生院的学生，无论是物理专业学生还是社科专业学生，研究生入学考试（GRE）数学成绩达650分或以上的学生比比皆是。但是在1978到1979年，全美只有不到150名黑人学生达到了这一标准。20世纪70年代，美国顶尖法学院的普遍招生门槛是法学院能力测试成绩达到600分、大学平均绩点达到3.25。而在1976年，全美只有39名黑人学生达到了这些标准。[92] 然而，为了确保黑人学生在统计数据上的"比例"，实际被招录的黑人学生远多于此。这一做法导致的结果是，美国排名最高的10所法学院中，黑人学生所占的比例达到了7%，他们的法学院能力测试平均成绩比白人同学低144分，本科成绩也不如后者。在入读法学院后，他们的平均成绩也只能排到第8百分位。[93]

很多院校以"人员比例"而非学生资质为依据，录取一些群体的考生，这种行为会造成负面的学术后果。而采取此类举措的院校并不仅限于精英院校，依照"人员比例"被录取的也不只有黑人学生。精英机构往往会率先推行此类政策，其原因可能在于它们所受的关注度较高，也可能在于它们能够获得联邦政府的巨额研究拨款（有些机构获得的资助达到了数亿美元）。如果这些机构因少数族裔"代表性不足"而受到种族歧视的指控，这些拨款则会陷入岌岌可危的境地。但是，一旦这些精英院校开始吸纳少数族裔学生，原本可录取这些学生的二、三梯队院校则会出现少数族裔生源显著匮乏的情况，除非这些院校也降低标准招收少数族裔申请人。在统计上的"比例不足"被等同于"歧视"的政治话语和法律话语的舆论环境中，即便各个梯队的院校明知一些少数族裔学生无法满足学业要求，但它们还是可能会出于自保而录取他们。

即便大多数少数族裔学生能够达到大学院校的"平均水平"，但随着少数族裔学生的系统性错配自顶尖院校向高等教育体系的各个层次蔓延，可能会出现这些学生的学业成绩普遍不如人的情形。比如说，本能在圣何塞州立大学表现优异的年轻人在因标准放低而入读加州大学伯克利分校后，学业成绩可能会落得一败涂地，而本可在社区学院大放异彩的年轻人在因标准放低入读圣何塞州立大学后，成绩也可能会变得不理想。还有一种可能是，一位本有能力在圣何塞州立大学顺利拿下理化学位的学生，因标准放低而入读了人才济济的加州大学伯克利分校，为了能够顺利毕业，他不得不改变原先的计划，转而修读社会学专业。这两种情形绝不代表学生在绝对意义上的"不合格"。他们只是因为制度性的错配而被录取到了并不适合的院校。

预测与"能力"

现在，还有一个奇怪的问题，那就是为什么文化偏向颇为明显的测试并不会低估劣势群体申请者后来的学业和工作表现？事实上，"表现"所涵盖的内容远远多于人们与生俱来的能力或后天培养的能力，而其他方面的因素不可能均匀地分布于行为各异的不同群体中。例如，如果把对中产阶层的词汇和信息的熟悉程度视为某些可以影响表现的态度、行为和经验，那么此类问题有可能具有较高的预测效度，即便事实的确如同批评者们所言，这些测试所考察的知识无关紧要。

一般来说，无论是智力测试分数、犯罪记录还是婚姻状况，任何标准的预测效度都不取决于其与这个问题的标准的直接或显著关联性。假设，通常而言，已婚男性比单身男性更适合从事保险推销，这个经验概括可能会对雇主的选择颇有价值，无论是否有人知道其原因为何，即便单身男性为事业发展而选择结婚并不会使其业务能力有任何提升。如果已婚男性和未婚男性在态度或行为上存在普遍差异，那么其中的部分差异有可能会影响业务能力，无论是否有人知道差异究竟为何。既定标准的预测效度是一个经验问题，而非一个看似正确或可证明因果关系的问题。

很多人对于决策者能够随心选择测试而感到忧心忡忡，但是，这些人士也恰恰忽略了一个事实：很多情况下，决策者们都是在条条框框的约束下做出了这些决定。在一个充满竞争的环境中，错误的决策会导致严厉的惩罚，而正确的决策则会带来丰厚的回报。彼此相互竞争的教育机构在决策过程上存在差异，因此所有的标准都会面临竞争压力和被迫淘汰的命运。如果耶鲁大学在招生政策方面沿用陈规或随波逐流会让其在同哈佛大学竞争生源的过程中处于劣势，那么耶鲁大学也断然不会采取此类行为。克莱斯勒公司更是不能反复无常或肆意地修改它的招聘标准——如果这家公司还想要在同通用汽车或来自日本和欧洲的汽车制造商的竞争中生存下来。唯一在事前无须担心后果、事后不必被迫改正的是批评人士所求助的第三方观察者——法官、政治家和官僚。

指责测试带有文化偏向的批评人士们常常主张创设"文化中立"或"文化公平"的测试。但是，如果文化是完成人类社会重要职能的方式，那么，若所有的文化在任何事情上都同样有效，那也未免太过巧合。而古今四海频繁的文化借鉴则表明，事实并非如此。此外，由于并不存在文化中立的社会，人们的所有表现都是在某种文化之中的表现，所以，预测表现就如同预测在一些文化背景下会出现怎样的情况。如果要通过"文化中立"的测试做到这一点，这本身几乎就是自相矛盾之举。

文化上的"公平"似乎是一个更加模糊的概念，这个概念当中掺杂了预测行为和道德观念。在文化上"公平"的测试按照设想来说，能够在不同文化的人群当中呈现出相似的结果分布。无论这种测试的结果会在多大程度上符合观察人士的看法、愿望或哲学，它能达到的实际效果都并不明晰。

如果测试的目的是评估先天潜力，而非预测未来的学业或工作表现，那么"文化中立"测试所得到的结果作为纯粹的信息或许具有一定价值，或有可能在心理、政治或思想方面产生一定效用。然而，如果人们已经对结果的分布进行了预设，在此基础上构建出了文化"公平"的测试，并据此进行效度验证，那么，这样的测试恐怕连有限的效果也无法达到。有的测试想要通过人为设计刻意拉高劣势少数群体的得分，使之超出一般民众的水平，这样的测试也无法产生任何效果。

如果此类测试只是为了证明只需要变更问题便可得到想要的结果，那么这一微不足道的目的也的确得到了实现。然而，进行测试的目的并不在于测试本身，而是要对测试以外的行为进行预测。评判替代性测试（或非测试性活动）的重要标准在于这些测试能够更好地进行预测。似乎很少有批评人士考虑如何达到这个标准，也很少有替代活动（如面试、推荐等）的预测效度能够达到测试的水平。

从表面上看，测试得分和后续表现之间的实证关联并不显著。同样，此处的关键并不在于对实际情况和理想情况进行对比，而是要对一种工具及其替代品进行比较。此外，很多关联性研究的样本都来自分数范围相对较小的教育机构，因此，测试得分的相关性情况也会变得更为复杂。例如，如果想要了解麻省理工学院数学考试分数低于平均水平的学生学业成绩如何，你会发现这样的数据寥寥无几，因为这样的学生在一开始就很难入读这所顶尖大学。SAT 数学成绩达到 775 分的该校学生学业表现是否优于考了 750 分（该校平均分）的学生并不是衡量预测效度的重要指标。这就好比假如有两位篮球运动员，其中一位身高 7 英尺[①]，而另一位则身高 7 英尺 2 英寸[②]，对比二人的表现并不能证明身高因素对篮球运动员是否重要。

由于这种情况下的关联性并不显著，所以一些标准化测试的批评人士也借机宣扬这些测试"无关紧要"。这种观点就好比有人看到一位身高 7 英尺 2 英寸的篮球运动员打球水平不如另外一位身高 7 英尺的球员，就以"身高与表现几乎无关"为由，认定在篮球运动员面前几乎形同侏儒的正常身高人士，也完全可以打出同样的水平。

随着院校纷纷降低标准录取低分群体考生，此类逻辑也最终成了现实，但是这种谬误往往会造成不良的后果，令考生本人及教育机构都深受其害。例如，菲律宾大学在降格录取了资质较差的农村学生和低收入家庭学生后，这些学生中近半数学生都更换了专业或因成绩不佳而无法继续在此就读，4/5 的学生被迫中途退学离校，而剩余的 1/5 学生的平均成绩则不及同班同学。[94] 印度的"贱民"群体 [95] 和美国的黑人群体 [96] 也同样存在类似的情况。

如果将标准化测试视为一种工具，那么衡量这一工具的一个重要标准在于，相较于其他选拔方法，此类测试会产生怎样的成本和收益。如果一所院校原本有 80% 的学生最终能够顺利毕业，而在引入了能够在一定程度上预测学业成绩的测试之后，这一比例提升到了 95%，那么这一做法会为学校节省下一部分原本可能会花在 15% 的退学者身上的成本——所省资金甚至可能数倍于测试本身的费用投入。此外，引

---

① 1 英尺 = 0.304 8 米。——编者注
② 1 英寸 = 2.54 厘米。——编者注

入测试的其他好处还包括能够选拔出更高比例的优秀学生。[97] 无论在实际中的具体数字是多少，问题并不在于测试的相关性是"高"还是"低"，而在于其所创造的节余是否能够弥补成本。这些节余及成本可能会体现为资金，也可能体现在其他方面，但是总体而言，是否引入测试都需要以权衡利弊为基础。

"东方人"特例

二战之后，日本从战时的破败中不断崛起，一跃成了经济和技术的领军者。20世纪八九十年代以来，韩国、中国香港、新加坡和中国台湾的发展也同样浪潮涌动。此外，美国华裔、日裔、韩裔和越裔的学业成绩也极为优异。

这些事例也促使有关智力遗传的理论再度复兴——这些种族理论所关注的并不是广泛地理意义上包括印度人、马来人或印尼人在内的"亚洲人"，而是所谓的"东方人"，即喜马拉雅山以北、高加索以东地区的土著。该理论认为，这一群体具有显著的遗传优势。这些理论援引的一个证据是，日本人以及美国的华裔、日裔，或其他东方人或亚裔群体在智力测试或其他测试中得分更高。

新西兰奥塔哥大学教授詹姆斯·弗林对这些说法进行了详细的研究，他的研究结果也颇有启示意义，不仅能够帮助我们更好地了解这一问题，还可以帮助我们了解未加鉴别便加以采用的难以解释且颇具欺骗性的统计数据。从智力测试数据来看，日本人的智力似乎是全球最高的，但仔细研究便会发现，在这些测试和受试者的选择上都存在问题，而这些问题足以让深信日本人智力更胜一筹的人士承认他们的测试得分应当予以向下修正。[98] 此外，由于这一问题涉及遗传或种族优势，所以，不仅应当将日本人和美国人进行对照，还应将日本人和美国白人进行对比。在这种情况下，生活在本国的日本人相对于美国白人的智力优势缩减到了3分——这一差距远远低于一些国家在种族构成几乎未变的一段时期内智力测试得分的增加幅度。

如果说，对不同国家人群的智商得分进行比较只是无法支持从基因角度解释不同群体间的成就差异，那么，对美国的东方人和白种人进行比较则会对此理论以及智商与成就之间关系的理论予以重重一击。尽管从表面上看，一些测试的结果显示在美华裔、日裔的智商高于白人，但深入调查便会发现，这些测试或是沿用的标准陈旧过时导致分数虚高，或是所选的本地白人受试对象不达标。[99]一项历时数十年的智商研究综合调查显示，并无任何例子能够表明华裔、日裔（或是亚裔、东方人）的平均智商真的高于全美白人的平均水平。种族之间的智商差异通常不会超过几分，但它们总是对美国白人颇为有利，通常情况下，东方人在非英文测试中表现更好，而美国白人的英文成绩更胜一筹。[100]

这些结果之所以在美国的意义颇为重大，是因为华裔和日裔美国人在学业和经济方面表现的确优于美国白人。作为一个群体，东方人或亚裔的在校成绩更为优异，在参与者最为广泛的 SAT 考试中，他们的得分也更高。同时，这一群体的收入更为丰厚，并且在从事高端职业的人群当中，其所占比例也高于白人。[101]简而言之，美国亚裔的学业成绩和工作表现都超出了智力测试所预测的水平——人们一直错误地声称黑人群体及其他群体存在这样的情况，但实际上，此类情形真真正正地存在于亚裔群体身上。

在 1945 年至 1949 年间出生的华裔和日裔美国学龄儿童中，分数落后于同龄儿童平均水平的比例仅为白人儿童的一半。尽管华裔学生、日裔学生群体当中参加 SAT 考试的人数比例高于白人学生，但是东方族裔考生的考试成绩仍与白人考生旗鼓相当——后者在白人学生群体中所占比例更小，并且很有可能是其中的佼佼者。[102]在走上工作岗位之后，只有平均智商高于东方人的白人在平均收入方面能够达到美国华裔和美国日裔的水平。[103]同时，在从事高端职业的群体当中，美国东方人的比例高于美国白人，而在职业层次相当的情况下，白人的平均智商高于东方人。[104]

　　一些研究已经证实了智商与成就（无论是在校的学业成绩还是日后的人生表现）之间存在的普遍联系，[105] 但是正如美国华裔和日裔的成就所表明的那样，这种普遍联系并不适用于所有群体。尽管人们在对待一些群体（尤其是黑人群体和其他低收入少数族群）时，一直对这种普遍联系置之不理，但是无论此举在政治上如何便利、易行，我们也不能随随便便地将之抛于脑后。此外，无论是在日本还是在美国，日本人群所取得的杰出成就显然并非源自智力测试体现的种族优势，因为生活在日本的日本人群在智商方面的优势并不显著，而美国日裔则无此优势。显然，产生了巨大影响的是环境因素——也许将其称为"文化因素"更为适宜，这样可以很好地将其同常规的社会经济条件指数所衡量的周边环境特征区分开来。

　　尽管这些文化优势并不适用于今天的低收入少数族群，但是，文化因素的巨大影响也意味着低收入群体完全有能力改变自身的状况。此外，文化因素的重要性还体现在一些单调乏味的事情上（如投入更多的时间完成家庭作业），这也为低收入群体改变自身的境况指明了一个改进的方向。

影响

　　人类社会生活需要各种各样的能力，其中很多能力的培养都建立在智力基础之上。如果所有这些得到开发的智力能一直平均分布于所有种族和民族群体当中，那么，相对于这些群体在其他方面存在的明显行为差异，这将会是一个引人注目的例外。然而，群体之间在某一时间存在某些心智能力上的差异，并不意味着擅长某些技能的群体就擅长一切，并因此形成了某种普遍的优势或劣势，更不意味着技能水平或模式会一成不变或源自遗传。

尽管有关智力的讨论范围几乎完全限于智力测试，但是这样做的原因在于这种办法方便可行，而非其本身意义重大。尚无任何定论能够表明智力测试可以全面地反映人类的全部（或大部分）技能。即便是人们眼中的体力活动也需要智力，并且这些因素能够对事情的结果产生重大的影响。

例如，长期以来，人们将种地视为并无任何智力维度的体力活动，将农夫描绘为愚钝不堪的代表，一首经典诗歌甚至将其称为"牛的兄弟"。[106] 然而，在文化领域成就斐然的群体在从事农业时往往又会遭遇重重困难，干得一塌糊涂。原因并不在于他们无法满足此行的体力要求，而在于他们总是会犯下严重的错误，同时也不具备打理农场的能力。犹太慈善家赫希男爵在西半球为同胞建立分布广泛的农业聚落的过程中，也同样屡屡遭遇这类困难，[107] 在 19 世纪移民美国并从事农业的德裔知识分子在打理农场的过程中也曾遇到相同的窘境。他们大多熟知拉丁文，对农事却一窍不通，因此也被戏称为"拉丁农民"。[108]

与种地一样，人们也常常认为体育运动对参与者只有体力上的要求。但是，在大多数体育项目中，智力也同样重要。可以体现这一点的一个事实是，运动员通常会在 18 岁左右达到身体上的巅峰，但是很少有人会在这个年龄达到运动生涯的巅峰，后者往往会在 5 到 10 年之后才会到来，这时运动员们已经变得更加老练、更加富有经验。总之，此时的他们变得更加有智慧。在激烈对抗、奋力角逐的篮球比赛中，运动员们在转瞬之间就得做出决定——这一过程往往在他们腾空跃起、尚未落地之前便已完成。这种能力显然与需花费多年时间才能完成一本著作的学术研究迥然不同。一名出色的篮球运动员应该能够在重压之下不断地在转瞬之间做出令对手意想不到的决定。美国黑人所主导的领域——篮球、爵士乐以及橄榄球运动中的跑卫位置，都需要运动员具有这种随机应变的瞬时决策能力，那么，这是不是一种巧合？或许真是这样，但也可能并非如此。究竟是遗传使然还是文化风格所致，这一问题因此变得更加令人困惑。

由于现有的有关智力结构及本质的知识太过初级，所以无法解答有关种族和智力潜能的诸多问题。智力测试是对相关问题进行预测时可以用到的更为直接、更加实用的辅助手段，由它引发的问题数量更少，也更有限。重要的问题并不在于这些预测在绝对程度甚至相对程度上（例如相较于经济预测或天气预报等领域的预测）有多么准确，而在于，其他替代手段是否也能达到相同的效果。面对这一重要的实际问题，智力测试的批评者们却一贯对此避而不谈。

美国大学院校学生的平均测试分数存在着巨大的差距。例如，麻省理工、加州理工学生的 SAT 数学平均成绩高达 750，而切尼大学学生的数学平均成绩则不足 300。[109] 测试的作用并不仅仅在于确定谁"有资格"读大学（美国的院校数量众多、层次分明，几乎人人都能找到属于自己的位置），还在于能够将学术机构同成绩相当的考生进行匹配。

相较于所有院校大学生的成绩差异，在同一机构内部，学生之间的分数差异可能相对较小。这也意味着，想要预测某一院校的学生学业表现名次颇为困难，因为大多数学生的分数范围相对狭窄。在智力测试得分接近的学生当中，态度、自律和情绪状态等因素都可能发挥了重要的作用。在这种情况下，由于测试名次与入学后的学业表现关联程度相对较小，所以一些人认为这些测试"无关紧要"，并主张院校录取分数远低于入学标准的申请人——尤其是来自劣势群体的考生。但是，这种做法往往会给个人和机构带来灾难性的后果。[110]

尽管很多有关种族和智力的问题仍未得到解答，但这并不代表它们并无答案。一些重要的事情已经为人所知晓，至少它们能够将人们在实证问题上的分歧限制在一定范围内。也许更为重要的是，一些系统的分析方法在一定程度上有助于人们理解这些问题，即便它们无法像明确的定论那样给人们带来情感上的满足。

第七章

种族与奴役

奴隶制的普遍性一直具有双重的意义，直到最近才有所改变。大多数稳定的社会都将此制度纳入其社会结构，并且世界上大多数民族都曾经在某个时期成了奴隶的主要来源。

奴隶制的普遍性一直具有双重的意义，直到最近才有所改变。大多数稳定的社会都将此制度纳入其社会结构，并且世界上大多数民族都曾经在某个时期成了奴隶的主要来源。

——戴维·埃尔蒂斯[1]

尽管在美国，人们将奴隶制视为"奇特的制度"，但是从全球范围来看，它实际上是最古老、分布最广泛的制度之一。早在哥伦布的船队抵达西半球之前，奴隶制度便已经在此存在。而在欧洲、亚洲、非洲和中东地区，奴隶制存在了数千年之久。奴隶制的历史比伊斯兰教、佛教或基督教还要久远，在各国社会，无论是世俗道德家、还是宗教道德家，都曾将此视作无须进行道德辩护的寻常现象。[2]美国人之所以视其为"奇特"的做法，只是因为奴役人类的行为有悖于他们的立国原则。然而，从历史角度来看，真正"奇特"的是他们的立国原则，而不是奴隶制度。

尽管奴隶制常被等同于对非洲人的奴役，但这种看法忽略了这一制度悠久的历史和广泛的范围。英语中的"奴隶"（slave）一词源自"斯拉夫人"（Slav），[3]这一群体曾经遭受大规模的奴役，常常会被贩至欧陆各地及奥斯曼帝国为奴。阿拉伯语中的"奴隶"一词也来自该语言中的"斯拉夫人"一词。[4]德语、荷兰语、法语、西班牙语和意大利语也同样如此。[5]这些人并不是唯一被奴役的欧洲人。奥斯曼帝国臭名昭著的海盗巴巴罗萨曾经劫掠了西班牙东海岸的巴利阿里群岛，并将数千名基督徒掳走为奴。[6]后来，他又率众劫掠了威尼斯，不仅抢走了布匹和金钱，还掠走了 1 000 名女孩和 1 500 名男孩。[7]巴尔干半岛的沿海聚居区很容易沦为海盗劫掠的对象，这里曾有成千上万的欧洲居民被运送到北非和中东的奴隶市场上进行售卖。[8]数十万俄罗斯人曾被突厥劫掠者强掳为奴、贩至他国，直到俄国逐渐崛起，发展成为强大的帝国，完全有能力抵御外族的入侵，这种情况才得到改变。[9]

奴隶制曾经一度遍及整个欧洲大陆，直到 1776 年，亚当·斯密还曾写道，奴隶制在俄罗斯、波兰、匈牙利和德国的部分地区仍然存在。事实上，西欧是当时世界上唯一的一个"完全废除"奴隶制的地区。[10]16 世纪，奥斯曼土耳其人与战败的匈牙利签署和平条款，要求后者每 10 年献出其 10% 的人口作为奴隶。[11]奥斯曼人也常常会从被征服的欧洲民族中征召一定数量的男孩，让他们为帝国政府服务。[12]18 世纪，在伏尔加河下游的德裔移民农场社区大肆劫掠的蒙古部族会将所俘德裔移民运至亚洲的奴隶市场出售。[13]19 世纪 20 年代，6 000 名希腊人沦为奴隶，被送至埃及。半个世纪后，一份呈交英国议会的报告指出，就在美国黑人获得解放的数年之后，埃及和土耳其的白奴和黑奴交易依然存在。[14]

奴隶制在亚洲也同样普遍。历史上，满族人曾经掳掠汉人、朝鲜人和蒙古人，并让他们成为奴隶。[15]苏禄群岛（如今为菲律宾领土）的劫掠者曾在东南亚广大地区大肆抓人，并令其成为奴隶。[16]在印度，形形色色的奴隶制度一度十分普遍，暴徒们为了抓捕孩子并将他们贩卖为奴，甚至不惜杀害他们的父母。[17]来自印度的奴隶被运往爪哇，而来自印尼的奴隶则被送到了远至南非的地方。[18] 在素有"海岛天堂"美誉的巴厘岛，数千名居民沦为奴隶，其中大部分人被运到东南亚其他地区。[19] 在亚洲很多地区，人口较少或相对落后的群体受到了掠夺者的攻击，正如在世界其他地方，山地部落、游牧民族、狩猎采集的群体、刀耕火种者，遭到了发展水平较高、武器更为先进的族群的攻击。几个世纪以来，这种模式普遍存在于柬埔寨、马来亚、菲律宾、缅甸、印尼诸岛以及新几内亚诸岛。[20]

包括基督徒、犹太人和穆斯林在内的很多群体本身从未遭受过奴役，同时又曾奴役过他人，而因规模太小或因力量太弱无法自保的社会组织内的民众也就成了他们的猎物。随着欧洲、亚洲和中东的大部分地区纷纷整合在一起，形成了强大的国家，这些地区的民众也会从此免于遭受被人奴役的厄运。但在撒哈拉以南非洲仍有很多这样的社会组织（它们通常生活在一个个孤立的小村庄里）。当然，即使在非洲也是一样，骁勇善战的部族（如马萨伊人）很少会遭到奴役。[21] 撒哈拉以南非洲的情况之所以不同，是因为它在更长的一段时期内都处于被奴役的威胁之下。如果非洲黑人本身足够强大，他们就会仰仗自身的力量优势去奴役弱小的邻近部族，将部分奴隶留为己用，另一部分卖往欧洲。[22] 在欧洲的一些地区（如亚得里亚海沿岸），由于没有强大的民族国家为易受奴役威胁的民众提供军事保护，当地民族遭受劫掠、奴役的时长至少是在美国存在了约 300 年之久的奴隶制度的两倍。[23] 直到该地区的政治权力得到巩固，以及在巴尔干人皈依基督教数世纪后罗马天主教廷出面干预，波斯尼亚人和其他民族所遭受的奴役威胁方才停止。[24] 此后，欧洲人将注意力转向非洲，将其作为奴隶的替代来源。

在几个世纪当中，大约有 1 100 万非洲奴隶被运往大西洋彼岸，此外，有 1 400 万名非洲奴隶被人通过撒哈拉沙漠或波斯湾等水上线路运至北非和中东。[25] 在经由这两条路线贩运的奴隶群体中，相当比例的奴隶最终未能存活下来。[26] 相较于经历了跨越大洋的恐怖和艰险的奴隶群体，在撒哈拉沙漠滚烫的沙粒上艰难前行的奴隶群体的死亡比例甚至更高。在撒哈拉一线，被奴役的非洲人当中，最终只有不到 1/10 能够活着抵达地中海。[27] 饱受奴役之害的不仅仅是这 2 500 万人，在非洲当地，奴隶劳工广泛从事各类农业活动、家庭活动、军事活动，甚至还包括商业活动和政府活动。[28]

不同于奥斯曼帝国或西半球，东南亚对奴隶并无大量的需求，这一地区的奴隶数量也从未达到前者的规模。单单从供给因素分析并不能解释奴隶制为什么会存在，也无法解释奴隶制为什么会形成某种规模。其他富裕、强盛的社会也同样需要大量的人手耕种田地、开采矿产、打理宅院或完成其他工作。尽管在欧洲人刚刚开始涉足非洲奴隶贸易的时候，北非和中东国家已主导了这一行当几个世纪，欧洲人在西半球的殖民地奴隶劳力极度匮乏，这导致彼时被送往大西洋彼岸的非洲奴隶人数甚至超过了被运往伊斯兰世界的人数。在欧洲人主导非洲奴隶贸易的时代，从哥伦布航海算起直到 1820 年的几百年间，抵达西半球的非洲人约为欧洲人的 4 倍。[29] 只是因为伊斯兰国家奴隶贸易开始得较早、持续时间更长，所以中东和北非才成了几个世纪中非洲黑奴的最大吸纳地。此外，西方世界有关奴隶制度的相关文献著述远远多于伊斯兰世界，[30] 因此人们形成了一种偏狭的观念，错误地将欧洲人视为奴隶制（包括非洲奴隶制）的主要力量。

如想认识到奴隶制度的全球性，则须摆脱特定的国家背景对其进行分析，但是在此分析过程中，须考虑各种各样的国家背景及历史背景，而不应将这种现象视为一种抽象的模式。有观点将奴隶制归咎于欧洲人的某些理念，认为后者是造成非洲人遭受奴役的罪魁祸首，[31] 但是这种解释忽视了一个显而易见的事实，那就是，奴隶制无论是在时间上还是空间上，都远远超出了欧洲人和非洲人的范围，也远远超出了某些欧洲思想认同者的范围。我们也不应将某种作物（如糖）视为理解奴隶制的某种关键因素，[32] 尽管在西半球的南美洲及加勒比海地区，数以百万计的奴隶曾在当地的甘蔗园里辛勤劳作。在美国南方的棉花田地，也曾有数百万奴隶在这里进行种植和采摘。在全世界范围内，数量庞大的奴隶群体从事的行当更是形形色色——从中东的深闺后院和军事部队到桑给巴尔的丁香种植园，从也门的咖啡种植园到红海的珍珠养殖场，从埃及到缅甸的矿场，都能看到他们的身影。在奥斯曼帝国，一些奴隶宦官更是有机会青云直上、权倾一时。[33]

如果想在一定程度上理解这种纷繁芜杂的情况，那么我们有必要认识到，将自由和奴役对立的做法掩盖了二者的程度和多样性，而只有了解了这些，我们才能从整体上理解这一现象。

奴隶制的层级

有的奴隶不仅需要顶着热带地区的炎炎烈日在种植园的甘蔗地里辛勤劳作，还可能随时被人用鞭子抽打。有的奴隶则能为奥斯曼帝国的苏丹出谋划策，或主政一方、领兵打仗。显而易见，他们所处的环境全然不同。即便是在同一社会当中，如在南北战争之前的美国南方，典型的种植园农奴和城市奴隶的境况也不尽相同。后者的日常生活往往与普通雇员并无太大区别，他们常常可以自由选择住房和雇主，并将自己的部分收入上交给奴隶主。[34] 奴隶们的这种将自己租赁给不同雇主的做法同样存在于古罗马社会，[35] 而在近几个世纪的东南亚地区，也存在着同样的情形。[36]

尽管在一些国家，奴隶的后代世世代代都会背上无法抹去的污名，但奥斯曼帝国苏丹后宫里奴隶妃子的男性后代却可能成为其继承人，登上苏丹王位。东南亚地区的华人移民（绝大多数为男性）常常会娶当地女奴为妾。一些人会在多年后准备返国之前将其卖掉，并带走他们共同的孩子。另一些人久而久之则可能会放弃回国的打算，选择留在当地、与她们结为夫妻。而旅居东南亚的欧洲男子在独自返欧之前，往往会给予这些女性自由之身。[37]

显然，奴隶制的形态多种多样、极为广泛，因此一些学者花费了大量的时间来确定奴隶制从哪里终结，以及其他形式的奴役和依附从何处发端——特别是在非西方社会，由于用词和做法的形式各不相同、难以分辨，想要做到这一点尤为困难。[38] 想要探索奴隶制的所有形态并不可能，但是我们可以从这一制度的不同形态入手，对它们的特征进行审视。

奴隶制最简单纯粹的形态是，劳工在劳作时完全受到他人的直接控制，同时，监工会在其身旁发号施令，并有权当场对其施以任意惩罚。这也是整个西半球数百万奴隶曾经遭受的命运，在这种艰苦的境况下，奴隶群体很少能够实现人口繁衍，大多数情况下奴隶主需要从非洲引进掳掠来的奴隶来填补人手。在一些迥然相异的环境中，如二战时期纳粹的奴隶劳工集中营，奴隶被奴役至死的情况屡屡发生。亚洲、非洲和西半球的一些社会曾经有过处死奴隶，用他们献祭的做法。[39] 在古罗马，奴隶们在角斗场上相互厮杀，供观众取乐。曾几何时，在世界各地其他社会，奴隶主可以随意杀害奴隶，有时手段颇为暴虐，他们本人却无须因此遭受任何惩罚。[40]

令人难以想象的是，在一些奴隶身处极端卑贱地位、遭受极端非人待遇的同时，另一些奴隶却能够财权双贵、平步青云，并主政一方或统率军队。还有一部分则介于两者之间，他们所从事的职业包括匠人、教师、医生等。在南北战争前的美国南方地区，一位奴隶曾在密西西比河上的一艘航船上担任船长，而他的船员则来自不同的种族。[41]

在社会的内部以及不同社会之间，奴隶所做工作的类型与其所获待遇之间存在着系统性的关联。这一事实对一般权力的行使有着更为广泛、更为深刻的影响。在很多社会中，奴隶主对奴隶的支配权几近无限。即便在法律上不认可奴隶主特权的社会中，事实也同样如此。但很多奴隶主乐于使用武力以外的其他激励手段，包括金钱、自主权，甚至授以奴隶政治权力或军事权力，促使其履行更为重要、要求更高的职责。这一事实最为清楚地表明，即便是不受约束的权力也很难实现所有的目标。

如果这些目标仅仅限于种植、加工甘蔗或棉花，或开采食盐及其他矿物，那么纯粹、直接、残酷的奴役便足以实现它们。而对于需要个人悉心照料、谨慎而为的工作，如烟草的种植加工或家务劳动，即便是最严格的奴隶制度也会出现明显的松动。在发达的工商业社会中，规模化的农业、矿业吸纳了大量的奴隶，其人身自由都处于严格的管制之下。在较为贫穷的东南亚社会，人们对奴隶则更为温和。[42]问题的关键并不在于欧亚奴隶制度本身的差异，而在于奴隶所从事工作的性质。在缅甸的一座矿井中，人们发现了多具身披镣铐的人体骨架，同时，活人献祭也曾是亚洲诸多民族的惯例习俗，被献祭者大多是近期所抓的俘虏，而非长期效劳的奴隶。[43]在奥斯曼帝国的深闺后院，富人们对待他们的切尔克斯族妾室也颇为和善，因此很多切尔克斯族母亲甚至会刻意培养自己的女儿，将她们卖入富人的深闺后院。再后来，富人往往还会为她们安排好的婚事，她们的命运也由此得以改变。[44]奴隶所承担的责任和自由选择度越高，人们对待他们的方式也就越不像奴隶。因此，对于拥有了财富和权力的奴隶（如奥斯曼君王的谋臣或总督）而言，他们的奴隶身份已是有名无实。

并非所有社会都允许奴隶跻身高位。很多社会都禁止奴隶使用武器。如同金钱和教育一样，武器也是一把双刃剑：一方面，它们能够辅助奴隶完成更多任务、创造价值；另一方面，武器也为他们的逃亡提供了便利。社会环境、军事环境及其他环境的性质决定了一个蓄奴社会的平衡点所在。例如，西半球的很多地区曾经出台法律明令禁止奴隶接受教育。

想要对数量庞大、种类繁杂的奴隶制度有所了解，有必要系统地分析其在经济与社会方面的动机和约束、这一制度的社会后果以及其存亡所造成的更广泛的影响。我们需要解释的并非早于历史的奴隶制为什么会兴起，而是为什么它会结束以及其存在期间为什么会出现多种多样的形态。

纯粹奴隶制

在思考奴隶制的某种变化形式及其成因之前，有必要先了解未发生变化的简单奴隶制形态，并分析它的哪些特征和局限使得蓄奴社会出现了这种变化，在哪些条件下会出现这种变化。正如百分百纯粹的资本主义、社会主义或封建主义并不存在，百分百纯粹、没有任何变化的奴隶制可能也不存在。尽管如此，这一概念也为我们提供了一个颇为有用的起点。此外，对于曾在西半球的甘蔗地和棉花田里辛勤劳作的奴隶们来说，他们所经历的实际上正是近乎百分百纯粹的奴隶制度。

奴隶制经济学

和一切经济制度和经济活动一样，奴隶制也有其成本和收益。尽管奴隶制收益的主要获得者是并未遭受奴役的人群，但其成本主要由受奴役者承担。此外，抓捕奴隶也要付出成本，而维持奴隶制度则需要更多成本。此外，如果奴隶和自由民众并非同一种族，那么要付出的成本也不同。

在古罗马，个别罗马人可能会因犯罪而遭到惩罚，被贬为奴隶，但通常而言，奴隶都是通过战斗俘获或通过贸易购得的非罗马人。与之类似，后来的奥斯曼帝国也常常会奴役欧洲人或非洲人，一些非洲部落常会奴役其他部落的成员，而亚洲人也曾奴役非亚洲人或不同种族、不同阶层的亚洲人。简而言之，除了因债务或惩罚而导致的奴役，奴役的对象往往都是某些外人，无论是种族、宗教、国籍还是其他特征意义上的外人。在几百年中，西欧的基督徒都曾将巴尔干或东欧人视为"异教徒"，并因此对其进行奴役。直到整个欧洲接受了基督教很久之后，罗马天主教廷才最终放弃了这一托词。[45] 简而言之，选择奴役哪些外人并非种族观念的问题，而是出于对被奴役者的现实考量，包括对此举所面临的军事障碍和法律障碍的考量。

在古代，想要突袭罗马帝国、虏罗马人为奴可能会面临巨大的代价——无论是直接遭到武装抵抗，还是引发罗马的报复性突袭以及战争。这些考量因素不仅决定了在某一时期哪些群体更有可能沦为奴隶、哪些更有可能成为奴隶主，还解释了为什么随着强大民族国家的崛起，一些群体从此很少会持续遭人奴役。土耳其人曾长期奴役高加索地区的各个民族，这种状况一直持续到俄罗斯人征服了这一地区，并将其并入俄罗斯帝国。[46] 在此之后，零星的奴隶掠夺仍可能时有发生，但是，奥斯曼帝国如果想要大规模地奴役俄罗斯帝国的臣民，则会面临战争的风险。

随着世界各地民族国家的日益壮大，居民易于遭受俘虏、奴役的地方也越来越少。对于国家而言，想要奴役他国民众也变得越来越困难。这些顾虑并未吓到一些游散的海盗及土匪，在此之后很长的一段时间内，他们仍然在东南亚地区继续掠夺奴隶。在土著政府或殖民政府无法有效控制的偏远地区、落后地区，此类活动尤为猖獗。这些海盗有华人、阿拉伯人、马来人，还有来自东南亚当地或其他地区的群体。[47] 与之类似，在19世纪，游散的阿拉伯武装掠夺者进入中非定居，周边的非洲人社群[48] 也向他们呈贡奴隶及其他形式的财富。尽管海盗和土匪们在捕捉奴隶方面颇为积极，但市场上从事奴隶买卖的往往都是商人，后者只是把奴隶当作了另一种形式的商品。

在世界各地，从事奴隶贸易的都是擅长经商的民族，如欧洲的威尼斯人、希腊人和犹太人，[49] 东南亚的华人，[50] 或是在非洲亦商亦盗的阿拉伯人，[51] 即使是在这种情况下，从最初抓获奴隶到最后将其售卖，这一过程也很少是由同一人完成。[52] 中世纪时期，意大利商人逐渐取代了犹太人在地中海东部及黑海地区贸易的地位，同时他们也取代了犹太人在黑海奴隶贸易活动中的地位。[53] 另一个擅长经商的民族——印度古吉拉特人常为非洲奴隶贸易提供资金，尽管他们极少涉足其中。[54] 作为中非地区的主要象牙贸易商，非洲尧族部落也成了当地的主要奴隶贩子。[55] 奴役行为的出现既不需要国家政策，也不需要种族观念，所需要的只是弱势人群的存在，无论他们是谁，无论他们在哪，也无论他们与加害者在人种上是否相近。奴隶制在古希腊和古罗马也同样盛行，其中并无任何种族观念的推动。[56]

历史上，世界各地的弱势群体都曾遭受过被奴役的命运。麦哲伦船队的水手在被困东南亚之后被当地人卖为奴隶。[57] 在西班牙，有时是摩尔人奴役西班牙人，有时则是西班牙人奴役摩尔人，取决于他们各自所面临的机会和其他选择。[58] 在中世纪，生活在里海和黑海流域的各个民族也常常掳掠其他民族成员，将其当作奴隶贩卖。[59] 在古代，罗马士兵会奴役敌军俘虏，如果他们自己被对方俘虏，也同样会面临被奴役的命运。[60] 事实上，在迦太基被奴役的罗马人在与汉尼拔的战争结束之后得到遣返。[61] 据估计有 97 000 名犹太人因战争而被罗马人奴役。[62] 德意志人、高卢人和凯尔特人也都曾被罗马人所奴役。[63] 奴役的行为源自自利的动机和所存在的机会，而非意识形态。

经常遭受奴役的民族，在其遭受奴役期间及获得解放之后，的确可能遭到鄙视、轻视，但这并非他们常被奴役的原因。尽管在伊斯兰世界，种族主义并无任何宗教基础，但是，随着阿拉伯人及其他穆斯林群体开始大规模地奴役撒哈拉以南非洲的人口，伊斯兰世界对黑人的种族蔑视也出现了。但是，这类种族歧视出现于非洲黑人遭受奴役之后，而非在此之前，并且，这种歧视在阿拉伯人同埃塞俄比亚人过去的来往当中并不明显。[64] 西方国家也同样如此，是奴隶制度催生了种族主义，而非种族主义催生了奴隶制度。无论是在北美还是在南非，只有在宗教理由无法实现目的的情况下，奴隶制倡导者们才会诉诸种族主义理由。[65] 但这并不意味着这两种理由是奴隶制度出现的原因。在很多其他社会当中，奴役他人甚至不需要理由。

在世界很多地区无法进行大规模奴役后的很长一段时间内，非洲仍为他国的猎物，因为它在更长的时间内处于弱势。非洲一直都是城市化程度最低的大陆，长期以来，这里居住着很多较为弱小、相对孤立的民族，他们沦为了强大的非洲部落（如阿散蒂族和尧族）以及阿拉伯掠奴者的猎物。在中非，许多受害民族因为与外界隔绝，很容易成为持枪掠奴者的猎物。掠奴者会随心所欲地抢夺他们的财物、掳掠他们的族人，留下来的只是被洗劫一空的粮仓以及强盗们传染到他们身上的疾病。[66] 一项高昂的成本使得大多数欧洲人（葡萄牙人是个例外）不敢直接捕捉非洲人——在奴隶制时代，欧洲人极易感染非洲疾病。在治疗疟疾的药物奎宁得到普及之前，在撒哈拉以南非洲内陆地区，欧洲人的平均预期寿命甚至不足一年。[67] 因此，大多数欧洲奴隶贩子都是从其他人（通常为非洲的其他民族成员）那里直接购买非洲奴隶。

奴役的代价并不会随着抓到奴隶而结束。维持这一制度需要付出各式各样的成本，包括防范被奴役者们逃脱的成本。此外，还需要想方设法将成本压缩到最低水平，因为只要这些成本不超过奴隶主的收益，这种制度就具有经济上的可行性。因此，尽管在运送途中可以给奴隶们戴上镣铐和锁链，但是在到达目的地时以及在工作中，这种做法并不现实。即便是派人全副武装，对奴隶严加看守，在经济上也未必可行。事实上，在南北战争前的南方，这样的情况即便存在，也是少之又少；在奥斯曼帝国和东南亚人们也很少使用这样的手段。但奴隶主们会通过社会手段和心理手段对奴隶加以控制，对于其中的无法驯服者，还会辅之以残暴的武力。

让奴隶们保持无知的状态是降低奴役成本的一种办法，在奴隶所从事工作并没有教育水平要求的社会中更是如此。这里所说的"无知"并不仅指未曾受过正式教育（在有些情况下，教育可能会让人们放弃逃离残暴奴役的念头，因此奴隶主便无须斥资派人对其进行武装看守），它还包括对当地的地理环境一无所知。相较于将奴隶们置于远离他们熟悉的环境的地方，在他们的家乡对其进行奴役更有可能导致他们成功逃脱。因此，荷兰人在控制爪哇岛期间，更愿从岛外进口奴隶，并往往会购买来自不同地区的奴隶，这样能够减少后者进行串谋的可能性。[68] 英国人曾在印尼万丹购买了当地奴隶，并将其送至当地工厂从事劳动，但后来这些奴隶纷纷逃跑，导致他们的劳动力缺失。[69] 马来奴隶和印尼奴隶有时会被运送到万里之外的南非，[70] 与此同时，非洲奴隶则被运到了万里之外的西半球。外国人奴役当地民众的情况也并非完全不会发生，例如，一些西半球土著就在他们自己的土地上遭人奴役，但此举代价尤为高昂，因此与其称之为一种惯常做法，不如说是一种例外情况。[71]

如果我们按经济学家们的做法，将成本定义为人们放弃的利益，那么，对于奴隶主和奴隶主社会而言，还存在着一种并不显著的额外成本，这种成本也颇为高昂。在一个相对而言并未发生太大变化的奴隶制体系中（如西半球盛行的奴隶制），由于需要对奴隶群体进行严密控制，他们所从事的工种也会受到限制。而在一些国家，奴隶人口的数量已经超过了自由人口。此外，由于需要防止奴隶逃亡或组织叛乱，以及确保奴隶的从属地位，使之能够完成工作，也无法安排他们从事各类有教育背景要求，需要分散劳动，或需要使用现金、武器的生产活动。这也导致这些社会无法像其他社会那样开发并利用奴隶的才能和潜力，并且这些社会的非奴隶人口也因此承担了巨大的成本。这种情况不仅仅限于奴隶制时代，在奴隶们获得解放以后也同样如此。尽管有数百万未受过教育的奴隶获得了人身自由，但他们无法为社会以及为自身的生存和福祉做出相应的贡献。简而言之，纯粹、未经改良的奴隶制会导致拥有某些能力的人士工效降低，同时也导致拥有某些潜力的人士能力弱化。此外，由于每一代人都是由上一代人抚养的，所以，奴隶群体的后代即便获得了自由，其自身发展也会遭遇类似的困境，这不仅对他们自身颇为不利，对于他们所处的社会也同样如此。

除此之外，奴役同一种族的成员还会产生其他成本。显而易见，奴隶之间如果彼此孤立、互无联系，也无意相互帮助、共同反抗奴隶主，那么奴隶主们维持奴隶制度、防止奴隶逃跑的成本也会更低。正如爪哇岛的荷兰统治者更加青睐来自不同地区的奴隶一样，在西半球的一些地区，人们也同样更加青睐来自不同部落、讲不同语言的非洲奴隶。然而，作为距离非洲最为遥远的奴隶种植园社会，美国进口奴隶的成本较高，因此其黑人群体多为本土出生，早在殖民时代便已如此。该群体是由语言相同的亲人和彼此认识者所构成。此外，自由黑人和奴隶的种族团结程度各不相同，并且在很多方面都使得维持奴隶制度的成本增多。

自由黑人会直接帮助奴隶们逃离奴役，这给奴隶制度带来了明显的成本。帮助奴隶逃亡的不仅仅只有自由黑人，一些对奴隶持同情态度的白人也会对他们施以援手。他们通过所谓的"地下铁路"帮助单个或成群的奴隶离开南方，逃往自由州。其他有意的行为还包括鼓励奴隶逃跑或为他们提供逃跑路线信息，这些行为也同样增加了奴隶制度的成本。此外，自由黑人的存在本身就增加了维系奴隶制度的成本，无论他们是否在破坏这一制度方面发挥了积极作用。奴隶们看到同种族其他成员享有自由，自然更有可能心生不满，即便并未因此逃跑，也会变得士气低落、效率低下。

奴隶主们自然深知这一点，他们会在奴隶种植园邻近的地区敌视自由黑人，通过形形色色的歧视性法律和做法减少他们的自由，对他们进行公开羞辱（例如规定在人行道上相遇时，黑人必须给白人让路），以及其他种种手段使得黑人奴隶不会羡慕自由黑人的生活。在南方以奴隶种植园为主的地区，这种限制和骚扰行为的普遍程度远远高于南方城市或种植园较少的地区。[72] 如果这种政策所反映的只是纯粹、简单的种族主义，则可预期，它们要么形式统一，要么变化模式与奴隶种植园并无干系。但事实上，在战前奴隶种植园集中的地区，对自由黑人的严苛限制达到了预期效果——他们逐渐远离了这些地区，迁往城市，向南方靠北地区以及北方迁徙。其最终的结果是，尽管在近一个世纪的时间里，[73] 奴隶人口的地理中心以平均每 10 年约 80 千米的速度朝着西南方向移动，靠近更加适合生产棉花的土地，但南北方"有色人种自由人"的分布几乎持平，而他们在南方腹地的比例则出现了下降。[74]

自由黑人们的一些行为也在无意间提高了奴隶制的成本，包括教会奴隶识文断字。在 1850 年的美国，大多数自由黑人都能够识文断字，[75] 尽管很多地区都禁止他们就读公立学校，并且南方大部分地区也不允许他们自行办学。在种植园奴隶社会中，保持奴隶们的无知对于奴隶安全体系颇为关键，因此，任何获得知识的机会都被视为对奴隶制度下奴隶所固有的从属地位的威胁，可能激发他们的不满情绪，还可能帮助他们逃跑。为了让奴隶们继续处于无知的状态，奴隶制度也会承担效率损失的高昂代价。

尽管奴隶主们会竭力防止奴隶掌握任何逃跑的知识，但在奴隶制度下，相较于一般雇主在自由劳动力身上投资，奴隶主们投资提高奴隶的手工技能会更加有利可图。雇主在承担了雇员手工技能培训的成本之后，雇员可能会另谋高就，原雇主也会因此损失培训投资的部分收益。即便员工选择留下来工作，随着其价值的增长，他们可能会要求涨薪，这同样也会导致雇主损失部分投资成本，如果雇主无视这些要求，员工则更有可能另谋高就。而对于奴隶主来说，这些问题并不存在，因为奴隶无法对工资提出要求，他们当中的大多数人也无法选择为他人工作。此外，如果以后奴隶主想要卖掉奴隶，此时的奴隶已经成为熟练的工匠，可以卖出更高的价格，奴隶主也可通过这笔买卖收回投资。

这些激励因素导致的最终结果是，美国南方的黑人奴隶们普遍掌握了手工技能，因为当地的种植园在不同程度上都处于自成一体、自给自足的状态，在这些小世界中，需要用到各式各样的技能。此外，在美国的奴隶制时代及此后的时期，这些技能还延伸到了很多"有色人种自由民"所从事的职业中。在很长的一段时期内，黑人工匠在南方颇为常见，在西半球其他地方也同样如此。无论是古代还是近代，世界各地的奴隶社会中都不乏种族背景各异、技术熟练的奴隶。[76] 奴隶所接受的技能培训会因其所处阶层的不同而迥然相异。尤其是在人口或其他环境因素很难允许奴隶进行有组织的反抗的社会中，情况更是如此。在奥斯曼帝国，不仅男性奴隶有机会接受行政、政治和军事方面技能的培养，嫁给上层社会人士为妾的女性奴隶也常常能够接受音乐和社交方面技能的训练。简而言之，相较于一个民众拥有人身自由、无须担忧自身安危，并且也无须严苛暴力管控便可正常运转的社会，一个由不同种族的奴隶（往往人数更多）运营的大规模种植园社会，在民众的职业选择方面受到的限制更多。显而易见，在奴隶人口（多为女性）种族不同、语言相异的社会当中，奴隶们在可从事的职业、受教育的程度以及可开发的才能上的选择范围更广。

总体而言，无论奴隶是否拥有专业技能，在奴隶社会中，他们都只是一种资本投资。也就是说，奴隶们当前的市场价值所反映的是其服务在未来可能创造的预期收入或实物价值。然而，在世界不同地区，他们的市场价值相去甚远，奴隶所受待遇也随着市场价值的不同而各有不同。例如，在美国南部，一名奴隶的价格约为非洲海岸奴隶价格的 30 倍。[77] 这种差异在一定程度上反映了运送奴隶的成本，包括途中死亡的风险，也反映了这样一个事实——美国的奴隶们对其任务和角色颇为熟知，因此价值也高于仍需训练的新手。在离非洲更近的巴西，奴隶的价格也相对低廉，[78] 这里的奴隶们在过劳死后，很快就会有新来的奴隶代替他们。但是在美国，新旧更替的成本太高。而南方奴隶主普遍都会雇用白人（通常为爱尔兰移民）代替奴隶从事过于危险的工作。[79]

相较于加勒比地区或南美洲而言，在美国南方，女性奴隶所生婴孩的死亡率较低，这也反映了美国奴隶的资本价值更高。对于奴隶主而言，降低婴孩死亡率的成本在于女性奴隶分娩前后工作量的减少以及对孩子的护理照料（在孩子幼年时，这一项的花费将超过他对奴隶主的经济贡献）。在较容易获得非洲成年男性奴隶的国家，则很少会产生此类成本。

印度群岛黑人奴隶的婴孩死亡率高达美国南方的数倍，[80] 而巴西种植园中的奴隶绝大多数为男性，奴隶主常常会在夜晚把为数不多的女性奴隶锁起来，防止她们怀孕。[81] 考虑到不同国家奴隶制的经济环境各不相同，出现这些情况也就不足为奇了。由于拉美奴隶社会的法律更加人道，很多人得出结论，认为那里的奴隶待遇好于美国等在法律上对奴隶保护不足的社会。[82] 然而，法律绝非奴隶主如何对待奴隶的唯一约束，从结果上来看，也并非最有效的约束。对一名奴隶而言，他可能会因为诉诸法律而遭受严厉的惩罚，无论是在北美或南美，还是在中东或亚洲，都是如此。经济因素对奴隶所受待遇的影响远远大于其他因素。

和商品、牲畜的价格一样，奴隶的价格也会随着供求关系的变化而发生改变。在 18 世纪大量华人移民（主要为男性）前往英属海峡殖民地之前，东南亚地区的男女奴隶价格相差无几。华人男性的到来使得对女性奴隶的需求不断增加，因为有华人男性会选择迎娶女性奴隶，将其作为自己的妾室。到了18世纪末19世纪初，女性奴隶的价格上涨到了同龄男性奴隶的两到三倍。而同在当地生活的欧洲男性则会出更高价钱买下更有魅力的女性奴隶。[83] 在奥斯曼帝国，奴隶的价格层次分明，反映的是供求关系的差异。由于奴隶多从事家务劳动，而非繁重的体力劳动，所以在奥斯曼帝国从非洲掳掠的奴隶当中，女性的数量远远多于男性，这甚至导致东非部分地区的一些社会当中出现了性别失衡的现象。[84] 被掳掠而来的非洲妇女更有可能成为管家，而欧洲女性（尤其是切尔克斯女性）则更有可能嫁作人妾。奴隶的价格反映了如下的状况：男性的售价通常低于女性，而非洲女性的售价通常低于切尔克斯女性。[85] 一个显著的例外是阉人，他们的价格往往最高，[86] 原因在于，很多男性在阉割之后未能存活，幸存者的价格当中也包含了因此而亡故的人的成本。

在其他方面，奴隶市场也同样反映了其他市场反映出的经济原理。在东南亚迫切需要农田劳工的时期，掠奴活动也随之变得越来越猖獗。[87] 在西非，一些骁勇善战的部族在攻掠其他部族之后，传统做法是屠杀该部族的男性，俘虏并奴役其妇女儿童（其他地区的征服者也常常如此）。随着欧洲人开始需要男性奴隶开发西半球殖民地，劫掠男性奴隶开始变得有利可图。而随着大西洋奴隶贸易遭到明令禁止，这些部族的传统做法又开始死灰复燃。[88] 在19世纪40年代，随着糖价的下跌，莫桑比克的奴隶出口也出现了下降[89]——这些奴隶当中大部分人会被运往巴西及其他产糖区域。在糖价下行的背景之下，这些地区对奴隶的需求也随之出现了下滑。随着英国海军开始在印度洋巡逻、打击奴隶贸易，奴隶主们开始换用陈旧、廉价的船只运送奴隶，即便被英国人截获、收缴，其所遭受的损失也相对较小。[90] 简而言之，在国际奴隶市场上，经济学的基本原理也发挥着作用。

价值和成本并非互不相干的抽象概念。当然，对于不同的个体来说，只有在他们身为决策者的时候，这些价值和成本才会对结果产生影响。例如，奴隶的性命对其本人的价值与其在种植园主眼里的价值，以及在监工眼里的价值全然不同。因此，如果种植园主本人不在，并将园子交由监工操持打理，后者更有可能会强迫奴隶过度劳动，而不会像长期地维护建筑、保养设备或呵护牲畜那样关注他们长期的身体状况。监工这样做是为了在自己任内实现产出的最大化，无论是因为他能分享其中的部分收益，还是因为这些"业绩成果"能够成为他们后续求职的长期资本资产。

如果种植园主本人就在园内生活，他就有动机维护自家的长期资本资产，主要是奴隶，除此之外还包括建筑、设备和牲畜。而作为雇人的一方，种植园主的利益成了主导，监工的利益则受到了压制，因为种植园主了解园内的实际情况。当然，种植园主如果不在园内，则无法获知这些情况。在西印度的奴隶种植园中，黑人婴孩死亡率远高于其他地区，其中一个原因在于，这些种植园的主人通常在伦敦生活。远在伦敦的种植园主可能会将奴隶所生的孩子视为自家的资本资产，但对于园子里的监工来说，这些孩子只会减少种植园的利润。

自由经济学

如果人本身被视为一种资本资产，那么在为维系未改良的奴隶制而导致生产率的降低的情况下，这一资本资产的纯粹经济价值就会因其身份（奴隶或自由劳工）不同而迥然相异。即便此人对自由并无渴望，这个人作为自由工人的资本价值也往往高于作为奴隶的资本价值，原因就在于自由劳动力的经济选择范围更为广泛。如果市场上对资本资产的利用通常趋向于由低价值模式向高价值模式转变，那么为什么奴隶们并没有通过经济激励的正常运转而获得人身自由？

如果一个人身为奴隶，那么其价值只能归他人所有。但如果这个人拥有自由之身，其劳动的资本价值则会掌握在自己的手中。在这种情况下，经济逻辑将会促使每个人成为自己的最高价竞买人，原因在于，自由工人的价值更高，其出价能够超过奴隶的出价。对于奴隶们而言，贫穷并非不可逾越的障碍，因为在古代和近代奴隶社会中，各类信贷机构的存在使得他们能够出资为自己赎身。[91] 自我赎身在古希腊和古罗马颇为普遍，在拉丁美洲也常有发生。在伊斯兰国家以及内战前的美国南方地区，这种行为也时有出现。[92] 然而，在内战前的美国南方，由于政府的干预，奴隶们无法在市场上通过自我赎身的方式来实现大规模的自我解放。与古代及近代的其他奴隶社会权力机构一样，南方各州政府也曾变本加厉地限制各类解放奴隶的行为。[93]

政府的这类干预行为反映了这样的一个事实：尽管赎得自由无论是对奴隶，还是对奴隶主来说都可能是一举两利的事情，但周边的社会却需为此承担巨大的成本。由于在内战之前的南方地区，奴隶的发展曾经遭到抑制，他们在成为自由社会的成员之后，会给社会带来直接的成本，同时也会给奴隶制度的维系带来间接成本。因此，在内战之前的几十年当中，日趋严格的法律对奴隶主给予自家奴隶自由的行为进行了限制，以防止他们将尚无法适应自由生活的奴隶推向社会，从而将奴隶制的成本向外部转移。

在战前的南方地区，就连国会议员、罗阿诺克的约翰·伦道夫这样的反奴隶制人士，在面对奴隶制的两难问题时也颇感困惑。因为早在他们出生之时，奴隶制便已存在，所以当初是否应该构建这一制度的问题对于此时的决策者们而言并无意义。国会议员伦道夫在政治上反对废奴主义者，主张让奴隶制自行消亡，他担心废除奴隶制会引发种族战争。[94] 尽管如此，他不仅让自己的奴隶重获自由，还在奴隶能够享有自由的俄亥俄州购置了土地，供他们在那里生活。[95] 还有人则试图通过推行一些计划，将获得解放的奴隶"送回非洲"，从而解决这一难题。尽管在这些奴隶当中，大多数人实际上从未去过非洲，而他们的父母甚至祖父母也同样如此。

改良奴隶制

即便是在西半球的种植园奴隶制时代，也有比在甘蔗地、棉花田日常劳作更复杂、更精细的工作。如果想让奴隶们从事这些工作，则需对奴隶制本身进行改良。常规的工作凭借纯粹的蛮力已经足以完成，手拿鞭子的监工们也很容易对工作表现进行监督，如果不满意还可以当场施加惩罚。但并非所有的工作都很容易监督，对于此类工作，需要引入非奴隶制经济的一些激励措施。

家务劳动是此类工作中最为明显的例子，仆佣是否手脚麻利、细致周到、和蔼可亲的重要程度不亚于家务劳动本身。很难界定或评判仆佣是否善于照料孩子、是否善于察言观色，尽管这些特质也颇为重要。此外，如果不断地对仆佣施以惩罚，则可能会打破奴隶主家的安宁与和谐，更何况还可能会遭到家务奴隶们的激烈反抗——他们可能会秘密地进行报复，甚至会用上放火、下毒的手段。

无论是内战前的美国南方地区，还是东南亚或奥斯曼帝国，这些地区的奴隶制度有一个共同的特点，即家务奴隶所受到的待遇要好于种植园奴隶。在不宜栽种种植园作物的地区，奴隶制的形式往往与涉及大规模生产、常规劳动的纯粹奴隶制迥然不同。当奴隶们来自不同的种族时（典型的例子包括奥斯曼帝国的黑人奴隶和白人奴隶），有关奴隶之间种族凝聚力的考量也就不再那么重要，尤其是在其他方面社会分化（如伊斯兰国家的宗教差异）比种族分化更为显著的社会中，情况更是如此。在整个加勒比地区和南美洲，社会按照非裔群体与白人的种族混合程度在法律和社会上对他们进行了诸多区分，系统地破坏了他们的种族凝聚力。[96] 在北美大陆，由于白人在人口上较黑人更具优势，且占据主导，所以也无须采取这种分而治之的策略。

在西半球，奴隶主对奴隶的权力几乎不受任何限制（即便奴隶主的残暴惩罚造成了奴隶死亡，奴隶主也不太可能会因此被判谋杀，所以他们也掌握着奴隶的生杀大权）。即便如此，为了确保一些非常规工作能够顺利完成，奴隶主也会放弃对奴隶的惩罚，转而动用各式手段对他们进行激励，这一现象很值得注意。其影响不仅仅限于奴隶制度，因为这一模式表明了权力所能做到的事情也是有限的。

从根本上说，权力会受到知识的限制。如前所述，在主人长期不在种植园的情况下，监工在打理、看管园子的时候可能会牺牲园主的利益，最大限度地满足其私利。与之类似，为主人照料婴孩、看管食品、打理家宅的仆佣也可能会做出偷窃、放火或下毒的行为，秘密地报复主人。更为根本的是，从经济角度来看，监工们只能监督奴隶的工作表现，但无法获知他们的工作潜力。实施惩罚需要依照一定的规范，而制定这些规范则需要确保它们切实可行。否则，如果奴隶因为达不到规范标准而遭到无法避免的惩罚，那么他们可能连尝试也不想尝试了。但是在纯粹的奴隶制下，即便奴隶完全有能力超出最低标准，他们也没有动力这样做。在美国南方的奴隶种植园，擅长带孩子的女性奴隶有可能会成为受人信任、享有特权的"保姆"。在奥斯曼帝国军队中，拥有军事天赋的男性则有可能成为士兵，甚至被提拔为军官。奴隶主不仅仅靠武力榨取奴隶，他们还会通过为其发放薪酬、奖金，并给予他们特权，来榨取更多东西，这些方法大体上都能促使奴隶展示他们的潜能。然而，此类激励措施的对象通常为非奴隶人群。在将其用于奴隶人群的情况下，奴隶主个人的利益可能会同维持奴隶制的需要相互冲突，特别是在以奴隶制为基础的种植园制度中，情况更是如此。

正如自由黑人的存在让奴隶们不再接受或屈从于他们的人生境遇，特权奴隶的存在也会让被视如牲畜的大批奴隶心怀不满。一些奴隶主出于个人利益考虑，可能会让仆佣识文断字，但是，这门技能很快就会传播开来，其传播的范围不仅包括在奴隶主自家田间劳作的奴隶，还包括附近地区种植园的奴隶。对于学会了读书写字的奴隶们来说，逃离奴役变得更加容易，奴隶主们也需要花费大笔资金来防范奴隶逃跑，并在其逃跑之后将他们抓回。因此，在南北战争前，南方通过了多项法律来防止个别奴隶主因为谋取个人利益而导致整个奴隶社会承担成本，比如禁止教奴隶读写。除了这个颇为显著的例子，还有很多其他的例子。尽管城市奴隶制的法律数量很多，但并无效果，同样的法律在同样的社区一次又一次地通过，[97] 地方当局显然并不知道它们想要禁止的东西早在几年前便已被禁止，但是也未产生任何效果。

城市奴隶多为家务佣人。相较于种植园奴隶，城市奴隶与外界的接触更为广泛且不会受人控制。由于他们行动自由、不受束缚，所以也比种植园奴隶更容易成功逃脱。由于大多数种植园并无武装看守，在南北战争前的美国南方，奴隶们很容易就能逃脱，并且这种情况也相对频繁。但由于他们对外面的世界缺乏了解（目不识丁的他们连地图都很难读懂），所以大部分逃亡者往往又会被抓回，并遭受惩罚。[98] 因此，即便有"地下铁路"的存在，大多数成功逃脱并终获自由的奴隶也只是逃到了不过千里之外的非南方州。[99]

由于在城市里监视奴隶的行动和活动成本较高，所以城市奴隶更有可能学会识文断字。此外，城市奴隶也更有可能同当地的自由黑人接触交往。因此，更多的城市奴隶会逃跑。为了留住他们，奴隶主也会善待他们，包括允许奴隶在南方的城市之间较为自由地流动，甚至允许他们前往风尘女子频繁出没的酒馆，与白人同坐同饮、交际往来，这样的待遇也令南方白人愤怒，因为这种行为破坏了种族的从属关系——也正是依靠这种关系，奴隶主们才能以相对较低的成本维系奴隶制度。因此，南方各城市纷纷通过法律，要求奴隶主加强对奴隶的控制，但是这些法律在当地却沦为了一纸空文，因为无论是奴隶主还是奴隶，都无动机遵守奉行。对于城市政府来说，对人数众多的城市居民进行监管并不实际。正如美国废奴运动领袖弗雷德里克·道格拉斯所说的那样，其最终结果是，城市奴隶"几乎成了自由公民"。[100]这一观点源自他个人的亲身经历——在逃到北方并成为奴隶领袖之前，道格拉斯也曾经身为城市奴隶。对于为雇主工作并向奴隶主上交部分薪酬的城市奴隶而言，奴役和自由之间的界限非常模糊。这些奴隶有可能并不住在奴隶主的家里，他们甚至可以按照自己的意愿更换雇主。

在内战之前的美国南方城市当中，种族界限遭受侵蚀最为显著的迹象可能在于，黑人女奴所生的婴孩当中黑白混血儿的比例远远高于种植园中黑人女奴生育的婴孩。据估计，在种植园女奴所生的婴孩中，有1%~2%的孩子父亲为白人，[101] 而在城市之中，这一比例几乎接近一半。[102] 在彼时的美国南方城市，白人男性的人口数量长期高于白人女性，而黑人女性的人口数量则长期高于黑人男性。[103] 在其他时代、其他社会，类似的性别失衡也导致了混血婴孩的降生。就此而言，内战之前美国南方城市的情况也非例外。假如说，大多数女性奴隶之所以会生下混血婴儿是因为被其主人强奸，那么这样的情况本应普遍存在于白人管控最为严格的种植园中，而非白人管控较为宽松的城市之中。

在美国内战之前的南方，并非所有对奴隶制的改良都是因为城市。有些改良是因为工作本身的性质。与种植园的工作不同，伐木行业的工作地点较为分散，需要工人主动而为，因此从事这一行当的奴隶也获得了更大的自由度、更丰厚的经济激励，奴隶主甚至都不会找监工来驱使他们干活。[104] 与之类似，在卡罗来纳沼泽中从事潜水作业的奴隶也同样能够获得经济激励，而不会遭受驱役之苦——因为就这一行当而言，潜水员的技能、判断力和主动性至关重要。[105] 弗吉尼亚的烟草工厂也通过给予奴隶们更丰厚的经济激励、更多的个人自由，来确保奴隶们能够更好地完成有赖于注意力和智力的工作，尽管这些宽松对待奴隶的方式遭到了其他南方白人的政治抵制——他们认为这些做法破坏了整个奴隶制度。[106]

尽管有人担心，因为一些奴隶主而改良奴隶制度会破坏其他奴隶主对其种植园奴隶的严格管制，但是在世界上的一些种植园奴隶制较为罕见的地区，人们对此并无太大顾虑。例如，在奥斯曼帝国大部分地区，奴隶们通常从事家务劳动而非作物生产，因此，奴隶主对待他们相较于种植园社会往往更为宽容。在改良后的奴隶制度之下，奴隶们能够从事更为广泛的职业，他们当中甚至有人成了文官和军官。在富人家的深闺后院，来自高加索地区的切尔克斯女性奴隶更多的是成为富人的妾室，而非洲女性奴隶则更多地承担了家务劳动。[107] 由于富人颇为善待切尔克斯女性，所以高加索地区的母亲们常常心甘情愿地把女儿送入奥斯曼富人的深闺后院为奴，这些女性后来也能得到自由，富人也会为她们安排很好的婚事。她们如果能为主人生下子嗣，则不仅能够获得自由，还有可能会成为富人之妻。[108] 这些奴隶当中，最富有、最具权势的奴隶当数宦官群体，他们如果身怀技能、富有才干，甚至有机会平步青云、身居高位。相对于普通人，他们往往更容易受宠信。普通人一旦有了野心，就可能会伺机谋反、自立王朝——宦官们显然不具备这样的条件。

简而言之，在奥斯曼帝国，对奴隶制进行的改造广泛而深远。有人认为，该地区的奴隶之所以能够普遍得到善待，原因可归结于更为人道的伊斯兰教法。然而，在将奴隶运往北非和中东的途中，阿拉伯人对待新俘获的奴隶之严苛残忍，并不亚于大西洋上被运往西半球的奴隶所遭受的待遇。事实上，撒哈拉运奴路线的奴隶死亡率远远高于凶险可怖的大西洋运奴航线。[109] 这些奴隶所遭受的待遇令观察人士大为震惊，其中包括基督教传教士、探险家大卫·利文斯通，甚至还包括身经百战的军事统治者穆罕默德·阿里。[110] 然而，这些阿拉伯人和后来买下这些奴隶并善待他们的阿拉伯人都同为穆斯林。据称，在奥斯曼帝国撒哈拉地区的盐矿，没有一个奴隶能够活过 5 年。[111]

奴隶所受的待遇可谓多种多样。即使是在同一社会当中，奴隶所受的待遇也并不相同。在穆斯林聚居区，相比欧洲女性而言，非洲女性更难获得自由，除了终日从事苦工之外，她们的人生并无盼头，她们甚至都没有个人家庭生活。与西半球奴隶社会的情况正好相反，[112] 伊斯兰世界的非洲女性奴隶在数量上多于男性，[113] 她们也通常会被限制与异性接触。其最终的结果是，于中东地区出生的黑人孩子数量相对较少，并且被生下来的黑人孩子也很少能够活到成年。[114] 因此，尽管几百年间有数百万非洲奴隶被运至中东、北非的伊斯兰国家，其数量甚至超过了被运到西半球的奴隶人口，[115] 但是如今的这些伊斯兰国家并没有黑人群体的存在。与之形成对照的是，时至今日，仍有 6 000 万非裔黑人在西半球生活。

一般认为，东南亚地区的奴隶所受到的待遇较为温和，[116] 这也同当地的奴隶主要从事家务劳动的情况颇为相符。然而，在评判奴隶所受待遇的时候，我们应当慎之又慎。尤其是在对西方社会和非西方社会的奴隶所受待遇进行对比时，更应如此。由于西方世界（特别是盎格鲁－撒克逊国家）在道德上对奴隶制颇为厌恶，所以涌现出了一大批对此进行争论的文学作品，有的攻击奴隶制，有的则捍卫奴隶制。逃亡奴隶的传记和证言产生了十分重大的影响，长篇小说《汤姆叔叔的小屋》也是如此，美国总统亚伯拉罕·林肯将其作者称作"酿成一场大战的小妇人"，英国的维多利亚女王在阅读此书时也曾为之垂泪。此类文学作品以及如此强烈的情感反应、道德反应和政治反应是西方文明所特有的。而在非西方社会，奴隶制度是否道德、奴隶应被如何对待都不会成为如此重大的问题。因此，有关非西方社会奴隶实际待遇的一手资料可谓少之又少。在奴隶主的私人宅邸，奴隶们所受到的待遇也不像奴隶种植园的情况那样引人注目。例如，在亚洲一些地区，奴隶在家的时候须伏拜于主人面前。[117] 曼德族所奴役的非洲同胞们习惯于"蜷缩身子，双手放在主人的手掌两侧，低着头慢慢地抽回手来，不发出任何声响"。传统非洲社会向来以老为尊，但是年老的奴隶会被当作未成年人一样对待。[118] 在中东地区，奴隶主的妻子可能会残暴地对待她们丈夫所宠爱或可能被其宠爱的奴隶妾室。根据伊斯兰教法，这些妾室有可能成为奴隶主之妻，她们所生的孩子也有权分享遗产。即便是这样的奴隶也有可能会遭到殴打、残害，或被迫堕胎。[119] 这种情况每隔多久就会发生一次，这一点不得而知。也无人知道妾室被安排同男性访客过夜时会有怎样的感受。对于非西方社会奴隶主所声称的待奴隶如"家人"的说法，学者们不加批判便予以接受。然而，对于美国内战之前南方奴隶主类似的自我辩护，这些学者却断然不会予以采信。

奴隶制的终结

人类用了大约一个世纪的时间在世界大部分地区废除了这一存在了数千年之久的奴隶制度。在不到两个世纪的时间内，奴隶制几乎在整个地球上消失殆尽。废除这一遍及世界的古老制度的过程令人瞩目，因为此举遭到了来自各个层面的坚定反对和逃避，从奴隶主到国家、帝国的首脑。此外，废除奴隶制的动力并非来自通常被视为可主导历史进程的客观物质因素或经济因素，而是来自对奴隶制度的道德厌恶。而这种情绪恰恰又最早出现在 18 世纪晚期的英国——彼时全世界最大的奴隶贸易国，其殖民地奴隶种植园所创造的利润也极为丰厚。

18 世纪，英国福音派基督徒掀起了一场反对奴隶制的政治运动。奴隶制度在彼时根深蒂固，似乎坚不可摧，因此，即便是其中最为狂热的活动人士也只是希望能够阻止持续存在的奴役行为及国际之间的人口买卖。任何有关废除奴隶制度本身的构想都被视为乌托邦式的天方夜谭。然而，其所调动的反奴隶贸易公众舆论产生了强大而持久的政治压力，迫使连续几届英国政府持续推进废除奴隶制度的进程，使之日渐接近合乎逻辑的结局——首先是废除国际奴隶贸易，然后在整个大英帝国疆域内废除奴隶制度，最后，再向其他国家施压，同时利诱、威逼它们也废除奴隶制度。

贵格会是英国首个摒弃奴隶制的宗教团体，该组织要求所有成员不得蓄奴。在这一榜样的激励之下，一场声势更为浩大、要求政府禁止奴隶贸易的政治运动随之诞生。这场世界性的反奴革命始于英格兰教会内部人数较少、较为保守的福音派团体。同感情用事的卫理公会教徒不同，这些福音派教徒沉着内敛。他们的主要领袖威廉·威尔伯福斯极力反对法国大革命所滋生的激进思想，并尝试借助政府审查的手段将其斩草除根。他也是反奴隶制的"克拉朋联盟"的成员之一，这一团体的成员还包括沉默寡言、端平正直的亨利·桑顿——这位富有的银行家也是货币经济学发展史上的一位里程碑式的人物。而这些人所领导的运动是人类种族历史上最富有革命性的运动之一。很少有革命者能够像他们那样，不畏艰难地与陈规陋习进行斗争。

在长达 20 年的时间里，威尔伯福斯、桑顿和他们的支持者一直极力推动议会通过废奴法案，但是他们的努力屡屡受挫。终于，在 1807 年 2 月 27 日，英国下议院以 283 票对 16 票通过了这一法案。[120] 这是公众舆论大规模动员的非凡胜利。公众舆论一旦被动员起来，就会成为强大、凶猛、持久、不可抗拒的一股力量，它使得反奴隶制运动不断壮大。这一运动不仅实现了最初所设想的终结国际人口贸易的目标，还在整个大英帝国的领土范围内废除了奴隶制度，并最终在世界范围内消除了这一制度。一旦道德问题激发了英国民众的想象力，想要解决这一问题的就不仅仅是发起反奴隶制运动的宗教团体了。从社会角度来看，它跨越了阶层的界限，反奴隶制运动的支持者们既有富人，又有穷人，既有劳工阶层，又有受封贵族。[121] 在大众传媒、公共交通和人口大规模流动尚未出现的时代，人们惊讶地看到，一份份包含数万人的签名、要求结束奴隶贸易的请愿书被送至议会。议会甚至一度在一个月的时间内收到了 800 多份请愿书，其中包含了约 70 万人的签名。[122]

事实证明，反奴隶制运动不仅遍布各地，这些运动的声势也十分浩大。英国传教士从非洲发回报告后，伦敦的一个颇具影响力的传教士游说团体会广泛分发这些报告。这些报告也点燃了公众的愤怒。并非所有的政府官员都对反奴隶制事业持支持态度。一些供职于政府和军事机构的官员对其所带来的额外负担颇有怨言，此外，他们对这一事业导致的对外交往中的复杂情形也同样感到不满。但是，迫于政治压力，历届英国政府仍会在全球范围内反对奴隶制度。尽管这一制度在英国已不存在，但它已成为其国内政治的一个重要因素，甚至连参加政治选举的候选人们都会阐明他们对此问题的立场。到了 19 世纪 20 年代中期，支持奴隶制的立场反而成了政治上的负累。[123]

英国还派遣军舰前往西非海域巡逻，英国士兵不仅会登上英国船只进行检查，还会登上"自愿"接受检查的他国船只。19 世纪 40 年代初，英国开始敦促奥斯曼帝国在其领土内废除奴隶贸易。英国大使在描述奥斯曼苏丹起初的反应时这样说：

> 在我提议摧毁这一同该国的社会框架紧密相连，同其法律、习俗甚至上至苏丹、下至底层农民都信奉的宗教息息相关的制度时，对方表现出极度惊讶，并露出了微笑。[124]

就反奴隶制而言，英国远远领先于世界上的大多数国家，它所树立的榜样甚至激励了远在美国的废奴主义者。法国政府后来也在其帝国疆域内废除了奴隶制度，并派遣海军在大西洋上巡逻，帮助阻截贩奴船只。最终，反对奴隶制的运动传播到了其他西方文明的领土范围内，甚至连沙皇俄国这样的专制政府也废除了其对中亚臣民的奴役。

在 19 世纪末之前，西半球的欧洲分支社会都废除了奴隶制，而西方帝国主义在亚洲和非洲的扩张则在全世界范围内使废除奴隶制成了迫在眉睫的任务。

在西方文明的疆域之外，反奴隶制的努力遭到了反对和回避，在伊斯兰世界更是如此。在反复遭到施压的情况下，奥斯曼帝国于 1847 年颁布法令禁止在其境内进行奴隶贸易。尽管不出所料，这项禁令导致帝国的臣民心怀不满，并发动叛乱。然而，虑及来自帝国内部的反对，奥斯曼当局并未积极地杜绝奴隶贸易。最终，英国政府发出威胁，除非奥斯曼人自己主动执行奴隶贸易禁令，否则英国人将会在地中海登上奥斯曼帝国的船只搜查奴隶。[125] 奥斯曼帝国也并非唯一感受到英国反奴隶制政策压力的外国政府。1873 年，英国军舰在桑给巴尔岛附近海域停泊，以封锁该岛相威胁，要求关闭当地的奴隶市场。[126] 该市场也随之关门大吉。

在西方文明以外的世界，奴隶制的终结同它在西方文明世界的终结存在着显著的差异。1888 年，整个西半球都已废除了奴隶制度，然而在非洲、亚洲和中东，反对奴隶制的斗争（甚至包括反奴隶贸易的斗争）一直持续到了 20 世纪。在奥斯曼帝国正式禁止奴隶贸易后，英国加强了在印度洋和波斯湾的海军巡逻，为此类干预提供了法律保障。然而，陆上的奴隶贸易还在继续，直到欧洲帝国主义控制了非洲大陆大部分地区之后，奴隶贸易才逐渐停止。对于奴隶制在西方世界和非西方世界的终结，人们用了两个不同的字眼加以概括，我们或许可以从中看出两者在方式上的不同。在西半球，奴隶制的终结被称为"解放"，代表的是一个一劳永逸的过程。而在非洲、亚洲和中东，这一过程则被称为"奴隶制的衰落"，代表的则是一个延续到了 20 世纪的漫长过程。

即便在西方霸权覆及亚洲、非洲和中东多个国家之后，在婆罗洲、缅甸、柬埔寨及东南亚其他地区，奴隶制度也仍然存在。[127] 北非和中东的伊斯兰国家直到很晚才废除奴隶制度，沙特阿拉伯、毛里塔尼亚和苏丹直到 20 世纪中叶仍然存在着蓄奴现象。[128] 毛里塔尼亚于 1980 年 7 月 5 日正式废除了奴隶制度——尽管该国官员也承认，即便是在颁布了禁令之后，蓄奴行为也仍然存在。[129]

欧洲人对废奴运动颇为热衷，因此在其势力所及之处，奴隶制度也会随着土崩瓦解。但在非西方社会，人们对废奴运动并无热情。然而，推行奴隶制会使国家蒙羞，这也成了非西方国家限制或废除奴隶制的一个因素。这些国家并不愿意在全世界（主要为欧洲国家）留下落后、未开化的形象。因此，缅甸国王率先在 19 世纪正式宣布蓄奴在该国为非法行为，[130] 尽管这种行为一直持续到了 20 世纪。[131] 在外国舆论的影响之下，暹罗在 19 世纪后期开始打击蓄奴行为。[132] 20 世纪，随着民族主义的兴起，为了赢得世界主要国家（主要为西方国家）的尊重，东南亚国家也纷纷加快了废除奴隶制度的进程。[133] 20 世纪初，美国发布的一份报告宣称菲律宾仍然存在蓄奴行为，在菲律宾领导人看来，此举也对该国争取独立的运动造成了打击。[134] 即便是在奴隶制存在最久的伊斯兰世界，西化的精英们也开始纷纷表达反对态度，[135] 无论此举是出于自身的信念，还是只出于难堪之情。简而言之，奴隶制最终在道德上被摧毁，尽管这一过程主要依赖的是西方强大的军事力量，以及西方文明因其经济、科技成就而享有的卓著声望。具有讽刺意味的是，在 20 世纪后期，随着西方知识分子当中开始盛行反西方观点，他们言辞激烈、语气夸张地声称：欧洲文明摧毁奴隶制度只是为了满足欧洲列强的经济利益。[136]

奴隶制的后果

经济遗产

曾经奴役了世界各国数百万人的奴隶制究竟带来了哪些结果？毫

无疑问，一些地区浩大的工程的确是奴隶们劳动的成果，但是我们无法证明奴隶制普遍促进了大规模蓄奴社会经济水平的提高。

以美国南方为例，这一地区在蓄奴时代及后来的时期都算不上全美经济最具活力的地方。事实上，它还是全国最贫困的地区。奴隶进口数量数倍于美国的巴西则一直处于落后的状态，直到奴隶制时代之后，随着欧洲移民开始大规模地涌入，这一情况才得到改观。蓄奴人数比西半球高出数百万之多的北非和中东社会，无论是在蓄奴时代还是后来，科技水平和经济水平都显著落后于西方。直到近代，他们的生活标准才得到了提高，但带来这一改变的并非奴隶，而是石油。在欧洲，大陆西部的国家最先废除了奴隶制度，也正是这些国家将欧洲大陆乃至全世界带入了现代工业时代。

在世界很多地区，奴隶被视为奢侈的象征或至少是做家务的劳动力，而非创造利润的资本投资。在古时的罗马、[137] 中国、[138] 非洲、[139] 泰国 [140] 或其他地区，拥有人数众多的奴隶随从能够体现奴隶主的财富和权势。在一些地区（包括大部分伊斯兰世界国家），奴隶成了生活的一部分，故而奴隶制度未能明显促进经济发展也就不足为奇了。其角色的定位并不在此。此外，即使在奴隶被用以创造利润的社会中，也并无显著迹象表明，除了供奴隶主花销之外，这些利润在其他方面也发挥了重要的作用。一些人声称，正是奴隶制度所创造的利润为英国工业革命提供了必要的投资。[141] 但是，即使将奴隶制所获的所有利润全部用于投资英国工业，其总额也不及彼时该国国内投资的2%。[142] 此外，无论是在英国还是在西半球，都无任何证据表明奴隶主们会将全部收入或大部分收入用于投资。在当代观察人士的笔下，奴隶主们往往阔绰招摇，[143] 常常债务缠身。最后，如果将一个多世纪当中英国海陆军队打击奴隶贸易的成本进行叠加，其成本总额堪比英国在此前的奴隶贸易中所获得的全部利润。[144] 在美国，奴隶制度创造的全部利润是否超过了内战的巨大成本，这一点也值得怀疑。如果奴隶制度本不存在，也就不需要打这场仗，即便交战双方还抱有其他短期目的。很多并未承担此类巨额成本的奴隶社会也并未产生规模与之相当的利润来抵扣这些成本。尽管想到数百万人的牺牲仅仅只为满足少数人一时扩张权势的需求会让人震惊，但这的确是历史记载所揭示的事实。

奴隶制度产生了诸多负面后果，其中包括它导致人们对工作产生了种种适得其反的态度，这些态度不仅存在于奴隶及奴隶的后代当中，也存在于奴隶社会的非奴隶成员及其后代当中。巴西流传着这样一种说法："工作是黑人和狗才干的事。"[145] 它也反映了奴隶制所滋生的一种思想，这种思想在美国南方及南非白人当中也同样存在。这种现象也并非只存在于不同种族之间。在西非，从事蓄奴和贩奴的阿散蒂部族的后代也表现出类似的对工作的蔑视之情。[146] 缅甸的女性自由民并不愿从事任何同奴隶有关的艰苦工作。[147] 埃及下层民众对于同奴隶有关的工作也颇为抵触，在美国内战前的南方，下层白人民众也很抗拒黑人（无论是黑人奴隶还是自由黑人）所从事的工作。[148] 在马来亚，人们将体力劳动同奴隶制联系在一起，马六甲的一位观察人士曾说过："你不可能看到本地马来人扛着自己或别人的财产，给多少钱他都不会这么做。"在印尼的亚齐，即便是因贫困而无力蓄奴的民众也会雇奴隶为其搬运东西，他们则"不屑于自己动手"。[149] 在17 世纪的苏门答腊，有观察人士发现，亚齐所有繁重的工作都是由来自印度的奴隶承担，当地民众对简单的工作都十分厌恶：

> 除非迫不得已，否则亚齐人绝不会搬运任何重物。如果他自己没有奴隶，他就会雇别人的奴隶，哪怕只是为了去百步之外的地方取大米，他也会这样做。[150]

这种行为的背后已经不是懒惰那么简单，而是认为自己不应屈身俯就地从事奴隶们所做的各类工作，或是厌恶任何形式的劳作或听命于他人的行为，因为这些也会让人想到奴隶制度。在中世纪的西班牙，一位历史学家所说的"在无所事事中产生的幼稚的骄傲之情"[151]并不仅仅存在于彼时、彼处。亚当·斯密曾就古代奴隶社会对工作的蔑视发表了自己的评论。[152]与之形成对照的是，迁居西半球各地的来自非奴隶社会的移民，这些人往往一贫如洗，他们对待工作却不存在此类问题。他们有着与众不同的工作习惯，这些习惯常常会引来观察人士的点评。他们往往正是凭借这些工作习惯超越了土生土长的白人民众。西半球的贫困移民之所以能够超越本地白人，很大一部分原因或许可归结为选择性移民等因素。然而，考虑到全世界的蓄奴社会普遍对劳动颇为轻视，并且这一态度自古便有，我们至少也能够从中得到一些启发。

文化遗产

有人认为，古代奴隶制度为古希腊的精英阶层过上悠闲生活提供了必要的基础，也正得益于此，苏格拉底、柏拉图、亚里士多德及一大批伟大的剧作家得以出现，宏伟壮观的雅典卫城和帕台农神庙得以建成。然而，一个颇为残酷又显而易见的事实是，巴西、南非或内战前的美国南方的白人奴隶主并没有为世界文明做出类似的贡献。很难想到近代的蓄奴社会在哪些领域贡献了世界级的文化人物。伊斯兰文明在数学、天文学、哲学等领域对西方文化及世界文明做出了尤为卓著的贡献，[153]但在大多数情况下，是伊斯兰文明取得这些成就在先，征服撒哈拉以南非洲及欧洲东南部，并从当地获得大量奴隶在后。

在亚洲，奴隶制度与文化成就之间的关联也同样薄弱。无论是在技术上，还是在文化上，伟大的中华文明都对亚洲乃至西方社会影响深远，但奴隶制的兴盛之地并不在此，而是在东南亚地区。此外，在亚洲及中东伊斯兰世界，奴隶往往只是一项开支项目，其作用在于完成家务或扩大奴隶主的个人权势，而非创造利润。

国库充盈、实力强大的国家和帝国常常会凭借其财富和实力获得奴隶。奴隶成了一种奢侈和荣耀的象征。但这并不代表奴隶创造了这些国家的财富，并赋予了其实力。即便对于古希腊而言，其所取得的伟大成就是否源自奴隶制度也仍然有待商榷。尽管在荷马的时代奴隶便已存在，但其数量颇为有限。到了柏拉图时代，一位富人可拥有 50 名奴隶[154]——这个数字表明，他们的角色是仆役、侍从和匠人，而非财富的来源。斯巴达人的生活极为依赖希洛农奴，相比之下，雅典对世界文明所做出的贡献在约 2 000 年后仍被世人所认可。在罗马的共和时期和帝国早期，奴隶制度尚未像后来那样举足轻重。后来，借助发动战争、征服外族，罗马帝国将大量的奴隶纳入自己的势力范围。[155] 每当攻下一座城市，罗马军队就会屠戮男人、奴役妇女儿童，因此，罗马帝国在不断开疆拓土的同时，奴隶人口的数量也在不断增加。尽管在罗马帝国的部分地区，种植园奴隶制颇为兴盛，[156] 但这并不意味着罗马是依靠奴隶才巩固了自己的势力，实现了文化的发展。

道德问题

一个多世纪以来，经济学界一直在争论奴隶制是否为美国创造了利润。然而，其讨论范围往往局限于内战之前奴隶制为奴隶主个人所创造的利润，实际上奴隶制在空间和时间上产生了更为广泛的社会影响。与之类似，有关奴隶制道德维度的问题也比人们通常认为的更为复杂。奴隶制度一旦产生，需要考虑的问题就不再是奴隶制的创造是否正确，而是对于世世代代生于这一环境中的人们来说，有着哪些选择。有批评认为，美国宪法起草者们在奴隶制问题上保持沉默是一种"纵容"。但在当时，这个新生国家还在为生存而挣扎，只有在他们有能力选择废除奴隶制的情况下，这种批评才能站得住脚。几代之后，美国的领土得到了极大的扩张，国力也增强了许多，即便如此，一场内战也令其根基动摇。如果美国在 1787 年制定宪法时因奴隶制问题而分裂，那么后来的北方是否能够在军事上占据优势，或者说两个地区最终能否幸存下来也未可知。此外，这些都不会终结奴隶制度，只会让一个国家因无用的言论遭受灭顶之灾。

事实上，正是人们为自由社会所做出的斗争引发了一种道德意识，这促使美国北方出台法律废除奴隶制——毫无疑问，这只是一个未必会产生重大结果的小小举动，因为奴隶制在北方的分布并不像南方那样广泛，并且北方的奴隶主也可选择将自家的奴隶卖到南方。但一些奴隶因为当时的反奴隶制情绪和废奴主义法律而获得了自由。更重要的是，从更为长远的历史视角来看，这些废奴法令标志着美国迈出了废除奴隶制的第一步，并且在此后的百年当中，西方文明也由此普遍产生了对奴隶制度的憎恶之情。

那些在历史中看到经济力量，特别是经济自利行为力量的人极力想将奴隶制的废除也纳入这一先入为主的框架。然而，显而易见的事实是，在彼时的道德力量将此古老制度置于政治压力之下时（这种政治压力在国内抑制了人们以奴谋利的兴趣，在国外则促使人们停止反抗，转而彻底改变自身的生活方式），奴隶制度在经济上仍然处于繁荣兴旺的状态。这场道德运动始于 18 世纪的英国——当时最大的奴隶贸易国家，并且该国在加勒比地区拥有繁荣的奴隶种植园殖民地，这一事实也能够进一步地驳斥从经济力量和经济自利角度解释废奴运动的观点。

有人以道德和经济为由，提出应对当今美国的奴隶后代进行“赔偿”。其中，有关经济的论调最经不起推敲。如果赔偿的目的在于公平地分享奴隶制度对当前经济所做出的经济贡献，那么首先应当确定这一制度的确产生了净利益。如果一国因曾经蓄奴而出现了经济上的亏缺，那么分享利益也就无从谈起，更谈不上公平分配的问题了。

支持赔偿的一个似乎更加让人信服的理由是，奴隶制在几个世纪中令数百万人遭受苦痛、深陷屈辱，因此进行补偿也颇为必要。过去奴隶遭受苦难无人问津，如今要对其后代进行补偿，尽管这种想法颇具吸引力，但是，罪责继承的原则并无基础，它可将任何社会都置于分裂的危险之中。如果人们将罪责的继承视为一种原则，并予以接受，而不是仅仅将其作为推进眼下政治目标的一种说辞，那么当代的犹太人就完全有理由将德国人关进集中营。没有人会认为应当如此，无论是犹太人、德国人，还是任何心智正常的成年人。如果历史赔偿成了普遍的原则，任何社会都将无法生存。在所处的时代伸张正义已经颇为困难，为先前时代的人主持公道更是难上加难。

补偿原则还有另外的含义。如果说一个人得到了补偿，其言下之意便是相关的问题得到了纠正。但是，在地球上的任何角落，人类的力量都不足以消除几千年来数百万人所遭受的苦痛和屈辱。对于从未身受其害的人来说，奴隶制既不能被遗忘，也不能被原谅，自然也不应为了金钱或其他利益而选择遗忘或原谅。此类政治交易无异于中世纪时兜售赎罪券的行为。

奴隶制的谬论

同其他诸多历史一样，奴隶制的历史也被卷入了意识形态激情的旋涡，并遭到了人为的歪曲。这种歪曲的一种表现是，大量文献记载了非洲人在西半球遭受奴役的情形，而在全世界其他社会，此类文献颇为稀少。此外，人们习惯于只考虑西半球的奴隶制（或只考虑美国的奴隶制），这造成了关于奴隶制的一般性理论和结论只在一定环境下才站得住脚，甚至在当地都未必有效。如果用非洲人或欧洲人所特有的事物去解释欧洲人对非洲人的奴役，[157] 则会忽视一个显而易见的事实，那就是奴隶制是一种存在了数千年、存在于不同种族和文化中的世界性制度。显然，其他地方奴隶制度的存在也源自其他因素的作用。在承认这些因素存在的前提下，如果还坚持将西半球奴隶制的存在归结于欧洲人和非洲人所特有的因素以及非洲奴隶贸易时期所特有的因素，就会陷入纯粹的教条主义。

对历史的另一种歪曲则是先入为主地认为，困扰当代美国黑人的社会问题是"奴隶制的遗害"。人们将单亲家庭、低结婚率、低劳动力参与率等社会现象归咎于"奴隶制的遗害"。实际上，即便是在奴隶制时代及此后的几个世代，大多数黑人儿童也都成长于双亲家庭。[158] 20 世纪初，黑人群体的结婚率高于白人，[159] 1890 年至 1950 年间的历次人口普查结果都显示黑人的劳动力参与率高于白人。[160] 无论是哪些原因导致了当今世界黑人群体的各类模式，我们在分析原因的时候，都应把目光投向 20 世纪，而不应把注意力集中在黑奴解放之前的时代。

一些人在过去中寻找当下的态度和假设产生的原因，其中有一种行为颇具启示意义。那就是一些美国黑人改变了他们的姓氏，以抵制奴隶制的遗害。因为人们认为奴隶主给予了其祖先"奴隶姓名"。事实上，在内战之前的南方，奴隶主们非但不会给予奴隶姓氏，还会禁止他们拥有自己的姓氏。[161] 姓氏代表着一种不需要法律批准的家庭关系，其存在也同奴隶主买卖奴隶或随意处置奴隶的权力相抵触。奴隶甚至会因为用了"我的妹妹"或"我母亲"这样的称呼而遭受惩罚。[162] 这种对奴隶家族关系的敌意也并非内战之前的美国南方所特有。在古代中国以及中东的部分地区，奴隶也同样没有姓氏。[163] 西方直到中世纪开始，精英阶层之外的普通民众才开始使用家族姓氏。[164] 在日本，直到 1870 年寻常百姓才获许拥有自己的姓氏。[165]

美国的奴隶没有获得奴隶主给予的姓氏，但他们给自己起了秘密的姓氏，用以辨别、维护他们遭到禁止的家族关系。他们从未在白人面前使用过这些姓氏。事实上，即使在黑奴获得解放之后，出身于奴隶制时代的黑人也并不愿将自己的姓氏告知白人。[166]

在西半球，非洲人遭到奴役造成了一种长期存在的悲惨情形——在新的社会文化中，他们和后代只能生活在最底层。在西半球的很多地区，非裔群体在人口中占据很大的比例（在一些国家，占到了人口的绝大多数），他们曾一度被白人视为潜在危险，因此被剥夺了接受教育的机会以及掌握更好的西方文明成果的机会。尽管在所处的社会文化中，黑人群体遭受了种种障碍，但他们还是以惊人的速度学会了识文断字。到 1850 年，美国自由黑人中大多数人都能识文断字。此外，在黑人获得解放半个世纪后，整个黑人群体当中有 3/4 的人能够识文断字，[167] 其中大多数人要么是曾经一字不识的奴隶，要么是奴隶的后代。

接触更高层次西方文化的重要性也体现在在美国非裔人口当中有一部分人在内战之前便拥有自由之身，相较于种植园劳动力，他们有更多的机会接受教育并接触更高层次的文化。在黑人精英群体当中，大多数人都是这些"有色人种自由民"和他们的后代。这一情况一直延续到了 20 世纪。[168] 他们在文化上的领先优势产生了长远的影响。

在美国内战结束后，尽管获得解放的黑人不遗余力地为种族同胞创造教育机会，[169] 并寻找奴隶制时期被卖至他处的家人，[170] 但仍有一部分黑人知识分子及白人知识分子会为蔑视教育、视其为"模仿白人"之举的行为开脱，或为抛弃家庭的黑人辩解开脱，这两种行为模式都是"奴隶制的遗害"的代表，尽管在奴隶制时期出生或在获得解放初期生活的黑人并没有做出这样的行为。对于西方社会的很多批评人士来说，让黑人不遵循文明生活的要求便是对西方的打击，却不顾此举会对黑人群体产生怎样的影响。无论是在奴隶制时代被禁止达到更高的文明水平，还是在 20 世纪后期有人提出无须要求他们达到此类水平，都阻碍了黑人群体的发展。

影响

数千年来，奴隶制在全世界的分布极为广泛、令人震惊。同时，它在不同时代、不同地区所呈现的形式迥然不同，几乎同样显著的是，英美两国对此并未给予足够的道德关注。这一情况直到18世纪晚期才发生了改变。在这个历史关头，对奴隶制的道德憎恶如何以及为何产生，其答案远不像各种环境因素的共同作用那样清晰明了。各种环境因素促使人们产生了对奴隶制的道德憎恶，从而推动了相关政策的出台，继而导致这一制度在全球大多数地区销声匿迹。这种道德的关注经过动员，会形成一股强大而顽强的政治力量，继而产生历史性的后果，原因在于，反奴隶制运动蓬勃发展的国家在军事上也占据着优势。因此，更确切地说，是欧洲帝国主义在世界大部分地区消灭了奴隶制。即便对于仍然保持独立或自治的地区而言，由于欧洲人已给奴隶制度打上了不可磨灭的耻辱印记，为了自己的国家受到尊重，这些地区也会推行废奴政策，即便是对奴隶制并无强烈好恶之情的社会也同样如此。

我们这个时代的一个颇为讽刺的现象是，世界各地的废奴活动曾被一些人视为人类历史上至高无上的道德之举，然而西方及非西方知识分子对此却知之甚少、鲜有谈及，同时，他们还将欧洲人奴役非洲人视为西方独特的道德缺陷所导致的独特现象。此外，哪些问题会被视为奴隶制的遗害，往往取决于它们是否有利于推行当下思想观念的愿景，而不在于它们是否符合历史记载。

如果从种族或其他思想观念的角度解释哪些民族被奴役或被奴役者所遭受的待遇，则会遇到一个问题，那就是它无法阐明，为什么在历史上的某些地区、某些时期，弱势民族在被掳掠的过程中并不会因其种族身份而摆脱遭受奴役的厄运。使得欧亚各族逐渐摆脱奴役之苦的原因并非思想观念的改变，而是历史的发展，如一些民族和帝国的不断壮大。撒哈拉以南非洲在更长的一段时期内都处于弱势地位，生活在那里的民族也为此付出了高昂的代价。在西半球的非洲奴隶后代获得解放很久之后，生活在亚洲与世隔绝的落后地区的其他弱势民族仍未摆脱被奴役的命运。

奴隶的待遇也是经济现实和社会现实的反映，而不仅仅是种族观念或其他思想观念的结果。在世界各地的不同社会中，无论奴隶和奴隶主有着怎样的种族身份，也无论当时流行怎样的观念，种植园奴隶所受到的待遇都无法同从事家务劳动的奴隶相提并论。如果在一个社会当中奴隶群体数量庞大、足以构成潜在威胁，他们就会遭受更为严苛的对待，面临更多的限制（包括限制他们识文断字）。即便在同一宗主国殖民统治下的殖民地，比如加勒比地区的荷兰殖民地苏里南和库拉索，在人口模式、职业模式容易导致奴隶遭受严苛待遇的地区，奴隶所受的待遇也会比其他地区更为严苛。苏里南拥有在种植园劳作的奴隶、身在外地的奴隶主，以及庞大的白人群体（其人数为黑人奴隶的数倍，甚至超过了"有色自由民"这一小型阶层）。而库拉索的气候则不宜种植作物，因此当地奴隶多从事家务劳动，其所受到的对待也更为温和，并且这一群体还实现了人口的自然增长——这一情形在西半球的奴隶群体当中颇为罕见。而苏里南奴隶群体的人口模式则代表着更为常见的加勒比模式，无法实现人口的自然增长。在库拉索，奴隶的解放更为普遍，让苏里南奴隶遭受折磨的刑具在这里也不为人们所知。尽管两地的奴隶属于同一种族，两地的奴隶主也有着同样的种族和文化背景，但是，这两处荷属殖民地环境不同，因此它们的结果也迥然相异。[171]造成这一关键差异的并非思想观念，而是环境现实。

在世界各地的诸多社会当中，奴隶制度和种族观念之间确实存在着种种关联，但如果就此断定种族构成了奴隶制的基础，则无异于本末倒置。无论是在西方社会还是在非西方社会，也无论奴隶和奴隶主的肤色如何，如果被奴役者拥有不同的种族身份，他们所属的种族就会遭到轻视。因此，奴隶制遗留下了对种族以及对工作的成见，这些态度在废除奴隶制很久之后仍在阻碍前蓄奴社会的发展。然而，奴隶制却几乎未留下任何经济投资，尤其是在蓄奴只是为了服务个人、提供便利以及向公众炫耀，而非创造财富的国家，情况更是如此。即便是在奴隶制被视为生产来源的西半球，奴隶主的生活方式也常常会阻碍整个社会获得奴隶制遗留的经济或文化遗产。

奴隶制最为重要的遗产可能在于，它让人们能够痛苦地洞悉人性，洞察不受约束的权力会带来哪些可怕的后果，以及作为实现目标的手段的权力有哪些内在的局限性，即便有人愿意"不惜一切代价"去实现这些目标。或许，奴隶制最为重要的道德遗产在于，它让人们更加强烈地向往自由。

第八章

种族与历史

历史并非不可更改的命运。大部分历史都是无须再犯的错误和无须再忍的罪过。正如伯克所言，历史是人类以痛苦为代价买到的经验教训，现代的人们不需要分文就可以得到它，或只需付出予以关注、进行反思的代价。

历史为我们展开了一册厚重的书卷，它汲取了人类过往的错误和弱点，凝聚成了未来的智慧。在被人扭曲的时候，它又会化身为一座摆放着攻防武器的军火库……向人们提供维持或重新挑起纷争、再度激发仇恨的手段，让民怒民怨这把火烧得更旺。

——埃德蒙·伯克[1]

历史并非不可更改的命运。大部分历史都是无须再犯的错误和无须再忍的罪过。正如伯克所言，历史是人类以痛苦为代价买到的经验教训，现代的人们不需要分文就可以得到它，或只需付出予以关注、进行反思的代价。

历史向我们展示了种种模式，虽然历史本身并不提供现成的公式。在处理种族观念和种族问题时，人们往往会被强烈的情绪左右，带有偏见地看问题的情况也十分常见，在这种情况下，我们尤其应当以史实为依据。至少，历史能够帮助我们化解时间和地点的局限，以及选择性义愤的虚伪。

如果我们在看待这些能触发情绪的问题时能够结合历史上其他地区、其他时期发生的类似事件，那么因果解释和道德判断可能都会发生变化。尽管历史能够帮助我们更加清楚地了解现在，但是，我们想从过去寻找什么也会受当下现实的影响。在浩瀚的历史宝库中，每一代人所挖掘的东西可能也各不相同。然而，历史不仅仅是现在的佣仆。即便是为了寻找历史同当下时代的关联，我们也应将历史视为独立的事物，将历史与当下区分开，原因在于，历史的价值和效度取决于其完整性，而非我们希望发生了什么或某种理论促使我们相信发生了什么。

在分析种族和文化的历史时，我们不仅应当考虑从其复杂的互动当中辨别出的整体模式，还须考虑历史自身所具有的陷阱和局限性。

历史模式

横亘千年的历史岁月见证了帝国和民族的兴亡盛衰，让人很难相信甚至无法相信任何种族或文化会永远立于不败之地。同样，这样的历史充满了不同社会间文化的传播、转移、模仿、影响和启发。人们会通过各种各样的方式来满足自身的需求，既然有人愿意不辞劳苦地远赴他乡，向其他民族学习更好的做事方法，那就说明不同做事方式产生的效果也各不相同。

在火器广泛地取代弓箭时，印度的数字系统也在各大洲各族中取代了形形色色的数字系统。同时，中国的印刷术和造纸术对世界的统治比历史上最伟大的征服者更广泛、有力、长久。文化相对主义似乎更像是一种癖好（如果不能称之为神经质），而非一种原则。当然，在数百年甚至几千年的历史长河中，世界各个民族都在广泛地进行着文化上的互鉴，[2] 这种互鉴始于已知的最早的文明——底格里斯河与幼发拉底河流域的苏美尔文明，并向四周毗邻的民族不断扩散。发端于埃及、印度河流域及黄河流域的几大古代文明也是如此。[3]

一种先入为主的教条观念认为一切文化都是平等的，但它也忽略了一个显而易见的事实：文化所呈现出的并非静态的差异，而是动态的竞争过程。文化之间的竞争在战争当中体现得最为明显，因为征服战争的结果可以决定在未来几个世纪，参战者们的后代会使用哪种语言，运用什么样的概念组织自己的思想，通过怎样的价值观塑造自己的道德世界。然而，战争只是文化竞争的一种方式。更持续、更普遍的情况是，文化竞争是为了满足人们的各类实际目的，包括粮食种植、了解星象变化等。不同文化之间的借鉴种类繁多，不只有农事和天文，还包括马术、数学、艺术、科学、哲学、粮食和音乐方面的借鉴。此举不仅能够帮助文化之间互通有无，还可促使它们吐故纳新。

　　无论是战争还是国际贸易，无论是科学突破还是流行音乐的传播，文化之间的竞争必然存在着胜负输赢，而不仅仅表现为静态的"多元文化的多样性"，如部落象征符号和多元地方风格。有人或许会哀叹非西方社会中色彩斑斓的本土织物被欧美国家的工厂量产布料所取代，或对传统当地饮料被碳酸饮料所取代感到痛惜，或为人们把本土乐器放在一边，转而拿着日本制造的便携式收音机收听美国流行歌曲而深感遗憾。但是，如果对此大加斥责，则无异于斥责人类几千年来一直在推动的文化扩散。经验告诉我们，有得必有失。廉价光鲜的东西可能会因新奇独特而勾起人们的一些兴趣，但竞争是一个试错和筛选淘汰的过程。要求人们每次决策都能做出正确的决定并不现实。

　　文化竞争一直是世界各地种族和民族历史的一个组成部分。移民之所以跨越群山、远渡重洋，是因为只有在异国他乡，他们的技能才能有更大的价值。他们的价值并不在于他们携带的往往少得可怜的财物，而在于他们的文化所特有的东西或他们自身的人力资本。这些东西能帮助他们在异国他乡为自己、为周边社会创造新的财富。然而，尽管外国人贡献了本土所缺的技能、组织资本以及其他人力资本，从而推动了本土社会的繁荣发展，坐享其利的本地人却与他们势同水火——不幸的是，这种情况在历史上一再出现。

一般来说，创造财富者的所得会多于坐享其利者，但后者往往会感到是因为自己付出了代价前者才能获利，自己遭到了某种"剥削"，却并未意识到财富创造本身并非零和博弈的过程。无论是东南亚的华人、东非的印度人，还是其他无数在世界各国创造了全新产业、提高了人们生活水平的族群，都曾遭受过类似的指责。并非只有目不识丁的大众才会抱有这种对历史和经济的错误认知，知识分子当中也普遍存在这一情况。事实上，知识分子们常常会带头传播此类错误观点，并煽动这种怨恨的情绪。

　　尽管历史能很好地帮助人们理解诸如财富创造这样的社会现象，但是，一些人会不遗余力地对历史进行攻击，因为真相有可能会给他们的愿景、自我和计划带来毁灭性的后果。一个全新的知识分子阶层开始出现，他们所阐述的历史是当前人们希望发生的，而非对过去实际发生的事情的如实记录。当然，人们对历史的阐释会存在差异，其中有诚实的表述，也有不诚实的表达。如果放任将历史工具化的观念抹去民族记忆，或是按照时兴的思想观念书写历史，则无异于一艘船舶抛弃了船锚，在压舱物不足的情况下鲁莽地扬起风帆，开启一段航程。

　　历史中存在着种种的模式，但这并不意味着任何事情的发展都会完全相同，并无独特之处。我们如果想要了解事物的独特之处，就需要先对它们进行比较。相对于共时的比较，历时的比较更为全面彻底，也能涵盖更多不同的情形。

　　历史不能被忽视，因为它不会被忽视。现今时代的种种争论几乎总会促使人们热切地诉诸历史，或其所设想的历史，或其所设想的历史能够产生的影响。早在二战尚未爆发的时候，温斯顿·丘吉尔便指出，一个人扭曲的史观是如何在纳粹德国催生"尤为强烈的仇恨激流，灼伤游弋其上的泳者们的灵魂"的。[4] 对历史的误解导致数以百万计的生命陨落，整个大陆遭受战火的摧残。

事实是历史的基础，但是，对因果关系的理解就好比建于其上的建筑的基本结构，有了这些框架结构作为基础的事实才能被构建出来。《圣经》如是劝导人们："要用你一切所得的去获得明达。"在约2 000年后的世俗社会中，这句话仍然能够扣动人们的心弦。

如今，对历史焦点的理解存在着两种截然不同的看法：一种侧重于内部因果关系，另一种则侧重于外部因果关系。我们应当理解这两种看法，尽管当前的"社会科学"趋向于强调外部因素，而忽视了内部因素，或不同民族的内部化特征，甚至会斥责人们对内部特征的关注。在很多情况下，人们在试图解释历史或当代事件的时候都在强调一个民族、一个世代或一个种族群体或民族群体的周边环境。马克思主义理论认为经济环境塑造了人们的思维和行为方式，这只是外部因素理论中的一种。内部因素理论的涵盖范围颇为广泛，既包括将群体成就归结于遗传因素的一些理论，又包括马克斯·韦伯的理论——在韦伯看来，宗教观念的不同是造成新教社会和天主教社会经济表现差异的主要因素。

人们围绕内外因素的作用展开了激烈的争论：一部分人认为，文化因素甚至是人口因素导致了社会经济层面的差异；还有一部分人则认为，是经济剥夺或社会压迫等外部因素直接造成了这样的结果，他们还将前一种观点斥为"受害者有害论"。由于双方援引的所有因素都存在于当代的世界以及历史之中，所以很难出现单方面的绝对胜利。真正的问题在于：外部环境在多大程度上可以解释存在的差异？这种环境有哪些具体的特征？

例如，认为"人在某种程度上是所处环境的产物"的言下之意是，遗传因素并不能解释所有问题。很难想象有人对此会持不同看法。即便对于认为文化模式颇为重要的人士而言，他们也同样清楚文化并非凭空而来。真正的问题是：环境是如何形成的？将人视为周边社会的产物，并不意味着文化传统不同的群体在面对同样的环境及客观机遇时会做出不同的反应——这两种说法之间存在着巨大的差异。

其至地理环境也可能带来迥然不同的影响。不难理解，自然资源（包括气候、肥沃的土壤、矿产和动植物）如何为世界各个地区的土著提供更多或更少的机遇。有一点并不显著，但其重要性不容忽视，那就是地势地貌和通航水道的存在与否塑造或限制了一些文化利用被赋予的自然资源的能力。毕竟，穴居人拥有今天这个技术最先进的社会所拥有的所有自然资源。历史上也不乏这样的例子：贫穷的社会坐拥丰富的自然资源，这些资源却未能得到开发利用，直到外国人通过经济、政治或军事手段控制了该社会之后，这一情况才有所改变。

简而言之，由外部因素塑造了技能和价值观的各个民族往往会发展出不同的内部文化模式来应对当前外部条件所带来的机遇和挑战。例如，犹太移民和意大利移民是在同一时代到达美国的，他们同样穷困潦倒，往往居住在同样破旧拥挤的社区，他们的孩子也就读于同样的学校。然而，他们对待教育体系（包括纽约市的免费高等教育）的方式却大不相同。此外，他们还借助不同的职业渠道，在不同的行业，以不同的速度实现了社会经济阶层的跃升。即便是已经变得富有、显赫的犹太裔和意大利裔人士，也往往是通过不同的途径改善了境遇。这种模式也并非只出现在美国。澳大利亚和阿根廷的犹太裔和意大利裔也存在同样的差别。无论是在美国、阿根廷还是在澳大利亚，犹太裔族群制衣，意大利裔族群酿酒，这种情况的出现绝非巧合。在移民到西半球的欧洲分支社会之前，这些族群在欧洲的这些行业中也同样占据着重要的地位。

简而言之，不同的民族生活在不同的文化体系之中，植根于不同的历史，为满足不同的需要而繁衍发展。在了解了文化体系的性质和范围之后，我们就能理解不同的民族在面对同样的外部挑战和机遇时，为什么会采取不同的应对方式。

文化体系

不同的文化之间存在着多种差异，其中一种差异便是范围的不同。当然，它们在某些特征上也有所不同，其中，有关种族群体、民族群体及一些国家的一些特征上的差异已有探讨。但是，随着时间的推移，国家、种族群体或民族群体的文化也常会发生剧烈的变化。一个颇具代表性的例子便是现代思维方式在全世界范围（至少是在受过良好教育的精英群体当中）逐渐普及，这也是 20 世纪人类社会所取得的显著发展之一。我们将在此探讨文化体系的三个关键方面：（1）文化体系的范围大小对其发展产生的影响；（2）在塑造文化的过程中，自然因素（尤其是地理因素）所起到的作用；（3）近代文化体系在世界维度的扩张，至少是某些核心科学和逻辑过程及其衍生技术在世界范围的扩张。

文化体系的范围

历史表明，人口的规模对于文化的发展十分重要。与世隔绝的小规模群体很少能够在技术、智识、经济或其他领域成为引领人类进步的先锋。这也并不意味着人口规模就能决定一切（否则中国和印度应当成为引领当代世界的国家），但它确实意味着，人口规模很小且与世界文化发展相隔绝的民族会面临严重的限制。无论是南太平洋或北大西洋的小岛，还是加勒比海或印度洋的小岛，从未有哪项重大的科学突破诞生在这样的小岛之上。

在一些地区，地理环境造就了一座座陆地上的人口"孤岛"（如苏格兰的高地人、越南的山民、斯里兰卡的康提僧伽罗人，以及在意大利南部和撒哈拉以南非洲部分地区的零散耕地上务农的民族），这些群体在文化方面明显落后于其他同本族民众保持接触的民族，或是同其他接近河流、港口、平原的文化保持接触的民族。居住在语言孤岛或文化孤岛的少数民族（如沙皇俄国的伏尔加德裔、美国阿巴拉契亚地区的阿尔斯特苏格兰裔）的文化发展水平可能会停留在他们开始与世隔绝时的程度。他们的发展滞后于故国，也往往会滞后于所在国家其他地区的同外界一直接触的移民同胞。

但我们并不能将与世隔绝的少数族群视为分支社会的特点，因为在美国这样的大型分支社会，科学或其他领域的发展水平可能超过了母国。文化隔离才是与世隔绝的少数族群最为突出的特征。与之类似，初始人口的规模也并不是一个关键因素。在一个由与外界隔绝的农民社区构成的庞大国家，如果一个村庄的村民同百里之外的村民接触极少甚至并无接触，那么这个国家可能就无法形成范围广阔的文化体系。

山脉与高地一直是导致文化分隔和文化迟滞出现的主要因素。正如法国著名历史学家费尔南·布罗代尔所言：

> 山区通常隔绝于文明之外，文明本身也是城市和低地所特有的成就。它们几乎没有历史，几乎永远处在文明大潮的边缘，即便是最为长久不息的浪潮。这些浪潮能够在平面上扩散到很远的地方，但是面对数百米高的障碍它们却无力逾越。[5]

无论山峰和高地会对居住者的文化发展有多大的危害，也无论高地的发展如何"持续地落后于平原"（用布罗代尔的话来说）[6]，山峰仍会对山地居民产生一些积极的文化影响。山峰不仅能够阻挡外敌入侵，还可补充江河水流，因为山脉的冰雪融水会注入溪流和河流，使其补给水源不必依赖降雨。在没有山脉的地方（如非洲热带地区），雨季和旱季的江河水流变化极为显著。通航水道对经济和文化的作用颇为重要，而山峰也在保持通航水道水流稳定方面发挥了重要的作用。

尽管地理因素及其他因素使得一些民族隔绝于其他民族的文化世界，历史因素却促使犹太人在很多文化中留下了足迹，令这个民族四处漂泊、颠沛流离了几个世纪。没有任何其他民族像犹太人那样经历了如此多无可避免的跨文化交流。同与世隔绝的民族往往处于落后状态形成对照的是，犹太民族取得了非凡的历史成就——尽管犹太族群规模较小、散布于世界各地，但他们还是在很多国家、很多领域取得了斐然的成就，很难相信，全世界犹太人口甚至要少于哈萨克人和斯里兰卡人。

全世界犹太人内部的历史差异只会强化一个普遍的结论，那就是跨文化经历同文化成就存在关联。在犹太人获许或被迫在文化落后之地（如东欧或也门的村落）聚群而居的情况下，他们所取得的成就远远不及其他可接触外界伊斯兰文明和欧洲文明的犹太人，如中世纪的西班牙犹太人或是近代的德美两国的犹太人。西班牙系犹太人的历史从另一个方面诠释了这一点。曾经的西班牙系犹太人是世界犹太人中的精英，身处伊斯兰文明与欧洲文明交会路口的他们经历了长达数世纪之久的"黄金时代"。1492 年，由于遭到驱逐，大批西班牙系犹太人移居奥斯曼帝国。起初，他们在新环境中取得了斐然的成就。但是，在接下来的几个世纪，随着他们同不断崛起的欧洲文明逐渐失去联系，他们也逐渐丧失了当初在奥斯曼帝国取得的显赫地位。到了现代以色列建国之时，来自北非和中东的西班牙系犹太人在收入、职业、教育等常见的社会经济指标方面都远远落后于来自欧洲和西半球的德系犹太人。但是，以色列社会内部的对比与西欧或西半球的西班牙系犹太人的情况并不相符——这些地区的西班牙系犹太人并未有过与外界隔绝的经历。

世界很多地方的观察人士早已注意到，生活在沿海的民族比其内陆的同胞更具文化优势，而居住于都市的民族则比生活在其他地方的同胞更具文化优势。诸如"地方的"、"部落"或"农民"之类的词语本身就含有"落后"的意思——如果所指群体隔绝于世，那么情况也确实如此。即便是在世界文明的发展过程中地位颇为突出的群体，在有些情况下也是摆脱了文化隔离的状态之后才取得了这样的显赫地位，如近代欧洲脱离了聚居生活的德系犹太人、18世纪的苏格兰人，以及19世纪脱离了与世隔绝状态的日本人。这些例子进一步印证了一个普遍的论点，即文化体系的范围限制了文化成就的水平。

犹太人所取得的非凡成就印证了"文化体系的范围是文化进步的基础"这一观点，而该结论对于以文化"认同"或"多元文化主义"为名有组织地推动社会巴尔干化的企图（例如在20世纪后期的美、英、加、澳出现的情形）颇为不利。除了此类行为背后隐藏的动机，在政府资助下有组织地对一个国家进行文化上的割裂再度造成了和自然地理障碍一样的影响，这种割裂限制了世界各地诸多民族的文化体系，造成了十分悲惨的后果。

但这并不意味着政府强行实施的同化政策（如沙俄时期推行的"俄罗斯化"政策）取得了广泛的成功。在现实中，这两类有组织的行为和政策使得相关群体在文化方面更加戒备，彼此之间也变得更为对立。如果个人和群体能够更加自由地保留自身文化、更加自由地接纳其他文化，那么文化间的相互吸收将会大量出现，并且更重要的是，这是一个和平的过程。正是因为美国能够赋予人们更大的自由，使其免于遭受宗教、文化等方面的迫害，所以才有数千万移民被吸引至此，整个国家也因移民的到来而收益颇丰。很多人在来到这里的同时也保留了他们的生活方式，但事实上，随着他们及后代融入并进一步推动了美国多元文化的发展，他们也逐渐放弃了原来的生活方式。

尽管文化体系限制了群体的成就，但在某些领域，领军人物的个人成就并不依赖于所在群体的文化环境。在诸如写作、体育、政治和娱乐等个人才能更为重要的领域，很多全国顶尖乃至世界顶尖的个人都来自科学、经济或技术成就方面并不出众的群体。这类例子包括文风犀利的印度裔英国作家维·苏·奈保尔、巴西的传奇足球运动员贝利、美国的传奇棒球运动员威利·梅斯，以及世界各国无数的爱尔兰裔作家、运动员、艺人和政治家。事实上，难以在对文化先决条件要求较高的领域取得成就的群体，可能会转而将更多的才能和精力投入个人能力可发挥重要作用的领域。虽然在科学、技术或高等文化的其他领域，个人也同样能够取得伟大的成就——爱迪生、爱因斯坦或贝多芬也并非其所处环境的产物，但是，他们的才华也需要建立在雄厚的文化基础之上。

简而言之，不同的文化不仅在具体特征或实现目标的相对效果方面存在差异，它们的范围也同样存在差异。例如，伊斯兰教成了北非、中东、南亚次大陆及远至马来西亚和印度尼西亚的广大地区之间往来交流的共同文化框架。在这个幅员辽阔的伊斯兰世界里，居住着规模大小不一（从原始部落到民族国家）、生活方式不同（从撒哈拉游牧民族到马来农民，再到奥斯曼学者）且人种各异（从阿尔巴尼亚人到西非黑人）的不同群体。他们都从属于同一种文化模式，这种模式促进了从贸易到移徙，再到帝国构筑在内的形形色色的社会往来。相比之下，日本的文化在很大程度上仍然局限于日本的领土范围之内。尽管伊斯兰教国家之间以及基督教国家之间也互有征伐，但不可否认的是，共同的文化模式能够使更为广泛的霸权成为可能。共同的文化模式有助于促使本可能动武的迥异群体达成和解，或至少促使无法了解彼此文化模式的不同群体不相往来。在这种情况下，文化也会产生实际的影响。在上述案例中，文化充当了一种整合的力量，将各种不同的群体约束在一个可以相互容忍的界限范围之内。

伊斯兰文化不仅为伊斯兰各族提供了一种框架，也同样为奥斯曼帝国及中世纪西班牙的基督徒和犹太人提供了框架。为了便于管理，奥斯曼帝国将一些基督教民族群体聚拢成为东正教社群，并且给予他们一定的自治权。因此，基督教东正教社群也成了一个庞大的文化社群。在奥斯曼帝国的疆域范围内，希腊文化的影响也逐渐覆及保加利亚人、阿尔巴尼亚人以及当局认可的东正教社群其他民族。在奥斯曼帝国衰落的后期，随着东正教少数民族知识分子在以希腊东正教为主的社群当中推广保加利亚、阿尔巴尼亚等民族的文化，希腊文化霸权也逐渐被削弱。新兴的知识分子阶层促使文化体系割裂的例子还包括19世纪拉脱维亚人和捷克人反抗德国文化霸权，20世纪的诸多类似情形，如新西兰毛利人和澳大利亚土著反抗英国文化霸权。从斯里兰卡到魁北克，语言分离主义的问题颇为尖锐——这只是文化体系割裂的一个方面。

经济力量，更确切地说，是经济活动国际一体化的作用，是与文化力量相对的另一种强大力量。由于飞机航班遍及全球，飞行员和控制塔需要借助同一种语言进行沟通，在这种情况下，一个理解错误都可能会导致数百名乘客丧命。选择英语作为这一沟通种语言并不重要，重要的是，肩负生死责任的人士要达成一致、掌握某种语言。在国际商业和国际金融领域，双方之间的相互理解甚至能够决定价值高达数十亿美元的投资能否达成，因此这绝非小事。在这种情况下，英语被选为通用语言，即便所有相关人士的母语并非英语。

如同看待其他问题一样，知识分子对语言问题的看法往往有失公允，他们含蓄地断言，英语比西班牙语和法语更"优越"，或一个民族比另一个民族更"优越"。但如同文化的其他特征一样，语言的存在是为了达到某种目的，而不仅仅是为了象征什么或引起反感。如果不考虑各种语言本身的优点，或不考虑这些语言兴起于哪些民族，那么一门传播更广的语言能更充分地实现它的目的。同样，在世界范围内传播更为广泛的科学精神、商业精神也能够促进国与国间的科学合作和经济合作。文化不仅仅具有象征意义，它还能够产生重要的影响。除了某些文化本身已经具备的优点之外，文化体系的大小也同样能够产生重要的影响。

地理影响

尽管人们广泛认可地理环境对民族发展的影响，但是"自然资源影响经济发展"的说法同"通航水道影响文化体系范围大小"的说法存在着很大的差异。两者的不同之处在于关注点是在某一民族能够获得怎样的外部机遇，还是在这些民族能够从其所处环境中获得哪些文化资源上。

认同地理因素的影响并不代表盲信地理决定论，因为无论地形地貌、矿产资源、通航水道以及气候和流行病环境会在多大程度上限制某一地理区域内民众的选择余地，他们都会在这些限制范围内做出选择。而外来的思想、技术、移民或军队则会让此过程变得更加复杂，令最终结果变得更加难以确定。即便如此，在世界很多地区，地理因素也像其他诸多因素一样，阻碍着民族的经济进步和技术进步，原因在于，各个大洲和地区有利于经济进步或文化融合的要素分布并不均衡。

理解中东石油、西欧铁矿、马来西亚锡矿及南非黄金的历史意义相对容易。相比之下，并不显眼但重要性不亚于此的是将这些资源及其他资源运往全球各地的关键的通航水道及这些资源的最终制成品。运输和制作的过程也促成了更为广泛的文化往来。

世界上几乎所有的大城市都因河而兴或因港而盛，这表明了河流和港口对经济和文化的发展极为重要。它也在一定程度上反映了水路运输和陆路运输的成本存在着巨大的差异。例如在 19 世纪中期，横贯美国大陆的铁路尚未建成之前，将货物从中国的港口运至美国旧金山，比从密苏里河畔走陆路运输速度更快，价格也更低廉。[7] 在高加索地区的梯弗里斯，从 8 000 英里外的美国得克萨斯州通过水路进口煤油的价格，比从不到 400 英里远的巴库通过陆路进口煤油的价格更加便宜。[8] 在非洲，直到 20 世纪，将一辆汽车从吉布提运至 342 英里外的亚的斯亚贝巴的成本相当于将一辆汽车从 7 386 英里之外的美国底特律运至吉布提。[9] 与之类似，据说 19 世纪日本在改造公路、建成铁路之前，将货物通过陆路运送至 50 英里之外的成本等同于将其从欧洲运送至该国的成本。[10] 高昂的运输成本制约了经济的规模，严重限制了货物运输的距离，并在很大程度上限定了适于长途陆路运输的货物范围——仅限于尺寸小、重量轻而价值较高的物品（如黄金或钻石）。高昂的运输成本也限制了文化体系的范围。

在世界各大洲和各个地区，河流和港湾的分布各不相同。尽管非洲大陆的面积是欧洲的两倍有余，但其海岸线长度却不及欧洲。欧洲蜿蜒曲折的海岸线上遍布着港口、港湾，而非洲相对平坦的海岸线上则较少有港口可供船只休憩停泊、躲避公海的波涛汹涌。此外，非洲的一些国家（如利比亚和南非）甚至都没有一条可以通航的河流。这在一定程度上反映了非洲大陆很多地区降雨稀少且时有时无，只能间歇性地对河溪进行水量补给，使其水位达到适航水平。[11] 此外，正如降雨模式在时间上限制了河流的适航性，非洲的诸多急流、瀑布也限制了河流的可通航距离——即便河流水量充沛，也同样如此。非洲的急流和瀑布多位于离海并不遥远的内陆地区，[12] 故而大江大河也无法连通大规模的海上商业贸易。例如，扎伊尔河总长 2 900 英里，水量仅次于亚马孙河，但其激流、瀑布邻近大海，致使远洋船舶无法到达这一规模位居世界前列的通航河流网络。[13] 因此，扎伊尔河及其支流无法成为适于行船的通航水道，而正是这些通航水道在各国的发展中发挥了极为重要的作用。

纵观欧洲和亚洲及后来的西半球和澳大利亚，从伦敦到孟买，从悉尼到里约热内卢，主要城市的所在地无不一次次地体现了人类对水路的依赖。这些港口不仅发展成了经济中心，还成了文化中心，以及广泛意义上的发展中心，因为城市也引领着文明的进步。[14] 与之类似，数千年之前，非洲最为著名的文明也同样发端于其最长的通航河流——尼罗河两侧几英里的范围内。本书写作时非洲大陆最大的两座城市——开罗和亚历山大，都位于尼罗河沿岸。然而，非洲大陆仍然是全世界城市化程度最低的大陆，大型城市的数量颇为稀少，这也反映了可促进经济交流、文化交流的通航水路在当地仍然颇为稀少。[15] 在非洲，除了尼罗河之外，即便是季节性适航的河流也多集中于西非近赤道的地区。[16] 相较于非洲大陆其他地区，这个地区建立的政体规模更大、更加先进，存在的时间也更为长久。

19 世纪初，世界有 4/5 的人口居住在沿海地区，从中足以看出水道的重要性。在近代，人造动力驱动的非水运交通工具——汽车、铁路和飞机使沿海地区的人口不再那么集中，但直到 1975 年，世界仍有 2/3 的人口居住在沿海地区。[17] 在非洲，沿海平原的平均宽度仅为 20 英里，且背倚陡峭山坡，这使得修建公路、铁路颇为困难，当地的河流也是沿着高原的边缘飞流直下。[18]

地理并非决定一切的因素，但是它能将人类的种种可能限定在或宽或窄的范围之内。对于撒哈拉以南非洲的大部分地区来说，地理因素的限制范围颇为狭窄。高昂的运输成本不仅限制了经济活动，从根本上说，更限制了人类的交流往来，形成了包括语言差异、部落主义在内的重重文化障碍。尽管非洲人口数量尚不及世界总人口的 10%，但他们的语言种类占到了全世界语言总数的 1/3，[19] 这也体现了他们的文化碎裂状态。非洲的语言、方言众多不仅是文化碎裂的一种表现，其本身也是一种严重的问题，它抑制了众多民族在政治上或经济上的有效整合。水路能够延伸文化交流的边界，但是在非洲大部分地区，这种延伸的作用颇为有限。对于撒哈拉以南非洲的各个民族而言，同世界其他民族、其他文化进行文化交流的最大障碍在于撒哈拉沙漠本身，其面积甚至超过了美国大陆。直到人类跨入了公元 2000

年，非洲中部的热带雨林及其南部地区才开始受到世界其他地区文明的深刻影响。[20] 在 16 世纪前，这些文明都是由伊斯兰教徒们传播来的。[21]

虽然影响一个民族文化发展的地理因素可能并不会像矿产资源、土地肥力等直接影响经济发展的因素那样得到较多的关注，但这些因素也并不是在所有情况下都会像表面看上去那样具有决定性作用。例如在 18 世纪，智利的一位观察人士曾做出了如下评价，这一说法也同样适用于世界其他地区的很多国家。

……这里从不打雷，也不下冰雹。这个国家到处都是蕴藏着已知金属的矿山，这里气候宜人，且土地肥沃、灌溉充足。这里拥有很好的港口和优良的渔业，欧洲的动植物在这里蓬勃生长，无一退化，一些物种还得到了进化。没有野兽、没有昆虫，也没有毒蛇……也没有困扰其他国家的种种瘟疫……在这片得天独厚的土地上，在这风和日丽的朗朗晴空下，本应出现人口众多、贸易繁荣、工业兴盛和艺术发达的景象。但是，这个美洲最富饶的王国反而成了最为悲惨的地方。[22]

相反，日本虽然并无丰富的自然资源，却成了世界主要的工业国家之一。生活在巴西的日本侨民主导了该国南部地区各类农产品的种植。与之类似，虽然瑞士的自然资源极度匮乏，但它也成了欧洲大陆乃至全世界最繁荣的国家之一。[23] 正如这些例子以及其他例子所表明的那样，一个民族的技能和文化模式是至关重要的因素，知道了这一点，我们也就很容易理解为什么全球范围内民族的重新分布（无论是通过移民还是征服）会产生类似于西半球欧洲化后出现的巨大经济变化。

有些地理环境物产丰富、土地宜耕、江河宜渔，而有些自然环境则需要人们养成勤俭克己的作风及良好的工作习惯方能在其中求得生存。前者看似得天独厚、颇为有利，但从长远来看，反而未必比后者更具优势。文化形成于严酷的地理和气候条件下的民族一旦置身于更为有利的环境，往往能够蓬勃发展，并超越在这些有利的环境中生活的本地民族。在殖民时期的马来亚，来自中国华南地区的贫苦华人最开始只能从事苦力，生活贫困潦倒，经过不断的发展，他们逐渐超越了享有更为优越的地理条件、谋取生计也更容易的马来人。[24] 同样的情况也存在于迁徙到斐济的印度移民以及世界其他地区的移民群体中。[25] 与之类似，在同一国家，如果外来征服者和殖民者引入一种新的文化，并创造出了有利的机遇，在这种情况下，地理条件更为恶劣的群体（如尼日利亚南部的伊博人或锡兰北部的泰米尔人）往往能够借此机会取得成功，而其地理条件较为优越的同胞则无法像他们那样迅速地把握住这些文化机遇。

从国家层面上看，面对着汹涌澎湃的北大西洋的欧洲诸国（尤其是英国、法国、西班牙和葡萄牙）最终掌握了技术能力、积累了航海经验，成为近代大航海时代及帝国主义时代领先世界的海军强国。在早期，一些国家和帝国曾在风平浪静的地中海水域（那里大多数水上航行都处于陆地视野可及的范围内[26]）发展海军力量，但是它们未能发展成能在公海挑战西欧新贵的海军强国。简而言之，无论是在陆地还是海洋，短期的优势未必代表长期的优势。

欧洲、亚洲和非洲一直是现代世界人口主要文化特征的来源地，不仅因为其人口所占比例颇高，还因为世界上很多地区（特别是西半球）的文化均发端于这三个大陆。尽管地理因素本身并不会对欧洲、亚洲或非洲的文化产生决定性作用，但是，每个大陆、每个地区的命运走向都在其设定的界限之内。无论是在不同大陆之间，还是在每个大陆内部，这些界限和命运走向都存在显著的差异。

在有记载以来的大部分时期内，广袤的欧亚大陆一直是人类大多数成员生活的地方。在这块超级大陆上，欧洲地区和亚洲地区之间的一些地理差异堪比它们的种族差异或历史差异。例如，亚洲遭受的洪水、干旱、地震和饥荒远多于欧洲。很多在欧洲只是零星出现的大型流行疾病，到了亚洲之后就会肆虐起来[27]。亚洲也素有"病毒暴发的中心"之称。[28] 在亚洲，疾病会在动物和人群中传播。而农作物疾病也同样起源于亚洲。[29] 在中国、印度和中东的部分地区，寄生虫问题令人精疲力竭。[30]

另一方面，同欧洲相比，亚洲大部分地区的土壤更为丰沃，可养活更多人口，因此在历史上，其人口稠密程度远远高于前者。[31] 东亚的季风及与之相伴的炎热夏季有利于水稻生产，相较于种植欧洲的主要谷物——小麦，在同一块土地上种植水稻能够养活更多的人口。[32]由于亚洲主要人口中心的位置比欧洲人口中心更加靠南（连东京这样相对靠北的亚洲首都城市都比罗马、马德里更加偏南，更不用说伦敦和巴黎），气候适宜，降雨充足，所以亚洲大部分地区每年可以种植两季作物。相比之下，欧洲大部分地区每年只能种植一季作物。[33]

断定欧亚两地孰优孰劣既无必要，也无可能。有一点很清楚，也很重要，那就是欧亚之间及各自内部存在着一些迥然相异的自然环境特征。只有在奇迹般的巧合下，所有因素才有可能达到平衡，使得两地的民族能够自始至终地在技术、组织或经济方面保持相近水平。无论任何时候，只要文化发展受到其所处自然环境的影响，自然因素就会成为导致不同社会及社会中不同群体取得不同成就的众多影响因素之一。

在欧洲大陆，除俄罗斯之外，所有地区与海的距离都在 500 英里以内。[34] 而非洲热带地区则大多离海更为遥远，其中部分地区距离海洋甚至超过了 1 000 英里。[35] 此外，尽管从直线距离来看，很多非洲社群离海较近，但相较于离海距离大致相同的欧洲社群，他们要抵达海洋并不容易。一个距离地中海 100 英里、被撒哈拉沙漠阻隔的地方完全无法同距离开阔海域同样距离的莱茵河港或塞纳河港相提并论。

类似莱茵河或塞纳河（或欧洲其他河流）的河流在非洲极为少见。与南美洲或一些第三世界的地区不同，撒哈拉以南非洲大部分地区既缺乏客观的地理条件（如肥沃的土地和充沛的降水），也缺乏发展有利于人们利用经济机遇的文化模式的地理条件。非洲大部分地区不仅水路运输极为不便，还深受吸食人畜血液的舌蝇的影响，这导致撒哈拉以南非洲的大部分地区无法使用牲畜进行运输或耕作。

尽管欧洲通航水道数量众多，使得普通、笨重、低价值商品（如谷物）的长途运输成为可能，且较亚洲更为频繁，[36] 但是在撒哈拉以南非洲，由于无法通过水路或牲畜进行长距离运输，贸易活动的距离和交易商品的范围变得十分有限。只有价值颇高、足以偿付高昂人力运输成本的商品才会被运至较远地区进行交易。

不同的地理特征相互影响。山脉能够影响河流的流动。在冰雪厚积的大型山脉，积雪消融之后会汇入溪流和河流，即便是在干旱少雨的季节也能为河流提供水源补给。换言之，在像撒哈拉以南非洲的几乎没有山脉的广袤地区，河流水量完全取决于降雨量的大小，水量也会因干湿季节不同而迥然相异。地形特征对河流水量的另一重要影响在于，在广阔的高原地区（如热带非洲或中国的西藏），小溪和河流必须垂直下降很长一段距离才能流入大海。这意味着，相较于流经沿海平原的河流，它们的流域坡度更为陡峭，因此不易通航，甚至可能会因急流和瀑布的存在而无法通航。这导致在其他地区可以通过水路运输的很多货物在这些地区必须通过陆路运输，甚至可能无法运输。

相较于水路运输，陆路运输不仅成本迥异，还有其特定的要求。例如，在大沙漠地区，水源地之间的距离——相对于骆驼在没有饮水的情况下可行进的距离——决定了哪些穿越无路沙地或干旱草原的路线适于穿行，哪些路线不宜穿行。而这些路线及其交通往来的密集程度决定了哪些绿洲经济活跃度较高，足以发展成为永久居住地。正如世界其他地区的河流和港口会发展成为城市中心，一些沙漠路线交会之处的居住地（如中亚的撒马尔罕）有可能会发展成为大型城市。[37]

甚至连三大洲的政治历史也受到了其自然环境的限制。横扫中亚、中东和北非广阔区域、成就帝国霸业的骑兵部队却未能征服早期欧洲的茂密丛林。那里的树木形成了道道屏障，且缺乏适宜饲马之地，对这些马背上的征服者而言，这些限制比欧洲人的军事防御更令人生畏。在亚洲，一些地区为了更好地利用季风降雨的规律而动工修建大型公共项目（如灌溉农业），因此需要开展在政治控制之下的群体管制。

这些广泛的地理差异不仅存在于不同大陆之间，也存在于同一大陆内部。甚至在一国之内也存在这样的情况。例如在中国，长江流域的年降雨量达到了黄河流域的两倍；黄河历史上数次改道、洪泛成灾，因此曾被称为"中华之忧患"。而长江水量充沛、江水颇深，一艘万吨巨轮也能自海沿河而上行进数百英里，而较小的船只则可继续行进约 1 000 英里。[38] 同时，由于受到山脉阻断，中国的西藏也一直在大体上处于与世隔绝的状态。与之类似，受穿越大西洋的北上湾流影响，欧洲大陆西部地区的气候要比北美东海岸相近纬度地区更为温暖（尽管伦敦比纽约靠北数百英里，但是伦敦的冬季却比纽约更为温和）。在距离湾流较远的欧洲大陆东部地区，湾流对气候的影响会随着距离的增加而变得逐渐微弱。沿此地区自西向东而行，河流每年的结冰期也会逐渐变长。此外，南欧的大部分地区降水稀少，这意味着适于远洋船只通行的河流远远少于北欧和西欧地区。被山脉阻隔、缺少入海河流的巴尔干半岛部分地区发展水平长期处于第三世界水平，后来，欧洲其他地区的技术才传播到了这里。

在 19 世纪欧洲工业化时期，早期工业区都拥有通航水道的优势，[39] 而缺乏这一优势的地区（如东欧和地中海欧洲部分地区，尤其是巴尔干地区）经济发展则远远落后于英国、法国和德国等国家。相较于欧洲大陆较发达的地区，欧洲欠发达地区的生活水平更接近于欧洲以外的其他国家。[40] 例如，南欧地区的化石燃料较为匮乏，[41] 但人们常常无法通过水路将其运至内陆，而水路又是唯一具有经济可行性的运输方式。尽管在 19 世纪的欧洲，城市的发展尤为迅速，但是在巴尔干地区，蓬勃发展的城镇数量极少。[42] 就在欧洲发达地区发展、改造公路和铁路的同时，巴尔干地区的民众对这些东西几乎一无所知，这也导致了相距不到 20 英里的村庄彼此之间相互隔绝。[43] 1860 年之前，萨瓦河和多瑙河以南地区从未修筑过铁路。[44] 亚得里亚海沿岸的山脉之间分布着相隔较远的短促河谷，[45] 这也导致人们分隔而居，形成了不同的文化。总体而言，巴尔干半岛上的山脉导致了文化的分裂和经济的隔断，[46] 这使得巴尔干地区长期以来族群之间存在着巨大的隔阂和致人死亡的仇恨。尽管巴尔干半岛拥有丰富的天然港口，但是这些港口同内陆地区被山脉所阻隔，并且鲜有河流能够将内陆地区同这些港口连接起来。[47] 在 19 世纪的欧洲，大部分地区不仅实现了经济的发展，还同欧洲大陆及其他洲的国家互有往来，而与此同时，东欧及东南欧大部分地区却仍然处于"自给自足"的状态[48]——换言之，仍然处于孤立、贫穷和落后的状态。

在东欧和南欧移民迁入西半球或澳大利亚、同来自欧洲大陆发达地区的移民及其后裔竞争工作岗位的时候，他们故乡的劣势在这些地区也同样凸显出来。无论是在西半球还是在澳大利亚，东欧人和南欧人往往从事层次最低、收入最低的工作，这些往往又是最苦、最脏甚至最危险的工作。无论是从对来自不同国家的移民群体的比较来看，还是从对同一国家不同文化区域（如意大利的北部和南部）移民群体的比较来看，这一现象都颇为显著。意大利南部在很多方面与巴尔干地区、西班牙或东欧落后地区的情况十分相近，而意大利北部（尤其是波河流域）的地理条件和工业条件则与欧洲西北部更相似。这不仅仅是一个欧洲不同地区民族之间的贫富差距问题，更为根本性的问题在于，他们所具备的技能、经验、工作习惯和普遍能力程度迥然相异。这些技能、经验、工作习惯和普遍能力形成于近代的工业社会和商业社会，并且在其他工业社会和商业社会（如美国和澳大利亚）也同样能够派上用场。这些模式不仅仅是他人的刻板印象、感知、种族主义等主观因素所造成的结果，它们实际上反映的也是一种历史现实——无论这些现实衍生出了多少偏见。即便现实随着移民群体的同化或技能提高发生了改变，这些偏见可能也仍然根深蒂固地存在于人们的意识当中。

尽管欧洲地中海地区的民族在近代开始落后于欧洲大陆北部和西部的民族，但这并不意味着前者天生能力不如后者。在有历史记载以来的大部分时期，地中海民族的文化水平显著领先于欧洲大陆的其他地区，只是在最近的几个世纪里，这种领先地位才遭到扭转。伟大的古希腊和古罗马文明兴起于欧洲东南部，而在彼时，欧洲北部大部分地区还处于尚无文字的部落社会。[49] 古代地中海国家是欧洲大陆最早种植作物、冶炼金属、建造城镇的地区。据估算，古希腊在文化发展方面领先芬兰拉普兰地区约 3 000 年之久。[50] 尽管欧洲地中海地区的通航水道多为沿海水道，而非河流水道，但是这些沿海水道促成了希腊人、罗马人和其他南欧人同中东和亚洲的古代及中世纪先进文明的往来交流。尽管欧洲北部和西部地区拥有工业革命所需的关键自然资源，然而，在人类发展远未达到工业革命所需水平的阶段，这些资源并无任何意义。

只有人类懂得如何利用的自然资源才是真正意义上的自然资源。在可翻耕黏重土壤的农具尚未问世时，即便是极为肥沃的土地也常常无法为人所用。而贫瘠的农地由于土壤质地较轻、适于用当时的农具进行耕作，[51] 反而产量更高。古时的人类尚未掌握人工排水技术，河谷山坡更加有利于农作物的种植，因为这里的多余水分会因自身重力而自行排出。[52] 到了后来，欧洲西北部地势平坦或平缓起伏的平原成了主要的农业区[53]。与之类似，在古代中国，随着北方人口南迁并将先进的排水技术和其他技术带到当地，南方的土地生产率得到了充分的释放，[54] 因此也成了主要农业区。在排水技术尚未出现的欧洲，平原地区的土地不仅生产率低下，还会滋生致命疾病。排水过程也颇为艰辛，可能会致人罹患疾病甚至死亡。[55] 有人提出这样的一种假说：在人类进化的早期阶段，非洲为他们提供了一个最为适宜的生存环境。随着人类文化的不断发展，能够让他们在亚欧寒冷环境下生存的御寒之衣和栖身之所也随之被发现，人们这才得以开发利用亚欧两地的宝贵资源。[56] 简而言之，地理上的优势或劣势会随着时间的推移而发生变化，这取决于在既定的地理环境中出现了怎样的文化发展。没有哪个大陆或区域能够一成不变地成为人类发展的最优选择。

如果某一地区的土地无法长期承载人类的生活，那么这里就不可能形成长期的人类居住区，除非有海产能够补充土地物产的不足（如地中海沿岸的一些地区）。[57] 否则，随着土地生产率逐渐衰竭，人们需要迁至他处，或者至少需要等到土地的承载能力恢复后再在此处生活。在种植作物的地区，人们可能会采取刀耕火种的方式，以草木灰为肥料滋养地力衰竭的土壤。在放牧地区，牧草和灌木的消耗程度决定了牧羊人或一些牲畜应在何时迁徙——尽管对于它们而言，这些牧草灌木或许已经所剩不多、无法满足其需求，但对于随后到来的其他牲畜而言，这些食物足够它们大快朵颐。这些人和牲畜的移徙可能体现为整个游牧社群携带财产的长期性迁徙，也可能体现为被称为"迁移性放牧"的季节性迁徙[58]——在后一种情况下，牧羊人们仍将家人安置在他们的长期居住地，他们本人则会赶着牲畜前往遥远的牧场。这种模式更像是同时依靠土地和大海来维持生计，只不过在这种情况下，是将牧业和农业进行结合，以此来谋生。但是，如果此类结合无法实现且土地无法长久承载人类的生活，则无法形成长期存在的村庄、城镇和城市。换言之，在这种地理环境下生活的人们不仅得不到城市生活的经济利益，也与各国发展过程中历来同城市发展形影不离的文化发展无缘。他们自身的其他潜能也无法得到开发。

无论地理因素或其他因素会对文化和经济发展产生怎样的限制，我们不能认为每个群体或每个社会都会受到这种限制。例如，在哥伦布抵达西半球的半个多世纪之前，中国派遣的船只已经远及非洲东海岸。尽管其航行时间比哥伦布航海时间更久，其海军力量亦比同时代的欧洲更为先进，[59]但是此举并未推动历史性的变化，因为中国并未选择建立海外殖民地，甚至停下了远航征程。出于同欧洲列强完全不同的文化和政治需要，在欧洲开始大举进行海外扩张之前，中国却开启了一个闭关锁国的时代。[60]一个世纪后，日本也同样选择了锁国道路。[61]而在此后的20世纪，日本又选择了战争道路，最终导致其城市和工业毁于一旦。一个社会所面临的选择限制并不能决定这个社会在此范围内会做出怎样的选择。

近代世界文化

至少在受过教育的精英群体中，各国文化都有其特定的世界观及一套特定的处世逻辑，它们多多少少有一些相同之处。同时，这些世界观和处世逻辑又同几百年之前世界各地的人们所秉持的观念、看法和思维过程迥然相异。例如，对于约5个世纪以前的大多数欧洲人、亚洲人或非洲人而言，人类漫步月球的想法无异于天方夜谭。同样，他们也很难相信微观世界的存在及其对人类健康和生命的巨大影响。即使是时钟这样平平无奇的物件也会产生极为广泛的影响，它不仅让计时更加精确，让人们有了时间观念，还进一步推动了后世习以为常的各类复杂齿轮传动机械的发展。如今，"地球围绕地轴自转，围绕太阳公转"已经成了人们普遍的共识，而就在约4个世纪以前（在人类历史中并不算长），还有人因信奉这些理念而被处以火刑。

然而，很多已经成为世界文化的东西或者已嵌入无数国家文化和群体文化中的观念框架和思维方式，都起源于中世纪及近代欧洲文明，尽管它们也借鉴了其他文明的理念和产物。到了 20 世纪末，如同在英国和法国一样，这些曾为欧洲所特有的概念开始在日本及更远的地区为人所熟知。而对这一世界性的科技文化的阐释和发展往往来自非欧洲人，以及这一新型思想观念及其实体产物的创造者们的后代。然而，当今这个被世界各地的各个种族和文化视为寻常的科学经验主义世界，如果放在前近代时期，会令世人震惊不已，原因不仅仅在于这个世界中具体的发现和产物，还在于这个世界看待事物的方式。这种方式的发展是一个漫长而痛苦的过程，其间不仅会遭遇思维或技术上的困难，还会遭到饱学之士和无知之人以及普通民众和权力阶层的强烈反对。在伽利略的时代，曾有饱学之士拒绝用伽利略的望远镜观测星空，他们心里明白（或至少已经察觉），此举不仅会让他们看到天体的物理现象，还会让他们看到自己所知世界的末日终途。

人们通常认为，近代时期始于哥伦布的首次航行，它促成了两个半球之间的互通，以及二者在物质资源、文化资源方面的互享。相比之下，麦哲伦从 1519 年到 1522 年间进行的环球航行是一个更为重要的节点，它所掀起的人类思想革命缔造了我们的近代世界。此次航行不仅如计划证明了"世界是圆的"这一事实，还证明了计划以外的东西。在他的船只返回西班牙的时候，航海日志显示当天为周六，但是船员们上岸之后却发现当天是周日。前来解释这一谜团的学者们认为这表明了地球在沿着地轴进行自转。[62] 国王下令焚毁这本航海日志，他心里很清楚，此事不仅仅是一个孤立的事实，它还会破坏支撑现有的制度、社会和生活方式的上层建筑的部分根基。早在麦哲伦航海之前，哥白尼便已认定地球是围绕地轴自转的，但他直到临终之前才在病榻之上发布了自己的研究成果，因为他清楚此举对世界——以及对他自己——意味着什么。几十年后，乔尔丹诺·布鲁诺因为公开支持哥白尼的理念付出了生命的代价。

欧洲文明并不是唯一惧怕科学进步的社会影响的文明。中国古代的帝制王朝将天文视为国家机密。[63] 中国人还发明了一种时钟，其先进程度超过了同时代西方世界的所有同类产品，然而这一产品却未能如同西方的时钟那样得到发展——由于西方的时钟本身已尽人皆知，所以人们可以不断对其加以改进。[64] 中国的其他发明创造——瓷器、火药、纸张和印刷术——也同样是在欧洲得到了更为充分的开发利用，原因在于，中国古代商人往往会面临种种社会和政治限制，相比之下，西方资本家则相对较为自由。[65]

在前近代时期，无论在欧洲，还是在非西方社会，很多人都以为自己身处世界的中心。[66] 彼时，人们不仅普遍对种种科学事实一无所知，亦无科学经验主义准则的指引，他们将古代权威和神圣文字视为更加可靠的信息和理解来源。在欧洲文明中，亚里士多德对物质世界先入为主的结论被奉为权威，这导致在几百年中，科学经验主义一直在步履蹒跚中艰难发展。盖伦对人体所作的推测也同样如此——这些推测早于人体解剖，还抑制了人们的解剖实践。哥白尼、伽利略、哈维、达尔文和爱因斯坦等人也曾因推翻或破坏了世人心中所熟知的世界，而遭到了批判和敌视。但是，在他们成功地让人们放弃旧的精神世界、接纳新的精神世界之时，这种新型观念就在受教育者群体当中得到了广泛传播，其范围也远远超出欧洲文明的疆界，各国社会（至少是其中一部分）都融入了这一世界文化。在此之前，种族和文化的共同扩展并非常态，而随着近代文化在世界范围内的传播，这种情况逐渐变得稀少。

尽管近代文化始于欧洲社会，但在问世之初，近代文化同欧洲社会当时的观念互不相容，在其他社会也同样如此。近代文化元素也是世界性的，其数学根基为印度的数字系统，光学和天文学知识来自地中海世界，撰写本书所用的纸张则来自中国。认为"近代观念或近代文化最先在欧洲发展"只是承认了它的历史渊源。此举并不是"欧洲中心论"，而是以"世界中心"的视角审视近代人类的共同文化。

历史的道德维度

　　无论是在历史上，还是在当代，因果关系和道德都是两码事。在某一情况下，道德上最令人反感或最令人鼓舞的事情可能并不是最为重要的因果要素。但是，尽管因果关系可能独立于道德而存在，但道德问题往往无法独立于因果关系而存在。在殖民时期的马来亚，初来乍到的华人移民一贫如洗、目不识丁，因此往往会从事马来人不屑一顾的工作岗位——马来社会对此既无因果责任，也无道德责任。然而在几代之后，取得了独立的马来西亚通过了法律，限制华人的教育机会和职业机会，这一政策是马来政府的自主选择，因此也对其后果负有因果和道德上的责任。

　　一些人似乎认为，无论在历史上，还是在现代，政府对其本可阻止的任何不幸都负有道德责任，无论造成这一状况的是政府还是社会。这一观点忽略了一个重要的事实，那就是政府有资源单个处理或逐一处理的事务在数量上远远大于政府有资源同时应对之事。它还忽略了经济学中关键的决定性因素——稀缺性。如果考虑到稀缺性因素，则应抓大放小、全力以赴应对更为紧迫的问题。至于哪些问题最为紧迫，人们可能存在分歧，但这并不同于因社会未阻断一切可断之恶而对其进行道德谴责。

　　对独特性的错误认知困扰着道德和因果论证。大部分情况下，种族的压迫或征服者的罪行都并非为压迫者或征服者所特有。这并不代表压迫者或征服者的道德责任能够得到丝毫减轻。但如果清楚了这一点，那么一些观察人士将普世之恶归罪于某一社会，并将这种恶归咎于该社会的某种特征的选择性义愤也会随之不攻自破。如果将欧洲人奴役非洲人归因于其中一方所特有的东西，[67] 则会忽略一个明显的事实，那就是奴隶制是一种有着几千年历史，且存在于不同种族、不同文化中的世界性制度。将人类普遍之恶视为"我们的社会"所特有之恶常会使我们犯下致命错误，将受害与美德混为一谈，我们成了受害者而不是秉持道德原则的人。然而在人类历史上，受害者在掌权之后又去压迫他人的情况比比皆是——无论是一战后哈布斯堡帝国和奥斯曼帝国的继承国，还是二战后欧洲海外殖民帝国在亚洲和非洲的继承国，都是如此。

而这一对独特性的错误认知也令人们难以理解群体内部出现的诸多冲突。在人类历史上，肤色不同的民族之间常见的仇恨和蔑视，也同样出现于体貌特征并无二致，却因宗教偏见或民族仇恨而存在严重分歧的群体之间。对于被卷入了种族敌对的人们而言，肤色可能的确很关键。但对于观察人士、历史学家或分析人士而言，此类行为模式可能同因信仰、国籍、种姓或其他差异而导致的行为在本质上并无区别。犹太群体曾在中东部分地区饱受压迫、骚扰和羞辱，同样，印度的贱民以及在美国历史上种族歧视最严重时期生活在美国南方种族歧视最严重地区的黑人，也遭受到了极其相似的待遇。

纵观种族关系或民族关系历史，我们很难不被其中的不人道、残暴和邪恶所震惊。最为仁慈、最为道德的愿望莫过于想方设法予以纠正，但是，最为徒劳或最为危险的做法也莫过于纠正历史的过错。历史的过错不容否认。事实上，过错也是世界各国历史的重要组成部分。但是，尽管这些过错的受害者或许已经成了永久的象征，但其中大多数人作为有血有肉的生命早已离世。迫害他们的人也同样如此。我们无法再为受害者们提供帮助，也同样无法再对迫害者们施加报复，这可能会让我们感到灰心和恼怒，但我们绝不能因此而将懊恼情绪发泄到活着的人身上。同样，我们也不能赋予历史罪责的提醒者们以特权，继而制造出新的冲突。

领土收复主义常导致各国为争夺本身几乎毫无价值的土地而互相

残杀，原因仅仅是这块土地很久以前曾属不同的政治管辖区。那么，灌输因历史错误催生的社会统一主义思想，又能带来什么呢？如果在一个社会中，一些孩子在出生之时便对在同一社会中同日而生的其他孩子存有怨恨，该社会又能从中得到什么？

一个民族在生物或文化上的延续并不代表前人的罪责应由后人承担。过往行为的经济影响和社会影响在当代人的生活中未必能够被避免，也未必能够得到量化——在同期无数其他影响因素干预的情况下，这无法实现。此外，也没有任何群体从一开始就是白板一块。然而，很多国家的大量文献言之凿凿地将群体间经济"差距"、职业"比例"上的统计差异归咎为特定的历史上的恶，却极少甚至从未审视历史的具体细节，也不考虑当代人口、文化或其他方面的差异。与此如出一辙的是，人们在分析群体差异的时候常常会运用分析随机事件的统计理论，这种做法不仅存在于理论分析的过程中，也出现在法庭判案的过程中。它把人视同于随机事件，而完全忽视了他们从属于有长期存在的显著且迥异的文化模式的不同群体。

历史的完整性

如果想要更好地了解历史，就必须尊重历史的完整性。如果一段历史就其本质而言只不过是当下的理论和假定对过去事件的投射，那么它就无法检验这些理论和假定的真伪对错。为了美化群体形象而对过去进行搜索并将搜到的内容记录下来，这些内容不能被称为历史。同样，无论因为何种原因，如果在过去的记录中剔除了让今人感到尴尬或为当代群体发言者所否决的内容，那么余下的内容也同样不能被算作历史。

当代人根据其对过去人的认知所做出的假定更不能被称为历史。个人认知的局限性无可避免，但通过诚实的努力和有力的阐释，很多有价值的东西都可以在这些限制范围内实现。但是，假借他人视角看待历史的行为 [68] 不过是为支撑当下的理念而找寻对应的亡人的经历。在今天，表达对被征服民族的坚定支持并不需要与其祖先持有相同的看法——他们的苦痛可能只是因为未能征服、压迫敌人而倍感失望。很遗憾，直到近代，征服、压迫他人（或是被人征服、压迫）才被普遍视为一种错误的行为。

历史能否抚慰人们受伤的自尊也同样令人怀疑。在艰难适应的时代，美国的爱尔兰移民所经历的情形也同样存在于很多国家的很多群体当中。

到了 1916 年，美国的爱尔兰民族主义几乎已同爱尔兰毫无关系。它是良好的感觉和糟糕的历史的大杂烩，移民以此填补了他们的文化空白。[69]

斯里兰卡的环境与之截然不同：人口占多数的僧伽罗人和占少数的泰米尔人也同样创造了各自的虚构历史。僧伽罗人坚信他们是种族纯粹的"雅利安"——在 20 世纪 30 年代，希特勒的理论一度在他们当中颇为流行——尽管考古学和人类学证据所揭示的结果与之完全相反。泰米尔人的"历史"认为，他们在哥伦布发现美洲的几个世纪之前便已发现了美洲，并且《圣经》当中前往伯利恒的三位智者当中有一位也是泰米尔人。[70] 在美国，不切实际的族群神话已经成为大学民族研究项目的常见成果。[71]

即便一个民族在历史上有过辉煌，但对于其当下的发展而言，这段历史也更多的是一种阻碍，而不是助力。没有一个国家在文化上比中国拥有更悠久的辉煌历史。然而，往昔的辉煌却成了其近代化过程中的一大障碍。19 世纪末，中国同领土面积远小于自己的日本交战，却遭遇了灾难性和耻辱性的军事失利。在此之后，中国依然沿用着已经过时的练兵方法（如弓马骑射），要通过军官晋升考试还需要引述一部成书于公元前4世纪的经典军事著作。[72] 华人的发达和国内民众的贫困形成了鲜明的对照，这一定程度上反映了被迫参与现代竞争的人士同长期受旧文化（或最近受意识形态教条主义）禁锢的人士之间所存在的差异。面对军事上和文化上都输给自己的欧洲文明的不断崛起，奥斯曼帝国却依然沉浸于自满的情绪之中，这也是他们最终被日益强大的欧洲人甩在身后，并逐渐在政治、军事和文化上受制于人的重要原因。[73] 过往的辉煌（即便真的存在）绝不是开启未来进步大门的魔法钥匙。

历史上，像苏格兰和日本这样从寂寂无名的小国发展成跻身世界文明前列的强国的国家比比皆是。相比之下，能够重现数百年前辉煌的国家则为数不多。无论实用主义者们会因为将历史为己所用而感到如何得意，虚幻的辉煌史很难能比真实的辉煌史带来更多的成功。此类荒诞不实的东西只会让人们流连于浪漫的想象，忽视艰苦、平淡的工作，而后者才是真正成功的基础。

有人认为，历史应该教会不同文化"相互尊重"，这一说法也颇为可疑。任何民族的历史都有诸多不值得尊重之处，对于价值观不同的其他民族而言，一个民族的历史中有多少不值得尊重之处，这是一个大问题，也很难回答。从根本上说，尊重需要自己赢得，而不是靠他人施与。它不是门票奖。"同等尊重"是一种矛盾的说法，因为"尊重"本身就意味着不同的对待方式。所有人都应被以礼相待，但并非人人都能享有同等地位。如果认为历史应以相互尊重、一视同仁为目的，则会对事实产生先入为主的预判，并将自我的价值判断强加于人，同时，这种做法也是对历史完整性的一种亵渎。从很多民族的历史和相关的文化研究中，我们能够学到很多颇为宝贵的东西，但这只有在事后的具体情况中才能确定下来。先入为主地将一切一刀切的结论不是历史，而是一种独断论。把这些结论强加于人非但不是教育，反而是一种恐吓，这恰恰有悖于其所倡导的"相互尊重"。

正如文学和法律，历史的内在意义也遭到了人为的剥离。尽管爱因斯坦及更早时期的马克思将观察者的立场视为数据的组成部分，但二人并未称其为唯一的组成部分，也并未说过科学或历史可以简化为唯我论或政治练习。事实上，试图逃离、规避历史记载或剥除其合法性的行为，反而恰恰凸显了历史的力量以及其对一切摇摇欲坠的观念体系所造成的威胁。与之相反，对于真正想要认识历史的人（而非只是为了印证先入之见的人）而言，历史具有极大的价值，在评估当代围绕种族问题所展开的激烈争论时，这一点尤为明显。

言语抽象概念

历史需要概括，例如"英国人"、"日本人"或"阿拉伯人"。就一定目的而言，在有限的范围之内，这种做法并无害处，也不可避免。然而，相较于概括同时代的人，对历史民族群体的概括会遭遇更多的陷阱。在漫长的历史当中，"英国人"这一称谓曾分别指代在全然不同的环境当中生活的全然不同的人群。最重要的是，如果一些行为的主体是特定时间、特定地点的一群有血有肉的人，则不应将相关的道德责任强加到一个跨时代的抽象概念上。早在18世纪的时候，"英国人"曾是世界最大的奴隶贩子，而到了19世纪、20世纪，他们又成了奴隶贸易最坚决、最无情的敌人。这些事实之间并不矛盾，也不会相互抵消，也没有必要试图为英国人达成某种平衡。二者都是历史事实，只是因为我们用了"英国人"这一跨越时代的抽象概念来描述一个构成、理念和所致力之事都在不断变化的群体，所以造成了事实之间相互矛盾的假象。

"穆斯林"的概念也同样如此。在中世纪和近代早期，他们常为犹太人提供庇护，并在同一时期犹太人智识发展的过程中发挥了重要作用。而到了20世纪，伊斯兰世界大部分地区的人却与犹太群体势同水火，屡屡试图摧毁以色列国。在历史上的某些时期，西半球和澳大利亚一些地区的土著曾经沦为有计划的种族灭绝的受害者。而在时过境迁之后，他们又会受益于补贴政策和法律特权。我们如果能够摆脱刻意而为的政策，放眼民族之间的社会和文化影响，就会发现实际情况甚至更复杂、更混乱或更矛盾。如果我们坚持要给"白人"或"亚裔"这类跨时代抽象概念赋予单一的含义，则情况更是如此。

统计抽象概念

随着统计数据（包括有关种族群体和民族群体在内的统计数据）的日益丰富及数据分析技术和相关电子设备的日益成熟，历史研究的手段也变得多种多样。正如人类所面临的大多数机会，以及科学本身一样，这些机会很容易遭人滥用（无论是有意而为，还是无心之举），这使得这些机会最终非但未能带来更好的结果，反而让事情变得更糟。

或许人们在使用统计数据的过程中所面临的最大陷阱在于未能关注一个普通却又基础的问题，那就是所讨论的数字在最开始时是如何生成的。统计数据这项工作享有声望且令人兴奋的地方在于，用重要的知识或政策分析、推导结果，这展现了操作者技术的精湛。但是，除非这些数字能够符合预期，否则最终一切都只是徒劳一场。

复杂的分析始于统计数据，但是很多数据要么不准确，要么范围不清，或者两者兼而有之，所以无法有效发挥作用。第六章的一个例子讨论了华裔和日裔群体的智力测试得分。由于采用了过时的测试以及落后了数十年的智力测试标准，并且在构建标准时所选的人群并无代表性，所以智力测试得分同现实情况大相径庭。在测试者发现这些因素并进行了纠正之后，得出了与此前结果迥然相异的结果。与此同时，大量的文献使用了这些无效的统计数字，人们不加批判地予以接受，还在此基础上提出了一些推测性的理论以及影响广泛的政策建议。

这种情形不只存在于智力测试的统计之中。由于定义方式、采集方式和使用方式的不同，经济统计、移民统计以及不计其数的有关其他社会变量的统计也同样会出现巨大的差异。在某种定义标准之下的澳大利亚德裔群体人口可能是其他定义标准下的统计数字的 10 倍。[74] 东南亚各国华人群体的人口数量也同样如此，[75] 以华人血统作为统计标准与以中国国籍为标准所得到的人口统计数字完全不同。此外，还有一个更为复杂的问题，那就是如何对人数众多的两大群体——拥有部分华人血统的人士以及拥有双重国籍的人士进行归类。

　　一些情况下，移民统计数据并不可信，原因不仅仅在于统计数据生成过程中存在着不计其数的偏差，还在于对手头分析工作颇为重要的数据类别有可能与官方的数据类别并不一致。例如，如果将所有来自俄罗斯的移民算作俄罗斯人，则人数众多的德裔、波兰裔及其他非俄罗斯民族的人就会被归入此类，由此得出的任何结论也会相应地毫无意义。在一些国家、一些历史时期，来自某一国家的大多数移民都不属于该国的多数人口群体。与之相反，19 世纪移民加拿大的德裔群体当中大多数人并非来自德国，而是来自俄国。[76] 在此之后，移民玻利维亚的大多数日裔群体也并非来自日本，[77] 移民澳大利亚的大多数希腊大陆人也并非来自希腊。[78]

　　尽管有大量的统计数据可供参考，但是，想要断定一个国家某一特定移民群体的经济命运并不容易，即使是在一般情况下也是如此。例如，对于墨西哥裔美国人的经济境况，存在着两种截然不同的结论：（1）他们如同先前到来的其他移民群体一样，正处于经济的上升期；（2）他们在经济上止步不前甚至出现了倒退。究竟会得出哪种结论，取决于人们是将所有墨西哥裔美国人归入一类，还是将在美国出生的人士同初来乍到、仍身处底层的新移民区分开来。[79] 在统计美国西印度黑人群体时也同样会出现这一情况。1970 年的美国人口普查将其中在美国出生者同非美国出生者进行了区分，而 1980 年的人口普查则并未如此。1980 年的普查结果指向了西印度黑人境况不佳，有人也借此否认基于 1970 年的普查数据而得到的推论，[80] 即西印度黑人移民后代的收入超过了美国白人。[81]

尽管统计数据存在着这样或那样的缺陷，但我们并不能因此对其弃之不用。盲目地怀疑与不加批判地接受一样危险。无论是非专业人士，还是颇具影响力的分析师，都应当思考同一个问题，那就是，这些数字源自哪里？它们是如何产生的？又是如何被定义的？在一些情况下，有必要考虑其政治根源和统计根源，在涉及有关公共政策的争议时更应如此。

例如，1991 年，两个同期发布的统计数据引发了媒体的广泛关注：（1）美国黑人所获得的产前护理远远少于美国白人；（2）美国黑人群体的婴儿死亡率远远高于美国白人。对此，人们广泛地得出了这样一个结论，那就是两者之间存在着因果关系，而倡导政府加大产前护理资助力度的组织机构也纷纷对此大加宣扬。但同一研究的统计数据又表明，墨西哥裔美国人所获得的产前护理甚至少于黑人群体，该群体的婴儿死亡率却并未高于白人。[82] 对于将较高婴儿死亡率归咎于产前护理不足的无效推论，我们姑且可以称其所使用的数据为"拍脑门"式统计数据——这种分析在一开始就带有某种预设观点，一旦遇到与此相符的统计数据，分析者就会感到如获至宝。但问题在于，即便是对于同一组数据，人们也同样能够轻松地从截然相反的预设观点入手进行分析，并在某个时刻也获得这种"如获至宝"之感。

相较于能够给人带来更多乐趣和成就感的高级统计技术应用工作，审视定义、分析数据生成的过程颇为枯燥乏味，但是，只有充分地做好这一工作，我们才能借助统计更好地了解历史，而不是用其证明某种预设的观点。

独立性与完整性

历史作为一种对过去的记录，要维持它的独立性会面临重重困难，但这并不代表人们无法做到这一点，我们也不应以此为借口放弃这一追求，更不应以此为借口用其他目标取而代之。正如在其他领域我们无法做到十全十美一样（也无须做到十全十美），我们在这一方面同样无须做到十全十美。

即便是一项历史调查，它也可能会在一定程度上独立于其作者，如同子女终将会离开父母、过上独立的生活。其他人可能会从同一段历史当中学到或发现作者本人都从未想过的东西。当然，将从历史中所得到的东西付诸应用会因时而异、因地不同。但是归根结底，历史的意义不在于即刻将其付诸应用，而在于帮助我们更好地理解发生的事。历史无法解决现今的问题，但是，它可以揭示是哪些谬误导致了事情的恶化，或是哪些谬误遮蔽了解决方案或使之无法实现。最重要的是，历史能够让我们更好地了解这个世界——不是为了给我们脆弱的内心提供庇护，而是帮我们看清现实，以及现实的种种的局限和可能。没有什么比来自不同种族、不同民族、不同文化背景的人互相理解更重要了。

致　谢

这部涉猎广泛的作品之所以能够完成，离不开很多人的帮助。除了要感谢提供了各个领域专业学术帮助，使我得以完成推理、分析的人士，我还要感谢世界各地慷慨相助的学者、图书馆管理员、记者和官员。感谢我供职的胡佛研究所，它为我提供了多方面的支持，包括分别在 1984 年、1987 年、1988 年和 1989 年四次资助我进行跨国长途考察，收集信息、出版物和数据。我还要特别赞赏、感谢我的助理刘娜，她整合了多个篇章的多份草稿、数千个脚注，并且发现了其中若干个引用错误，所做的工作已经远远超出了她的职责范围。华盛顿的教育事务研究所也为我的几次研究之旅提供了帮助。

我衷心感谢所有给予我帮助的人，但由于记忆力欠佳，可能会有无意的疏漏。详细名单如下，按英文字母表顺序排列：沃顿商学院的伯纳德·安德森教授、西澳大学（珀斯）的雷金纳德·阿普尔亚德教授、澳大利亚多元文化事务研究所（墨尔本）的 H.阿瓦基安博士、社会科学高等研究学院（巴黎）的亚历山大·贝尼格森博士、德里大学的安德烈·贝泰耶博士、埃默里大学的龙多·卡梅伦教授、塔塔社会科学研究所（孟买）的苏玛·契特尼斯博士、斯坦福大学的格里高利·克拉克教授、三一学院（康涅狄格）的沃克·康纳教授、得克萨斯大学的约翰·B.康奈尔教授、迈阿密大学的 H. J.德伯里教授、《今日印度》（新德里）的苏曼·杜贝先生、胡佛研究所（斯坦福）的彼得·戴格南博士、夏威夷大学东西方中心主任詹姆斯·福西特教授、奥塔哥大学（新西兰）的詹姆斯·弗林教授、胡佛研究所（斯坦福）的路易斯·甘恩博士、牙买加私营部门协会的胡·詹特尔斯先生、澳大利亚多元文化事务研究所（墨尔本）的佩特罗·乔治乌先生、加利福尼亚州立大学（萨克拉门托）的玛格丽特·A.吉布森教授、威廉·莫罗出版社的哈维·金斯伯格先生、哈佛大学的内森·格雷泽教授、牛津大学的安东尼·G.霍普金斯教授、杜克大学的唐纳德·霍洛维茨教授、澳大利亚国立大学（堪培拉）的詹姆斯·贾普教授、澳大利亚国防学院（坎贝尔）的柯武刚教授、纳塔尔大学（南非）的罗伯特·克利特加德教授、哈德逊研究所的莱斯利·伦科夫斯基先生、独立研究中心（悉尼）的格雷格·林德塞先生、斯坦福大学的西摩·马丁·李普塞特教授、蒙纳士大学（澳大利亚）的约翰·麦凯教授、塔塔社会科学研究所（孟买）的拉特纳·穆尔蒂亚博士、澳大利亚国立大学（堪培拉）的查尔斯·A.普莱斯教授、胡佛研究所（斯坦福）的阿尔文·拉布什卡博士、美国新闻处（新德里）的索辛达尔·S.拉纳先生、史密斯学院（马萨诸塞）的彼得·I.罗斯教授、《华尔街日报》亚洲版（香港）的克劳迪娅·罗塞特小姐、社会科学高等研究学院（巴黎）的多米尼克·施纳佩博士、东南亚研究所（新加坡）的莎伦·西迪克博士和柯尼尔·桑德胡·辛格博士、海法大学（以色列）的萨米·斯穆哈教授、新加坡国立大学的廖建裕教授、埃克塞特大学（英格兰）的马尔科姆·托德教授、美国俄罗斯德裔移民历史协会（内布拉斯加）的玛丽·林恩·塔克女士、卡尔加里大学（加拿大）的菲利普·E.弗农教授、康奈尔大学的亨利·沃克教授、麻省理工学院的迈伦·维纳教授和史蒂文·威尔金森先生，以及自由欧洲电台（慕尼黑）的 S.恩德斯·温布什博士。

参考文献

题　词

1. Oscar Handlin, "Introduction," *The Positive Contributions by Immigrants* (Paris: United Nations Educational, Scientific and Cultural Organization, 1960), p. 13.

前　言

1. Thomas J. Archdeacon, "Hansen's Hypothesis as a Model of Immigrant Assimilation," *American Immigrants and Their Generations: Studies and Commentaries on the Hansen Thesis After Fifty Years* (Urbana: University of Illinois Press, 1990), p. 51.
2. Ibid.
3. Thomas Sowell, *Race and Economics* (New York: David McKay Co., Inc., 1975), p. v.

第一章　一种世界观

1. Stephen Steinberg, *The Ethnic Myth: Race, Ethnicity, and Class in America* (New York: Atheneum, 1981), pp. 99–103.
2. Aryeh Schmuelevitz, *The Jews of the Ottoman Empire in the Late Fifteenth and the Sixteenth Centuries: Administrative, Economics, Legal and Social Relations as Reflected in the Responsa* (Leiden, the Netherlands: E. J. Brill, 1984), p. 138; Bernard Lewis, *The Jews of Islam* (Princeton: Princeton University Press, 1984), pp. 132, 133; Moses Rischin, *The Promised City: New York's Jews, 1870–1914* (Cambridge, Mass.: Harvard University Press, 1967), pp. 61–68; Judith Laikin Elkin, *Jews of the Latin American Republics* (Chapel Hill: University of North Carolina Press, 1980), pp. 114–115; Howard M. Sachar, *Diaspora: An Inquiry Into the Contemporary Jewish World* (New York: Harper & Row, 1985), pp. 250, 254, 287.
3. Orlando Patterson, "Context and Choice in Ethnic Allegiance: A Theoretical Framework and Caribbean Case Study," *Ethnicity: Theory and Experience*, edited by Nathan Glazer and Daniel P. Moynihan (Cambridge, Mass.: Harvard University Press, 1981), p. 327.
4. Yuan-li Wu and Chun-hsi Wu, *Economic Development in Southeast Asia: The Chinese Dimension* (Stanford: Hoover Institution Press, 1980), pp. 30, 51; S. W. Kung, *Chinese in American Life: Some Aspects of Their History, Status, Problems and Contributions* (Seattle: University of Washington Press, 1962), pp. 22, 23.
5. Victor Wolfgang van Hagen, *The Germanic People in America* (Norman: Oklahoma University Press, 1976), p. 326; Alfred Dolge, *Pianos and Their Makers* (Covina, Calif.: Covina Publishing Company 1911), pp. 172, 264; Edwin M. Good, *Giraffes, Black Dragons, and Other Pianos: A Technological History From Cristofori to the Modern Concert Grand* (Stanford: Stanford University Press, 1982), p. 137n; W. D. Borrie, "Australia," *The Positive Contributions by Immigrants*, edited by Oscar Handlin (Paris: United Nations Educational, Scientific and Cultural Organization, 1960), p. 94.
6. K. L. Filion, *Fiji's Indian Migrants: A History to the End of Indenture in 1920* (Melbourne: Oxford University Press, 1962), pp. 130–133; Agehananda Bharati, *The Asians in East Africa: Jayhind and Uhuru* (Chicago: Nelson-Hall Company, 1972), pp. 11, 17; J. S. Mangat, *A History of the Asians in East Africa: c. 1886 to 1945* (Oxford: Oxford University Press, 1969), pp. 49, 95; Floyd and Lillian O. Dotson, *The Indian Minority of Zambia, Rhodesia, and Malawi* (New Haven: Yale University Press, 1968), pp. 12, 28, 33.
7. Robert F. Foerster, *The Italian Emigration of Our Times* (New York: Arno Press, 1969), pp. 195, 206, 207, 211, 213, 214, 215, 220, 222, 325, 419.

8. Ibid., pp. 257–259; *The Great Palace of the Moscow Kremlin*, translated by M. Wilkinson (Leningrad: Aurora Art Publishers, 1981), p. 9.
9. William R. Brock, *Scotus Americanus: A Survey of the Sources for Links Between Scotland and America in the Eighteenth Century* (Edinburgh: Edinburgh University Press, 1982), pp. 119–120.
10. Bernard Lewis, *The Jews of Islam* (Princeton: Princeton University Press, 1984), pp. 129, 132, 133.
11. William Chase Greene, *The Achievement of Rome: A Chapter in Civilization* (New York: Cooper Square Publishers, Inc., 1973), p. 85.
12. Ingeborg Fleischauer, "The Germans' Role in Tsarist Russia: A Reappraisal," *The Soviet Germans: Past and Present*, edited by Edith Rogovin Frankel (New York: St. Martin's Press, 1986), pp. 17–18.
13. P. T. Bauer, *Reality and Rhetoric: Studies in the Economics of Development* (Cambridge, Mass.: Harvard University Press, 1984), p. 7.
14. See Thomas Sowell, "Three Black Histories," *Essays and Data on American Ethnic Groups*, edited by Thomas Sowell and Lynn D. Collins (Washington. D.C.: The Urban Institute, 1978), pp. 7–64.
15. The Scots of Ulster County, Ireland, who settled along hundreds of miles of Appalachia, had a different history on both sides of the Atlantic from that of the Scots from the Scottish lowlands, as the latter did also from the highland Scots. The Ulster Scots "developed habits of thought and conduct differentiating them from the Scots at home." Maldwyn Allen Jones, "Scotch-Irish," *Harvard Encyclopedia of American Ethnic Groups*, edited by Stephan Thernstrom, et al. (Cambridge, Mass.: Harvard University Press, 1980), p. 896. For social and cultural histories of these various subgroups of Scots see James G. Leyburn, *The Scotch-Irish* (Chapel Hill: University of North Carolina Press, 1962); Rory Fitzpatrick, *God's Frontiersmen: The Scots-Irish Epic* (London: George Weidenfeld and Nicolson, 1989); Duane Meyer, *The Highland Scots of North Carolina: 1732–1776* (Chapel Hill: University of North Carolina Press, 1961); William R. Brock, *Scotus Americanus: A Survey of the Sources for Links Between Scotland and America in the Eighteenth Century* (Edinburgh: Edinburgh University Press, 1982); Gordon Donaldson, "Scots," *Harvard Encyclopedia of American Ethnic Groups*, pp. 908–916. See also David Hackett Fischer, *Albion's Seed: Four British Folkways in America* (New York: Oxford University Press, 1989), pp. 605–782.
16. Yasuo Wakatsuki, "Japanese Emigration to the United States," *Perspectives in American History*, 1979 (Volume XII), pp. 430–434, 465–470.
17. Raphael Patai, *The Jewish Mind* (New York: Charles Scribner's Sons, 1977), pp. 122–125.
18. Geoffrey Blainey, *Triumph of the Nomads: A History of Ancient Australia* (South Melbourne: The Macmillan Co. of Australia, 1982), p. vi.
19. See, for example, Irowokawa Daikichi, *The Culture of the Meiji Period*, translated and edited by Marius B. Jansen (Princeton: Princeton University Press, 1988), Chapter II.
20. John R. Harris, "Movements of Technology Between Britain and Europe in the Eighteenth Century," *International Technology Transfer: Europe, Japan and the USA, 1700–1914*, edited by David J. Jeremy (Brookfield, Vt.: Edward Elgar Publishing Company, 1991), p. 14.
21. Bruno Lasker, *Human Bondage in Southeast Asia* (Chapel Hill: University of North Carolina Press, 1950), p. 16.
22. David J. Jeremy and Darwin H. Stapleton, "Transfers Between Culturally-Related Nations: The Movement of Textile and Railroad Technologies Between Britain and the United States, 1780–1840," *International Technology Transfer: Europe, Japan and the USA, 1700–1914*, edited by David J. Jeremy, pp. 31–48; Takeshi Yuzawa, "The Transfer of Railway Technologies From Britain to Japan, With Special Reference to Locomotive Manufac-

ture," Ibid., pp. 199–218; Tetsuro Nakaoka, "The Transfer of Cotton Manufacturing Technology From Britain to Japan," Ibid., pp. 181–198; Gregory Clark, "Why Isn't the Whole World Developed? Lessons From Cotton Mills," *Journal of Economic History*, March 1987, p. 142; W. O. Henderson, *The Rise of German Industrial Power: 1834–1914* (Berkeley: University of California Press, 1975), p. 44; Mark Jefferson, *Peopling the Argentine Pampa* (Port Washington, N.Y.: Kennikat Press, 1971), p. 137; Winthrop R. Wright, *British-Owned Railways in Argentina: Their Effect on the Growth of Economic Nationalism, 1854–1948* (Austin: University of Texas Press, 1974), pp. 5, 19, 23; Neena Vreeland et al., *Area Handbook for Malaysia*, third edition (Washington, D.C.: U.S. Government Printing Office, 1977), pp. 301–302; Dharma Kumar, *The Cambridge Economic History of India*, Vol. 2 (Hyderabad: Orient Longman, Ltd., 1984), pp. 737–761; T. O. Lloyd, *The British Empire: 1558–1983* (Oxford: Oxford University Press, 1984), p. 239; Daniel R. Headrick, *The Tools of Empire: Technology and European Imperialism in the Nineteenth Century* (New York: Oxford University Press, 1981), pp. 180–191, 195.

23. Donald L. Horowitz, *Ethnic Groups in Conflict* (Berkeley: University of California Press, 1985), p. 677; Myron Weiner, "The Pursuit of Ethnic Equality Through Preferential Policies: A Comparative Public Policy Perspective," *From Independence to Statehood: Managing Ethnic Conflict in Five African and Asian States*, edited by Robert B. Goldmann and A. Jeyaratnam Wilson (London: Frances Pinter, 1984), p. 64; Cynthia Enloe, *Police, Military and Ethnicity: Foundations of State Power* (New Brunswick, N.J.: Transaction Books, 1980), pp. 37, 163, 164.

24. See, for example, Irowokawa Daikichi, *The Culture of the Meiji Period*, translated and edited by Marius B. Jansen (Princeton: Princeton University Press, 1988), Chapter II.

25. Hattie Plum Williams, *The Czar's Germans: With Particular Reference to the Volga Germans* (Lincoln. Neb.: American Historical Society of Germans From Russia, 1975), p. 163.

26. W. D. Borrie, *Italians and Germans in Australia* (Melbourne: Australian National University, 1954), p. 221; Eric N. Baklanoff, "External Factors in the Economic Development of Brazil's Heartland: The Center-South, 1850–1930," *The Shaping of Modern Brazil*, edited by Eric N. Baklanoff (Baton Rouge: Louisiana State University Press, 1969), p. 30; Frederick C. Luebke, "A Prelude to Conflict: The German Ethnic Group in Brazilian Society, 1890–1917," *Ethnic and Racial Studies*, January 1983, p. 3; Terry G. Jordan, *German Seed in Texas Soil* (Austin: University of Texas Press, 1982), p. 108; Fred C. Koch, *The Volga Germans: In Russia and the Americas, From 1763 to the Present* (University Park: Pennsylvania State University Press, 1978), pp. 214–215, 227, 230; Richard Sallet, *Russian-German Settlements in the United States*, translated by LaVern J. Rippley and Armand Bauer (Fargo, N.D.: North Dakota Institute for Regional Studies, 1974), pp. 42–62; George F. W. Young, *Germans in Chile: Immigration and Colonization, 1849–1914* (Staten Island, N.Y.: The Center for Migration Studies, 1974), Chapters II, III, IV; Hans Juergen Hoyer, "Germans in Paraguay, 1881–1945," Ph.D. dissertation, American University, 1973, pp. 46, 49, 51–56.

27. Orlando Patterson, "Context and Choice in Ethnic Allegiance: A Theoretical Framework and Caribbean Case Study," *Ethnicity: Theory and Experience*, edited by Nathan Glazer and Daniel P. Moynihan (Cambridge, Mass.: Harvard University Press, 1981), p. 327.

28. Pierre L. van den Berghe, "Asian Africans Before and After Independence," *Kroniek van Afrika* (The Netherlands), 1975, No. 6 (New Series), p. 199.

29. Ibid., p. 201.

30. Ibid., p. 200.

31. Charles A. Price, *Southern Europeans in Australia* (Canberra: Australian National University, 1979), pp. 140, 162, 198.

32. See, for example, Illsoo Kim, *New Urban Immigrants: The Korean Community in New York* (Princeton: Princeton University Press, 1981), p. 258; Pyong Gap Min, *Ethnic Business Enterprise: Small Business in Atlanta* (New York: Center for Migration Studies, 1988), pp. 33–34; Ivan Light and Edna Bonacich, *Immigrant Entrepreneurs: Koreans in Los Angeles, 1965–1982* (Berkeley: University of California Press, 1988), pp. 318–319.

33. Karl Stumpp, *The German-Russians: Two Centuries of Pioneering* (Bonn: Edition Atlantic-Forum, 1966), pp. 140–141; Albert Bernhardt Faust, *The German Element in the United States* (New York: Arno Press, 1969), pp. 131–139, 148; I. Harmstorf, "German Settlement in South Australia Until 1914," *The Australian People: An Encyclopedia of the Nation, Its People and Their Origins*, edited by James Jupp (North Ryde, N.S.W.: Angus and Robertson, 1988), p. 482; T. Lynn Smith, *Brazil: People and Institutions* (Baton Rouge: Louisiana State University Press, 1972), p. 134.

34. Donald L. Horowitz, *Ethnic Groups in Conflict* (Berkeley: University of California Press, 1985), pp. 169–175; Mahatir bin Mohamad, *The Malay Dilemma* (Kuala Lumpur: Federal Publications, 1970), passim. It may seem as though this implies acceptance of self-reported conclusions in this case but not in the case of survey research. However, much survey research inquires into things desired (becoming a doctor, owning a home, etc.) or behavior valued (hardwork, reliability, etc.) rather than the actual characteristics of one's group behavior pattern.

35. See, for example, Solomon Grayzel, *A History of the Jews: From the Babylonian Exile to the Present, 5728–1968* (New York: New American Library, 1968), p. 342; John William Henderson, et al., *Area Handbook for Burma* (Washington, D.C.: U.S. Government Printing Office, 1971), p. 238.

36. See, for example, Roy E. H. Mellor, *Europe: A Geographical Survey of the Continent* (New York: Columbia University Press, 1979), especially Chapter 1.

37. P. T. Bauer, *Reality and Rhetoric: Studies in the Economics of Development*

(Cambridge, Mass.: Harvard University Press, 1984), p. 7.

38. Kernial Singh Sandhu, *Indians in Malaya: Immigration and Settlement* (Cambridge: Cambridge University Press, 1969), p. 261.

39. Cecil Clementi, *The Chinese in British Guiana* ("The Argosy" Company Ltd., 1915), p. 224.

40. Sidney Pollard, "Labour in Great Britain," *The Cambridge Economic History of Europe*, Vol. VII: *The Industrial Economies: Capital, Labour, and Enterprise*, Part I: *Britain, France, Germany, and Scandinavia*, edited by Peter Mathias and M. M. Postan (Cambridge: Cambridge University Press, 1978), p. 157.

41. See, for example, Ronald C. Newton, *German Buenos Aires, 1900–1933: Social Change and Cultural Crisis* (Austin: University of Texas Press, 1977), p. 9; Gino Germani, "Mass Immigration and Modernization in Argentina," *Studies in Comparative Development*, Vol. 2 (1966), p. 167, 170; Laura Randall, *An Economic History of Argentina in the Twentieth Century* (New York: Columbia University Press, 1978), p. 116; Jean Roche, *La Colonisation Allemande et Le Rio Grande do Sul* (Paris: Institut des Hautes Études de L'Amérique Latine, 1959); J. F. Normano and Antonello Gerbi, *The Japanese in South America: An Introduction Survey With Special Reference to Peru* (New York: Institute of Pacific Relations, 1943), pp. 38–39; Robert Foerster, *The Italian Emigration of Our Times* (New York: Arno Press, 1969), Chapters XIII, XIV, XV, XVI; Winthrop R. Wright, *British-Owned Railways in Argentina: Their Effect on the Growth of Economic Nationalism, 1854–1948* (Austin: University of Texas Press, 1974)

42. Roger P. Bartlett, *Human Capital: The Settlement of Foreigners in Russia 1762–1804* (Cambridge: Cambridge University Press, 1979), pp. 132, 144, 158–164; John P. McKay, *Pioneers for Profit: Foreign Entrepreneurship and Russian Industrialization 1885–1913* (Chicago: University of Chicago Press, 1970), pp. 34, 35, 48, 144; Arcadius Kahan, "Notes on Jewish Entrepreneurship in Tsarist Russia," *Entrepreneurship in Imperial Russia and the Soviet Union*, edited by Gregory Guroff and Fred V. Carstensen (Princeton: Princeton University Press, 1983), pp. 104–124.

43. David Lamb, *The Africans* (New York: Random House, 1982), pp. 214–217, 295.

44. Stephen Steinberg, *The Ethnic Myth: Race, Ethnicity, and Class in America* (New York: Atheneum, 1981), pp. 79–81, 93–103; Joel Perlmann, *Ethnic Differences: Schooling and Social Structure Among the Irish, Italians. Jews and Blacks in an American City 1880–1935* (New York: Cambridge University Press, 1988), p. 204.

45. "Race, Class, and Scores," *New York Times*, October 24, 1982, Section 4, p. 9; College Entrance Examination Board, *Profiles, College-Bound Seniors, 1981* (New York: College Entrance Examination Board, 1982), pp. 27, 36, 45, 55.

46. For a general survey of these developments, see Jason Schneider, "How the Japanese Camera Took Over," *Modern Photography*, July 1984, p. 56ff.

47. John P. McKay, *Pioneers for Profit*, pp. 193, 257.

48. David J. Jeremy and Darwin H. Stapleton, "Transfers Between Culturally-Related Nations: The Movement of Textile and Railroad Technologies Between Britain and the United States, 1780–1840," *International Technology Transfer: Europe, Japan and the USA, 1700–1914*, edited by David J. Jeremy (Brookfield, Vt.: Edward Elgar Publishing Company, 1991), p. 35.

49. Charles K. Hyde, "Iron and Steel Technologies Moving Between Europe and the United States Before 1914," Ibid., pp. 52–53.

50. David J. Jeremy and Darwin H. Stapleton, "Transfers Between Culturally-Related Nations," Ibid., p. 42.

51. Charles K. Hyde, "Iron and Steel Technologies Moving Between Europe and the United States Before 1914," Ibid., p. 54.

52. David J. Jeremy and Darwin H. Stapleton, "Transfers Between Culturally-Related Nations," Ibid., pp. 40–41.

53. Ibid., p. 32.

54. Irowokawa Daikichi, *The Culture of the Meiji Period*, p. 7.

55. David J. Jeremy and Darwin H. Stapleton, "Transfers Between Culturally-Related Nations," *International Technology Transfer: Europe, Japan and the USA, 1700–1914*, edited by David J. Jeremy (Brookfield, Vt.: Edward Elgar Publishing Company, 1991), pp. 32, 34, 35; John R. Harris, "Movements of Technology Between Britain and Europe in the Eighteenth Century," Ibid., pp. 12–13, 15, 16, 18, 20, 21, 22, 23.

56. Tetsuro Nakaoka, "The Transfer of Cotton Manufacturing Technology From Britain to Japan," Ibid., p. 183.

57. Ibid., p. 188.

58. Ibid., p. 193.

59. Ibid., p. 194.

60. Takeshi Yuzawa, "The Transfer of Railway Technologies From Britain to Japan, With Special Reference to Locomotive Manufacture," Ibid., pp. 205, 206.

61. Ibid., p. 212.

62. Simon Ville, "Shipping Industry Technologies," Ibid., p. 80.

63. Richard Pipes, *Russia Under the Old Regime: The History of Civilization* (New York: Charles Scribner's Sons, 1974), pp. 196, 218; Antony C. Sutton, *Western Technology and Soviet Economic Development, 1930 to 1945* (Stanford: Hoover Institution Press, 1971), pp. 11, 13.

64. David J. Jeremy, "Introduction: Some of the Larger Issues Posed by Technology Transfer," *International Technology Transfer: Europe, Japan and the USA, 1700–1914*, edited by David J. Jeremy (Brookfield, Vt.: Edward Elgar Publishing Company, 1991), p. 1.

65. Tetsuro Nakaoka, "The Transfer of Cotton Manufacturing Technology From Britain to Japan," Ibid., p. 184.

66. John R. Harris, "Movements of Technology Between Britain and Europe in the Eighteenth Century," Ibid., p. 10.

67. W. Montgomery Watt, *The Influence of Islam on Medieval Europe* (Edinburgh: Edinburgh University Press, 1972), pp. 22–26, 30–43, 58–71.

68. Simon Ville, "Shipping Industry Technologies," *International Technology Transfer: Europe, Japan and the USA, 1700–1914*, edited by David J. Jeremy (Brookfield, Vt.: Edward Elgar Publishing Company, 1991), pp. 80, 90.

69. Winthrop R. Wright, *British-Owned Railways in Argentina*, pp. 267–268.

70. Seymour Martin Lipset, "Values, Education, and Entrepreneurship," *Elites in Latin America*, edited by Seymour Martin Lipset and Aldo Solari (New York: Oxford University Press, 1967), p. 25.

71. Seymour Martin Lipset, *Revolution and Counter-revolution: Change and Persistence in Social Structures*, revised edition (Garden City, N.Y.: Anchor Books, 1970), pp. 109–110.

72. Seymour Martin Lipset, "Values, Education, and Entrepreneurship," *Elites in Latin America*, edited by Seymour Martin Lipset and Aldo Solari, pp. 20–21.

73. Carl K. Fisher, "Facing Up to Africa's Food Crisis," *Foreign Affairs*, Fall 1982, p. 166.

74. Ibid., p. 170.

75. Yuan-li Wu and Chun-hsi Wu, *Economic Development in Southeast Asia*, p. 57. See also Donald R. Snodgrass, *Inequality and Economic Development in Malaysia* (Kuala Lumpur: Oxford University Press, 1980), pp. 249–250.

76. Gordon P. Means, *Malaysian Politics* (New York: New York University Press, 1970), p. 20; see also Been-lan Wang, "Government Intervention in Ethnic Stratification: Effects on the Distribution of Students Among Fields of Study," *Comparative Education Review*, Vol. 21 (1977), p. 123; Victor Purcell, *The Chinese in Southeast Asia*, 2nd edition (Kuala Lumpur: Oxford University Press, 1980), p. 227.

77. Wolfgang Kasper, et al., *Fiji: Opportunity From Adversity?* (St. Leonards, Australia: Centre for Independent Studies, 1988), p. 129.

78. Derek T. Healey, "Development Policy: New Thinking About an Interpretation," *Journal of Economic Literature*, September 1972, p. 771.

79. Ibid., p. 771n.

80. James Fallows, "Indonesia: An Effort to Hold Together," *The Atlantic*, June 1982, p. 22.

81. Donald L. Horowitz, *Ethnic Groups in Conflict*, p. 114.

82. Gunnar Myrdal, *Asian Drama: An Inquiry Into the Poverty of Nations* (New York: Vintage Books, 1972), p. 295.

83. Ibid., p. 296.

84. Maurice Pinard and Richard Hamilton, "The Class Base of the Quebec Independence Movement: Conjectures and Evidence," *Ethnic and Racial Studies*, January 1984, pp. 19–54.

85. Marc Galanter, *Competing Equalities: Law and the Backward Classes in India* (Delhi: Oxford University Press, 1984), p. 63.

86. Alec Nove and J. A. Newth, *The Soviet Middle East: A Communist Model for Development* (New York: Frederick A. Praeger, 1967), p. 80.

87. Sammy Smooha and Yochanan Peres, "The Dynamics of Ethnic Inequalities: The Case of Israel," *Studies of Israeli Society*, Vol. I: *Migration, Ethnicity and Community*, edited by Ernest Krausz (New Brunswick, N.J.: Transaction Books, 1980), p. 173.

88. George H. Brown, Nan L. Rosen, and Susan T. Hill, *The Condition of Education for Hispanic Americans* (Washington, D.C.: National Center for Educational Statistics, 1980), p. 119. See also Manuel P. Servín, "The Post–World War II Mexican-American, 1925–1965: A Non-Achieving Minority," *The Mexican-Americans: An Awakening Minority*, edited by Manuel P. Servín (Beverly Hills: Glencoe Press, 1970), p. 156; Ellwyn R. Stoddard, *Mexican Americans* (New York: Random House, 1973), pp. 133–134.

89. Paul Compton, "The Conflict in Northern Ireland: Demographic and Economic Considerations," *Economic Dimensions of Ethnic Conflict: International Perspectives*, edited by S. W. R. de A. Samarasinghe and Reed Coughlan (London: Pinter Publishers, 1991), p. 42.

90. Sue E. Berryman, *Who Will Do Science: Trends, and Their Causes, in Minority and Female Representation Among Holders of Advanced Degrees in Science and Mathematics* (New York: The Rockefeller Foundation, 1983), p. 10.

91. Seymour Martin Lipset, *Revolution and Counter-revolution*, pp. 83–84.

92. Ibid.; C. R. Boxer, *The Portuguese Seaborne Empire: 1415–1825* (New York: Alfred A. Knopf, 1969), p. 88; Carl Degler, *Neither Black Nor White: Slavery and Race Relations in Brazil and the United States* (New York: Macmillan Publishing Co., Inc., 1971), p. 245.

93. Seymour Martin Lipset, "Values, Education, and Entrepreneurship," *Elites in Latin America*, edited by Seymour Martin Lipset and Aldo Solari, pp. 20–21.

94. Jaime Vicens Vives, "The Decline of Spain in the Seventeenth Century," *The Economic Decline of Empires*, edited by Carlo M. Cipolla (London: Methuen & Co., 1970), p. 127.

95. William H. McNeill, *The Rise of the West: A History of the Human Community* (Chicago: University of Chicago Press, 1991), p. 667.

96. Norman R. Stewart, *Japanese Colonization in Eastern Paraguay* (Washington, D.C.: National Academy of Sciences, 1967), p. 153.

97. Harry Leonard Sawatsky, *They Sought a Country: Mennonite Colonization in Mexico* (Berkeley: University of California Press, 1971), p. 365.

98. Frederick C. Luebke, *Germans in the New World: Essays in the History of Immigration* (Urbana: University of Illinois Press, 1990), pp. 94, 96; Carl Solberg, *Immigration and Nationalism: Argentina and Chile, 1890–1914* (Austin: University of Texas Press, 1970), Chapter 1; George F. W. Young,

"Bernardo Philippi, Initiator of German Colonization in Chile," *Hispanic American Historical Review*, August 1971, p. 490; Fred C. Koch, *The Volga Germans: In Russia and the Americas, From 1763 to the Present* (University Park: Pennsylvania State University Press, 1978), pp. 231–233.

99. See, for example, Herbert Stein and Murray Foss, *An Illustrated Guide to the American Economy* (Washington, D.C.: The American Enterprise Institute, 1992), pp. 12–13.

100. Donald L. Horowitz, *Ethnic Groups in Conflict*, p. 114.

101. William McGowan, *And Only Man Is Vile: The Tragedy of Sri Lanka* (New York: Farrar, Straus & Giroux, 1992), p. 13. See also pp. 113, 287.

102. Ibid., p. 341.

103. Ibid., p. 288.

104. See, for example, Ibid., pp. 291–292.

105. See Ibid., p. 292.

106. Thomas Sowell, "Race and I.Q. Reconsidered," *Essays and Data on American Ethnic Groups*, edited by Thomas Sowell and Lynn D. Collins, p. 219.

107. Edwin R. Reubens, "Low-level Work in Japan Without Foreign Workers," *International Migration Review*, Winter 1981, pp. 749–757.

108. See, for example, William McGowan, *And Only Man Is Vile*, pp. 94, 288.

109. See Hugh D. Hudson, Jr., *The Rise of the Demidov Family and the Russian Iron Industry in the Eighteenth Century* (Newtonville, Mass.: Oriental Research Partners, 1986), passim, especially pp. 44, 48, 117, 119–120.

110. Ibid., pp. 119–120. Ping-ti Ho, "Economic Decline and Institutional Factors in the Decline of the Chinese Empire," *The Economic Decline of Empires*, edited by Carlo M. Cipolla, p. 275; William H. McNeill, *The Rise of the West: A History of the Human Community* (Chicago: University of Chicago Press, 1991), p. 520.

111. Arthur Hertzberg, *The French Enlightenment and the Jews: The Origins of Modern Anti-Semitism* (New York: Columbia University Press, 1990), p. 80; William H. McNeill, *The Rise of the West*, p. 679.

112. Charles O. Hucker, *China's Imperial Past* (Stanford: Stanford University Press, 1975), Chapter 11, 12, passim; Jaime Vicens Vives, "The Decline of Spain in the Seventeenth Century," *The Economic Decline of Empires*, edited by Carlo M. Cipolla, pp. 121, 126–128.

113. Jaime Vicens Vives, "The Decline of Spain in the Seventeenth Century," *The Economic Decline of Empires*, edited by Carlo M. Cipolla, pp. 130–136, 143, 190.

114. See Chapter 2 of this book.

115. Bernard Lewis, "Some Reflections on the Decline of the Ottoman Empire," *The Economic Decline of Empires*, edited by Carlo M. Cipolla, p. 226; Robert Mantran, "Foreign Merchants and the Minorities in Istanbul during the Sixteenth and Seventeenth Centuries," *Christians and Jews in the Ottoman Empire: The Functioning of a Plural Society*, edited by Benjamin Braude and Bernard Lewis, Vol. I: *The Central Lands* (New York: Holmes and Meier Publishers, Inc., 1982), pp. 127–137; Charles Issawi, "The Transformation of the Economic Position of the Millets in the Nineteenth Century," Ibid., pp. 261–285.

116. Yuan-li Wu and Chun-hsi Wu, *Economic Development in Southeast Asia*, pp. 30–31, 34, 36; Haraprasad Chattopadhyaya, *Indians in Africa: A Socio-Economic Study* (Calcutta: Bookland Private Ltd., 1970), pp. 262–263, 394.

117. O. R. Dathorne, Jr., *The Black Mind: The History of African Literature* (Minneapolis: University of Minnesota Press, 1974), p. 309; see also Edward A. Jones, *Voices of Negritude* (Valley Forge, Pa.: Judson Press, 1971), p. 14.

118. Geoffrey Moorhouse, *India Britannica* (New York: Harper & Row, 1983), p. 243.

119. J. F. Normano and Antonello Gerbi, *The Japanese in South America: An Introduction Survey With Special Reference to Peru* (New York: Institute of Pacific Relations, 1943), p. 62.

120. Robert N. Kearney, *Communalism and Language in the Politics of Ceylon* (Durham: Duke University Press, 1967), pp. 80–81.

121. Donald L. Horowitz, *Ethnic Groups in Conflict*, p. 72; "Both Islam and Christianity are vital and growing religions in Africa today. In the worldwide gatherings of both faiths, African representatives are an increasingly important section. At the same time the observance of traditional religious rituals is probably decreasing, although some young university-educated people are advocating a deliberate return to traditional culture, including its religious aspects. It is doubtful whether the majority of Africans will ever take this seriously." Jocelyn Murray, ed., *Cultural Atlas of Africa* (New York: Facts on File Publications, 1981), p. 35. See also Ashis Nandy, "The Making and Unmaking of Political Cultures in India," *Daedalus*, Winter 1973, pp. 127–128.

122. Ken Adachi, *The Enemy That Never Was: A History of the Japanese Canadians* (Toronto: McClelland & Stewart Ltd., 1976), p. 362.

123. This was pointed out long ago by Marcus Lee Hansen in *The Problem of the Third Generation Immigrant* (Rock Island, Ill.: Augustana Historical Society, 1938), pp. 9–10.

124. "Racism 'Not Changed' Says Professor," *The Press* (Christchurch, New Zealand), September 23, 1988, p. 6.

第二章　移民与文化

1. Albert Hourani, "Introduction," *The Lebanese in the World: A Century of Emigration*, edited by Albert Hourani and Nadim Shehadi (London: I. B. Taurus & Co., Ltd., 1992), p. 3; Roger Owen, "Lebanese Migration in the Context of World Population Movements," Ibid., p. 33.

2. Donald Fleming and Bernard Bailyn, "Introduction," *Perspectives in American History*, Vol. III (1973), pp. v–vi.

3. Philip Taylor, *The Distant Magnet: European Emigration to the U.S.A.* (New York: Harper & Row, 1971), p. ix.

4. J. S. Mangat, *History of the Asians in East Africa, 1896–1965* (Oxford: The Clarendon Press, 1969), pp. 7, 10, 58, 85, 86, 89, 90, 139; Allison Butler Herrick, et al., *Area Handbook for Uganda* (Washington, D.C.: U.S. Government Printing Office, 1969), p. 266.

5. See, for example, Victor Purcell, *The Chinese in Southeast Asia,* second edition (Kuala Lumpur: Oxford University Press, 1980), pp. 7, 83, 128, 195, 540; Yuan-li Wu and Chun-hsi Wu, *Economic Development in Southeast Asia: The Chinese Dimension* (Stanford: Hoover Institution Press, 1980), pp. 30, 51, 71, 85; S. W. Kung, *Chinese in American Life: Some Aspects of Their History, Status, Problems, and Contributions* (Seattle: University of Washington Press, 1962), pp. 22, 23.

6. Emilio Willems, "Brazil," *The Positive Contributions by Immigrants,* edited by Oscar Handlin, et al. (Paris: United Nations Educational, Scientific and Cultural Organization, 1960), p. 123.

7. Thomas Sowell, *The Economics and Politics of Race: An International Perspective* (New York: William Morrow, 1983), p. 52; Eric N. Baklanoff, "External Factors in the Economic Development of Brazil's Heartland: The Center-South, 1850–1930," *The Shaping of Modern Brazil,* edited by Eric N. Baklanoff (Baton Rouge: Louisiana State University Press, 1969), p. 31.

8. Warren Dean, *The Industrialization of São Paulo* (Austin: University of Texas Press, 1969), p. 50.

9. Ibid., p. 54.

10. Gino Germani, "Mass Immigration and Modernization in Argentina," *Studies in Comparative Development,* Vol. 2 (1966), p. 172.

11. Ronald C. Newton, *German Buenos Aires, 1900–1933: Social Change and Cultural Crisis* (Austin: University of Texas Press, 1977), p. 9.

12. Gino Germani, "Mass Immigration and Modernization in Argentina," *Studies in Comparative Development,* Vol. 2 (1966), p. 167; Thomas Weil, et al., *Area Handbook for Argentina* (Washington, D.C.: U.S. Government Printing Office, 1974), p. 75.

13. Ronald C. Newton, *German Buenos Aires, 1900–1933,* p. 19.

14. Gino Germani, "Mass Immigration and Modernization in Argentina," *Studies in Comparative Development,* Vol. 2 (1966), p. 170; Laura Randall, *An Economic History of Argentina in the Twentieth Century* (New York: Columbia University Press, 1978), p. 116.

15. Mark Jefferson, *Peopling the Argentine Pampa* (Port Washington, N.Y.: Kennikat Press, 1971), p. 76.

16. Gino Germani, "Mass Immigration and Modernization in Argentina," *Studies in Comparative Development,* Vol. 2 (1966), p. 173.

17. Eric N. Baklanoff and Jeffrey T. Brannon, "Forward and Backward Linkages in a Plantation Economy: Immigrant Entrepreneurship and Industrial Development in Yucatan, Mexico," *Journal of Developing Areas,* October 1984, pp. 84–94.

18. Pablo Macera and Shane J. Hunt, "Peru," *Latin America: A Guide to Economic History 1830–1930,* edited by Roberto Cortis Conde and Stanley J. Stein (Berkeley: University of California Press, 1977), p. 565.

19. Carl Solberg, *Immigration and Nationalism: Argentina and Chile, 1890–1914* (Austin: University of Texas Press, 1970), p. 40; George F. W. Young, *Germans in Chile: Immigration and Colonization, 1849–1914* (New York: Center for Migration Studies, 1974), pp. 111–114.

20. George F. W. Young, *Germans in Chile,* p. 115.

21. Carl Solberg, *Immigration and Nationalism,* p. 63.

22. Gino Germani, "Mass Immigration and Modernization in Argentina," *Studies in Comparative Development,* Vol. 2 (1966), pp. 171–172.

23. See, for example, Watt Stewart, *Chinese Bondage in Peru: A History of the Chinese Coolie in Peru, 1849–1874* (Durham: Duke University Press, 1951), Chapter V; C. Harvey Gardiner, *The Japanese and Peru: 1873–1973* (Albuquerque: University of New Mexico Press, 1975), pp. 25–30.

24. See Chapters 3 and 8.

25. See, for example, Gino Germani, "Mass Immigration and Modernization in Argentina," *Studies in Comparative Development,* Vol. 2 (1966), pp. 173–174; Eric N. Baklanoff, "External Factors in the Economic Development of Brazil's Heartland: The Center-South, 1850–1930," *The Shaping of Modern Brazil,* edited by Eric N. Baklanoff, p. 30; Eugene W. Ridings, "Foreign Predominance Among Overseas Traders in Nineteenth-Century Latin America," *Latin American Research Review,* Vol. 20, No. 2 (1985), p. 18.

26. Eugene W. Ridings, "Foreign Predominance Among Overseas Traders in Nineteenth-Century Latin America," *Latin American Research Review,* Vol. 20, No. 2 (1985), p. 8.

27. Ibid., p. 5.

28. Ibid., p. 3.

29. Ibid., pp. 5–6.

30. Ibid., p. 5.

31. Gino Germani, "Mass Immigration and Modernization in Argentina," *Studies in Comparative Development,* Vol. 2 (1966), p. 170.

32. Rosemary Thorp and Geoffrey Bertram, *Peru 1890–1977: Growth and Policy in an Open Economy* (New York: Columbia University Press, 1978), p. 35.

33. Eugene W. Ridings, "Foreign Predominance Among Overseas Traders in Nineteenth-Century Latin America," *Latin American Research Review,* Vol. 20, No. 2 (1985), p. 12.

34. Ibid., pp. 12, 13, 15, 18.

35. Ibid., p. 12.

36. Victor Purcell, *The Chinese in Southeast Asia,* second edition (Kuala Lumpur: Oxford University Press, 1980), pp. 282–285; Kernial Sandhu Singh, *Indians in Malaya: Some Aspects of Their Immigration and Settlement (1786–1957)* (Cambridge: Cambridge University Press, 1969), pp. 10, 48–56.

37. M. C. Madhavan, "Indian Emigrants: Numbers, Characteristics, and Economic Impacts," *Population and Development Review,* September 1985, p. 457.

38. Ibid., p. 465.

39. George K. Weissenborn, "Three Hundred Years of German Presence in Canada," *Language and Society,* Spring 1983, p. 16.

40. Harry Leonard Sawatzky, *They Sought a Country: Mennonite Colonization in Mexico* (Berkeley: University of California Press, 1971), p. 331.

41. Charles A. Price, *Southern Europeans in Australia* (Melbourne: Australian National University, 1979), p. 106.

42. James L. Tigner, "Japanese Immigration Into Latin America," *Journal of Interamerican Studies and World Affairs,* November 1981, p. 466.

43. Mostafa N. Nagi, "Determinants of Current Trends in Labor Migration and the Future Outlook," *Asian Labor Migration: Pipeline to the Middle East,* edited by Fred Arnold and Nasra M. Shah (Boulder: Westview Press, 1986), p. 48.

44. Fred Arnold and Nasra M. Shah, "Asia's Labor Pipeline: An Overview," Ibid., p. 3.

45. Ibid., p. 6.

46. Ibid., p. 7.

47. Hugh Tinker, *The Banyan Tree: Overseas Emigrants From India, Pakistan, and Bangladesh* (Oxford: Oxford University Press, 1977), pp. 51–52.

48. Nathaniel H. Leff, *The Brazilian Capital Goods Industry 1929–1964* (Cambridge, Mass.: Harvard University Press, 1968), p. 17.

49. See, for example, Hattie Plum Williams, *The Czar's Germans: With Particular Reference to the Volga Germans* (Lincoln, Neb.: American Historical Society of Germans From Russia, 1975), pp. xi–xii, 97; Fred C. Koch, *The Volga Germans: In Russia and the Americas, From 1763 to the Present* (University Park: Pennsylvania State University Press, 1978), pp. xi, xv, 1, 146, 159; Adam Giesinger, *From Catherine to Khrushchev: The Story of Russia's Germans* (Lincoln, Neb.: American Historical Society of Germans From Russia, 1974), pp. 48, 55; Richard Sallett, *Russian-German Settlements in the United States* (Fargo, N.D.: North Dakota Institute for Regional Studies, 1974), pp. 3, 106. As against this testimony, there is the curt dismissal of the idea that German culture remained intact in Russia by James W. Long, *From Privileged to Dispossessed: The Volga Germans, 1860–1917* (Lincoln: University of Nebraska Press, 1988), p. xi. His evidence offered is sparse and inconclusive. See Ibid., pp. 50–54, 69–70, 159, 169–172, 175, 176–177. Moreover, even Long refers to the persistence of the German language among Germans in Russia into the twentieth century. Ibid., pp. 226–241.

50. Albert Hourani, "Introduction," *The Lebanese in the World,* edited by Albert Hourani and Nadim Shehadi, pp. 8–9.

51. Charles A. Price, *Southern Europeans in Australia,* pp. 162–164.

52. Samuel L. Baily, "The Adjustment of Italian Immigrants in Buenos Aires and New York," *American Historical Review,* April 1983, p. 291; Robert F. Foerster, *The Italian Emigration of Our Times* (New York: Arno Press, 1969), p. 393; Dino Cinel, *From Italy to San Francisco: The Immigrant Experience* (Stanford: Stanford University Press, 1982), p. 28; John E. Zucchi, *Italians in Toronto: Development of a National Identity 1875–1935* (Kingston, Ontario: McGill-Queen's University Press, 1988), pp. 41, 53–55, 58.

53. Robert C. Ostergren, "Prairie Bound: Migration Patterns to a Swedish Settlement on the Dakota Frontier," *Ethnicity on the Great Plains,* edited by Frederick C. Luebke (Lincoln: University of Nebraska Press, 1980), pp. 84–88.

54. Albert Hourani, "Introduction," *The Lebanese in the World,* edited by Albert Hourani and Nadim Shehadi, p. 7.

55. Humbert S. Nelli, *The Italians in Chicago, 1880–1930: A Study in Ethnic Mobility* (New York: Oxford University Press, 1970), p. xiii; Luciano J. Iorizzo and Salvatore Mondello, *The Italian-Americans* (New York: Twayne Publishers, Inc., 1971), pp. 88–89; Gino Germani, "Mass Immigration and Modernization in Argentina," *Studies in Comparative Development,* Vol. 2 (1966), p. 175; John E. Zucchi, *Italians in Toronto,* pp. 5–7, 34, 193.

56. Charles A. Price, *Southern Europeans in Australia,* p. 243.

57. See, for example, H. H. Ben-Sasson, "Diaspora Configuration and Jewish Occupational Patterns at the Beginning of the Middle Ages," *A History of the Jewish People,* edited by H. H. Ben-Sasson (Cambridge, Mass.: Harvard University Press, 1976), p. 398.

58. Albert Hourani, "Introduction," *The Lebanese in the World,* edited by Albert Hourani and Nadim Shehadi, p. 8.

59. Magnus Morner, *Adventurers and Proletarians: The Story of Migrants in Latin America* (Pittsburgh: University of Pittsburgh Press, 1985), p. 13.

60. John R. Harris, "Movements of Technology Between Britain and Europe in the Eighteenth Century," *International Technology Transfer: Europe, Japan and the USA, 1700–1914,* edited by David J. Jeremy (Brookfield, Vt.: Edward Elgar Publishing Co., 1991), pp. 15, 22; David J. Jeremy and Darwin H. Stapleton, "Transfers Between Culturally-Related Nations: The Movement of Textile and Railroad Technologies Between Britain and the United States, 1780–1840," Ibid., p. 32; Simon Ville, "Shipping Industry Technologies," Ibid., p. 80; Takeshi Yuzawa, "The Transfer of Railway Technologies From Britain to Japan, With Special Reference to Locomotive Manufacture," Ibid., pp. 210–211, 214–215; W. O. Henderson, *The Rise of German Industrial Power: 1834–1914* (Berkeley: University of California Press, 1975), p. 44; Mark Jefferson, *Peopling the Argentina Pampa,* p. 137.

61. John R. Harris, "Movements of Technology Between Britain and Europe in the Eighteenth Century," *International Technology Transfer*, edited by David J. Jeremy, pp. 14, 15; David J. Jeremy and Darwin H. Stapleton, "Transfers Between Culturally-Related Nations: The Movement of Textile and Railroad Technologies Between Britain and the United States, 1780–1840," Ibid., pp. 40, 41–42; Simon Ville, "Shipping Industry Technologies," Ibid., pp. 80–81.

62. Anthony DePalma, "Foreigners Flood U.S. Graduate Schools," *New York Times*, November 29, 1990, p. A14; "Characteristics of Recipients of Doctorates 1988," *The Chronicle of Higher Education*, September 5, 1990, p. 18.

63. Sergio Diaz Briquets, *International Migration Within Latin America and the Caribbean: An Overview* (Staten Island, N.Y.: Center for Migration Studies, 1983), p. 28.

64. Ibid., p. 6.

65. Ibid., p. 11.

66. Ibid., p. 5.

67. Seth Rosenfeld, "Hong Kong Gang Muscles Into Bay Area," *San Francisco Examiner*, November 25, 1991, pp. 1ff.

68. In Australia, this political phenomenon has been aptly referred to as "the burgeoning multicultural subsidy industry." Wolfgang Kasper, "The Case for Sustained Immigration," *IPA Review*, Vol. 44, No. 44 (1991), p. 54.

69. Julian Simon, *The Economic Consequences of Immigration* (Cambridge, Mass.: Basil Blackwell, Inc., 1991), pp. 230–232.

70. Ibid., p. 238.

71. Ibid., pp. 105–128. However, Simon omits the costs of special assistance to refugees. Ibid., p. 112.

72. B. McGuie, "Lebanese Asylum Applicants in Denmark 1985–1988: Political Refugees or War Emigrants?" *The Lebanese in the World*, edited by Albert Hourani and Nadim Shehadi, pp. 661–662. Conversely, Lebanese immigrants and refugees have been more welcome in France, where the public perception, at least, seems to be that the Lebanese are self-supporting and do not become public charges. See Amir A>dul-Karim, "Lebanese Business in France," Ibid., pp. 692–693.

73. Jean-Francois Revel, *The Flight From Truth: The Reign of Deceit in the Age of Information* (New York: Random House, 1991), p. 77.

74. Constanza Montana. "Hispanic Communities in U.S. Are Divided by Influx of Mexicans," *Wall Street Journal*, October 21, 1986. pp. 1ff.

75. Alan Riding, "Europe's Growing Debate Over Whom to Let Inside," *New York Times*, December 1, 1991, p. 2.

76. See, for example, Craig R. Whitney, "Europeans Look for Ways to Bar Door to Immigrants," *New York Times*, December 29, 1991, pp. 1ff; Judith Miller, "Strangers at the Gate," *New York Times Magazine*, September 15, 1991, pp. 33ff; Robert Birrell, "Closing the Door on Immigration," *IPA Review*, Vol. 44, No. 4 (1991), pp. 50–55.

77. See, for example, Thomas Sowell, "The High Cost of 'Identity,'" *Forbes*, August 5, 1991, p. 69.

78. Lennox A Miller, *Southeast Asia* (Minneapolis: University of Minnesota Press, 1964), p. 111.

79. H. L. van der Laan, *The Lebanese Traders in Sierra Leone* (The Hague: Mouton, 1975), p. 136; Alixa Naff, "Lebanese Immigration Into the United States," *The Lebanese in the World*, edited by Albert Hourani and Nadim Shehadi, p. 148.

80. Hagen Koo and Eui-Young Yu, *Korean Immigration to the United States: Its Demographic Pattern and Social Implications for Both Societies* (Honolulu: East-West Center, 1981), p. 11; Ivan Light and Edna Bonacich, *Immigrant Entrepreneurs: Koreans in Los Angeles, 1965–1982* (Berkeley: University of California Press, 1988), pp. 168, 170, 172; Illsoo Kim, *New Urban Immigrants: The Korean Community in New York* (Princeton: Princeton University Press, 1981), pp. 114, 115.

81. Haraprasad Chattopadhyaya, *Indians in Africa* (Calcutta: Bookland Private Ltd., 1970), p. 264.

82. Neil Leighton, "Lebanese Emigration: Its Effect on the Political Economy of Sierra Leone," *The Lebanese in the World*, edited by Albert Hourani and Nadim Shehadi, p. 583.

83. Pyong Gap Min, *Ethnic Business Enterprise: Korean Small Business in Atlanta* (New York: Center for Migration Studies, 1988), p. 82. See also p. 93.

84. Alixa Naff, "Lebanese Immigration Into the United States: 1880 to the Present," *The Lebanese in the World*, edited by Albert Hourani and Nadim Shehadi, p. 148.

85. Antonio S. Tan, "The Changing Identity of the Philippine Chinese, 1946–1984," *Changing Identities of the Southeast Asian Chinese Since World War II*, edited by Jennifer Cushman and Wang Gungwu (Hong Kong: Hong Kong University Press, 1988), p. 192.

86. Charles Issawi, "The Historical Background of Lebanese Emigration: 1800–1914," *The Lebanese in the World*, edited by Albert Hourani and Nadim Shehadi, p. 31; Baha Abu-Laban, "The Lebanese in Montreal," Ibid., p. 237; Ignacio Klich, "Criollos and Arabic Speakers in Argentina: An Uneasy Pas de Deux, 1888–1914," Ibid., p. 273; Clark S. Knowlton, "The Social and Spatial Mobility of the Syrian and Lebanese Community in São Paulo, Brazil," Ibid., pp. 293, 302; Estela Valverde, "Integration and Identity in Argentina: The Lebanese of Tucuman," Ibid., pp. 315, 316, 317, 318; David Nicholls, "Lebanese of the Antilles: Haiti, Dominican Republic, Jamaica, and Trinidad," Ibid., p. 342, 352; Trevor Batrouney, "The Lebanese in Australia, 1880–1989," Ibid., p. 421; H. Laurens van der Laan, "Migration, Mobility and Settlement of the Lebanese in West Africa," Ibid., p. 532; Said Boumedouba, "Change and Continuity in the Relationship Between the Lebanese in Senegal and Their Hosts," Ibid., p. 551; Neil O.

Leighton, "Lebanese Emigration: Its Effect on the Political Economy of Sierra Leone," Ibid., pp. 581, 586.

87. Eric E. Hirshler, "Jews From Germany in the United States," *Jews From Germany in the United States*, edited by Eric E. Hirshler (New York: Farrar, Straus and Cudahy, 1955), pp. 37, 66; Alixa Naff, "Lebanese Immigration Into the United States: 1880 to the Present," *The Lebanese in the World*, edited by Albert Hourani and Nadim Shehadi, p. 148.

88. See, for example, P. T. Bauer, *West African Trade: A Study of Competition, Oligopoly and Monopoly in a Changing Economy* (Cambridge: Cambridge University Press, 1954), Chapter 2.

89. Hugh Tinker, *The Banyan Tree: Overseas Emigrants From India, Pakistan, and Bangladesh* (Oxford: Oxford University Press, 1977), p. 143.

90. Bayley R. Winder, "The Lebanese in West Africa," *Comparative Studies in Society and History*, Vol. IV (1962), p. 310; H. L. van der Lann, *The Lebanese Traders in Sierra Leone* (The Hague: Mouton, 1975), p. 222; Said Boumedouha, "Change and Continuity in the Relationship Between the Lebanese in Senegal and Their Hosts," *The Lebanese in the World*, edited by Albert Hourani and Nadim Shehadi, p. 556.

91. L. A. Peter Gosling, "Chinese Crop Dealers in Malaysia and Thailand: The Myth of the Merciless Monopsonistic Middleman," *The Chinese in Southeast Asia*, edited by Linda Y. C. Lim and L. A. Peter Gosling, Vol. I: *Ethnicity and Economic Activity* (Singapore: Maruzen Asia, 1983), pp. 134–135, 144–145.

92. See, for example, Virginia Thompson and Richard Adloff, *Minority Problems in Southeast Asia* (New York: Russell & Russell, 1970), p. 85; Donald R. Snodgrass, *Inequality and Economic Development in Malaysia* (Kuala Lumpur: Oxford University Press, 1980), p. 212.

93. Donald L. Horowitz, *Ethnic Groups in Conflict*, pp. 117–118.

94. Arthur Hertzberg, *The French Enlightenment and the Jews: The Origins of Modern Anti-Semitism* (New York: Columbia University Press, 1960), p. 88; Victor Purcell, *The Chinese in Southeast Asia*, second edition (Kuala Lumpur: Oxford University Press, 1980), pp. 197, 203, 443–444.

95. H. L. van der Lann, *The Lebanese Traders in Sierra Leone*, p. 226.

96. Victor Purcell, *The Chinese in Southeast Asia*, second edition, p. 450.

97. Illsoo Kim, *New Urban Immigrants*, p. 119.

98. A study of Korean businessmen in New York found that they "were contemptuous of the extravagant life styles of blacks and Puerto Ricans, from whom they want to maintain a social distance," even though these were among their principal customers. Illsoo Kim, *New Urban Immigrants*, p. 138. Although their businesses tended to be in inner city neighborhoods, the Koreans themselves tended to live in predominantly white neighborhoods. Ibid., pp. 143, 258. The same was true of Koreans in Atlanta and similar patterns were found in Los Angeles, where Koreans tended to live either in their own neighborhood or in the non-ghetto areas of the city and suburbs. Pyong Gap Min, *Ethnic Business Enterprise*, pp. 70, 125; Ivan Light and Edna Bonacich, *Immigrant Entrepreneurs*, pp. 6, 207.

99. Alixa Naff, "Lebanese Immigration Into the United States: 1880 to the Present," *The Lebanese in the World*, edited by Albert Hourani and Nadim Shehadi, p. 157.

100. Illsoo Kim, *New Urban Immigrants*, p. 138.

101. Ibid., pp. 143, 258; Pyong Gap Min, *Ethnic Business Enterprise*, pp. 70, 125; Ivan Light and Edna Bonacich, *Immigrant Entrepreneurs*, pp. 6, 207.

102. Hugh Tinker, *The Banyan Tree*, p. 143.

103. H. L. van der Lann, *The Lebanese Traders in Sierra Leone*, pp. 42–43.

104. Yuan-li Wu, "Chinese Entrepreneurs in Southeast Asia," *American Economic Review*, May 1983, pp. 113–114.

105. Janet L. Abu-Lughod, *Before European Hegemony: The World System A.D. 1250–1350* (New York: Oxford University Press, 1989), pp. 16–17.

106. Nizar Motani, "The Ugandan Civil Service and the Asian Problem, 1894–1972," *Expulsion of a Minority: Essays on Ugandan Asians*, edited by Michael Twaddle (London: The Athlone Press, 1975), p. 101.

107. Myron Weiner, *Sons of the Soil: Migration and Ethnic Conflict in India* (Princeton: Princeton University Press, 1978), pp. 128–129.

108. Rita Cruise O'Brien, "Lebanese Entrepreneurs in Senegal: Economic Integration and the Politics of Protection," *Cahiers d'Etudes Africaines*, Vol. 15, No. 57 (1975), p. 103.

109. Dr. Omotosho Ogunniy, "Human Resource Flows in Relation to Integration and National Unity," *Journal of Business and Social Studies* (December 1970), p. 177. This journal is published at the University of Lagos, Nigeria.

110. Myron Weiner, *Sons of the Soil*, pp. 128–129.

111. Didier Bigo, "The Lebanese Community in the Ivory Coast: A Non-native Network at the Heart of Power?" *The Lebanese in the World*, edited by Albert Hourani and Nadim Shehadi, p. 524.

112. Pyong Gap Min, *Ethnic Business Enterprise*, p. 111.

113. Hugh Tinker, *The Banyan Tree*, p. 132.

114. Donald L. Horowitz, *Ethnic Groups in Conflict*, p. 666; Donald M. Nonini, "The Chinese Truck Transport 'Industry' of a Peninsular Malaysia Market Town," *The Chinese in Southeast Asia*, Vol. I: *Ethnicity and Economic Activity*, edited by Linda Y. C. Lim and L. A. Peter Gosling, p. 195.

115. See, for example, *Mid-term Review of Fourth Malaysia Plan 1981–1985* (Kuala Lumpur: Government Press, 1984), p. 17.

116. Donald L. Horowitz, *Ethnic Groups in Conflict*, p. 666.

117. Rita Cruise O'Brien, "Lebanese Entrepreneurs in Senegal: Economic Integration and the Politics of Protection," *Cahiers d'Etudes Africaines*, Vol. 15, No. 57 (1975), p. 113.

118. "Old Uneconomic Policy," *The Economist*, March 11, 1989, p. 40.

119. Hugh Tinker, *The Banyan Tree*, p. 126.

120. See Illsoo Kim, *New Urban Immigrants*, p. 111. See also Hagen Koo and

Eui-Young Yu, *Korean Immigration to the United States*, p. 7; Ivan Light and Edna Bonacich, *Immigrant Entrepreneurs*, pp. 207–208, 225–226.

121. Edna Bonacich, "A Theory of Middleman Minority," *American Sociological Review*, October 1973, pp. 585, 588.

122. Ibid., p. 585.

123. Ibid., p. 590.

124. Pierre van den Berghe, "Asian Africans Before and After Independence," *Kroniek van Afrika* (New Series), no. 6 (1975), pp. 198–199.

125. Ibid., p. 201.

126. Ibid., p. 204.

127. P. T. Bauer, *West African Trade: A Study of Competition, Oligopoly and Monopoly in a Changing Economy* (Cambridge: Cambridge University Press, 1954), p. 27.

128. Ibid., p. 25.

129. R. A. Radford, "The Economic Organisation of a P.O.W. Camp," *Economica*, November 1945, p. 199.

130. Thomas Sowell, *Ethnic America: A History* (New York: Basic Books, 1981), p. 99.

131. Judith Laikin Elkin, *Jews of the Latin American Republics* (Chapel Hill: University of North Carolina Press, 1980), p. 229.

132. Victor Purcell, *The Chinese in Southeast Asia*, 2nd edition, p. 343; Judith Strauch, "The Political Economy of a Chinese-Malaysian New Village: Highly Diversified Insecurity," *The Chinese in Southeast Asia*, edited by Linda Y. C. Lim and L. A. Peter Gosling, Vol. I, p. 207.

133. Hugh Tinker, *The Banyan Tree*, p. 105.

134. Wolfgang Kasper, et al., *Fiji: Opportunity From Adversity?* (St. Leonards, Australia: Centre for Independent Studies, 1988), p. 5.

135. Hugh Tinker, *The Banyan Tree*, p. 39.

136. John Train, "A Talk With Leon Louw," *Harvard Magazine*, September–October, 1993, p. 23.

137. William B. Mitchell, et al., *Area Handbook for Guyana* (Washington, D.C.: U.S. Government Printing Office, 1969), pp. 167–168.

138. Avraham Shama and Mark Iris, *Immigration Without Integration: Third World Jews in Israel* (Cambridge, Mass.: Schenkman Publishing Company, 1977), p. 39.

139. Sammy Smooha, *Israel: Pluralism and Conflict* (Berkeley: University of California Press, 1978), pp. 128–129.

140. Avraham Shama and Mark Iris, *Immigration Without Integration*, pp. 10, 19.

141. Benjamin Pinkus, "From the October Revolution to the Second World War," *The Soviet Germans: Past and Present*, edited by Edith Rogovin Frankel (New York: St. Martin's Press, 1986), p. 61.

142. See Bernard Lewis, *The Jews of Islam* (Princeton: Princeton University Press, 1984), pp. 130, 175–176.

第三章　征服与文化

1. John Stuart Mill, "Considerations on Representative Government," *Collected Works of John Stuart Mill*, Vol. XIX: *Essays on Politics and Society*, edited by J. M. Robson (Toronto: University of Toronto Press, 1977), p. 571.

2. See, for example, Lord Kinross, *The Ottoman Centuries: The Rise and Fall of the Turkish Empire* (New York: William Morrow, 1977), pp. 74, 77, 109, 131, 187; Edward Gibbon, *The Decline and Fall of the Roman Empire* (New York: The Modern Library, no date), Vol. III, pp. 774–775.

3. L. H. Gann and Peter Duignan, *Burden of Empire: An Appraisal of Western Colonialism in Africa South of the Sahara* (Stanford: Hoover Institution Press, 1977), p. 140.

4. Harold E. Driver, *Indians of North America*, second edition (Chicago: University of Chicago Press, 1975), p. 471.

5. Alvin M. Brandon, *The American Heritage Book of Indians* (New York: American Heritage Publishing Co., Inc., 1961), p. 77.

6. Edward Gibbon, *The Decline and Fall of Roman Empire*, Vol. II, pp. 374, 593, 621, 790; Ibid., Vol. III, pp. 249, 624.

7. N. J. G. Pounds, *An Historical Geography of Europe* (Cambridge: Cambridge University Press, 1990), p. 89.

8. David C. Lindberg, "The Transmission of Greek and Arabic Learning to the West," *Science in the Middle Ages*, edited by David C. Lindberg (Chicago: University of Chicago Press, 1978), pp. 52–90.

9. William H. McNeill, *The Rise of the West: A History of the Human Community* (Chicago: University of Chicago Press, 1991), pp. 102–109.

10. I. M. Stead, *Celtic Art in Britain Before the Roman Conquest* (Cambridge, Mass.: Harvard University Press, 1985), p. 4.

11. John Wacher, *The Coming of Rome* (New York: Charles Scribner's Sons, 1980), p. 76; F. E. Halliday, *An Illustrated Cultural History of England* (New York: Crescent Books, 1967), p. 17.

12. John Burke, *Roman England* (New York: W. W. Norton, 1984), pp. 13, 16, 25; John Wacher, *The Coming of Rome*, p. 39; F. E. Halliday, *An Illustrated Cultural History of England*, pp. 19–22.

13. Winston S. Churchill, *A History of the English-Speaking Peoples*, Vol. I: *The Birth of Britain* (New York: Bantam Books, 1974), p. 28.

14. F. E. Halliday, *An Illustrated Cultural History of England*, p. 25. See also C. J. Arnold, *Roman Britain to Saxon England* (Bloomington: Indiana University Press, 1984), pp. 58, 66, 71.

15. C. J. Arnold, *Roman Britain to Saxon England*, pp. 38, 150.

16. N. J. G. Pounds, *An Historical Geography of Europe: 1800–1914* (Cambridge: Cambridge University Press, 1990), pp. 70, 71, 88.

17. James Campbell, "The End of Roman Britain," *The Anglo-Saxons*, edited by James Campbell (Ithaca: Cornell University Press, 1982), p. 19.

18. Karl Polanyi, *The Great Transformation: The Political and Economic Origins

of Our Time* (Boston: Beacon Press, 1957), p. 45.

19. N. J. G. Pounds, *An Historical Geography of Europe: 1800–1914*, p. 146.

20. Geoffrey Moorhouse, *India Britannica* (New York: Harper & Row, 1983), pp. 180–193, 202, 243, 253, 269.

21. Jorge Heine, "A People Apart," *The Wilson Quarterly*, Spring 1980, pp. 125, 129.

22. "Divided They Stand," *The Economist*, February 2, 1985, pp. 4–18.

23. L. H. Gann, "Changing Patterns of a White Élite: Rhodesian and Other Settlers," *Colonialism in Africa, 1870–1960*, Vol. II: *The History and Politics of Colonialism 1914–1960*, edited by L. H. Gann and Peter Duignan (Cambridge: Cambridge University Press, 1982), p. 135.

24. See, for example, Harold E. Driver, *Indians of North America*, 2nd edition (Chicago: University of Chicago Press, 1975), pp. 471–472.

25. L. H. Gann and Peter Duignan, "Introduction," *Colonialism in Africa: 1870–1960*, edited by L. H. Gann and Peter Duignan, Vol. I: *The History and Politics of Colonialism 1870–1914* (Cambridge: Cambridge University Press, 1981), p. 17.

26. Robert Cornevin, "The Germans Before 1918," *Ibid.*, p. 403.

27. Myron Weiner and Mary Fainsod Katzenstein, *India's Preferential Policies: Migrants, the Middle Class, and Ethnic Equality* (Chicago: University of Chicago Press, 1981), p. 71.

28. Chandra Richard de Silva, "Sinhala-Tamil Ethnic Rivalry: The Background," *From Independence to Statehood: Managing Ethnic Conflict in Five African and Asian States*, edited by Robert B. Goldmann and A. Jeyaratnam Wilson (London: Frances Pinter, 1984), p. 115.

29. James Coleman, *Nigeria: Background to Nationalism* (Berkeley: University of California Press, 1971), p. 134.

30. Ibid., p. 142.

31. Donald L. Horowitz, *Ethnic Groups in Conflict* (Berkeley: University of California Press, 1985), pp. 448, 451.

32. "The Ibo, who today play an important part in Nigerian trade, were in an almost savage state as recently as 1910." P. T. Bauer, *West African Trade: A Study of Competition, Oligopoly and Monopoly in a Changing Economy* (Cambridge: Cambridge University Press, 1954), p. 7.

33. James S. Coleman, *Nigeria: Background to Nationalism* (Berkeley: University of California Press, 1971), p. 142; Donald L. Horowitz, *Ethnic Groups in Conflict* (Berkeley: University of California Press, 1985), pp. 448, 451; Northern Nigeria, *Statistical Yearbook 1965* (Kaduna: Ministry of Economic Planning, 1965), pp. 40–41; Robert Nelson and Howard Wolpe, *Nigeria: Modernization and Politics of Communalism* (East Lansing: Michigan State University Press, 1971), p. 127; Bernard Nkemdirim, "Social Change and the Genesis of Conflict in Nigeria," *Civilizations*, Vol. 25, Nos. 1–2 (1975), p. 94; Okwudiba Nnoli, *Ethnic Politics in Nigeria* (Enugu, Nigeria: Fourth Dimension Publishers, 1978), p. 64.

34. S. J. Tambiah, "Ethnic Representation in Ceylon's Higher Administrative Service, 1870–1946," *University of Ceylon Review*, April–July 1955, p. 130.

35. W. Ivor Jennings, "Race, Religion and Economic Opportunity in the University of Ceylon," *University of Ceylon Review*, November 1944, p. 2.

36. Chandra Richard de Silva, "Sinhala-Tamil Ethnic Rivalry: The Background," *From Independence to Statehood: Managing Ethnic Conflict in Five African and Asian States*, edited by Robert B. Goldmann and A. Jeyaratnam Wilson (London: Frances Pinter, 1984), p. 16. See also Chandra Richard de Silva, "Sinhala-Tamil Relations and Education in Sri Lanka: University Admissions Issue—The First Phase," Ibid., p. 136.

37. Chandra Richard de Silva, "Sinhala-Tamil Relations and Education in Sri Lanka," Ibid., p. 138.

38. Alec Nove and J. A. Newth, *The Soviet Middle East: A Communist Model for Development* (New York: Frederick A. Praeger, 1967), p. 83.

39. R. G. Collingwood, *Roman Britain and the English Settlements* (Oxford: Oxford University Press, 1987), p. viii.

40. William H. McNeill, *The Rise of the West: A History of the Human Community* (Chicago: University of Chicago Press, 1991), pp. 217, 229.

41. Scottish universities, for example, were ahead of the English universities in science and technology. The world's first university chair in engineering was founded in Glasgow in 1840. By 1871, nearly half the ships built in the United Kingdom were built in Scotland. Newly industrializing nineteenth-century Japan looked to Scotland for its science and engineering, and many of the ships for the new Japanese navy were built in Scottish shipyards. (Olive and Sydney Checkland, *Industry and Ethos: Scotland 1832–1914* [Edinburgh: Edinburgh University Press, 1989], pp. 20, 147, 148, 149.) The Scots also surpassed the English in agricultural techniques during the eighteenth century. (G. M. Trevelyan, *English Social History: A Survey of Six Centuries* [New York: Viking Penguin, Inc. 1986], p. 463.)

42. William R. Brock, *Scotus Americanus: A Survey of the Sources for Links Between Scotland and America in the Eighteenth Century* (Edinburgh: Edinburgh University Press, 1982), pp. 114–115.

43. Peter Salway, *Roman Britain* (Oxford: Oxford University Press, 1984), p. 15.

44. N. J. G. Pounds, *An Historical Geography of Europe* (Cambridge: Cambridge University Press, 1990), p. 67.

45. Bernard Lewis, *The Arabs in History* (New York: Harper & Row, 1967), pp. 14, 137.

46. William H. McNeill, *The Rise of the West: A History of Civilization* (Chicago: University of Chicago Press, 1991), p. 229.

47. Ibid., pp. 492–494, 576–577.

48. Ibid., p 243–244.

49. Jaime Vicens Vives, "The Decline of Spain in the Seventeenth Century," *The Economic Decline of Empires*, edited by Carlo M. Cipolla (London: Methuen & Co., 1970), pp. 121, 126–128; Bernard Lewis, "Some Reflec-

tions on the Decline of the Ottoman Empire," Ibid., pp. 229–230.

50. Janet L. Abu-Lughod, *Before European Hegemony: The World System A.D. 1250–1350* (New York: Oxford University Press, 1989), p. 182.

51. Bernard Lewis, "Some Reflections on the Decline of the Ottoman Empire," *The Economic Decline of Empires*, edited by Carlo M. Cipolla, pp. 229–230.

52. J. H. Elliott, "The Decline of Spain," Ibid., p. 178. See also Jaime Vicens Vives, "The Decline of Spain in the Seventeenth Century," Ibid., p. 123.

53. Jane S. Gerber, *The Jews of Spain: A History of the Sephardic Experience* (New York: The Free Press, 1992), p. x.

54. Fernand Braudel, *The Mediterranean and the Mediterranean World in the Age of Phillip II*, translated by Sian Reynolds (New York: Harper & Row, 1976), Volume II, p. 795.

55. Christopher Hibbert, *The English: A Social History 1066–1945* (New York: W. W. Norton, 1987), p. 121.

56. Gerhard Simon, *Nationalism and Policy Toward the Nationalities in the Soviet Union: From Totalitarian Dictatorship to Post-Stalinist Society*, translated by Karen Forster and Oswald Forster (Boulder: Westview Press, 1991), pp. 248–249.

57. Hélène Carrère d'Encausse, *Decline of an Empire* (New York: Harper & Row, 1979), p. 170.

58. T. C. Smout, *A History of the Scottish People, 1560–1830* (New York: Charles Scribner's Sons, 1969), pp. 31–32, 34, 333.

59. Frank Barlow, "Who Are the English?" *The English World: History, Character, and People*, edited by Robert Blake (New York: Harry N. Abrams, Inc., 1982), p. 56.

60. "Introduction," *Colonialism in Africa 1870–1960*, edited by Peter Duignan and L. H. Gann, Vol. IV: *The Economics of Colonialism* (Cambridge: Cambridge University Press, 1975), p. 11.

61. Harold D. Nelson, et al., *Nigeria: A Country Study* (Washington, D.C.: U.S. Government Printing Office, 1982), p. 26; Lance E. Davis and Robert A. Huttenback, *Mammon and the Pursuit of Empire: The Political Economy of British Imperialism, 1860–1912* (Cambridge: Cambridge University Press, 1987), pp. 6–7, 10, 301–303.

62. L. H. Gann and Peter Duignan, "Reflections on Imperialism and the Scramble for Africa," *Colonialism in Africa 1870–1960*, Volume I, edited by L. H. Gann and Peter Duignan, p. 112.

63. Ibid., p. 107.

64. Ibid.

65. L. H. Gann, "Economic Development in Germany's African Empire, 1884–1914," *Colonialism in Africa 1870–1960*, Volume IV, edited by Peter Duignan and L. H. Gann, p. 218.

66. L. H. Gann and Peter Duignan, "Reflections on Imperialism and the Scramble for Africa," *Colonialism in Africa 1870–1960*, Volume I, edited by L. H. Gann and Peter Duignan, p. 113.

67. Sir Frederick Pedler, "British Planning and Private Enterprise in Colonial Africa," *Colonialism in Africa 1870–1960*, Volume IV, edited by Peter Duignan and L. H. Gann, p. 95.

68. L. H. Gann, "Economic Development in Germany's African Empire, 1884–1914," Ibid., pp. 248–249.

69. Peter Duignan and L. H. Gann, "Economic Achievements of the Colonizers: An Assessment," Ibid., p. 679.

70. L. H. Gann, "Economic Development in Germany's African Empire, 1884–1914," Ibid., p. 250.

71. Peter Duignan and L. H. Gann, "Economic Achievements of the Colonizers: An Assessment," Ibid., p. 682.

72. Ibid., p. 684.

73. L. H. Gann and Peter Duignan, *Burden of Empire*, p. 247.

74. "Introduction," *Colonialism in Africa 1870–1960*, edited by Peter Duignan and L. H. Gann, Volume IV, pp. 10, 20–21, 24; Charles Wilson, "The Economic Role and Mainsprings of Imperialism," Ibid., p. 68; Sir Frederick Pedler, "British Planning and Private Enterprise in Colonial Africa," Ibid., pp. 102, 120; L. H. Gann, "Economic Development in Germany's African Empire, 1884–1914," Ibid., pp. 239–240; Jan S. Hogendorn, "Economic Initiative and African Cash Farming: Pre-Colonial Origins and Early Colonial Developments," Ibid., pp. 296–297; Simon E. Katzenellenbogen, "The Miner's Frontier, Transport and General Economic Development," Ibid., p. 399.

75. L. H. Gann, "Economic Development in Germany's African Empire, 1884–1914," Ibid., p. 239.

76. Richard J. Hammond, "Some Economic Aspects of Portuguese Africa in the Nineteenth and Twentieth Centuries," Ibid., p. 262.

77. Robert Cornevin, "The Germans in Africa Before 1918," *Colonialism in Africa 1870–1960*, Volume I, edited by L. H. Gann and Peter Duignan, p. 388.

78. Geoffrey Blainey, *The Causes of War*, third edition (New York: The Free Press, 1988), p. 198.

79. Peter Duignan and L. H. Gann, "Economic Achievements of the Colonizers: An Assessment," *Colonialism in Africa 1870–1960*, Volume IV, edited by Peter Duignan and L. H. Gann, p. 694.

80. Adam Smith, *The Wealth of Nations* (New York: The Modern Library, 1937).

81. See the classic study by Robert Conquest, *Harvest of Sorrow: Soviet Collectivization and the Terror-Famine* (New York: Oxford University Press, 1986).

82. Peter Duignan and L. H. Gann, "Economic Achievements of the Colonizers: An Assessment," *Colonialism in Africa 1870–1960*, Volume IV, edited by Peter Duignan and L. H. Gann, p. 261.

83. L. E. Jones, *The European Miracle: Environments, Economies and Geopolitics in the History of Europe and Asia*, second edition (Cambridge: Cambridge University Press, 1987), pp. 35–36.

84. Henry F. Dobyns, *Native American Historical Demography: A Critical Bibliography* (Bloomington: Indiana University Press, 1976), p. 37.

85. Edward H. Spicer, "American Indians," *Harvard Encyclopedia of American Ethnic Groups*, edited by Stephan Thernstrom, et al. (Cambridge, Mass.: Harvard University Press, 1981), p. 59.

86. Ibid., p. 58.

87. Richard B. Sheridan, "Mortality and Medical Treatment of Slaves in the British West Indies," *Race and Slavery in the Western Hemisphere: Quantitative Studies*, edited by Stanley L. Engerman and Eugene D. Genovese (Princeton: Princeton University Press, 1975), p. 285

88. Noble David Cook, *Demographic Collapse: Indian Peru, 1520–1620* (Cambridge: Cambridge University Press, 1981), p. 116.

89. John Hemming, *Red Gold: The Conquest of the Brazilian Indians* (London: Macmillan, Ltd., 1978), p. 492.

90. William H. McNeill, *The Rise of the West: A History of the Human Community* (Chicago: University of Chicago Press, 1991), pp. 571–572, 578, 601, 656.

91. S. Ettinger, "The Modern Period," *A History of the Jewish People*, edited by H. H. Ben-Hasson (Cambridge, Mass.: Harvard University Press, 1976), pp. 953–957; Ezra Mendelsohn, *The Jews of East Central Europe Between the World Wars* (Bloomington: Indiana University Press, 1983).

92. N. J. G. Pounds, *An Historical Geography of Europe: 1800–1914* (Cambridge: Cambridge University Press, 1988), p. 102.

第四章　种族与经济

1. Robert F. Foerster, *The Italian Emigration of Our Times* (New York: Arno Press, 1969), pp. 314, 335.

2. Eric Woodrum, et al., "Japanese American Economic Behavior: Its Types, Determinants and Consequences," *Social Forces*, June 1980, pp. 1237, 1238; Daniel O. Price, *Changing Characteristics of the Negro Population* (Washington, D.C.: U.S. Government Printing Office, 1969), p. 45.

3. Arcadius Kahan, "Notes on Jewish Entrepreneurship in Tsarist Russia," *Entrepreneurship in Imperial Russia and the Soviet Union*, edited by Gregory Guroff and Fred V. Carstensen (Princeton: Princeton University Press, 1983), p. 124; Irving Howe, *World of Our Fathers* (New York: Harcourt Brace Jovanovich, 1976), p. 82.

4. Walter E. Williams, *South Africa's War Against Capitalism* (New York: Praeger Publishers, 1989), pp. 100–106. See also Merle Lipton, *Capitalism and Apartheid: South Africa, 1910–84* (Totawa, N.J.: Rowman & Allanheld, 1985), passim.

5. Thomas Sowell, *Preferential Policies: An International Perspective* (New York: William Morrow, 1990), pp. 24–31.

6. Robert Higgs, *Competition and Coercion: Blacks in the American Economy 1865–1914* (Cambridge: Cambridge University Press, 1977), pp. 47–49.

7. Robert Higgs, "Landless by Law: Japanese Immigrants in California Agriculture to 1941," *Journal of Economic History*, March 1978, pp. 207–209.

8. W. E. B. DuBois, *The Philadelphia Negro* (New York: Shocken Books, 1967), p. 323.

9. Ibid., p. 395.

10. Luciano J. Iorizzo, "The Padrone and Immigrant Distribution," *The Italian Experience in the United States*, edited by S. M. Tomasi and M. H. Engel (Staten Island, N.Y.: Center for Migration Studies, Inc., 1970), pp. 43–75; Charles A. Price, *Southern Europeans in Australia* (Melbourne: Oxford University Press, 1963), pp. 63–64; John E. Zucchi, *Italians in Toronto: Development of a National Identity 1875–1935* (Kingston: McGill-Queen's University Press, 1988), pp. 46–48, 53; R. Pascoe, "Italian Settlements Until 1914," *The Australian People: An Encyclopedia of the Nation, Its People and Their Origins*, edited by James Jupp (North Ryde, N.S.W., Australia: Angus & Robertson Publishers, 1988), p. 597.

11. See, for example, Jacob Riis, *How the Other Half Lives* (Cambridge, Mass.: Harvard University Press, 1970), pp. 80–81, 83; Moses Rischin, *The Promised City: New York's Jews 1870–1914* (Cambridge, Mass.: Harvard University Press, 1962), pp. 61–68.

12. Agehananda Bharati, *The Asians in East Africa: Jayhind and Uhuru* (Chicago: Nelson-Hall Co., 1972), pp. 8–9.

13. P. T. Bauer, *Reality and Rhetoric: Studies in the Economics of Development* (Cambridge, Mass.: Harvard University Press, 1984), p. 7.

14. See, for example, Marvin Koster and Finis Welch, "The Effects of Minimum Wages on the Distribution of Changes in Aggregate Employment," *American Economic Review*, June 1972, pp. 323–332; Thomas G. Moore, "The Effect of Minimum Wages on Teenage Unemployment Rates," *Journal of Political Economy*, July/August 1971, pp. 897–902.

15. Thomas Sowell, *Minimum Wage Escalation* (Stanford: Hoover Institution Press, 1977), p. 4 (Reprint of Testimony Before the Subcommittee on Human Resources, U.S. Senate Committee on Labor and Public Welfare, August 3, 1977).

16. Walter E. Williams, *Youth and Minority Unemployment* (Stanford: Hoover Institution Press, 1977), p. 14.

17. George M. Fredrickson, *White Supremacy: A Comparative Study in American and South African History* (New York: Oxford University Press, 1981), p. 233.

18. Charles H. Young and Helen R. Y. Reid, *The Japanese Canadians* (Toronto: University of Toronto Press, 1938), p. 49.

19. P. T. Bauer, "Regulated Wages in Under-Developed Countries," *The Public Stake in Union Power*, edited by Philip D. Bradley (Charlottesville: University of Virginia Press, 1959), p. 332.

20. U.S. Bureau of the Census, *Historical Statistics of the United States: Colonial Times to 1957* (Washington, D.C.: U.S. Government Printing Office, 1961), p. 72.

21. Christopher Hibbert, *The English: A Social History 1066–1945* (New York: W. W. Norton, 1987), p. 509.
22. Roi Ottley and William J. Weatherby, *The Negro in New York: An Informal Social History 1626–1940* (New York: Praeger Publishers, 1967), pp. 36–37.
23. S. Enders Wimbush and Alex Alexiev, *The Ethnic Factor in the Soviet Armed Forces* (Santa Monica, Calif.: The Rand Corporation, 1982), pp. 15, 16, 20, 22, 36; John Hope Franklin, *From Slavery to Freedom: A History of Negro Americans* (New York: Vintage Books, 1969), pp. 580–591; Morris J. MacGregor, *Integration of the Armed Forces 1940–65* (Washington, D.C.: U.S. Government Printing Office, 1981), Chapters 2, 3, 4.
24. Virginia Thompson and Richard Adloff, *Minority Problems in Southeast Asia* (New York: Russell & Russell, 1970), p. 12.
25. T. R. Davenport, *South Africa: A Modern History*, second edition (Toronto: University of Toronto Press, 1980), p. 348.
26. William B. Mitchell, et al., *Area Handbook for Guyana* (Washington, D.C.: U.S. Government Printing Office, 1969), p. 39.
27. Thomas Sowell, "Three Black Histories," *Essays and Data on American Ethnic Groups*, edited by Thomas Sowell and Lynn D. Collins (Washington, D.C.: The Urban Institute, 1978), pp. 16–18.
28. See, for example, Albert D. Kirwan, *Revolt of the Rednecks* (New York: Harper & Row, 1965).
29. Walter E. Williams, *South Africa's War Against Capitalism* (New York: Praeger Publishers, 1989), pp. 97, 126; Pierre L. van den Berghe, *South Africa: A Study in Conflict* (Berkeley: University of California Press, 1965), p. 205.
30. Herbert Northrup, *Organized Labor and the Negro* (New York: Kraus Reprint, 1971), p. 22.
31. Robert F. Foerster, *The Italian Emigration of Our Times*, pp. 145, 147, 166, 167–168, 185, 186; Lucio Sponza, *Italian Immigrants in Nineteenth Century Britain: Realities and Images* (Leicester: Leicester University Press, 1988), pp. 195–196.
32. See, for example, Virginia Yans-McLaughlin, *Family and Community: Italian Immigrants in Buffalo, 1880–1930* (Ithaca: Cornell University Press, 1977), pp. 47–48, 176–177; Constance Cronin, *The Sting of Change: Sicilians in Sicily and Australia* (Chicago: University of Chicago Press, 1970), pp. 162–163.
33. Jacob Riis, *How the Other Half Lives*, pp. 70–71, 84.
34. Blacks in the South, for example, were not the focus of nineteenth-century housing reformers to nearly the same extent as European immigrants in Northern urban slums. Yet housing improvements for Southern blacks were at least as dramatic over a period of a generation, from the time of emancipation to the end of the nineteenth century. Thomas Sowell, *Markets and Minorities* (New York: Basic Books, 1981), pp. 78–79.
35. Jacob A. Riis, *How the Other Half Lives*, pp. 13–14.
36. Oliver MacDonagh, "The Irish Famine Emigration to the United States," *Perspectives in American History*, Vol. X (1976), p. 403.
37. Louis Wirth, *The Ghetto* (Chicago: University of Chicago Press, 1956), pp. 204–205.
38. J. C. Furnas, *The Americans* (New York: G. P. Putnam's Sons, 1969), p. 63; George Potter, *To the Golden Door: The Story of the Irish in Ireland and America* (Westport, Conn.: Greenwood Press, 1960), p. 169.
39. David M. Katzman, *Before the Ghetto* (Urbana: University of Illinois Press, 1975), p. 73; Gilbert Osofsky, *Harlem: The Making of a Ghetto* (New York: Harper Torchbooks, 1968), pp. 45, 120; Stephen Birmingham, *Certain People: America's Black Elite* (Boston: Little, Brown and Co., 1977), pp. 185–186.
40. David Lowenthal, *West Indian Societies* (New York: Oxford University Press, 1972), p. 157.
41. Charles A. Price, *Southern Europeans in Australia* (Canberra: Australian National University, 1979), pp. 293–294.
42. Robert N. Kearney, *Communalism and Language in the Politics of Ceylon* (Durham, N.C.: Duke University Press, 1967), p. 27.
43. See, for example, E. Franklin Frazier, "The Negro Family in Chicago," *E. Franklin Frazier on Race Relations: Selected Writings*, edited by G. Franklin Edwards (Chicago: University of Chicago Press, 1968), pp. 119–141; E. Franklin Frazier, "Negro Harlem: An Ecological Study," *Ibid.*, pp. 142–160; Louis Wirth, *The Ghetto*, pp. 241–261.
44. Louis Wirth, *The Ghetto*, Chapters XI, XII.
45. Oscar Handlin, *Boston's Immigrants* (New York: Atheneum, 1970), p. 114; George Potter, *To the Golden Door*, p. 181.
46. Thomas Sowell, *Markets and Minorities*, pp. 72–73.
47. Ibid., pp. 70–71.
48. Ibid., p. 71.
49. Allan H. Spear, *Black Chicago: The Making of a Negro Ghetto, 1890–1920* (Chicago: University of Chicago Press, 1967), p. 168; E. Franklin Frazier, *The Negro in the United States* (New York: The Macmillan Co., 1971), pp. 284–285; Florette Henri, *Black Migration: Movement North, 1900–1920* (New York: Anchor Books, 1976), pp. 96–97; Gilbert Osofsky, *Harlem*, p. 44; Ivan H. Light, *Ethnic Enterprise in America* (Berkeley: University of California Press, 1972), Figure 1 (after p. 100); St. Clair Drake and Horace R. Cayton, *Black Metropolis* (Chicago: University of Chicago Press, 1970), Vol. I, pp. 66–67, 73–76.
50. Thomas Sowell, *Markets and Minorities*, pp. 69–70.
51. P. T. Bauer, *West African Trade: A Study of Competition, Oligopoly and Monopoly in a Changing Economy* (Cambridge: Cambridge University Press, 1954), p. 102.
52. Edna Bonacich, "A Theory of Middleman Minorities," *American Sociological Review*, October 1973, p. 590.
53. See, for example, P. T. Bauer, *West African Trade*, Chapter 12.
54. John P. McKay, *Pioneers for Profit: Foreign Entrepreneurship and Russian Industrialization, 1885–1913* (Chicago: University of Chicago Press, 1970), p. 139.
55. Virginia Thompson and Richard Adloff, *Minority Problems in Southeast Asia*, pp. 8, 85.
56. Donald R. Snodgrass, *Inequality and Economic Development in Malaysia* (Kuala Lumpur: Oxford University Press, 1980), p. 213.
57. Yuan-li Wu, "Chinese Entrepreneurship in Southeast Asia," *American Economic Review*, May 1983, p. 115.
58. David Caplovitz, *The Poor Pay More* (New York: The Free Press, 1967), passim.
59. Ronald P. Grossman, *The Italians in America* (Minneapolis: Lerner Publications Company, 1975), pp. 34–35.
60. Neil O. Leighton, "Lebanese Emigration: Its Effect on the Political Economy of Sierra Leone," *The Lebanese in the World: A Century of Emigration* (London: I. B. Tauris & Co., Ltd., 1992), p. 583.
61. Fred C. Koch, *The Volga Germans: In Russia and the Americas, From 1763 to the Present* (University Park: Pennsylvania State University Press, 1978), p. 215.
62. Ivan H. Light, *Ethnic Enterprise in America: Business and Welfare Among Chinese, Japanese, and Black* (Berkeley: University of California Press, 1972), p. 46; Walter E. Williams, "Some Hard Questions on Minority Business," *The Negro Educational Review*, April–July 1974, pp. 128–129.
63. Paulette Thomas, "Federal Data Detail Pervasive Racial Gap in Mortgage Lending," *Wall Street Journal*, March 31, 1992, p. 1.
64. U.S. Bureau of the Census, *Current Population Reports*, Series P-23, No. 173, *Population Profile of the United States: 1991* (Washington, D.C.: U.S. Government Printing Office, 1991), p. 20.
65. Jacob Riis, *How the Other Half Lives*, pp. 6n, 80–81.
66. Thomas Sowell, *The Economics and Politics of Race: An International Perspective* (New York: William Morrow, 1983), pp. 200–201.
67. As an example of this kind of reasoning, see Lester C. Thurow, *Poverty and Discrimination* (Washington, D.C.: Brookings Institution, 1969), pp. 2, 130–134.
68. William Tucker, *The Excluded Americans: Homelessness and Housing Policies* (Washington, D.C.: Regnery Gateway, 1990), p. 92.
69. Thomas Sowell, *Preferential Policies: An International Perspective* (New York: William Morrow, 1990), pp. 23–24, 29, 48, 51, 59.
70. Thomas Sowell, *Race and Economics* (New York: David McKay, 1975), pp. 166–167.
71. Ibid., p. 168.

第五章 种族与政治

1. Donald L. Horowitz, *Ethnic Groups in Conflict* (Berkeley: University of California Press, 1985), p. xi.
2. See for example, Walter E. Williams, *The State Against Blacks* (New York: McGraw-Hill Book Co., 1982).
3. Donald L. Horowitz, *Ethnic Groups in Conflict*, pp. 172–173; Victor Purcell, *The Chinese in Southeast Asia*, second edition (Kuala Lumpur: Oxford University Press, 1980), p. 545n.
4. Bernard Lewis, *The Jews of Islam* (Princeton: Princeton University Press, 1984), pp. 134–135; Jane S. Gerber, *The Jews of Spain: A History of the Sephardic Experience* (New York: The Free Press, 1992), pp. 164–165.
5. T. C. Smout, *A History of the Scottish People, 1560–1830* (London: Collins Clear-Type Books, 1969), p. 113; L. H. Gann and Peter Duignan, *Burden of Empire: An Appraisal of Western Colonialism in Africa South of the Sahara* (Stanford: Hoover Institution Press, 1967), p. 248.
6. See, for example, Janet L. Abu-Lughod, *Before European Hegemony: The World System A.D. 1250–1350* (New York: Oxford University Press, 1989), pp. 49, 158, 164, 177.
7. Ray E. Mellor and E. Alistair Smith, *Europe: A Geographical Survey of the Continent* (New York: Columbia University Press, 1979), p. 99.
8. Hugh Tinker, *The Banyan Tree: Overseas Emigrants From India, Pakistan, and Bangladesh* (Oxford: Oxford University Press, 1977), p. 126.
9. Charles Issawi, "The Transformation of the Economic Position of the Millets in the Nineteenth Century," *Christians and Jews in the Ottoman Empire: The Functioning of a Plural Society*, edited by Benjamin Braude and Bernard Lewis, Vol. I: *The Central Lands* (New York: Holmes & Meier Publishers, Inc., 1982), pp. 261–285.
10. Peter Gunst, *The Origins of Backwardness in Eastern Europe: Economics and Politics From the Middle Ages Until the Early Twentieth Century*, edited by Daniel Chirot (Berkeley: University of California Press, 1989), pp. 63–66.
11. Walter E. Williams, "Why the Poor Pay More: An Alternative Explanation," *Social Science Quarterly*, September 1973, pp. 375–379.
12. Jack Chen, *The Chinese of America* (New York: Harper & Row, 1980), p. 137; Charles A. Coppel, *Indonesian Chinese in Crisis* (Kuala Lumpur: Oxford University Press, 1983), pp. 2–3, 58–61; Ben J. Wattenberg, *The Real America* (New York: Doubleday, 1974), p. 117.
13. Donald L. Horowitz, *Ethnic Groups in Conflict*, pp. 191–192; Virginia Thompson and Richard Adloff, *Minority Problems in Southeast Asia* (New York: Russell & Russell, 1955), p. 9.
14. Adam Clymer, "Displeasure With Carter Turned Many to Reagan," *New*

York Times, November 9, 1980, p. A28; Ronald Smothers, "Election Results Troubling Blacks," *New York Times,* November 9, 1984, p. A20; E. J. Dionne, Jr., "Democratic Strength Shifts to West," *New York Times,* November 13, 1988, p. A32; Donald L. Horowitz, *Ethnic Groups in Conflict.* pp. 322–324; John A. A. Ayoade, "Ethnic Management in the 1979 Nigerian Constitution," *Canadian Review of Studies in Nationalism,* Spring 1987, p. 140.

15. Robert N. Kearney, *Communalism and Language in the Politics of Ceylon* (Durham: University of North Carolina Press, 1967), o. 27; Walter Schwarz, *The Tamils of Sri Lanka* (London: Minority Rights Group, 1988), p. 6.

16. Robert N. Kearney, *Communalism and Language in the Politics of Ceylon,* Chapters V, VI.

17. Robert N. Kearney, "Language and the Rise of Tamil Separatism in Sri Lanka," *Asian Survey,* May 1978, p. 525.

18. Robert N. Kearney, *Communalism and Language in the Politics of Ceylon,* p. 27.

19. Ibid., p. 29.

20. Donald L. Horowitz, *Ethnic Groups in Conflict,* pp. 429–433.

21. Gordon P. Means, "Ethnic Preference Policies in Malaysia," *Ethnic Preference and Public Policy in Developing States* (Boulder: Lynne Rienner Publishers Inc., 1986), p. 103.

22. Donald L. Horowitz, *Ethnic Groups in Conflict,* pp. 334–342.

23. See Ibid., pp. 293–349.

24. L. H. Gann and Peter Duignan, *Why South Africa Will Survive* (London: Croom Helm, 1981), pp. 122–125.

25. Cynthia T. Enloe, *Police, Military and Ethnicity: Foundation of State Power* (New Brunswick, N.J.: Transaction Books, 1980), p. 143; Donald L. Horowitz, *Ethnic Groups in Conflict,* p. 444.

26. Donald L. Horowitz, *Ethnic Groups in Conflict,* p. 545n.

27. Alexander R. Alexiev and S. Enders Wimbush, "The Ethnic Factor in the Soviet Armed Forces," *Ethnic Minorities in the Red Army: Asset or Liability?* edited by Alexander R. Alexiev and S. Enders Wimbush (Boulder: Westview Press, Inc., 1988), p. 151.

28. Donald L. Horowitz, *Ethnic Groups in Conflict,* pp. 447–449; Gordon P. Means, "Ethnic Preference Policies in Malaysia," *Ethnic Preference and Public Policy in Developing States,* pp. 105–106. For a more general survey of ethnic representation in military forces, see Cynthia T. Enloe, *Police, Military and Ethnicity.*

29. Donald L. Horowitz, *Ethnic Groups in Conflict,* pp. 457–459, 467–470.

30. Ibid., pp. 447–449.

31. Ibid., pp. 448, 451–452.

32. Ibid., pp. 467–469.

33. Ibid., p. 475; S. Karene Witcher. "With 'God on My Side,' Coup Leader Attempts to Regain Fiji's Paradise Lost," *New York Times,* October 23, 1988, Section I, p. 22.

34. Donald L. Horowitz, *Ethnic Groups in Conflict,* pp. 485, 487.

35. Kevin O'Connor, *The Irish in Britain* (London: Sidgwick and Jackson Ltd., 1972), p. 83.

36. Thomas Sowell, *Ethnic America: A History* (New York: Basic Books, 1981), p. 174.

37. Sammy Smooha, *Israel: Pluralism and Conflict* (Berkeley: University of California Press, 1978), pp. 108, 190.

38. Adam Giesinger, *From Catherine to Khrushchev: The Story of Russia's Germans* (Lincoln, Neb.: American Historical Society of Germans From Russia, 1974), pp. 143–144, 262–263; Frederick C. Luebke, "The German Ethnic Group in Brazil: The Ordeal of World War II," paper presented to the 1982 Annual Meeting of the American Historical Association, pp. 9–10, 12, 14; Frederick C. Luebke, *Germans in Brazil: A Comparative History of Cultural Conflict During World War I* (Baton Rouge: Louisiana State University Press, 1987), Chapters 5, 7; Jean Roche, *La Colonisation Allemande et le Rio Grande do Sul* (Paris: Institut des Hautes Études de L'Amérique Latine, 1959), p. 539; Ian Harmstorf and Michael Cigler, *The Germans in Australia* (Melbourne: Australasian Educa. Press Pty. Ltd., 1985), pp. 68, 172–173; Charles A. Price, *German Settlers in South Australia* (Melbourne: Melbourne University Press, 1945), p. 68.

39. Richard Sallet, *Russian-German Settlements in the United States,* translated by LaVern J. Rippley and Armand Bauer (Fargo: North Dakota Institute for Regional Studies, 1974), p. 3; John A. Armstrong, "Mobilized Diaspora in Tsarist Russia," *Soviet Nationality Policies and Practices,* edited by Jeremey R. Azrael (New York: Praeger Publishers, 1978), pp. 95–96; Adam Giesinger, *From Catherine To Khrushchev: The Story of Russia's Germans* (Lincoln, Neb.: American Historical Society of Germans From Russia, 1974), pp. 311, 313–314.

40. Benjamin Braude and Bernard Lewis, "Introduction," *Christians and Jews in the Ottoman Empire,* Vol. I: *The Central Lands* (New York: Holmes & Meier Publishers, Inc., 1982), p. 29.

41. Robert Mantran, "Foreign Merchants and the Minorities in Istanbul During the Sixteenth and Seventeenth Centuries," Ibid.. pp. 132, 135; Kemal H. Karpat, "Millets and Nationality: The Roots of the Incongruity of Nation and State in the Post-Ottoman Era," Ibid., p. 165; Charles Issawi, "The Transformation of the Economic Position of the Millets in the Nineteenth Century," Ibid., p. 272, 273; A. Üner Turgay, "Trade and Merchants in Nineteenth-Century Trabzon: Elements of Ethnic Conflict," Ibid., pp. 291, 293, 296–297, 298, 299; Steven Rosenthal, "Minorities and Municipal Reform in Istanbul, 1850–1870," Ibid., pp. 370, 382; Feroz Ahmad, "Unionist Relations With the Greek, Armenian, and Jewish Communities of the Ottoman Empire, 1908–1914," Ibid., pp. 404, 406; Ibid., Samir Khalaf, "Communal Conflict in the Nineteenth Century," Vol. II: *The Arabic-Speaking Lands,* p. 121; Dominique Chevallier, "Non-Muslim Communities in Arab Cities,"

Ibid., 162; Thomas Phillip, "Image and Self-Image of the Syrians in Egypt: From the Early Eighteenth Century to the Reign of Muhammad Ali," Ibid., 169.

42. Frederick C. Luebke, *Germans in the New World: Essays in the History of Emigration* (Urbana: University of Illinois Press, 1990), pp. 127–128; Charles A. Price, *German Settlers in South Australia* (Melbourne: Melbourne University Press, 1945), Chapter VI; G. Kinne, "Nazi Stratagems and Their Effects on Germans in Australia up to 1945," *Journal of the Royal Australia Historical Society,* June 1980, pp. 1–19.

43. Bringing wives and children to the United States was not the same economic burden as the men's returning to China. Family members working in the American economy after arrival could undoubtedly repay the cost of passage more readily than a husband working in the much poorer Chinese economy after returning home.

44. Jack Chen, *The Chinese of America,* p. 53; S. W. Kung, *Chinese in American Life: Some Aspects of Their History, Status, Problems, and Contributions* (Seattle: University of Washington Press, 1962), 66.

45. Yasuo Watatsuki, "Japanese Emigration to the United States, 1866–1924," *Perspectives in American History,* Vol. XII (1979), p. 452.

46. Lionel Demery, "Asian Labor Migration: An Empirical Assessment," *Asian Labor Migration: Pipeline to the Middle East* (Boulder: Westview Press Inc., 1986), pp. 41–42.

47. See, for example, Hugh Tinker, *The Banyan Tree,* pp. 68, 124, 125, 149.

48. Quoted in Anirudha Gupta, "India and the Asians in East Africa," *Expulsion of a Minority: Essays on Ugandan Asians* (London: The Athlone Press, 1975), p. 129.

49. Hugh Tinker, *The Banyan Tree,* p. 28.

50. Thomas Sowell, "Ethnicity in a Changing America," *Daedalus,* Winter 1978, pp. 220–235.

51. Myron Weiner, *Sons of the Soil: Migration and Ethnic Conflict in India* (Princeton: Princeton University Press, 1978), p. 112.

52. Myron Weiner and Mary Fainsod Katzenstein, *India's Preferential Policies: Migrants, the Middle Classes, and Ethnic Equality* (Chicago: University of Chicago Press, 1981), p. 98.

53. Charles A. Coppel, *Indonesian Chinese in Crisis* (Kuala Lumpur: Oxford University Press, 1983), pp. 82–85, 110–111, 164.

54. Donald V. Smiley, "French-English Relations in Canada and Consociational Democracy," *Ethnic Conflict in the Western World,* edited by Milton J. Esman (Ithaca: Cornell University Press, 1977), p. 118.

55. Ibid., p. 187.

56. Myron Weiner and Mary Fainsod Katzenstein, *India's Preferential Policies,* pp. 132–133; Myron Weiner, *Sons of the Soil,* pp. 285–286; Ezra Mendelsohn, *The Jews of East Central Europe Between the World Wars* (Bloomington: Indiana University Press, 1983), pp. 167, 232; Donald V. Smiley, "French-English Relations in Canada and Consociational Democracy," *Ethnic Conflict in the Western World,* edited by Milton J. Esman, p. 186. See also Gary B. Cohen, *The Politics of Ethnic Survival: Germans in Prague, 1861–1914* (Princeton: Princeton University Press, 1981), p. 28; Donald L. Horowitz, *Ethnic Groups in Conflict,* pp. 224–226.

57. Myron Weiner, *Sons of the Soil,* pp. 271–272.

58. P. T. Bauer, *West African Trade: A Study of Competition, Oligopoly and Monopoly in a Changing Economy* (Cambridge: Cambridge University Press, 1954), p. 40.

59. Myron Weiner, *Sons of the Soil,* p. 285.

60. Ibid., pp. 285–288.

61. Ibid., p. 273.

62. See, for example, Raymond Sestito, *The Politics of Multiculturalism* (St. Leonards, Australia: The Centre for Independent Studies, 1982).

63. Lennox A. Mills, *Southeast Asia* (Minneapolis: University of Minnesota Press, 1964), p. 130.

64. Donald L. Horowitz, *Ethnic Groups in Conflict,* p. 666.

65. See Ibid., pp. 216–226, 236–243.

66. Robert Weisbrot, *The Jews of Argentina: From the Inquisition to Perón* (Philadelphia: The Jewish Publication Society of America, 1979), pp. 198–199.

67. Pierre L. van den Berghe, "Asian Africans Before and After Independence," *Kroniek van Afrika* (The Netherlands), New series, No. 6 (1975), p. 202.

68. Bernard Lewis, *Race and Slavery in the Middle East* (Princeton: Princeton University Press, 1990), p. vi.

69. David Brion Davis, *The Problem of Slavery in Western Culture* (Ithaca: Cornell University Press, 1966), p. 30.

70. J. Fox, "'For Good and Sufficient Reasons': An Examination of Early Dutch East India Company Ordinances on Slaves and Slavery," *Slavery, Bondage and Dependency in Southeast Asia,* edited by Anthony Reid (New York: St. Martin's Press, 1983), pp. 256–257.

71. William L. Westermann, *The Slave Systems of Greek and Roman Antiquity* (Philadelphia: The American Philosophical Society, 1955), p. 18.

72. Leo Elisabeth, "The French Antilles," *Neither Slave Nor Free: The Freedman of African Descent in the Slave Societies of the New World,* edited by David W. Cohen and Jack P. Greene (Baltimore: Johns Hopkins University Press), pp. 140–141.

73. H. Hoetink, "Surinam and Curaçao," *Neither Slave Nor Free,* edited by David W. Cohen and Jack P. Greene, p. 63.

74. See for example, Eric Williams, *Capitalism and Slavery* (New York: Russell & Russell, 1961). The thesis of this work has been so effectively demolished by others that these critiques need only be cited: Stanley L. Engerman, "The Slave Trade and Capital Formation in the Eighteenth Century: A Comment on the Williams Thesis," *Business History Review,* Winter 1972, pp.

参考文献　　301

431–443; Roger Anstey, "Capitalism and Slavery: A Critique," *Economic History Review*, Second series, August 1968, pp. 307–320.

75. For example, David Brion Davis, *The Problem of Slavery in the Age of Revolution 1770–1823* (Ithaca: Cornell University Press, 1975), where it is asserted: "The anti-slavery movement, like Smith's political economy, reflected the needs and values of the emerging capitalist order" (p. 350). Such sweeping, undefined, and *untestable* statements abound as an alternative to Eric Williams's straightforward—and demonstrably false—hypothesis. For reasons unknown, Professor Davis insists on discussing Adam Smith at some length in this connection, even though (1) his ignorance of Smith is painfully apparent in his depiction of him as a spokesman for landowners (p. 348) and a believer in "a natural identity of interests" among classes (p. 350), and (2) in Professor Davis' repeated citations of the *secondary literature* on Smith, at least 20 years old when Davis' own book was published. Anyone who takes seriously the claims that Smith was a spokesman for landowners or for capitalists, or believed in a natural identity of interests among classes need only read Smith himself to be disabused of such notions. See Adam Smith, *An Inquiry Into the Nature and Causes of the Wealth of Nations* (New York: The Modern Library, 1977), pp. 49, 66–67, 98, 128, 249–250, 460–461, 537, 783.

76. Illsoo Kim, *New Urban Immigrants: The Korean Community in New York* (Princeton: Princeton University Press, 1981), p. 140.

77. R. Bayly Winder, "The Lebanese in West Africa," *Comparative Studies in Society and History*, Vol. 4 (1967), pp. 309–310.

78. Ibid., p. 307.

79. Eligio R. Padilla and Gail E. Wyatt, "The Effects of Intelligence and Achievement Testing in Minority Group Children," *The Psychosocial Development of Minority Group Children*, edited by Gloria Johnson Powell, et al. (New York: Brunner/Mazel Publishers, 1983), p. 418.

80. Robert A. Wilson and Bill Hosokawa, *East to America: A History of the Japanese in the United States* (New York: William Morrow, 1980), p. 123.

81. Harry Leonard Sawatsky, *They Sought a Country: Mennonite Colonization in Mexico* (Berkeley: University of California Press, 1971), p. 365.

82. Donald L. Horowitz, *Ethnic Groups in Conflict*, p. 178.

第六章　种族与智力

1. Eligio R. Padilla and Gail E. Wyatt, "The Effects of Intelligence and Achievement Testing in Minority Group Children," *The Psychosocial Development of Minority Group Children*, edited by Gloria Johnson Powell, et al. (New York: Brunner/Mazel Publishers, 1983), p. 418.

2. "Most psychologists working in the test field have been guilty of a *naming fallacy* which easily enables them to slide mysteriously from the score in the test to the hypothetical faculty suggested by the name given to the test." Carl C. Brigham, "Intelligence Tests of Immigrant Groups," *Psychological Review*, March 1930, p. 159.

3. A. Harry Passow, et al., *The National Case Study: An Empirical Comparative Study of Twenty-One Educational Systems* (Stockholm: Almqvist & Wiksell International, 1970), p. 20.

4. Philip E. Vernon, *The Abilities and Achievements of Orientals in North America* (London: Academic Press, 1982), p. 69.

5. "Race, Class, and Scores," *New York Times*, October 24, 1982, Section 4, p. 9; College Entrance Examination Board, *Profiles, College-Bound Seniors, 1981* (New York: College Entrance Examination Board, 1982), pp. 32, 41, 51, 60, 70.

6. Computed from *Profiles, College-Bound Seniors, 1981*, pp. 32, 41, 51, 60, 70.

7. Ibid.

8. Philip E. Vernon, *The Abilities and Achievements of Orientals in North America*, pp. 123, 124.

9. Ibid., p. 126.

10. Robert Klitgaard, *Elitism and Meritocracy in Developing Countries: Selection Policies for Higher Education* (Baltimore: Johns Hopkins University Press, 1986), p. 122.

11. H. J. Butcher, *Human Intelligence: Its Nature and Assessment* (New York: Harper & Row, 1968), pp. 234–235.

12. Carl Brigham, *A Study of American Intelligence* (Princeton: Princeton University Press, 1923), p. 119.

13. Thomas Sowell, "Race and I.Q. Reconsidered," *Essays and Data on American Ethnic Groups*, edited by Thomas Sowell and Lynn D. Collins (Washington, D.C.: The Urban Institute, 1978), pp. 207–209.

14. Florette Henri, *Black Migration: Movement North, 1900–1920* (Garden City, N.Y.: Anchor Books, 1976), p. 71; Thomas Sowell, *Ethnic America: A History* (New York: Basic Books, 1981), pp. 210–211.

15. Sammy Smooha, *Israel: Pluralism and Conflict* (Berkeley: University of California Press, 1978), p. 162; Ernest van den Haag, *The Jewish Mystique* (New York: Stein and Day Publishers, 1969), pp. 21–22.

16. H. J. Eysenck, *The IQ Argument* (New York: The Library Press, 1971), p. 123.

17. Philip E. Vernon, *Intelligence and Cultural Environment* (London: Methuen & Co., 1969), p. 155; Lester E. Wheeler, "A Comparative Study of the Intelligence of East Tennessee Mountain Children," *Journal of Educational Psychology*, May 1942, pp. 322, 324; H. Gordon, *Mental and Scholastic Tests Among Retarded Children* (London: Board of Education Pamphlet No. 44), p. 38.

18. Robert Klitgaard, *Elitism and Meritocracy in Developing Countries*, pp. 119, 124.

19. Lillian Belmont and Francis A. Marolla, "Birth Order, Family Size, and Intelligence," *Science*, December 14, 1973, p. 1096. But see also Phillip R. Kunz and Evan T. Peterson, "Family Size, and Academic Achievement of Persons Enrolled in High School and the University," *Social Biology*, December 1973, pp. 454–459; Phillip R. Kunz and Evan T. Peterson, "Family Size, Birth Order, and Academic Achievement," *Social Biology*, Summer 1977, pp. 144–148.

20. Arthur R. Jensen, "Cumulative Deficit in I.Q. of Blacks in the Rural South," *Developmental Psychology*, Vol. 13, No. 3 (1977), pp. 184–191. Although Professor Jensen is identified with the hereditary explanation of mental test differences, in this case he suggests that the differences in level and pattern among blacks in the two areas compared is probably environmental.

21. Robert Klitgaard, *Elitism and Meritocracy in Developing Countries*, pp. 36–37.

22. Robert Klitgaard, *Choosing Elites* (New York: Basic Books, 1985), p. 10.

23. Between 1981 and 1991, blacks, Mexican Americans, American Indians, and Asian Americans all had increases in both verbal and mathematical Scholastic Aptitude Test scores. Puerto Ricans' verbal scores remained the same as a decade earlier but their math scores rose by 10 points. Whites' average verbal score declined one point while their average mathematical score rose 6 points. College Entrance Examination Board, *Profiles, College-Bound Seniors, 1981*, pp. 32, 41, 51, 60, 70, 79; College Entrance Examination Board, *College-Bound Seniors: 1992 Profile of SAT and Achievement Test Takers* (New York: College Entrance Examination Board, 1991), p. 6. Measuring from the beginning of the tabulation of various ethnic scores separately in 1976, all these ethnic groups had higher mathematics scores in 1991 and only Puerto Ricans and Asians had slightly lower verbal scores. Blacks made the largest gains on both tests. College Entrance Examination Board, *College-Bound Seniors: 1992 Profile of SAT and Achievement Test Takers*, p. v.

24. Philip E. Vernon, *Intelligence and Cultural Environment*, pp. 42–43, 85, 101–102.

25. Ibid., p. 173.

26. Philip E. Vernon, *The Abilities and Achievements of Orientals in North America*, pp. 121–122.

27. John C. Loehlin, Gardner Lindzey, and J. N. Spuhler, *Race Differences in Intelligence* (San Francisco: W. H. Freeman and Co., 1975), p. 183.

28. Daniel B. Hier, M.D., and William F. Crowley, M.D., "Spatial Ability in Androgen-Deficient Men," *The New England Journal of Medicine*, May 20, 1982, pp. 1202–1205. See also Jerome Kagan, M.D., "The Idea of Spatial Ability," Ibid., pp. 1225–1226. See also Sandra Blakeslee, "Man's Test Scores Linked to Hormones," *New York Times*, November 14, 1991, p. A11.

29. Morris Kline, *Mathematics in Western Culture* (Middlesex, England: Penguin Books, Ltd., 1953), pp. 150–169.

30. John C. Loehlin, Gardner Lindzey, and J. N. Spuhler, *Race Differences in Intelligence*, pp. 179–181.

31. Bertha Boody, *A Psychological Study of Immigrant Children at Ellis Island* (Baltimore: The Williams and Wilkins Co., 1926), p. 67.

32. H. H. Goddard, "The Binet Tests in Relation to Immigration," *Journal of Psycho-Asthenics*, December 1913, p. 110; Leon J. Kamin, *The Science and Politics of I.Q.* (New York: John Wiley & Sons, 1974), p. 6.

33. Mandel Sherman and Cora B. Key, "The Intelligence of Isolated Mountain Children," *Child Development*, Vol. 3, No. 4 (1932), p. 284.

34. Arthur R. Jensen, "How Much Can We Boost IQ and Scholastic Achievement?" *Harvard Educational Review*, Winter 1969, p. 81.

35. Philip E. Vernon, *Intelligence and Cultural Environment*, p. 145.

36. Ibid., p. 157–158.

37. Ibid., p. 168.

38. Ibid., p. 104.

39. Ibid., p. 103.

40. Robert M. Yerkes, *Psychological Examining in the United States Army*, Memoirs of the National Academy of Sciences, Volume 15 (Washington, D.C.: Government Printing Office, 1921), p. 705.

41. Philip E. Vernon, *Intelligence and Cultural Environment*, p. 101.

42. Ibid., p. 155.

43. John C. Loehlin, Gardner Lindzey, and J. N. Spuhler, *Race Differences in Intelligence*, p. 137.

44. James R. Flynn, "Massive I.Q. Gains in 14 Nations: What I.Q. Tests Really Measure," *Psychological Bulletin*, Vol. 101, No. 2 (1987), pp. 171–191, passim especially p. 185.

45. Cf. Carl Brigham, *A Study of American Intelligence* (Princeton: Princeton University Press, 1923), pp. 80, 121.

46. Ibid., p. 190.

47. Rudolph Pintner, *Intelligence Testing: Methods and Results* (New York: Henry Holt and Co., 1931), p. 453; Ernest van den Haag, *The Jewish Mystique* (New York: Stein and Day Publishers, 1969), pp. 19–20.

48. Carl C. Brigham, "Intelligence Test of Immigrant Groups," *Psychological Review*, March 1930, p. 165.

49. Thomas Sowell, "Race and I.Q. Reconsidered," *Essays and Data on American Ethnic Groups*, edited by Thomas Sowell and Lynn D. Collins, p. 210.

50. Ibid., p. 207.

51. Audrey Shuey, *The Testing of Negro Intelligence* (New York: Social Science Press, 1966), pp. 308–355, 357. See also H. J. Eysenck, *The IQ Argument*, p. 92.

52. Sandra Scarr and Richard A. Weinberg, "I.Q. Test Performance of Black

Children Adopted by White Families," *American Psychologist*, October 1976, pp. 731–733. For a critique of this study, see Arthur R. Jensen, *Straight Talk About Mental Tests* (New York: The Free Press, 1981), pp. 223–224.

53. Audrey M. Shuey, *The Testing of Negro Intelligence*, pp. 489–490; Thomas Sowell, "Race and I.Q. Reconsidered," *Essays and Data on American Ethnic Groups*, edited by Thomas Sowell, p. 217.

54. H. J. Butcher, *Human Intelligence*, p. 252.

55. Diane Ravitch, *The Schools We Deserve: Reflections on the Educational Crises of Our Time* (New York: Basic Books, 1985), p. 63.

56. Robert Klitgaard, *Elitism and Meritocracy in Developing Countries*, p. 29.

57. Ibid., pp. 16, 31.

58. Earlier controversies centered on differences between immigrants from southern and eastern Europe, as compared to northern and western Europe.

59. College Entrance Examination Board, *College-Bound Seniors: 1992 Profile of SAT and Achievement Test Takers*, p. v.

60. Mark Snyderman and Stanley Rothman, *The IQ Controversy, the Media and Public Policy* (New Brunswick, N.J.: Transaction Books, 1988), p. 285.

61. Arthur R. Jensen, "How Much Can We Boost IQ and Scholastic Achievement?" *Harvard Educational Review*, Winter 1969, pp. 1–123.

62. Ibid., p. 117.

63. Ibid., pp. 116–117.

64. Ibid., p. 117.

65. John C. Loehlin, Gardner Lindzey, and J. N. Spuhler, *Race Differences in Intelligence*, p. 127.

66. James R. Flynn, "Massive I.Q. Gains in 14 Nations: What I.Q. Tests Really Measure," *Psychological Bulletin*, Vol. 101, No. 2 (1987), passim.

67. Arthur R. Jensen, "The Race × Sex × Ability Interaction," *Intelligence: Genetic and Environment Factors*, edited by Robert Cancro (New York: Grune and Stratton, 1971), pp. 116–118; Arthur R. Jensen, "How Much Can We Boost IQ and Scholastic Achievement?" *Harvard Educational Review*, Winter 1969, pp. 32, 67.

68. Thomas Sowell, "Race and I.Q. Reconsidered," *Essays and Data on American Ethnic Groups*, edited by Thomas Sowell and Lynn D. Collins, p. 222.

69. Clifford Kirkpatrick, *Intelligence and Immigration* (Baltimore: The Williams and Wilkins Co., 1926), pp. 26–27.

70. Sandra Scarr and Richard A. Weinberg, "I.Q. Test Performance of Black Children Adopted by White Families," *American Psychologist*, October 1976, p. 731.

71. Thomas Sowell, "Race and I.Q. Reconsidered," *Essays and Data on American Ethnic Groups*, edited by Thomas Sowell and Lynn D. Collins, p. 222.

72. Arthur R. Jensen, "How Much Can We Boost IQ and Scholastic Achievement?" *Harvard Educational Review*, Winter 1969, pp. 46–54. See also Arthur R. Jensen, *Straight Talk About Mental Tests*, pp. 102–107.

73. Philip E. Vernon, *The Abilities and Achievements of Orientals in North America*, p. 123.

74. Arthur R. Jensen, "How Much Can We Boost IQ and Scholastic Achievement?" *Harvard Educational Review*, Winter 1969, pp. 82–84.

75. College Entrance Examination Board, *Profiles, College-Bound Seniors, 1981*, pp. 27, 36, 46, 55. By 1985, American Indians and Mexican Americans from families earning $50,000 a year edged ahead of Asian Americans from families earning $6,000 or less. However, the low-income Asian Americans continued to score higher on the quantitative SAT than children from the other groups from families earning $40,000 and $50,000. Leonard Ramist and Solomon Arbeiter, *Profiles, College-Bound Seniors, 1985* (New York: College Entrance Examination Board, 1986), pp. 27, 37, 47, 57.

76. Thomas Sowell, "Assumptions Versus History in Ethnic Education," *Teacher College Record*, Fall 1981, pp. 42–45, 46.

77. Barbara Lerner, "The War on Testing: David, Gold & Gallup," *The Public Interest*, Summer 1980, pp. 119–147.

78. For example, Robert Klitgaard, *Choosing Elites* (New York: Basic Books, 1985), pp. 104–131; Stanley Sue and Jennifer Abe, *Predictors of Academic Achievement Among Asian Students and White Students* (New York: College Entrance Examination Board, 1988), p. 1; Robert A. Gordon and Eileen Rudert, "Bad News Concerning IQ Tests," *Sociology of Education*, July 1979, pp. 174–190; Frank L. Schmidt and John E. Hunter, "Employment Testing: Old Theories and New Research Findings," *American Psychologist*, October 1981, pp. 1128–1137; T. Anne Cleary, "Test Bias: Performance of Grades of Negro and White Students in Integrated Colleges," *Journal of Educational Measurement*, Summer 1966, pp. 115–124; J. C. Stanley and A. L. Porter, "Correlation of Scholastic Aptitude Test Scores With College Grades for Negroes vs. Whites," *Journal of Educational Measurement*, 1969, pp. 199–218. This is only a sampling of a much larger literature reaching similar conclusions.

79. Robert Klitgaard, *Choosing Elites*, pp. 104–115; Stanley Sue and Jennifer Abe, *Predictors of Academic Achievement Among Asian Students and White Students*, p. 1; Robert A. Gordon and Eileen E. Rudert, "Bad News Concerning IQ Tests," *Sociology of Education*, July 1979, p. 176; Frank L. Schmidt and John E. Hunter, "Employment Testing," *American Psychologist*, October 1981, p. 1131; Arthur R. Jensen, "Section of Minority Students in Higher Education," *University of Toledo Law Review*, Spring–Summer 1970, pp. 440, 443; Donald A. Rock, "Motivation, Moderators, and Test Bias," Ibid., pp. 536, 537; Ronald L. Flaughter, *Testing Practices, Minority Groups and Higher Education: A Review and Discussion of the Research* (Princeton: Educational Testing Service, 1970), p. 11; Arthur R. Jensen, *Bias in Mental Testing* (New York: The Free Press, 1980), pp. 479–490.

80. Robert Klitgaard, *Elitism and Meritocracy in Developing Countries*, pp. 77, 84.

81. Ibid., p. 147.

82. Robert Klitgaard, *Choosing Elites*, pp. 160–164.

83. Leonard Ramist and Solomon Arbeiter, *Profile, College-Bound Seniors, 1985*, pp. 27, 37, 47, 57.

84. Barbara Lerner, "The War on Testing," *The Public Interest*, Summer 1980, pp. 119–147.

85. Suma Chitnis, "Positive Discrimination in India With Preference to Education," *From Independence to Statehood: Managing Ethnic Conflict in Five African and Asian States*, edited by Robert B. Goldmann and A. Jeyaratnam Wilson (London: Frances Pinter, 1984), p. 36; George H. Brown, et al., *The Condition of Education for Hispanic Americans* (Washington, D.C.: National Center for Education Statistics, 1980), pp. 118–119.

86. Sammy Smooha and Yochanan Peres, "The Dynamics of Ethnic Inequalities: The Case of Israel," *Studies of Israeli Society: Migration, Ethnicity and Community*, edited by Ernest Krausz (New Brunswick, N.J.: Transaction Books, 1980), p. 173.

87. This is true both theoretically and empirically. See Thomas Sowell, "Race and I.Q. Reconsidered," *Essays and Data on American Ethnic Groups*, edited by Thomas Sowell and Lynn D. Collins, pp. 220–222.

88. Ibid., p. 222.

89. College Entrance Examination Board, *Profiles, College-Bound Seniors, 1981*, pp. 60, 79.

90. Robert Klitgaard, *Choosing Elites*, p. 175.

91. Leonard Ramist and Solomon Arbeiter, *Profiles, College-Bound Seniors, 1985*, pp. 32, 42, 52, 62, 72.

92. Robert Klitgaard, *Choosing Elites*, p. 160.

93. Ibid., p. 162.

94. Robert Klitgaard, *Elitism and Meritocracy in Developing Countries*, pp. 84–85.

95. See, for example, Suma Chitnis, "Measuring Up to Reserved Admissions," *Reservation: Policy, Programmes and Issues*, edited by Vimal P. Shah and Binod C. Agrawal (Jaipur, India: Rawat Publications, 1986), pp. 37–42.

96. Thomas Sowell, *Preferential Policies: An International Perspective* (New York: William Morrow, 1990), pp. 109–110.

97. Robert Klitgaard, *Choosing Elites*, Chapter 4.

98. James R. Flynn, *Asian Americans: Achievement Beyond IQ* (Hillsdale, N.J.: Lawrence Erlbaum Associates, 1991), pp. 3–5.

99. Ibid., p. 14, Chapter 2.

100. Philip E. Vernon, *The Abilities and Achievements of Orientals in North America*, p. 28.

101. James R. Flynn, *Asian Americans*, pp. 1, 74, 99.

102. Ibid., p. 61.

103. Ibid., p. 76.

104. Ibid., p. 61.

105. See, for example, Robert Klitgaard, *Choosing Elites*, pp. 212–218, 225–226.

106. Edwin Markham, *The Man With the Hoe and Other Poems* (New York: Doubleday & McClure Co., 1899), pp. 15–18.

107. Judith Laikin Elkin, *The Jews of Latin American Republics* (Chapel Hill: University of North Carolina Press, 1980), Chapter 6.

108. Albert Bernhardt Faust, *The German Element in the United States* (New York: Arno Press, 1969), pp. 441–442.

109. Edward B. Fiske, *Selective Guide to Colleges, 1982–1983* (New York: Times Books, 1982), pp. 20, 53, 237.

110. Thomas Sowell, *Preferential Policies*, pp. 48–51, 84–85, 96–101, 107–112, 115–116.

第七章　种族与奴役

1. David Eltis, "Europeans and the Rise and Fall of African Slavery in the Americas: An Interpretation," *American Historical Review*, December 1993, p. 1400.

2. See, for example, William L. Westermann, *The Slave Systems of Greek and Roman Antiquity* (Philadelphia: The American Philosophical Society, 1955), pp. 1, 24, 74–75; Bernard Lewis, *Race and Slavery in the Middle East* (New York: Oxford University Press, 1990), pp. 3–5; Ehud R. Toledano, *The Ottoman Slave Trade and Its Suppression* (Princeton: Princeton University Press, 1982), pp. 272–274.

3. Orlando Patterson, *Slavery and Social Death: A Comparative Study* (Cambridge, Mass.: Harvard University Press, 1982), pp. 406–407.

4. W. Montgomery Watt, *The Influence of Islam on Medieval Europe* (Edinburgh: Edinburgh University Press, 1972), p. 19; Bernard Lewis, *Race and Slavery in the Middle East*, p. 11.

5. Daniel Evans, "Slave Coast of Europe," *Slavery and Abolition*, May 1985, p. 53, note 3.

6. Lord Kinross, *The Ottoman Centuries: The Rise and Fall of the Turkish Empire* (New York: William Morrow, 1977), p. 221.

7. Ibid., p. 223.

8. Bernard Lewis, *The Muslim Discovery of Europe* (New York: W. W. Norton, 1982), pp. 191–192.

9. Richard Hellie, *Slavery in Russia: 1450–1725* (Chicago: University of Chicago Press, 1982), pp. 21–22.

10. Adam Smith, *An Inquiry Into the Nature and Causes of the Wealth of Nations* (New York: Modern Library, 1937), p. 365.

11. Lord Kinross, *The Ottoman Centuries*, pp. 188–189.

12. Bernard Lewis, *Race and Slavery in the Middle East*, pp. 11–12.

13. Hattie Plum Williams, *The Czar's Germans: With Particular Reference to*

the *Volga Germans* (Lincoln, Neb.: American Historical Society of Germans From Russia, 1975), p. 117.

14. R. W. Beachey, *The Slave Trade of Eastern Africa* (New York: Harper & Row, 1976), pp. 122, 166.

15. Liu Chia-chu, "The Creation of the Chinese Banners by the Early Ch'ing," *Chinese Studies in History*, Summer 1981, p. 50.

16. Jim Warren, "Who Were the Balangingi Samal? Slave Raiding and Ethnogenesis in Nineteenth-Century Sulu," *Journal of Asian Studies*, May 1978, p. 481; James Franis Warren, *The Sulu Zone 1768–1898: The Dynamics of External Trade, Slavery and Ethnicity in the Transformation of a Southeast Asian Maritime State* (Singapore: Singapore University Press, 1981).

17. Mark Naidis, "The Abolitionists and Indian Slavery," *Journal of Asian History*, Vol. 15, No. 2 (1981), p. 147.

18. Anthony Reid, "Introduction," *Slavery, Bondage and Dependency in Southeast Asia*, edited by Anthony Reid (New York: St. Martin's Press, 1983), pp. 29–30.

19. Ibid., p. 32; A. van der Kraan, "Bali: Slavery and the Slave Trade," Ibid., pp. 315–340.

20. Anthony Reid, "Introduction," Ibid., p. 27; I. Mabbett, "Some Remarks on the Present State of Knowledge About Slavery in Angkor," Ibid., pp. 44, 54; V. Matheson and M. B. Hooker, "Slavery in the Malay Texts: Categories of Dependency and Compensation," Ibid., p. 205; K. Endicott, "The Effects of Slave Raiding on the Aborigines of the Malay Peninsula," Ibid., pp. 216–245; T. Bigalke, "Dynamics of the Torajan Slave Trade in South Sulawesi," Ibid., p. 343; Bruno Lasker, *Human Bondage in Southeast Asia* (Chapel Hill: University of North Carolina Press, 1950), pp. 17–18, 19, 44.

21. R. W. Beachey, *The Slave Trade of Eastern Africa*, pp. 183–184.

22. Harold D. Nelson, *Nigeria: A Country Study* (Washington, D.C.: Government Printing Office, 1982), p. 16.

23. Daniel Evans, "Slave Coast of Europe," *Slavery and Ambition*, May 1985, p. 42.

24. Ibid., p. 45.

25. Ralph A. Austen, "The Trans-Saharan Slave Trade: A Tentative Census," *Uncommon Market: Essays in the Economic History of the Atlantic Slave Trade*, edited by Henry A. Gemery and Jan S. Hogendorn (New York: Academic Press, 1979), pp. 68–69.

26. Philip D. Curtin, "Epidemiology and the Slave Trade," *Political Science Quarterly*, June 1968, pp. 190–216.

27. Reginald Coupland, *The Exploitation of East Africa: 1856–1890: The Slave Trade and the Scramble* (Evanston: Northwestern University Press, 1967), p. 148.

28. Allan G. B. Fisher and Humphrey J. Fisher, *Slavery and Muslim Society in Africa: The Institution in Saharan and Sudanic Africa and the Trans-Saharan Trade* (London: C. Hurst & Co., 1970), pp. 9?–148; William Gervase Clarence-Smith, "The Economics of the Indian Ocean and Red Sea Slave Trades in the 19th Century: An Overview," *The Economics of the Indian Ocean Slave Trade in the Nineteenth Century*, edited by William Gervase Clarence-Smith (London: Frank Cass and Co., 1989), p. 14; Lewis H. Gann and Peter Duignan, *The Burden of Empire: An Appraisal of Western Colonialism in Africa South of the Sahara* (Stanford: Hoover Institution Press, 1967), p. 154.

29. David Eltis, "Free and Coerced Transatlantic Migrations: Some Comparisons," *American Historical Review*, April 1983, pp. 254–255.

30. Bernard Lewis, *Race and Slavery in the Middle East*, p. vi; R. W. Beachey, *The Slave Trade of Eastern Africa* (New York: Harper & Row, 1976), p. vii.

31. This is the thesis of David Brion Davis, *Slavery and Human Progress* (New York: Oxford University Press, 1984), especially Part One.

32. As suggested Ibid., pp. 58, 61–62, 67–68, 73.

33. Janet J. Ewald, "The Nile Valley System and the Red Sea Slave Trade, 1820–1880," *The Economics of the Indian Ocean Slave Trade in the Nineteenth Century*, edited by William Gervase Clarence-Smith, p. 85; William Gervase Clarence-Smith, "The Economics of the Indian Ocean and Red Sea Slave Trades in the 19th Century: An Overview," Ibid., p. 8; Thomas M. Ricks, "Slaves and Slave Traders in the Persian Gulf, 18th and 19th Centuries: An Assessment," Ibid., p. 64; Murray Gordon, *Slavery in the Arab World* (New York: New Amsterdam Books, 1989), pp. 52, 94; Bruno Lasker, *Human Bondage in Southeast Asia* (Chapel Hill: University of North Carolina Press, 1950), pp. 21–22; William L. Westermann, *The Slave Systems of Greek and Roman Antiquity* (Philadelphia: The American Philosophical Society, 1955), pp. 5, 94; V. Matheson and M. B. Hooker, "Slavery in the Malay Texts: Categories of Dependency and Compensation," *Slavery, Bondage and Dependency in Southeast Asia*, edited by Anthony Reid (New York: St. Martin's Press, 1983), p. 187.

34. Richard C. Wade, *Slavery in the Cities: The South 1820–1860* (London: Oxford University Press, 1964), pp. 38–54.

35. William L. Westermann, *The Slave Systems of Greek and Roman Antiquity* (Philadelphia: The American Philosophical Society, 1955), p. 12.

36. Anthony Reid, "Introduction," *Slavery, Bondage and Dependency in Southeast Asia*, edited by Anthony Reid, p. 14.

37. Ibid., p. 26.

38. See, for example, Anthony Reid, "Preface," Ibid., p. xv; Anthony Reid, "Introduction," Ibid., pp. 1–14, 36; I. Mabbett, "Some Remarks on the Present State of Knowledge About Slavery in Angkor," Ibid., pp. 47–48; M. Aung Thwin, "Athi, Kyun-Taw, Kpaya-Kyun: Varieties of Commendation and Dependence in Pre-Colonial Burma," Ibid., pp. 67–73; Mo Hoadley, "Slavery, Bondage and Dependency in Pre-Colonial Java: The Cirebon-Priangan Region, 1700," Ibid., 91–93, 97–99; B. Terwiel, "Bondage and Slavery in Early Nineteenth Century Siam," Ibid., pp. 127–130, 132, 134.

39. Bruno Lasker, *Human Bondage in Southeast Asia*, p. 26; Orlando Patterson,

Slavery and Social Death: A Comparative Study (Cambridge, Mass.: Harvard University Press, 1982), p. 191; Harold E. Driver, *Indians of North America*, second edition (Chicago: University of Chicago Press, 1975), p. 325.

40. Orlando Patterson, *Slavery and Social Death*, pp. 190–192.

41. John Hebron, "Simon Gray Riverman: A Slave Who Was Almost Free," *Mississippi Valley Historical Review*, December 1962, pp. 472–484.

42. Bruno Lasker, *Human Bondage in Southeast Asia*, p. 17.

43. Ibid., p. 22; Anthony Reid, "Introduction," *Slavery, Bondage and Dependency in Southeast Asia*, edited by Anthony Reid, pp. 24–25.

44. See, for example, Ehud R. Toledano, *The Ottoman Slave Trade and Its Suppression* (Princeton: Princeton University Press, 1982), pp. 18, 59, 80, 171.

45. Daniel Evans, "Slave Coast of Europe," *Slavery and Ambition*, May 1985, pp. 45–46, 48–49.

46. Bernard Lewis, *Race and Color in Islam: An Historical Enquiry* (New York: Oxford University Press, 1990), p. 72.

47. Bruno Lasker, *Human Bondage in Southeast Asia*, pp. 17–18.

48. Francois Renault, "The Structures of the Slave Trade in Central Africa in the 19th Century," *The Economics of the Indian Ocean Slave Trade in the Nineteenth Century*, edited by William Gervase Clarence-Smith, pp. 146–165.

49. Bernard Lewis, *The Muslim Discovery of Europe* (New York: W. W. Norton, 1982), p. 189; Daniel Evans, "Slave Coast of Europe," *Slavery and Abolition*, May 1985, p. 46; Murray Gordon, *Slavery in the Arab World* (New York: New Amsterdam Books, 1989), p. 107; Solomon Grayzel, *A History of the Jews: From the Babylonian Exile to the Present, 5728–1968* (New York: New American Library, 1968), pp. 280–281; David Brion Davis, *Slavery and Human Progress*, pp. 91–93; Lord Kinross, *The Ottoman Centuries: The Rise and Fall of the Turkish Empire* (New York: William Morrow, 1977), p. 146.

50. A. van der Kraan, "Bali: Slavery and the Slave Trade," *Slavery, Bondage and Dependency in Southeast Asia*, edited by Anthony Reid (New York: St. Martin's Press, 1983), pp. 328, 330; Bruno Lasker, *Human Bondage in Southeast Asia* (Chapel Hill: University of North Carolina Press, 1950), p. 17.

51. William Gervase Clarence-Smith, "The Economics of the Indian Ocean and Red Sea Slave Trades in the 19th Century: An Overview," *The Economics of the Indian Ocean Slave Trade in the Nineteenth Century*, edited by William Gervase Clarence-Smith, p. 12; Francois Renault, "The Structures of the Slave Trade in Central Africa in the 19th Century," Ibid., pp. 146, 150–152.

52. William L. Westermann, *The Slave Systems of Greek and Roman Antiquity* (Philadelphia: The American Philosophical Society, 1955), p. 59.

53. David Brion Davis, *Slavery and Human Progress*, p. 93.

54. William Gervase Clarence-Smith, "The Economics of the Indian Ocean and Red Sea Slave Trades in the 19th Century: An Overview," *The Economics of the Indian Ocean Slave Trade in the Nineteenth Century*, edited by William Gervase Clarence-Smith, pp. 11–12.

55. Edward A. Alpers, *Ivory and Slaves: Changing Patterns of International Trade in East Central Africa to the Later Nineteenth Century* (Berkeley: University of California Press, 1975), pp. 58–62, 94, 104, 229–230.

56. William L. Westermann, *The Slave Systems of Greek and Roman Antiquity*, p. 23.

57. Charles McKew Parr, *No Noble a Captain: The Life and Times of Ferdinand Magellan* (New York: Thomas Y. Crowell Company, 1953), p. 368.

58. Richard Fletcher, *Moorish Spain* (New York: Henry Holt and Co., 1992), p. 136.

59. Richard Hellie, *Slavery in Russia: 1450–1725* (Chicago: University of Chicago Press, 1982), p. 21.

60. William L. Westermann, *The Slave Systems of Greek and Roman Antiquity* (Philadelphia: The American Philosophical Society, 1955), p. 59.

61. Ibid., p. 61.

62. Ibid., p. 85.

63. Ibid., p. 63.

64. Bernard Lewis, *Race and Slavery in the Middle East*, especially Chapters 2, 3, 5. Middle Eastern racism toward darker peoples is also noted in Orlando Patterson, *Slavery and Social Death: A Comparative Study* (Cambridge, Mass.: Harvard University Press, 1982), p. 176.

65. George M. Frederickson, *White Supremacy: A Comparative Study in American and South African History* (New York: Oxford University Press, 1981), pp. 76–85.

66. Francois Renault, "The Structures of the Slave Trade in Central Africa in the 19th Century," *The Economics of the Indian Ocean Slave Trade in the Nineteenth Century*, edited by William Gervase Clarence-Smith, pp. 150, 152.

67. See L. H. Gann and Peter Duignan, "Introduction," *Colonialism in Africa, 1870–1960*, Vol I: *The History and Politics of Colonialism* (Cambridge: Cambridge University Press, 1981), p. 1; L. H. Gann and Peter Duignan, *Burden of Empire* (Stanford: Hoover Institution Press, 1977), p. 151.

68. S. Abeyasekere, "Slavery and Slave Trade in South Sulawesi, 1660s–1800s," *Slavery, Bondage and Dependency in Southeast Asia*, edited by Anthony Reid, p. 286.

69. Anthony Reid, "'Closed' and 'Open' Slave System in Pre-Colonial Southeast Asia," Ibid., p. 173.

70. Bruno Lasker, *Human Bondage in Southeast Asia* (Chapel Hill: University of North Carolina Press, 1950), p. 24.; A. van der Kraan, "Bali and the Slave Trade," *Slavery, Bondage and Dependency in Southeast Asia*, edited by Anthony Reid, p. 331.

71. Orlando Patterson, *Slavery and Social Death*, pp. 110–111.

72. See, for example, Thomas Sowell, "Three Black Histories," *Essays and Data*

on *American Ethnic Groups* (Washington, D.C.: The Urban Institute, 1978), pp. 16–17.

73. Bureau of the Census, *Negro Population: 1790–1915* (Washington, D.C.: Government Printing Office, 1918), p. 41.

74. Ibid., p. 55. While the number of slaves in Mississippi more than doubled between 1840 and 1860, the number of "free persons of color" was nearly halved during the same period. In Arkansas the number of slaves increased fivefold between 1840 and 1860, while the number of "free persons of color" fell by more than two-thirds. Ibid., p. 57.

75. E. Franklin Frazier, *The Negro in the United States* (New York: The Macmillan Co., 1971), p. 74.

76. Eugene Genovese, "The Slave States of North America," *Neither Slave Nor Free*, edited by David W. Cohen and Jack P. Greene (Baltimore: Johns Hopkins University Press, 1972), pp. 266–267; A. J. R. Russell-Wood, "Colonial Brazil," Ibid., p. 88; William L. Westermann, *The Slave Systems of Greek and Roman Antiquity*, pp. 5, 13, 64, 68, 73, 74, 92, 114, 156; William Gervase Clarence-Smith, "The Economics of the Indian Ocean and Red Sea Slave Trades in the 19th Century: An Overview," *The Economics of the Indian Ocean Slave Trade in the Nineteenth Century*, edited by William Gervase Clarence-Smith, pp. 4, 8; Timothy Fernyhough, "Slavery and the Slave Trade in Southern Ethiopia in the 19th Century," Ibid., p. 106; Bruno Lasker, *Human Bondage in Southeast Asia*, p. 35; Anthony Reid, "Introduction," *Slavery, Bondage and Dependency in Southeast Asia*, edited by Anthony Reid, p. 22; S. Abeyasekere, "Slaves in Batavia: Insights From a Slave Register," Ibid., p. 301.

77. David Eltis, "Free and Coerced Transatlantic Migrations: Some Comparisons," *American Historical Review*, April 1983, p. 262.

78. Richard B. Sheridan, "Mortality and the Medical Treatment of Slaves in the British West Indies," *Race and Slavery in the Western Hemisphere: Quantitative Studies*, edited by Stanley L. Engerman and Eugene D. Genovese (Princeton: Princeton University Press, 1975), p. 287; Thomas Sowell, *The Economics and Politics of Race: An International Perspective* (New York: William Morrow, 1983), p. 95.

79. Thomas Sowell, *Markets and Minorities* (New York: Basic Books, 1981), p. 92.

80. Compare U. B. Phillips, *American Negro Slavery* (Baton Rouge: Louisiana State University Press, 1969), p. 62; Robert W. Foge and Stanley L. Engerman, *Time on the Cross* (Boston: Little, Brown and Co., 1974), p. 123.

81. Carl Degler, *Neither Black Nor White* (New York: Macmillan Publishing Co., 1971), p. 64.

82. See, for example, Frank Tannenbaum, *Slave and Citizen: The Negro in the Americas* (New York: Alfred A. Knopf, 1946).

83. Anthony Reid, "Introduction," *Slavery, Bondage and Dependency in Southeast Asia*, edited by Anthony Reid, p. 27.

84. Patrick Manning, "Contours of Slavery & Social Change in Africa," *American Historical Review*, October 1983, p. 844.

85. Allan G. B. Fisher and Humphrey J. Fisher, *Slavery and Muslim Society in Africa: The Institution in Saharan and Sudanic Africa and the Trans-Saharan Trade* (London: C. Hurst & Co., 1970), p. 165; Bernard Lewis, *Race and Slavery in the Middle East*, p. 13.

86. Abdussamad H. Ahmad, "Ethiopian Slave Exports at Matamma, Massawa and Tajura c. 1830 to 1885," *The Economics of the Indian Ocean Slave Trade in the Nineteenth Century*, edited by William Gervase Clarence-Smith, p. 98; Bernard Lewis, *Race and Slavery in the Middle East*, p. 13.

87. Bruno Lasker, *Human Bondage in Southeast Asia*, p. 62.

88. Orlando Patterson, *Slavery and Social Death: A Comparative Study* (Cambridge, Mass.: Harvard University Press, 1982), pp. 121–122.

89. Gwyn Campbell, "Madagascar and Mozambique in the Slave Trade of the Western Indian Ocean 1800–1861," *The Economics of the Indian Ocean Slave Trade in the Nineteenth Century*, edited by William Gervase Clarence-Smith, p. 185.

90. Ibid., p. 172. See also Marina Carter and Hubert Gerbeau, "Covert Slaves and Coveted Coolies in the Early 19th Century Mascareignes," Ibid., p. 202.

91. See, for example, William L. Westermann, *The Slave Systems of Greek and Roman Antiquity*, p. 7; A. J. R. Russell-Wood, "Colonial Brazil," *Neither Slave Nor Free*, edited by David W. Cohen and Jack P. Greene (Baltimore: Johns Hopkins University Press, 1972), p. 91; Mavis Campbell, "The Price of Freedom: On Forms of Manumission," *Review Interamericana*, Summer 1976, pp. 244–250.

92. William L. Westermann, *The Slave Systems of Greek and Roman Antiquity* (Philadelphia: The American Philosophical Society, 1955), pp. 18–19, 25, 35, 83; David W. Cohen and Jack P. Greene, "Introduction," *Neither Slave Nor Free*, edited by David W. Cohen and Jack P. Greene (Baltimore: Johns Hopkins University Press, 1972), p. 7; Frederick P. Bowser, "Colonial Spanish America," Ibid., pp. 24–26, 31–32, 34; A. J. R. Russell-Wood, "Colonial Brazil," Ibid., pp. 86, 88, 91, 96, 125; Jerome S. Handler and Arnold A. Sio, "Barbados," Ibid., pp. 225–226; Richard Roberts and Suzanne Miers, "The End of Slavery in Africa," *The End of Slavery in Africa*, edited by Suzanne Miers and Richard Roberts (Madison: University of Wisconsin Press, 1988), p. 23; Richard C. Wade, *Slavery in the City* (New York: Oxford University Press, 1964), p. 49; Ira Berlin, *Slaves Without Masters* (New York: Pantheon Books, 1974), pp. 153–157.

93. William L. Westermann, *The Slave Systems of Greek and Roman Antiquity*, p. 18; David W. Cohen and Jack P. Greene, "Introduction," *Neither Slave Nor Free*, edited by David W. Cohen and Jack P. Greene (Baltimore: Johns Hopkins University Press, 1972), p. 8; H. Hoetink, "Surinam and Curaçao," Ibid., p. 63; Leo Elisabeth, "The French Antilles," Ibid., pp. 140–145; Eugene D. Genovese, "The Slave States of North America," Ibid., p. 259; J. Fox, "'For Good and Sufficient Reasons':

An Examination of Early Dutch East India Company Ordinances on Slaves and Slavery," *Slavery, Bondage and Dependency in Southeast Asia*, edited by Anthony Reid, pp. 256, 257; Ira Berlin, *Slaves Without Masters*, pp. 138–141. Legal "barriers against manumission" were by no means "distinctive characteristics" of "slavery in North America," as claimed by David Brion Davis, *The Problem of Slavery in Western Culture* (Ithaca: Cornell University Press, 1966), p. 30.

94. Russell Kirk, *John Randolph of Roanoke: A Study in American Politics* (Indianapolis: Liberty Press, 1978), pp. 372–373.

95. Ibid., p. 189. Yet David Brion Davis dismissed Randolph for "hypocrisy" for publicly condemning slavery in England in 1822. David Brion Davis, *The Problem of Slavery in the Age of Revolution* (Ithaca: Cornell University Press, 1975), p. 49.

96. Philip D. Curtin, *Two Jamaicas: The Role of Ideas in Tropical Colony, 1830–1865* (New York: Atheneum, 1970), pp. 45–46; David Lowenthal, *West Indian Society* (New York: Oxford University Press, 1972), p. 308; Thomas Sowell, *The Economics and Politics of Race*, p. 130.

97. See, for example, Richard C. Wade, *Slavery in the Cities: The South 1820–1860* (London: Oxford University Press, 1967). pp. 48–51, 64–66.

98. J. C. Furnas, *The Americans: A Social History of the United States 1587–1914* (New York: G. P. Putnam's Sons, 1969), pp. 400–401.

99. Richard C. Wade, *Slavery in the Cities: The South 1820–1860* (New York: Oxford University Press, 1967), pp. 85–87, 258–261.

100. Ibid., p. 110.

101. Robert W. Fogel and Stanley L. Engerman, *Time on the Cross* (Boston: Little, Brown and Co., 1974), p. 233.

102. Richard C. Wade, *Slavery in the Cities*, p. 124.

103. Ibid., pp. 24–25; David C. Rankin, "The Impact of the Civil War on the Free Colored Community of New Orleans," *Perspectives in American History*, Vol. XI (1977–1978), p. 381.

104. Frederick Law Olmstead, *The Cotton Kingdom* (New York: Modern Library, 1969), pp. 114–115.

105. Ibid., pp. 119–120.

106. Herbert S. Klein, *Slavery in the Americas: A Comparative Study of Virginia and Cuba* (Chicago: University of Chicago Press, 1967), p. 188; Frederick Law Olmstead, *A Journey in the Seaboard Slave States* (New York: New American Library, 1969), p. 127.

107. Bernard Lewis, *Race and Slavery in the Middle East: An Historical Enquiry* (New York: Oxford University Press, 1990), pp. 12, 56; Ehud R. Toledano, *The Ottoman Slave Trade and Its Suppression: 1840–1890* (Princeton: Princeton University Press, 1982), p. 8.

108. Ehud R. Toledano, "Slave Dealers, Women, Pregnancy, and Abortion: The Story of a Circassian Slave-girl in Mid-Nineteenth Century Cairo," *Slavery and Abolition*, May 1981, p. 54, 57.

109. Compare Ehud R. Toledano, *The Ottoman Slave Trade and Its Suppression*, p. 30; Roger Anstey, "The Volume and Profitability of the British Slave Trade, 1761–1807," *Race and Slavery in the Western Hemisphere: Quantitative Studies*, edited by Stanley L. Engerman and Eugene D. Genovese (Princeton: Princeton University Press, 1975), p. 25.

110. Reginald Coupland, *Exploitation of East Africa*, pp. 139–140; R. W. Beachey, *The Slave Trade of Eastern Africa*, p. 123.

111. Bernard Lewis, *Race and Slavery in the Middle East*, p. 14.

112. Patrick Manning, "Contours of Slavery and Social Change in Africa," *American Historical Review*, October 1983, p. 844.

113. Ibid.

114. Bernard Lewis, *Race and Slavery in the Middle East*, pp. 10, 56, 59, 65, 74, 84. Among 3,000 females slaves emancipated in Zanzibar in 1860, only 5 percent had ever borne children. Abdul Sheriff, *Slaves, Spices and Ivory in Zanzibar: Integration of an East African Commercial Empire Into the World Economy, 1770–1873* (London: James Curry, Ltd., 1987), p. 59.

115. Ralph Austen, "The Trans-Saharan Slave Trade: A Tentative Census," *The Uncommon Market: Essays in the Economic History of the Atlantic Slave Trade*, edited by Henry A. Gemery and Jan S. Hogendorn (New York: Academic Press, 1979), pp. 68–69.

116. Bruno Lasker, *Human Bondage in Southeast Asia* (Chapel Hill: University of North Carolina Press, 1950), pp. 17, 22, 27, 32, 36, 37, 44, 48, 50, 58, 286, 290.

117. I. Mabbett, "Some Remarks on the Present State of Knowledge About Slavery in Angkor," *Slavery, Bondage and Dependency in Southeast Asia*, edited by Anthony Reid (New York: St. Martin's, 1983), p. 45.

118. Orlando Patterson, *Slavery and Social Death: A Comparative Study* (Cambridge, Mass.: Harvard University Press, 1982), p. 83.

119. See, for example, Ehud R. Toledano, "Slave Dealers, Women, Pregnancy, and Abortion," *Slavery and Ambition*, May 1985, pp. 54–68.

120. Standish Meacham, *Henry Thornton of Clapham: 1760–1815* (Cambridge, Mass.: Harvard University Press, 1964), p. 1.

121. Stanley L. Engerman, "Some Implications of the Abolition of the Slave Trade," *The Abolition of the Atlantic Slave Trade: Origins and Effects in Europe, Africa, and the Americas* (Madison: University of Wisconsin Press, 1981), p. 7; James Walvin, "The Public Campaign in England Against Slavery, 1787–1834," Ibid., pp. 63–77.

122. James Walvin, "The Public Campaign in England Against Slavery, 1787–1834," Ibid., p. 68.

123. Ibid., p. 71.

124. Ehud R. Toledano, *The Ottoman Slave Trade and Its Suppression: 1840–1890* (Princeton: Princeton University Press, 1982), p. 93. See also the similar response of the Sultan of Zanzibar: R. W. Beachey, *The Slave Trade of Eastern Africa* (New York: Harper & Row, 1976), pp. 51–52.

125. Ehud R. Toledano, *The Ottoman Slave Trade and Its Suppression*, p. 127.
126. Reginald Coupland, *East Africa and Its Invaders, from the Earliest Times to the Death of Seyyid Said in 1856* (Oxford: The Clarendon Press, 1961), pp. 205–213.
127. Bruno Lasker, *Human Bondage in Southeast Asia*, p. 17.
128. Orlando Patterson, *Slavery and Social Death*, p. 159; Murray Gordon, *Slavery in the Arab World* (New York: New Amsterdam Books, 1989), p. xi.
129. Murray Gordon, *Slavery in the Arab World*, p. x. See also Eva Hoffman and Margot Slade, "Where Labor and Life Are Cheap," *New York Times*, August 30, 1981. Section 4, p. E7; Bernard D. Nossiter, "U.N. Gets a Report on African Slaves," *New York Times*, August 26, 1981, p. A11.
130. B. Terweil, "Bondage and Slavery in Early Nineteenth Century Siam," *Slavery, Bondage and Dependency in Southeast Asia*, edited by Anthony Reid (New York: St. Martin's Press, 1983), p. 133.
131. Bruno Lasker, *Human Bondage in Southeast Asia* (Chapel Hill: University of North Carolina Press, 1950), p. 46.
132. Ibid., p. 38.
133. Ibid., pp. 66–67.
134. Ibid., p. 38.
135. See, for example, Ehud R. Toledano, *The Ottoman Slave Trade and Its Suppression*, pp. 108, 171, 277–278.
136. The most blatant statement of this viewpoint was by Eric Williams, *Capitalism and Slavery* (New York: Russell & Russell, 1961) and it was devastated by Stanley Engerman, "The Slave Trade and British Capital Formation" and by Roger Anstey, "Capitalism and Slavery: A Critique," *Economic History Review*, Vol. XXI, 2nd Series (1968), pp. 307–329.
137. William L. Westermann, *The Slave Systems of Greek and Roman Antiquity*, p. 88.
138. James L. Watson, "Slavery as an Institution: Open and Closed Systems," *Asian and African Systems of Slavery*, edited by James L. Watson (Berkeley: University of California Press, 1980), p. 14; James L. Watson, "Transactions in People: The Chinese Market in Slaves, Servants, and Heirs," Ibid., p. 239.
139. Gill Shepherd, "The Comorians and the East African Slave Trade," Ibid., pp. 84–85.
140. Andrew Turton, "Thai Institutions of Slavery," Ibid., pp. 280–281.
141. See, for example, Eric Williams, *Capitalism and Slavery* (New York: Russell & Russell, 1961), pp. vii–viii and passim.
142. Roger Anstey, "The Volume and Profitability of the British Slave Trade, 1675–1808," *Race and Slavery in the Western Hemisphere*, edited by Stanley L. Engerman and Eugene D. Genovese, pp. 22–23.
143. See, for example, Asa Briggs, *A Social History of England* (New York: Viking Press, 1983), p. 164.
144. David Eltis, *Economic Growth and the Ending of the Transatlantic Slave Trade* (New York: Oxford University Press, 1987), p. 97.
145. Pierre L. van den Berghe, *Race and Racism* (New York: John Wiley & Sons, 1978), p. 67. Also see Carl Degler, *Neither Black Nor White* (New York: Macmillan Publishing Co., 1971), p. 245.
146. David E. Apter, *Ghana in Transition* (Princeton: Princeton University Press, 1972), p. 62; R. W. Beachey, *The Slave Trade of Eastern Africa*, p. 131.
147. Bruno Lasker, *Human Bondage in Southeast Asia*, p. 43.
148. R. W. Beachey, *The Slave Trade of Eastern Africa*, p. 131; Ira Berlin, *Slaves Without Masters*, pp. 184, 234.
149. Anthony Reid, "'Closed' and 'Open' Slave Systems in Pre-Colonial Southeast Asia," *Slavery, Bondage and Dependency in Southeast Asia*, edited by Anthony Reid, p. 166.
150. Bruno Lasker, *Human Bondage in Southeast Asia*, p. 28. See also pp. 43, 65.
151. Jaime Vincens Vives, "The Decline of Spain in the Seventeenth Century," *The Economic Decline of Empires*, edited by Carlo M. Cipolla (London: Methuen & Co., 1970), p. 127.
152. Adam Smith, *An Enquiry Into the Nature and Causes of the Wealth of Nations* (New York: The Modern Library, 1937), pp. 647–648.
153. See, for example, W. Montgomery Watt, *The Influence of Islam on Medieval Europe* (Edinburgh: Edinburgh University Press, 1987).
154. William L. Westermann, *The Slave Systems of Greek and Roman Antiquity* (Philadelphia: The American Philosophical Society, 1955), pp. 2, 8.
155. Ibid., pp. 59–63.
156. Ibid., p. 42.
157. The remarkable thesis that European concepts of "progress" led to the enslavement of Africans is presented in David Brion Davis, *Slavery and Human Progress* (New York: Oxford University Press, 1984). See especially the title of Part One of that book: "How 'Progress' Led to the Europeans' Enslavement of Africans."
158. Herbert B. Gutman, *The Black Family in Slavery and Freedom, 1750–1925* (New York: Vintage Books, 1977), pp. 32, 45.
159. Henry Walker, "Black-White Differences in Marriage and Family Patterns," *Feminism, Children and the New Families*, edited by Sanford M. Dornbusch and Myra H. Strober (New York: The Guilford Press, 1988), p. 72.
160. U.S. Bureau of the Census, *Historical Statistics of the United States: Colonial Times to 1957* (Washington, D.C.: U.S. Government Printing Office, 1960), p. 72.
161. Herbert G. Gutman, *The Black Family in Slavery and Freedom*, pp. 231, 236, 238; Leon F. Litwack, *Been in the Storm So Long* (New York: Alfred A. Knopf, 1979), p. 238.
162. Herbert G. Gutman, *The Black Family in Slavery and Freedom*, pp. 217–218; Leon F. Litwack, *Been in the Storm So Long*, p. 238.
163. Orlando Patterson, *Slavery and Social Death*, pp. 55, 189.
164. "Names," *The New Encyclopedia Brittanica* (Chicago: Encyclopedia Brittanica, Inc., 1991), Vol. 24, p. 731.
165. John K. Fairbank, Edwin O. Reischauer, and Albert M. Craig, *East Asia:*

Tradition and Transformation (Boston: Houghton Mifflin Company, 1989), p. 509.
166. Herbert G. Gutman, *The Black Family in Slavery and Freedom*, pp. 230, 236–237.
167. Computed from *The Seventh Census of the United States: 1850* (Washington, D.C.: Robert Armstrong, public printer, 1853), pp. xliii, lxi.
168. See, for example, Thomas Sowell, "Three Black Histories," *Essays and Data on American Ethnic Groups*, edited by Thomas Sowell and Lynn D. Collins (Washington, D.C.: The Urban Institute, 1978), pp. 12–13.
169. See, for example, Leon F. Litwack, *Been in the Storm So Long*, pp. 68, 472–476; Booker T. Washington, W. E. B. DuBois, and James Weldon Johnson, *Three Negro Classics* (New York: Avon Books, 1965), pp. 44–45.
170. See, for example, Herbert G. Gutman, *The Black Family in Slavery and Freedom*, pp. 418–425.
171. H. Hoetink, "Surinam and Curaçao," *Neither Slave Nor Free*, edited by David W. Cohen and Jack P. Greene, pp. 59–83.

第八章 种族与历史

1. Edmund Burke, *Reflections on the Revolution in France* (London: J. M. Dent & Sons, Ltd., 1967), p. 137.
2. William H. McNeill, *The Rise of the West: A History of the Human Community* (Chicago: University of Chicago Press, 1991), pp. xxvi, 48, 63, 68, 98, 102–103, 108, 148, 168, 229, 233, 250, 251, 252, 272–287, 298, 299, 330, 357, 361, 373–374, 379, 384, 390–391, 392, 398, 412, 419, 420, 437–438, 448n, 464, 465n, 469, 476, 477, 478, 479, 483, 485, 501, 506, 512, 530–531, 535, 536, 548, 550, 555, 558, 566, 578, 599, 600–601, 606, 633, 643, 646n, 651, 656, 660, 665, 666, 671, 674, 730, 776–777, 782, 787–788; John K. Fairbank, Edwin O. Reischauer, and Albert M. Craig, *East Asia: Tradition and Transformation*, revised edition (Boston: Houghton Mifflin Co., 1989), pp. 38, 77, 107, 112, 174, 243, 260, 300–302, 310, 324, 335, 354, 355, 429, 515, 530, 562–563; E. L. Jones, *The European Miracle: Environments, Economies and Geopolitics in the History of Europe and Asia*, second edition (Cambridge: Cambridge University Press, 1992), pp. xxi, 45, 54, 57–58, 60, 73, 83, 115–116, 179–180.
3. William H. McNeill, *The Rise of the West*, pp. 48, 63, 98, 145, 229, 477, 656.
4. Winston S. Churchill, *Great Contemporaries* (Chicago: University of Chicago Press, 1973), p. 267.
5. Fernand Braudel, *The Mediterranean and the Mediterranean World in the Age of Phillip II*, translated by Sian Reynolds (New York: Harper & Row, 1972), Volume I, p. 34.
6. Ibid., p. 35.
7. Jack Chen, *The Chinese of America* (San Francisco: Harper & Row, 1980), p. 65.
8. Daniel Yergin, *The Prize: The Epic Quest for Oil, Money, and Power* (New York: Simon & Schuster, 1990), p. 60.
9. William A. Hance, *The Geography of Modern Africa* (New York: Columbia University Press, 1964), p. 5.
10. John K. Fairbank, Edwin O. Reischauer, and Albert M. Craig, *East Asia: Tradition and Transformation*, revised edition (Boston: Houghton Mifflin Co., 1989), p. 515.
11. Margaret Sedeen, editor, *Great Rivers of the World* (Washington, D.C.: National Geographic Society, 1984), p. 24.
12. Ibid., Section 1.
13. Ibid., pp. 69–70; Daniel R. Headrick, *The Tools of Empire: Technology and European Imperialism in the Nineteenth Century* (New York: Oxford University Press, 1981), p. 196.
14. Even agricultural improvements have originated in the vicinity of major cities, such as Venice, Milan, and Florence in the sixteenth century. Fernand Braudel, *The Mediterranean and the Mediterranean World in the Age of Phillip II*, Vol. I, p. 84.
15. Jocelyn Murray, editor, *Cultural Atlas of Africa* (New York: Facts on File Publications, 1981), p. 73.
16. J. F. Ade Ajayi and Michael Crowder, editors, *Historical Atlas of Africa* (Essex: Longman Group Ltd., 1985), map facing Section 1.
17. E. L. Jones, *The European Miracle: Environments, Economies and Geopolitics in the History of Europe and Asia*, second edition (Cambridge: Cambridge University Press, 1987), p. 159.
18. William A. Hance, *The Geography of Modern Africa*, pp. 4–5.
19. H. J. de Blij and Peter O. Muller, *Geography: Regions and Concepts* (New York: John Wiley & Sons, Inc., 1992), p. 394.
20. William H. McNeill, *The Rise of the West*, p. 481.
21. Ibid., p. 650.
22. Arnold J. Bauer, "Chile and the Missing Bourgeoisie: Consumption and Development in Chile, 1850–1950," *Hispanic American Historical Review*, May, 1990, p. 227.
23. Ray H. Whitbeck and Olive J. Thomas, *The Geographic Factor: Its Role in Life and Civilization* (Port Washington, N.Y.: Kennikat Press, 1970), pp. 304–305.
24. For a Malay view of this phenomenon, see Mahathir bin Mohamad, *The Malay Dilemma* (Kuala Lumpur: Federal Publications, 1970), pp. 20–25.
25. Ralph R. Premdas, "The Political Economy of Ethnic Strife in Fiji and Guyana," *Ethnic Studies Report* (International Centre for Ethnic Studies, Sri Lanka), July 1991, pp. 34–37.
26. Fernand Braudel, *The Mediterranean and the Mediterranean World in the Age of Phillip II*, Vol. I, pp. 103–107.
27. E. L. Jones, *The European Miracle*, pp. 26–32.
28. Ibid., p. 31.

29. Ralph R. Premdas, "The Political Economy of Ethnic Strife in Fiji and Guyana," *Ethnic Studies Report* (International Centre for Ethnic Studies, Sri Lanka), July, p. 31.

30. Ibid., p. 19.

31. Ibid., p. 8.

32. Edwin O. Reischauer and John K. Fairbank, *A History of East Asian Civilization*, Volume I: *East Asia: The Great Tradition* (Boston: Houghton Mifflin Co., 1960), p. 12.

33. Ibid., pp. 10–12.

34. Ray H. Whitbeck and Olive J. Thomas, *The Geographic Factor*, p. 167.

35. L. Dudley Stamp, *Africa: A Study in Tropical Development* (New York: John Wiley & Sons, Inc., 1954), p. 5.

36. Ibid., p. xxvii.

37. Janet L. Abu-Lughod, *Before European Hegemony: The World System A.D. 1250–1350* (New York: Oxford University Press, 1989), pp. 176, 178.

38. Edwin O. Reischauer and John K. Fairbank, *A History of East Asian Civilization*, Volume I, pp. 20–21.

39. N. J. G. Pounds, *An Historical Geography of Europe: 1800–1914* (Cambridge: Cambridge University Press, 1988), pp. 492–493.

40. Ibid., p. 1.

41. Ibid., p. 43.

42. Ibid., pp. 132, 178–179.

43. Ibid., p. 430.

44. Ibid., pp. 457–458.

45. George W. Hoffman, "Changes in the Agricultural Geography of Yugoslavia," *Essays in the Geography of Eastern Europe*, edited by Norman J. G. Pounds (Bloomington: Indiana University Press, 1961), p. 113.

46. N. J. G. Pounds, *An Historical Geography of Europe: 1800–1914* (Cambridge: Cambridge University Press, 1988), p. 459.

47. Ibid., p. 485.

48. Ibid., p. 488.

49. Ibid., p. 16.

50. Ibid., p. 21.

51. Ibid., pp. 18–19.

52. William H. McNeill, *The Rise of the West*, pp. 22, 30.

53. Ibid., p. 452.

54. Ibid., p. 464.

55. Fernand Braudel, *The Mediterranean and the Mediterranean World in the Age of Phillip II*, Vol. I, pp. 6–75, 81–83.

56. Ibid., p. 4.

57. Ibid., p. 144.

58. Ibid., pp. 85–89.

59. See Daniel Boorstin, *The Discoverers* (New York: Harry N. Abrams, Inc., 1991), Vol. I, p. 273. See also "Cheng Ho," *Dictionary of Ming Biography: 1368–1644* (New York: Columbia University Press, 1976), Vol. I, p. 197; Janet L. Abu-Lughod, *Before European Hegemony*, pp. 320–321.

60. William H. McNeill, *The Rise of the West*, pp. 526–527.

61. Ibid., pp. 645–646.

62. William Manchester, *A World Lit Only by Fire: The Medieval Mind and the Renaissance* (Boston: Little, Brown and Co., 1992), pp. 290–291.

63. Daniel Boorstin, *The Discoverers* (New York: Harry N. Abrams, Inc., 1983), Volume I, pp. 115, 117.

64. Ibid., p. 154.

65. William H. McNeill, *The Rise of the West*, pp. 468–469; E. J. Jones, *The European Miracle*, p. 189.

66. Daniel Boorstin, *The Discoverers*, p. 154.

67. The remarkable thesis that European concepts of "progress" led to the enslavement of Africans is presented in David Brion Davis, *Slavery and Human Progress* (New York: Oxford University Press, 1984). See especially the title of Part One of that book: "How 'Progress' Led to the Europeans' Enslavement of Africans."

68. ". . . in the inevitable taking of sides which comes from selection and emphasis in history, I prefer to try to tell the story of the discovery of America from the viewpoint of the Arawaks, of the Constitution from the standpoint of the slaves, of Andrew Jackson as seen by the Cherokees, of the Civil War as seen by the New York Irish . . . " Howard Zinn, *A People's History of the United States* (New York: Harper & Row, 1980), p. 10.

69. Nathan Glazer and Daniel Patrick Moynihan, *Beyond the Melting Pot* (Cambridge, Mass.: The M.I.T. Press, 1970), p. 241.

70. William McGowan, *And Only Man Is Vile: The Tragedy of Sri Lanka* (New York: Farrar, Straus & Giroux, 1992), pp. 144, 172–173.

71. See, for example, Dinesh D'Souza, *Illiberal Education: The Politics of Race and Sex on Campus* (New York: The Free Press, 1991), pp. 111–121.

72. Victor Purcell, *The Boxer Uprising: A Background Study* (Cambridge: Cambridge University Press, 1963), pp. 30–31.

73. Bernard Lewis, "Some Reflections on the Decline of the Ottoman Empire," *The Economic Decline of Empires*, edited by Carlo M. Cipolla (London: Methuen & Co., 1970), p. 229.

74. Ian Harmstorf and Michael Cigler, *The Germans in Australia* (Melbourne: Australasian Educa. Press Pty. Ltd., 1985), pp. 164, 174.

75. S. W. Kung, *Chinese in American Life: Some Aspects of Their History, Status, Problems, and Contributions* (Seattle: University of Washington Press, 1962), p. 9.

76. Adam Giesinger, *From Catherine to Khrushchev: The Story of Russia's Germans* (Lincoln, Neb.: American Historical Society of Germans From Russia, 1974), pp. 230–234.

77. James L. Tigner, "Japanese Immigration Into Latin America," *Journal of Interamerican Studies and World Affairs*, November 1981, p. 466.

78. H. Gilchrist, "Greek Settlement Until 1940," *The Australian People: An Encyclopedia of the Nation, Its People and Their Origins*, edited by James Jupp (North Ryde, N.S.W.: Angus & Robertson Publishers, 1988), pp. 508, 509, 510.

79. Linda Chavez, *Out of the Barrio: Toward a New Politics of Hispanic Assimilation* (New York: Basic Books, 1991), pp. 101–102.

80. See, for example, Reynolds Farley, "Does Preference Reinforce White Prejudice?" *Racism and Justice: The Case for Affirmative Action* (Ithaca: Cornell University Press, 1991), p. 60, which is of course like comparing apples and oranges, since the relative proportions of newly arriving West Indian immigrants and second-generation West Indians is not known for the later period. What is known is that, even in the earlier period, the *initial* incomes of newly arriving black immigrants were not only well below those of white Americans, but were even below the incomes of native-born black Americans, though the incomes of these immigrants eventually surpassed that of black Americans within their own lifetimes (Barry Chiswick, "The Economic Progress of Immigrants: Some Apparently Universal Patterns," *Contemporary Economic Problems: 1979*, edited by William Fellner [Washington, D.C.: The American Enterprise Institute, 1979], pp. 373–374).

81. Thomas Sowell, "Three Black Histories," *Essays and Data on American Ethnic Groups*, edited by Thomas Sowell and Lynn D. Collins (Washington, D.C.: The Urban Institute, 1978), p. 44.

82. U.S. Department of Health and Human Services, *Health United States 1990* (Washington, D.C.: U.S. Government Printing Office, 1991), pp. 8–9, 41, 58–59.